21世纪经济学管理学系列教材

金融企业会计

ACCOUNTING FOR FINANCIAL INSTITUTIONS

主编／谢获宝　王合喜

武汉大学出版社

21世纪经济学管理学系列教材

21st Century Economics and Management Science
Coursebook Series

编委会

顾问
谭崇台　郭吴新　李崇淮
许俊千　刘光杰

主任
周茂荣

副主任
谭力文　简新华　黄　宪

委员（按姓氏笔画为序）
王元璋　王永海　甘碧群
张秀生　严清华　何　耀
周茂荣　赵锡斌　郭熙保
徐绪松　黄　宪　简新华
谭力文　熊元斌　廖　洪
颜鹏飞　魏华林

总　序

　　一个学科的发展，物质条件保障固不可少，但更重要的是软件设施。软件设施体现在三个方面：一是科学合理的学科专业结构，二是能洞悉学科前沿的优秀的师资队伍，三是作为知识载体和传播媒介的优秀教材。一本好的教材，能反映该学科领域的学术水平和科研成就，能引导学生沿着正确的学术方向步入所向往的科学殿堂。作为一名教师，除了要做好教学工作外，另一个重要的职能就是，总结自己钻研专业的心得和教学中积累的经验，以不断了解学科发展动向，提高自己的科研和教学能力。

　　正是从上述思路出发，武汉大学出版社准备组织一批教师在两三年内编写出一套《21世纪经济学管理学系列教材》，同时出版一批高质量的学术专著，并已和武汉大学商学院达成共识，签订了第一批出版合作协议，这是一件振奋人心的大事。

　　我相信，这一计划一定会圆满地实现。第一，合院以前的武汉大学经济学院和管理学院已分别出版了不少优秀教材和专著，其中一些已由教育部通过专家评估确定为全国高校通用教材，并多次获得国家级和省部级奖励，在国内外学术界产生了重大影响，对如何编写教材和专著的工作取得了丰富的经验。第二，近几年来，一批优秀中青年教师已脱颖而出，他们不断提高教学质量，勤奋刻苦地从事科研工作，已在全国重要出版社，包括武汉大学出版社，出版了一大批质量较高的专著。第三，这套教材必将受到读者的欢迎。时下，不少国外教材陆续被翻译出版，在传播新知识方面发挥了一定的作用，但在如何联系中国实际，建立清晰体系，贴近我们习惯的思维逻辑，发扬传统的文风等方面，中国学者有自己的优势。

　　《21世纪经济学管理学系列教材》将分期分批问世，武汉大学商学院教师将积极地参与这一具有重大意义的学术事业，精益求精地不断提高著作质量。系列丛书的出版，说明武汉大学出版社的同志们具有远大的目光，认识到，系列教材和专著的问世带来的不止是不小的经济效益，更重要的是巨大的社会效益。作为武汉大学出版社的一位多年的合作者，对这种精神，我感到十分钦佩。

2001年秋于珞珈山

序　言

　　近年来我国的会计理论、会计规范与会计实践发生了深刻的变化。基于我国的会计环境，并在充分吸收国内外会计研究成果之后，财政部于1992年颁布了具有基本准则性质的《企业会计准则》，随后随着一系列具体会计准则、《独立审计准则》和《公开发行股票公司信息披露的内容与格式准则》的不断发布，我国的会计规范日趋完善。更令人兴奋的是，随着我国社会主义市场经济的迅速发展、证券市场的日益壮大、加入WTO后中国经济与世界经济的快速接轨，财政部适时推出了适用于所有行业的《企业会计制度》，这一制度首先在我国上市公司中实行，向从整体上提高会计信息质量，提高报告收益与权益真实性的方向上迈出了可喜的一步。这些准则与制度是对我国近些年来会计理论研究成果的集中反映，也是对我国会计实践活动的总结与提升。

　　金融企业及其业务活动的独特性，决定了金融企业会计的独特性。为了更好地满足金融企业搞好会计核算和会计控制的需要，我国财政部在《中华人民共和国会计法》和《企业财务会计报告条例》等相关法律、法规和现有会计理论的指导下，积极吸收企业会计准则和企业会计制度的成果，专门于2001年11月推出了《金融企业会计制度》。《金融企业会计制度》对商业银行、保险公司、证券公司、信托投资公司等金融企业的会计核算假设和会计核算原则，资产、负债、所有者权益、收入、费用和利润等会计要素的确认、计量、记录和报告方法，以及财务报告的编制与报送等问题做出了明确规定，而且，在各个会计要素的核算过程中始终强调谨慎精神，使得新的金融企业会计制度与原来的金融企业会计制度相比在指导思想、核心内容和具体条款上都发生了根本的变化。

　　金融企业业务的创新、金融企业对新兴技术的采用、金融企业会计理论与实践水平的提升都使金融企业的会计核算与会计控制在思想和方法上面临着革新的要求。新的《金融企业会计制度》就是对这种革新要求的有效回应。

　　金融企业会计业务及其核算方法、核算规范的巨大变化，呼唤着会计教育界及时对此做出反应，为此，我们组织部分教师编写了《金融企业会计》一书，以满足高等学校财经专业的同学和金融企业的实务工作者学习新的金融企业会计知识、掌握新的金融企业会计核算方法的需要。

　　本书的编写具有以下特点：

1. 充分吸收金融企业会计方面的最新的法律、法规和制度的精神，尤其吸收新的《金融企业会计制度》的精神，使该书充满时代气息，避免介绍过时的金融企业会计核算与控制方法。

2. 理论与实务并重，理论问题讲深，实务问题讲透，理论的铺垫使读者更容易理解实务处理方法。我们努力实现对读者"不仅要授之以鱼，还要授之以渔"的目标，让读者能够独立思考和分析问题，从而全面提高读者解决金融企业会计问题的能力。

3. 努力使中西方金融企业会计相融。在介绍我国金融企业会计过程中，我们针对不少问题引入了西方商业银行对同样事项的处理方法，便于读者进行中西方金融企业会计处理方法，尤其是会计控制方法的比较，以便改进我们的会计工作。

4. 积极借鉴不同商业银行对同一业务的"不同"会计处理方法。所谓"不同"并非指违背《金融企业会计制度》的规定，而是指在《金融企业会计制度》统一框架的指导下，各家银行在会计科目设置、会计核算和会计控制方面有一些细小的差别。比如，对于联行往来业务的核算，有些商业银行通过中国人民银行的电子联行系统进行资金汇划，通过"存放中央银行款项"科目进行反映，有些商业银行通过"待清算辖内往来"科目反映，有的商业银行则通过"系统内资金往来"科目反映；又如，对于同业往来业务的核算，有些商业银行通过"存放中央银行款项"科目金额的增减变动反映，有些商业银行通过"存放同业款项"和"同业存放款项"科目反映，有些商业银行则通过"存放同业"和"同业存放"科目反映。为了让读者了解不同银行在同一经济业务会计处理方法上的差异，我们在相关章节中引进了不同银行所采用的不同会计科目，希望读者能够认真体会其中的异同点。

5. 在写作过程中我们充分介绍了技术进步和金融业务创新导致的银行新兴业务或老业务新流程的会计处理问题和会计处理方法。比如，我们比较详细地介绍了电子汇划条件下的联行往来业务和同业往来业务的会计核算，介绍了信用证业务和个人消费信贷业务的会计核算。

6. 由于金融企业的类型很多，开展的业务差异很大，我们无法逐一介绍每一类金融企业的会计核算与控制问题。基于对各类金融企业在金融体系中重要性的判断，基于对不同金融企业经营业务和会计核算方法复杂性的分析，我们在第一章中概括地介绍了金融企业会计核算的一般问题，然后用十五章的内容重点而详细地讲述了商业银行的会计核算，最后用三章的内容分别讲述了信托业务的会计核算、证券投资基金的会计核算和保险公司的会计核算，使全书不局限于讨论商业银行的会计问题。

7. 该书的体例十分新颖，写作方式活泼，内容安排科学、合理。每一章开头扼要介绍本章学习要点，使读者阅读时对本章内容有个大致的把握，提高阅读该书的效率；每一章正文后都附有关键名词和复习思考题。另外，每一章的复习思考题可以引导读者对该章内容进行小结，因而本书省去了在章后进行小结的做法，从而既省去了不必要的篇幅和成本，又有助于学生的自主式学习。思考题的安排逻辑也有助于老师备课。所以，学生使用该书便于学习，教师使用该书便于教学，体现了作者对读者的一种人文关怀。

《金融企业会计》一书是集体工作的成果，由武汉大学会计系副主任、中南财经政法大学会计学博士后谢获宝博士和武汉大学会计系副教授王合喜同志共同提出写作提纲。各章初稿写作的分工是：谢获宝撰写第一章、第三章和第十七章；王合喜撰写第二章和第十一章；吴小文撰写第四章；王怡撰写第五章；罗黔撰写第六章；李小明撰写第七章；王茜撰写第八章；韩晖撰写第九章；陈波撰写第十章；胡伟撰写第十二章；彭莉撰写第十三章；李德平撰写第十四章；陈锋撰写第十五章；余琼撰写第十六章；毛艺平撰写第十八章；成聪撰写第十九章。全书最后由谢获宝、王合喜总纂定稿。

在写作过程中我们参阅了大量的国内外文献，在此对所有文献的作者表示衷心的感谢。感谢武汉大学出版社和武汉大学商学院对本书出版给予的热情支持。感谢武汉大学会计系所有老师对我们提供的帮助。由于作者水平有限，时间较紧，加上很多新的业务有待进一步的学习和理解，书中可能有一些不足，乃至错误之处，敬请读者批评指正，以便我们今后修正。

作　者

2002年12月于武汉大学珞珈山

目 录

第一章 金融企业会计概论 ·· 1
  第一节 金融企业会计及特点 ···································· 1
  第二节 金融企业会计的对象及其要素 ······························ 5
  第三节 金融企业会计的职能与作用 ································ 9
  第四节 金融企业会计核算的假设和原则 ···························· 11
  第五节 金融企业会计工作的组织 ·································· 17
  关键名词 ·· 21
  复习思考题 ·· 21

第二章 商业银行会计循环 ·· 22
  第一节 商业银行会计循环概述 ·································· 22
  第二节 商业银行的会计科目 ···································· 24
  第三节 商业银行的记账方法 ···································· 26
  第四节 商业银行的会计凭证 ···································· 28
  第五节 商业银行的账务组织及其账务处理 ························ 33
  第六节 商业银行会计报表简介 ·································· 42
  关键名词 ·· 44
  复习思考题 ·· 44

第三章 存款和储蓄业务 ·· 45
  第一节 存款和储蓄业务概述 ···································· 45
  第二节 单位存款业务的核算 ···································· 49
  第三节 个人储蓄业务的核算 ···································· 52
  第四节 存款利息的计算 ·· 59
  关键名词 ·· 64
  复习思考题 ·· 64

第四章　贷款和贴现业务 ……………………………………………… 66
　　第一节　贷款业务概述 …………………………………………… 66
　　第二节　单位贷款的核算 ………………………………………… 68
　　第三节　个人消费贷款的核算 …………………………………… 75
　　第四节　贷款损失准备金和坏账准备金的核算 ………………… 78
　　第五节　票据贴现业务的核算 …………………………………… 81
　　关键名词 ……………………………………………………………… 83
　　复习思考题 …………………………………………………………… 84

第五章　支付结算业务 ……………………………………………… 85
　　第一节　支付结算业务概述 ……………………………………… 85
　　第二节　银行汇票 ………………………………………………… 88
　　第三节　银行本票 ………………………………………………… 91
　　第四节　支票 ……………………………………………………… 94
　　第五节　商业汇票 ………………………………………………… 96
　　第六节　汇兑 ……………………………………………………… 102
　　第七节　委托收款 ………………………………………………… 104
　　第八节　托收承付 ………………………………………………… 107
　　第九节　信用卡 …………………………………………………… 112
　　关键名词 ……………………………………………………………… 114
　　复习思考题 …………………………………………………………… 114

第六章　金融企业往来业务 ………………………………………… 115
　　第一节　金融企业往来业务概述 ………………………………… 115
　　第二节　中央银行往来的核算 …………………………………… 116
　　第三节　同业往来的核算 ………………………………………… 124
　　第四节　中国人民银行的现代支付系统 ………………………… 132
　　关键名词 ……………………………………………………………… 135
　　复习思考题 …………………………………………………………… 135

第七章　联行往来业务 ……………………………………………… 136
　　第一节　联行往来业务概述 ……………………………………… 136
　　第二节　联行电子汇划业务的核算 ……………………………… 139
　　第三节　资金清算业务的核算 …………………………………… 150
　　关键名词 ……………………………………………………………… 156

复习思考题……………………………………………………………… 156

第八章　中间业务……………………………………………………… 158
　　第一节　中间业务概述………………………………………………… 158
　　第二节　代理证券业务的核算………………………………………… 161
　　第三节　委托代保管业务的核算……………………………………… 168
　　第四节　代收、代付业务的核算……………………………………… 170
　　第五节　代理资金清算业务的核算…………………………………… 172
　　关键名词………………………………………………………………… 176
　　复习思考题……………………………………………………………… 177

第九章　现金出纳业务…………………………………………………… 178
　　第一节　现金出纳业务概述…………………………………………… 178
　　第二节　现金收付业务的核算………………………………………… 180
　　第三节　库房管理与款项移送业务的核算…………………………… 185
　　第四节　金银收购与配售业务的核算………………………………… 188
　　关键名词………………………………………………………………… 196
　　复习思考题……………………………………………………………… 196

第十章　外汇业务………………………………………………………… 197
　　第一节　外汇业务概述………………………………………………… 197
　　第二节　外汇买卖业务的核算………………………………………… 202
　　第三节　外汇存款业务的核算………………………………………… 208
　　第四节　外汇贷款业务的核算………………………………………… 215
　　第五节　国际汇兑业务的核算………………………………………… 226
　　第六节　外汇结算业务的核算………………………………………… 231
　　关键名词………………………………………………………………… 243
　　复习思考题……………………………………………………………… 243

第十一章　对外投资业务………………………………………………… 244
　　第一节　对外投资业务概述…………………………………………… 244
　　第二节　短期投资的核算……………………………………………… 245
　　第三节　长期投资的核算……………………………………………… 249
　　关键名词………………………………………………………………… 259
　　复习思考题……………………………………………………………… 259

第十二章　固定资产、无形资产和其他资产 260
第一节　固定资产核算概述 260
第二节　固定资产增加和减少的核算 261
第三节　固定资产折旧 264
第四节　无形资产的核算 268
第五节　其他资产的核算 272
关键名词 274
复习思考题 274

第十三章　所有者权益 275
第一节　所有者权益概述 275
第二节　投入资本的核算 278
第三节　留存收益的核算 286
第四节　金融企业所有者权益其他项目的核算 289
关键名词 291
复习思考题 291

第十四章　损益业务 292
第一节　损益业务核算概述 292
第二节　收入的核算 294
第三节　费用的核算 297
第四节　利润及利润分配的核算 302
关键名词 305
复习思考题 305

第十五章　年度决算 306
第一节　年度决算概述 306
第二节　年度决算的准备工作 309
第三节　年度决算的主要内容 313
第四节　年度决算报表的编制 316
关键名词 317
复习思考题 317

第十六章　商业银行会计报表的编制和分析 318
第一节　商业银行会计报表概述 318

第二节　商业银行的资产负债表 …………………………………………… 321
　　第三节　商业银行的损益表 ………………………………………………… 329
　　第四节　商业银行的现金流量表 …………………………………………… 334
　　第五节　商业银行会计报表分析 …………………………………………… 338
　　关键名词 ……………………………………………………………………… 343
　　复习思考题 …………………………………………………………………… 343

第十七章　信托业务 ……………………………………………………………… 345
　　第一节　信托业务概述 ……………………………………………………… 345
　　第二节　信托业务的会计核算 ……………………………………………… 348
　　第三节　信托业务的报告 …………………………………………………… 357
　　关键名词 ……………………………………………………………………… 361
　　复习思考题 …………………………………………………………………… 361

第十八章　证券投资基金的会计核算 …………………………………………… 362
　　第一节　证券投资基金概述 ………………………………………………… 362
　　第二节　证券投资基金的会计核算 ………………………………………… 365
　　第三节　证券投资基金财务报告的特点 …………………………………… 380
　　关键名词 ……………………………………………………………………… 387
　　复习思考题 …………………………………………………………………… 387

第十九章　保险公司的会计核算 ………………………………………………… 388
　　第一节　保险公司会计核算概述 …………………………………………… 388
　　第二节　保险公司的会计核算 ……………………………………………… 390
　　第三节　保险公司的会计报表 ……………………………………………… 404
　　关键名词 ……………………………………………………………………… 409
　　复习思考题 …………………………………………………………………… 410

主要参考文献 ……………………………………………………………………… 411

第一章 金融企业会计概论

金融企业会计是为金融企业的利害关系人提供决策所需的财务及其他经济信息的信息系统，也是金融企业管理的重要组成部分。金融企业会计的对象是金融企业在经营过程中所发生的资金运动，企业整体的资金运动又由资产、负债、所有者权益、收入、费用和利润等报表要素的变化所构成。金融企业会计具有反映、控制和参与企业管理的职能，这些职能的发挥可以切实有效地保护与其相关的利害关系人的合法权益，有助于金融企业健康发展。为了保证金融企业会计信息的有用性，金融企业在会计核算过程中必须遵循一定的会计假设和会计原则，遵循相关的法律、法规、制度和政策，配备合适的机构和人员，并要求会计人员具有良好的职业道德。

第一节 金融企业会计及特点

一、金融体系概述

金融是指货币资金的融通及信用活动的总和。金融的基本活动包括：货币的发行与回笼；存款的吸收与提取；贷款的发放与收回；股票、债券的发行与交易；国际汇兑、信托、保险业务等。

参与金融活动的主体很多，比如金融机构、政府、企业和个人等。从事金融活动的金融机构包括银行、证券公司、保险公司、投资公司、信托公司和其他一些新兴的金融机构。金融主体通过一定的金融工具在金融市场中从事金融交易活动。金融工具是在信用活动中产生，能够证明金融交易金额、期限、价格等事项的书面文件，包括商业票据、短期公债、银行承兑汇票、可转让大额定期存单、回购协议、股票、公司债券与中长期公债等。金融市场是资金供求双方运用金融工具进行各种金融交易活动的总称。金融交易包括金融机构与客户之间、金融机构之间以及资金供求双方的所有以货币资金为交易对象的金融活动，如存款、贷款、票据抵押与贴现、信托、保险、有价证券买卖、黄金外汇交易，等等。现代通讯技术把各种类型的金融机构有效地整合为一个不可分割的金融体系。

本书将重点介绍银行类金融机构的金融业务及其会计核算，最后简要介绍信托投资业务、证券投资基金和保险公司的会计核算。

二、金融企业会计的概念

会计随着社会文明的发展而进步。一个社会的经济、政治、文化、法律、科技等方面的发展水平决定了当时会计的发展程度。根据我国史书记载，会计的早期还是处于"结绳记事、刻木记数"的状态；在周代，政府就设立了专门的官职，掌管国家的财物税赋，并对财物的收支进行"月计岁会（零星算之为计，总合算之为会）"；西汉时还出现了名为"计簿"、"簿书"的账册，用来登记会计事项；宋朝则在官厅中采用"四柱清册"的方法办理钱粮的报销和移交手续，所谓"四柱"是指"旧管"、"新收"、"开除"和"实在"，它们分别相当于现代会计中的"期初结存"、"本期收入"、"本期付出"和"期末结存"，这说明当时人们就能够利用"旧管+新收-开除=实在"的平衡关系，全面、完整地反映经济活动的内在联系了。可见，我国古代会计的发展已经取得了相当的成就。

随着商业、工业文明的发展，会计发展的中心转到了西方。13~15世纪，伴随着地中海沿岸商业、手工业和金融业的兴旺发达，意大利出现了复式借贷记账法，这是会计发展史中的重要里程碑。之后，全球经济发展的中心由意大利转到英、法、美等国，复式借贷记账法也相应传至德、英、法、美、日等国，并在为经济发展服务的过程中不断得到完善。18~19世纪工业革命后，英、法等国的工业经济迅速发展，英国的成本会计、公司财务报告也日臻完善。随着现代经济和科技的发展，美国成为全球经济发展的中心，美国会计也发展到相当的高度，美国财务会计准则委员会（FASB）所发布文告的科学性、系统性和完整性，美国会计组织的发达程度以及美国会计人员的良好素质都充分说明了其会计理论与会计实践的发展水平。随着企业管理对会计要求的提高，今日的会计已经发展成为能为企业所有利害关系人进行决策提供信息服务的信息系统，而且越来越多地渗透到企业的管理活动中。为了更好地满足会计信息使用者的需要，现代会计分化为分别以对外报告和对内报告为重点的财务会计和管理会计。

经过二十多年的改革开放，我国经济得到迅速发展，目前经济总量已经位居全球第六位。与经济发展状况相适应，我国的金融业呈现出欣欣向荣的局面：除中央银行外，各种类型的商业银行不断涌现，保险公司、证券公司、信托投资公司、期货公司、基金管理公司、租赁公司、财务公司等金融企业相继得到发展。金融企业的发展、金融企业的管理、金融企业利害关系人权益的维护都要求我们搞好金融企业会计工作。

何谓会计？美国会计学会（AAA）在其研究报告《会计基本理论说明书》（ASOBAT）中认为"会计是为了使信息使用者能做出有根据的判断和决策而确认、计量和传递经济信息的程序"。美国会计学会还明确指出"从本质上看，会计是一个信息系统。更确切的说，会计是一般信息理论在高效率的经济运营问题上的运用"。

美国注册会计师协会（AICPA）在其发布的公告中认为"会计是一项服务活动，其功能在于提供有关经济主体的数量信息（主要具有财务性质的信息）"。

美国财务会计准则委员会（FASB）在其发布的财务会计概念公告中认为"会计是计量、处理和传送有关一个经济单位财务信息的信息系统。依据它所提供的信息，报表使用者可据以做出合理的经济决策"。

我国葛家澍教授在《会计学》一书中认为"会计：一个以提供财务信息为主的经济信息系统"。

可见，从本质上看，会计是一个以提供财务信息为主的有助于信息使用者决策的信息系统。搞好会计核算，加强会计控制，规范企业的经营行为，提供可靠、相关的财务及其他经济信息，可以维护与某一会计主体有关的各方利害关系人的合法权益。现代会计还不断融入到企业经营管理的过程中，参与企业决策，为企业提高经济效益服务。

根据会计的一般定义和特点，我们将金融企业会计定义为：以货币为主要计量手段，采用独特的会计方法（如科目设置、凭证设置、复式记账、账簿登记、财产清查、报表编制等），对金融企业的经营活动过程进行全面、系统、连续地核算和控制，为金融企业的利害关系人提供决策所需的财务和相关经济信息的信息系统。现代金融企业会计不断地参与企业决策，为企业提高经济效益服务，同时自身也成为金融企业管理的重要组成部分。金融企业会计核算、控制和参与企业管理的职能只是这项工作的过程与形式，其目的是规范金融企业的经营活动，为配置好企业资源和运用好企业资产服务，为企业实现整体价值最大化的目标提供保障；同时，金融企业会计通过规范的会计核算为会计信息的使用者提供可靠、相关的财务及其他经济信息，为他们做出正确决策服务，以便有效地维护各方当事人的合法权益。

由金融企业会计的定义可以看出，金融企业会计是有明确目标的。我国2001年发布的《金融企业会计制度》第七条第三款指出：金融企业提供的会计信息应当能够反映其财务状况、经营成果和现金流量，以满足会计信息使用者的需要。可见，为会计信息使用者提供关于一个金融企业的财务状况、经营成果和现金流量方面的有用信息是金融企业会计的基本目标。在我国，会计信息的使用者主要包括：国家宏观经济管理部门，比如财政、税收、统计等政府管理机构和中国人民银行、中国证监会、中国保监会等金融监管机构，它们需要会计信息进行宏观调控，并对金融企业的业务进行监管；处于企业外部、不直接参与企业经营管理的投资者、债权人等，他们需要会计信息以评估金融企业管理当局完成受托资产管理责任的状况；金融企业的管理当局，他们需要会计信息以了解企业的经营状况，以便更好地做出预测、决策、计划、控制、考评和奖惩，最终达到改善企业经营、提高企业效益的目标；其他与企业相关的利益集团，比如设备和用品的供应商、金融企业的职工和社会公众等，他们需要会计信息以了解和评价金融企业的发展前景、信用状况以及履行社会责任的情况。

西方银行会计的目标是：（1）向债权人和投资者提供有用的信息；（2）满足联邦储备系统、货币管理当局和联邦保险公司的报告要求（这些报告要求又被称为监管会计原则）；（3）满足证券交易委员会的报告要求（这一条主要针对公开交易证券的银行）；（4）向银行高级管理层提供对决策有用的相关信息。

金融企业会计包括商业银行会计和非银行金融机构会计。商业银行会计、中央银行会计和政策性银行会计共同构成银行会计。但是，由于中央银行和政策性银行的目标、职能、业务活动的特殊性，其会计核算也具有不同于一般商业银行的特点，而且相对而言，中央银行和政策性银行的会计核算也比较简单，因此，本书不把中央银行和政策性银行的会计作为讲述的重点。在金融企业中，商业银行的影响面宽，涉及面广，业务量大，会计核算相对复杂，因此，本书重点讲述商业银行会计，最后将分别用一章的内容介绍信托投资业务的会计、证券投资基金的会计和保险公司的会计。

三、金融企业会计的特点

由于金融企业自身业务及其资金运动的特殊性，金融企业会计除具有主要基于历史成本核算、以货币为计量单位、按照权责发生制的要求确认收入和费用、会计处理过程中需要大量的估计和判断等一般企业会计的特点外，还具有以下独特之处：

1. 金融企业会计的涉及面广，政策性强，社会影响大。金融企业是以资金融通为主要经营业务的企业，其开展业务活动的过程中需要与千千万万的企业、事业单位和政府机构发生往来，还涉及大量普通百姓的切身利益，而且，资金的流通量十分巨大。金融企业会计搞得好不好，直接影响到国民经济发展的稳定性和持续性，甚至影响到社会的稳定性。正因为如此，金融企业会计表现出极强的政策性特点，每个金融企业在从事会计工作时，必须认真贯彻执行国家的各项法律、法规和经济政策，协调好相关当事人之间的经济利益。

2. 金融企业会计的核算业务与其经营业务密切相联，往往是同时进行，具有统一性。以存款业务为例，客户提交存款凭条，银行职员接单审核，对审核过的凭单进行处理、传递和登账的过程，既是银行开展经营业务活动的过程，又是完成会计核算的过程，业务活动结束之时，也是会计核算工作基本完成之时。这种特点在其他行业会计核算中并不多见。

3. 金融企业会计在核算工作中具有自己独特的会计方法。相当多的非金融企业在开展业务过程中，除了存在资金周转外，还有大量的物资流动；金融企业则不同，其主要业务就是资金的融通，因此，在大量资金流动的同时，企业本身没有多少物资流动。与金融企业的业务特点相适应，金融企业会计在会计科目设置、凭证编制、账务处理程序等方面都有别于其他行业。以银行为例，其会计科目的设置必须能够全面反映银行的经营业务活动，因此，科目表中有很多与存款、贷款和外汇买卖有关的科目；进行明细核算时根据业务类型及其特点，分别设置甲、乙、丙、丁各种分户账；在核算流程方面，银行所实行的明细核算和综合核算同时进行的"双线核算"账务流程体系也别具特色。有关银行核算独特方法的具体内容在本书第二章中讲述。

4. 金融企业会计具有严密的内部监控机制。金融稳定和金融健康对经济稳定、经济健康和社会稳定具有重要意义。金融企业会计工作及其会计信息的质量，对金融企业自身和整个社会的健康发展有着巨大影响，而且金融企业拥有大量货币资金，流动性极强，容易发生舞弊事件。针对金融企业的特点，其会计体系的设计特别注重内部监控机制的问题。比如银行会计工作中要求钱、账分管；账、表、凭证换人复核；账折见面，当日记账，当日结账；现金收入先收款后记账，现金付出先记账后付款，转账业务先记付后记收，代收他行票据先收妥再进账；内外对账，双线核算，双线核对等。这些都是为了保证会计工作准确无误而采取的内部监控制度。

第二节 金融企业会计的对象及其要素

一、金融企业会计的对象

会计对象是会计反映和控制的内容，企业会计的对象就是企业再生产过程中的资金运动。一般地，随着企业生产经营活动的进行，企业的资金运动随之发生，在企业中具体表现为资产、负债、所有者权益、收入、费用和利润的增减变化。随着时间的推移，这些资金运动反复发生，表现为资金周转。

金融企业会计的对象就是金融企业业务活动背后的资金运动。伴随金融企业存款、贷款、中间业务等活动的发生，其资金也不断发生变化，具体表现为金融企业资产、负债、所有者权益、收入、费用和利润的变动，这些变动周而复始地发生，形成了金融企业的资金周转。金融企业的资金运动和资金周转共同构成金融企业会计的对象。

二、金融企业会计的要素

会计要素，实质上是会计报表要素，是对会计对象的具体内容所作的最基本的分类。会计要素是构成会计报表的基本因素，是会计报表的大类项目。根据我国的

《企业会计准则》、《企业会计制度》和《金融企业会计制度》相关规定，会计要素包括资产、负债、所有者权益、收入、费用和利润六个项目。下面逐一说明金融企业的会计要素。

(一) 资产

资产，是指过去的交易、事项形成并由企业拥有或者控制的资源。该资源预期会给企业带来经济利益。金融企业的资产按流动性进行分类，主要分为流动资产、长期投资、固定资产、无形资产和其他资产。从事存贷款业务的金融企业，还应按发放贷款的期限将各项贷款划分为短期贷款、中期贷款和长期贷款。

流动资产，是指可以在1年内（含1年）或超过1年的一个营业周期内变现或被耗用的资产。金融企业的流动资产，主要包括库存现金、存放款项、拆放同业、贴现、应收利息、应收股利、应收保费、应收分保款、应收信托手续费、存出保证金、自营证券、清算备付金、代发行证券、代兑付债券、买入返售证券、短期投资、短期贷款等。

金融企业的长期投资，是指除短期投资以外的投资，包括持有时间准备超过1年（不含1年）的各种股权性质的投资、不能变现或不准备随时变现的债券投资、其他债权投资和其他长期投资。

金融企业的固定资产，是指同时具有以下特征的有形资产：(1) 为生产商品、提供劳务、出租或经营管理而持有；(2) 使用年限超过1年；(3) 单位价值较高。

金融企业的无形资产，是指为提供劳务、出租给他人或为管理目的而持有的且没有实物形态的非货币性长期资产，比如专利权、非专利技术、商标权、著作权、土地使用权和商誉等。

金融企业的其他资产，是指除上述资产以外的其他资产，如长期待摊费用、存出资本保证金、抵债资产、应收席位费等。

此外，不少金融企业拥有大量的"中长期贷款"资产。金融企业的所有资产是其从事经营活动的基础，是企业实现赢利、创造未来收益的源泉，是企业对外承担经济责任的保障。

(二) 负债

负债，是指过去的交易、事项形成的现时义务。履行该义务预期会导致经济利益流出企业。金融企业的负债按其流动性，可分为流动负债、应付债券、长期准备金和其他长期负债等。

流动负债，是指将在1年（含1年）或超过1年的一个营业周期内偿还的债务。金融企业的流动负债，主要包括活期存款、1年（含1年）以下的定期存款、向中央银行借款、票据融资、同业存款、同业拆入、应付利息、应付佣金、应付手续费、预收保费、应付分保款、预收分保赔款、应付保户红利、存入保证金、未决赔款准备金、未到期责任准备金、存入分保准备金、质押借款、代买卖证券款、代发行证券款、代兑付债券款、卖出回购证券款、应付款项、应付工资、应交税金、其他暂收应付款项和预提费用等。

长期存款、长期借款、长期应付款和应付债券等构成金融企业的长期负债。从事保险业务的金融企业，其长期责任准备金、寿险责任准备金、长期健康险责任准备金和保险保障基金等长期准备金，以及保户储金也是这些企业长期负债的重要内容。

负债是金融企业的重要资金来源，负债融资相对固定的成本可以对股东的回报形成杠杆作用（根据对负债所得资金运营成果与负债所导致成本的比较，负债融资可以从积极或消极的方向以更大的力量影响金融企业的股东回报），负债融资由于其所形成的成本可以在所得税前支付，因而对金融企业具有"省税功能"；不过，如果企业经营不善，现金流动安排不好，定期的利息负担和本金偿还将会给金融企业带来较大的财务风险。

（三）所有者权益

所有者权益，是指所有者在企业资产中享有的经济利益，其金额为资产减去负债后的余额。金融企业的所有者权益，主要包括实收资本（或股本）、资本公积、盈余公积和未分配利润等。从事存贷款业务的金融企业计提的一般准备、从事保险业务的金融企业计提的总准备金、从事证券业务的金融企业计提的一般风险准备，以及从事信托业务的金融企业计提的信托赔偿准备也是所有者权益的组成部分。

金融企业的实收资本（或股本）是指投资者按照企业章程或合同、协议的约定，实际投入金融企业的资本。在股东投入全部认缴的资本后，实收资本即为企业的注册资本，这是金融企业的法定资本，不能随便减少和注销。

资本（或股本）溢价、接受非现金资产捐赠准备、接受现金捐赠、股权投资准备、外币资本折算差额、上市金融企业的关联交易差价和其他资本公积金等构成的资本公积总额，法定盈余公积、任意盈余公积和法定公益金构成的盈余公积，以及未分配利润都是金融企业所有者权益的重要组成部分。

所有者权益是金融企业极其重要的资金来源，是企业成立的重要条件，是企业建立自身信用的基础，是股东对企业享有权益的依据和保证。

（四）收入

收入，是指企业在销售商品、提供劳务及让渡资产使用权等日常活动中所形成的经济利益的总流入。金融企业的收入是指其提供金融商品和服务时所取得的经济利益的总流入，但不包括为第三方或者客户代收的款项，如代邮电部门收取的邮电费等。严格地说，金融企业的收入仅仅指营业收入和投资收益；广义地看，金融企业的收入包括营业收入、投资收益和营业外收入。

金融企业的营业收入是在其营业活动过程中实现的，主要包括利息收入、金融企业往来收入、手续费收入、贴现利息收入、保费收入、证券发行差价收入、证券自营差价收入、买入返售证券收入、汇兑收益和其他业务收入等。

金融企业的投资收益，是指金融企业对外投资所取得的收益，比如投资国债形成的收益。

金融企业的营业外收入，是指与金融企业的业务活动没有直接关系的收入，比如固定资产盘盈、出纳长款收入等。

收入是金融企业增长的源泉，是企业资本保值与增值的基础，是企业为投资者创造财富的必由之路。

（五）费用

费用，是指企业为销售商品、提供劳务等日常活动所发生的经济利益的流出；成本，是指企业为提供劳务和产品而发生的各种耗费。金融企业的费用是指其提供金融商品服务过程中所发生的经济利益的流出，但不包括为第三方或者客户垫付的款项。严格地说，金融企业的费用仅仅指营业成本和营业费用；广义地看，金融企业的费用包括营业成本、营业费用和营业外支出。

金融企业的营业成本，是指其在业务经营过程中发生的与业务经营有关的支出，包括利息支出、金融企业往来支出、手续费支出、卖出回购证券支出、汇兑损失、赔款支出、死伤医疗给付、满期给付、年金给付、分保赔款支出、分保费用支出、未决赔款准备金提转差、未到期责任准备金提转差、长期责任准备金提转差等。

金融企业的营业费用，是指金融企业在业务经营及管理工作中发生的各项费用，包括：固定资产折旧、业务宣传费、业务招待费、电子设备运转费、安全防卫费、企业财产保险费、邮电费、劳动保护费、外事费、印刷费、公杂费、低值易耗品摊销、理赔勘查费、职工工资、差旅费、水电费、租赁费（不包括融资租赁费）、修理费、职工福利费、职工教育经费、工会经费、房产税、车船使用税、土地使用税、印花税、会议费、诉讼费、公证费、咨询费、无形资产摊销、长期待摊费用摊销、待业保险费、劳动保险费、取暖费、审计费、技术转让费、研究开发费、绿化费、董事会费、上交管理费、广告费、银行结算费等。

金融企业的营业外支出，是指与金融企业的业务活动没有直接关系的支出，比如固定资产盘亏、出纳短款支出等。

有些费用是金融企业为取得收入必不可少的资产耗费，有些费用却是可以节省的。金融企业在创造收入过程中，必须有效地控制费用水平，否则，开展经营活动将得不偿失。

（六）利润

利润，是指企业在一定会计期间的经营成果，包括营业利润、利润总额和净利润三个层次。金融企业的利润是金融企业一定时期的经营成果，是金融企业经营绩效的集中体现。金融企业的利润可以从营业利润、利润总额和净利润三个层次进行考察。

金融企业的营业利润，是指营业收入减去营业成本和营业费用加上投资净收益后的金额。

金融企业的利润总额，是指营业利润减去营业税金及附加，加上营业外收入，减去营业外支出后的金额。

金融企业的净利润，是指利润总额减去所得税后的金额。

金融企业的六个会计要素之间有着密切的关系。资产、负债、所有者权益都是反映金融企业某一时期财务状况的静态要素。资产是金融企业拥有或控制的经济资源，负债和所有者权益反映这些经济资源的来源，是这些资源上的权益。"资产＝负债＋所有者权益"的会计等式深刻而简洁地反映了资产、负债和所有者权益三者之间的内在关系。金融企业拥有和控制资产是为了正常地开展业务经营活动，以便取得数量多、质量好的收入。在生产经营过程中为取得收入而发生的资产耗费构成企业费用，收入和费用相抵后就是企业一定时期的利润（或亏损）。收入、费用和利润都是反映企业某一时期财务情况的动态要素，"收入－费用＝利润"的会计等式集中反映了收入、费用和利润之间的内在关系。

第三节 金融企业会计的职能与作用

一、金融企业会计的职能

职能是人、事物或机构本身具有的功能或应起的作用。也就是说职能是指一切事物所固有的功能，会计职能就是会计自身所具有的功能。会计职能与会计目标不同，会计目标是人们期望会计所能履行的任务、所能达到的境界，它的内容受到人们主观期望的影响；会计职能则是会计本质的具体化，是会计这一客观事物的内在要求，人们只能认识到会计具备这方面或那方面的职能，而不能创造或要求会计必须具有某种它在本质上所不具备的职能。相对而言，会计职能更抽象，更难以捉摸。

会计系统是一个人造系统，人们对会计系统的认识在不断加深，会计系统本身也在不断进步，因此，尽管会计职能是会计所固有的、客观存在的，但它也会随着会计的发展和人们认识的深化而不断完善。

会计界对会计职能进行过大量研究。20世纪初期美国著名会计学家佩顿（Paton）在《会计理论》中就认为"会计的职能就是记录、分类、整理与提供与价值有关的数据，以便一个主体的所有者和管理者在决策时能够周全地使用资本"。进入20世纪50年代后，美国及其他西方国家将研究的重点转到会计目标上。我国会计学家对会计职能进行过长期的研究，普遍认为会计具有反映和控制（监督）两大职能，有人认为会计还具有参与决策的职能。但是，作者认为反映是会计最基本的职能，监督是极其重要的派生职能，参与决策是更低层次的派生职能。会计是一个信息系统，离开了反映，其他的职能无从说起。至于会计的派生职能，根据分类的详细程度，可以列示出不同的结果，比如不少文献中还提到会计具有预测、计划、控制和组织等职能。金融企业会计最基本的职能也是反映和控制。

（一）金融企业会计的反映职能

金融企业会计的基本工作就是以货币为计量工具，通过对金融企业所发生的经济业务和事项进行确认、计量、记录和报告，从而为会计信息的使用者提供决策有用的信息。金融企业的会计报表是对企业的经济业务进行加工的结果，它系统、完整地反映了该企业的财务状况、经营成果和现金流动情况。可见，金融企业会计工作的过程就是对其所发生的经济业务进行反映的过程。反映是金融企业会计内在的、固有的、最具基础性的功能，会计如果还有其他功能，那也是由此派生出来的。

（二）金融企业会计的控制职能

金融企业会计运用了填制凭证、设置账户、复式记账、登记账簿、成本计算、财产清查和编制报表等专门会计方法，这些方法构成一个体系，具有相当强大的控制功能。金融企业会计在进行会计核算时必须遵循权责发生制原则、配比原则、历史成本原则、谨慎性原则、划分收益性支出和资本性支出原则、客观性原则、可比性原则、一贯性原则、及时性原则、明晰性原则、相关性原则、重要性原则和实质重于形式原则，对这些原则的遵守解决了哪些业务能进入会计系统、哪些不能进入、进入的金额是多少、如何在会计报表中进行反映等问题，解决这些问题的过程也是会计控制职能发挥作用的过程。金融企业会计在处理业务时所规定的"钱、账分管，账、表、凭证换人复核，账折见面、当日记账、当日结账，现金收入先收款后记账、现金付出先记账后付款、转账业务先记付后记收、代收他行票据先收妥再进账，内外对账、双线核算、双线核对"等规则无不体现着会计控制的思想。通过反映职能的正常发挥，金融企业会计如实地提供了体现企业经营情况的财务信息。这些信息可以与企业的计划、预算等指标进行比较，一方面能够评价企业的经营绩效，一方面可以发现企业进入经营过程中存在的偏差，及时进行纠正，从而从整体上保证企业预定目标的实现。设定目标、执行对比、考核与评价，最后纠正偏差的工作流程本身就是一种控制活动。最后，国家宏观经济管理部门也经常利用会计系统来执行对金融企业经营活动的控制。因此，控制是金融企业会计极其重要的职能之一。

二、金融企业会计的作用

金融企业会计的作用往往是在金融企业会计目标的指引下，在金融企业会计职能的发挥中体现出来的。概括而言，金融企业会计具有促进企业经营业务健康发展和监督、控制经营活动依法、合理进行的作用。这些作用又具体表现为：

1. 正确组织会计核算，如实反映金融企业的经营情况，为会计信息使用者提供相关、可靠的财务信息，为企业各方面的利害关系人做好服务工作。

2. 搞好会计监督与控制，贯彻国家的经济政策和法律、法规，减少和杜绝金融企业的违规行为，维护整个社会的经济秩序，促进经济健康发展。

3. 定期开展会计检查，及时纠正工作中的偏差，有利于金融企业规范经营，减少自身的经营和财务风险。

4. 加强金融企业的经济核算，积极开展增收节支活动，努力控制成本，减少企业风险，提高企业的经济效益。

5. 搞好会计分析，通过财务数据总结金融企业的发展经验，发现企业发展中存在的问题，加强金融企业之间的交流与评估，从整体上提升金融行业的发展水平及其所属企业的经营管理水平。

第四节　金融企业会计核算的假设和原则

一、金融企业的会计假设

会计假设是对会计信息系统运行所依存的客观环境中与会计相关的因素所进行的抽象与概括，是会计信息系统运行与发展的基本前提和制约条件。如前所述，现代会计分为财务会计和管理会计两大体系，财务会计主要是为企业的外部利害关系人提供财务信息的，当然，这些信息同时为企业内部管理所利用。为了保证对外报告的信息的有用性，必须对会计核算做出较为严格的规范，会计假设和会计原则就是极其重要的会计规范。因此，会计假设主要是针对财务会计而言的。

会计假设的两个显著特点应该引起我们的重视：一方面，会计假设是迄今为止没有获得证实的，否则，就不会称其为假设了；另一方面，会计假设是对客观环境中与会计相关的若干因素的抽象，是对会计系统与会计环境之间相互关系的合理假定，会计假设绝对不是异想天开，否则，会计假设会将会计核算引至错误的方向。既然会计假设是对会计与会计环境之间若干因素的抽象，会计假设就不会是一成不变的，其内涵会随着环境的发展而变化。因此，我们有必要经常重新审视和修正会计假设的内容，以便及时反映变化了的环境。金融企业会计的假设与一般企业会计的假设相同，只不过各个假设所包容的内涵有所差异。金融企业会计的假设具体包括会计主体假设、持续经营假设、会计分期假设和货币计量假设。

（一）会计主体假设

会计主体是指在经营上或经济上具有独立性或相对独立性的单位。会计主体假设规定的是会计核算的空间范围和界限,它明确区分了一个会计主体与另一个会计主体之间的经济业务和事项,以及这些业务和事项背后的经济利益;它也明确区分了一个会计主体与其所有者之间的经济利益关系。

会计主体假设明确地将会计核算的内容限定在与本主体的经济利益有关,或直接、间接导致了本主体未来经济利益产生变动的交易和事项上。一般地,法人主体都是会计主体,会计主体主要针对的是独立核算的企业层次,但是,有时几个法人主体构成的一个经济实体(此实体不一定是法人主体)或一个法人主体下属的一些非法人实体,也可以构成会计主体。金融企业的会计主体可以视企业核算和控制的需要进行构建。

我国的《金融企业会计制度》明确规定,本制度适用于中华人民共和国境内依法成立的各类金融企业,包括银行(含信用社)、保险公司、证券公司、信托投资公司、期货公司、基金管理公司、租赁公司、财务公司等。这些金融企业都可以各自构成一个会计主体,每个金融企业还可以在下属机构中设置会计主体。

(二) 持续经营假设

持续经营是指企业的生产经营活动,在可以预见的将来,将会长期按它现时的形式和现时的方向,持续不断地经营下去。持续经营假设的一般含义是,如果不存在明显的反证,就认为企业将无限期的经营下去。所谓"反证"是指企业的经营可能在预计的时刻结束,比如合同规定的经营期已满,章程所规定的解散条件已经成立,或企业经营不善、严重资不抵债濒临破产清算等。显然,持续经营主要是针对企业整体而言的。

持续经营对现行企业会计核算十分重要,它是企业进行会计核算的基础,如果企业不能维持持续经营,它将执行清算规则而非核算标准。持续经营假设是一系列会计原则成立的前提,比如权责发生制原则、配比原则、划分收益性支出和资本性支出的原则、历史成本原则等都是以持续经营假设为基础的。

我国的《金融企业会计制度》明确规定,金融企业的会计核算应当以持续、正常的经营活动为前提。

(三) 会计分期假设

为了及时地提供决策所需的财务及其相关信息,我们不得不将企业"持续经营的长河"人为地划分为一个个区间,这就是会计分期假设。

持续经营假设和会计分期假设都是关于会计核算的时间方面的假设,二者共同配合,才能使很多会计核算方法得以运用。如果没有会计分期假设,就没有会计上的权责发生制原则、配比原则、划分收益性支出和资本性支出的原则,也就没有会计上的递延、应计、预提和待摊等方法。

我国《金融企业会计制度》明确规定,金融企业的会计核算应当划分会计期间,分期结算账目和编制财务会计报告。会计期间分为年度、半年度、季度和月度。年度、半年度、季度和月度均按公历起止日期确定。半年度、季度和月度均称为会计中期。会计制度中所称的期末，是指月末、季末、半年末和年末。在计算机技术迅速发展的今天，为了更好地为决策者服务，及时提供会计信息，会计期间呈现出越来越短的趋势，有些企业开始提供周报、日报，有些企业甚至提供实时财务报告。

(四) 货币计量假设

会计主体假设、持续经营假设和会计分期假设分别解决了会计核算中的空间与时间问题，会计核算还必须解决计量的手段问题，货币计量假设应运而生。

会计的本质是一个信息系统，会计的对象是企业经营活动及其背后的资金运动，对资金运动进行反映，货币可能是最好的工具了。货币计量假设是指以货币作为最基本的计量单位对企业的经济业务进行记录，并编制会计报表。货币作为会计的计量单位，其价值必须是稳定的，否则就没法进行经济业务的度量。因此，"币值稳定"是货币计量假设的附带假设。

我国《金融企业会计制度》明确规定，金融企业的会计核算以人民币为记账本位币。业务收支以人民币以外的货币为主的金融企业，可以选定其中一种货币作为记账本位币，但是编报的财务会计报告应当折算为人民币。在港澳及国外设立的中国金融企业向国内报送的财务会计报告，应当折算为人民币。这些规定暗含了货币计量假设的思想。

二、金融企业的会计原则

会计原则是对会计实践进行长期归纳和总结的结晶，是为了保证会计信息的有用性，提高会计信息的质量，对会计确认、会计计量、会计记录和会计报告所做出的一系列基本规范。根据我国《中华人民共和国会计法》、《企业会计准则》、《企业会计制度》和《金融企业会计制度》的规定，我国金融企业的会计核算，应当遵循以下基本原则：

(一) **客观性原则**

客观性原则是指金融企业的会计核算应当以实际发生的交易或事项为依据，如实反映其财务状况、经营成果和现金流量。具体而言，就是会计反映的经济业务必须真实发生，记载经济业务的会计凭证要真实，根据真实经济业务和会计凭证编制的会计报表要可靠，不得弄虚作假，欺骗会计信息使用者。在会计核算中，客观性原则更多地被理解为可靠与公允。

(二) **实质重于形式的原则**

实质重于形式的原则是指金融企业应当按照交易或事项的实质和经济现实进行会计核算，不应当仅仅按照它们的法律形式作为会计核算的依据。也就是说，会计核算更看重经济业务和事项的经济效应，而不把这些业务和事项的法律形式放在首位。实质重于形式的会计原则在会计核算中经常被运用,比如长期投资中权益法的使用、合并会计报表的编制等都体现了实质重于形式的思想。

(三) 相关性原则

相关性原则是指金融企业提供的会计信息应当能够反映其财务状况、经营成果和现金流量,以满足会计信息使用者的需要。会计信息的价值在于其对决策的有用性,如果一个会计主体提供的会计信息缺乏对决策的影响,会计信息就没有相关性,会计信息就失去了存在的价值。具体地,只有具备预测价值、反馈价值和及时性的会计信息才具有相关性的特征。所谓预测价值是指会计信息能够帮助使用者预测未来事项的结果,以便做出自己的最优决策;反馈价值是指使用者可以根据会计信息证实或否定自己过去已有的预测结果,并修正自己已有的决策;及时性是指会计信息在失去其决策价值之前,必须已经被使用者拥有并使用。我国会计信息的相关性集中表现在:(1) 会计信息应当符合国家宏观经济管理的要求;(2) 会计信息应当能够满足有关各方了解企业财务状况、经营成果和现金流动情况的需要;(3) 会计信息应当满足企业加强内部经营管理的需要。

(四) 一贯性原则

一贯性原则是指金融企业的会计核算方法前后各期应当保持一致,不得随意变更。如有必要变更,应当将变更的内容和理由、变更的累积影响数以及累积影响数不能合理确定的理由等,在会计报表附注中予以说明。遵循一贯性的原则可以提高会计信息的有用性,减少企业利用会计方法、会计政策变更粉饰会计信息的行为。根据我国相关制度的规定,企业在一般情况下是不能随便改变会计政策和方法的,除非:(1) 在法律或者行政法规、规章要求改变会计政策时;(2) 由于经济环境的改变而变更会计政策,而且改变会计政策以后能够提供有关企业财务状况、经营成果和现金流动等更为可靠、更为相关的会计信息。

(五) 可比性原则

可比性原则是指金融企业应当按照规定的会计处理方法进行会计核算,会计指标应当口径一致、相互可比。可比性原则与一贯性原则一样可以增强会计信息的有用性,但是,可比性原则和一贯性原则的侧重点是不同的,一贯性强调同一会计主体在不同会计期间的会计政策和会计方法的连续性,可比性则强调不同会计主体在同一会计期间所采用的会计政策和会计方法应当遵循会计政策和法规的要求。可比性原则使得投资者和其他会计信息利用者可以比较方便地分析不同会计主体提供的会计信息,便于他们做出正确的判断与决策。

(六) 及时性原则

及时性原则是指金融企业的会计核算应当及时进行,不得提前或延后。会计信息的重要质量特征是其对决策的有用性,只有可靠和相关的会计信息才是有用的,及时性是会计信息相关性的重要保障,再可靠的会计信息如果不具备及时性的特点都将变得毫无用处；当然，我们也不能为了追求及时性，而使会计信息失去可靠性，不具备可靠性的"及时"信息也是没用的。一般地，及时性要求会计人员及时收集反映企业经济业务和事项的会计资料；及时对这些资料进行加工整理，按时编制出财务报告；及时将财务报告及其他应该提供的信息传递给会计信息使用者。

(七) 明晰性原则

明晰性原则是指金融企业的会计核算应当清晰明了，便于理解和利用。明晰的会计信息才能被人理解，"可理解"是会计信息有用的前提，正因为如此，美国财务会计准则委员会在《财务会计的概念》第二集《会计信息的质量特征》中将"可理解性"放在"决策有用性"之上。所以，会计人员在提供会计信息时应该坚持明晰性原则，按照简明、易懂的要求，力求使会计信息使用者容易理解和接受。

(八) 权责发生制原则

权责发生制原则是指金融企业的会计核算应当以权责发生制为基础。凡是当期已经实现的收入和已经发生或应当负担的费用，不论款项是否收付，都应当作为当期的收入和费用；凡是不属于当期的收入和费用，即使款项已在当期收付，也不应当作为当期的收入和费用。权责发生制的本质就是以"权利"和"责任"的转移与否作为会计确认和会计报告的标准，权责发生制的标准贯穿于各个会计要素的确认与报告中，又以收入和费用的确认和报告最为典型。

与权责发生制相对称的是收付实现制，它是以收到或支付现金作为确认收入和费用的依据。国内外企业会计核算一般都遵循权责发生制的原则，很少采用收付实现制的标准。

(九) 配比原则

配比原则是指金融企业在进行会计核算时，收入与其成本、费用应当相互配比，同一会计期间内的各项收入和与其相关的成本、费用，应当在该会计期间内确认。收入与费用的恰当配比才能正确地反映企业的经营成果。在会计核算中配比主要有两种形式：一种是根据收入与费用之间的因果关系配比，比如销售收入与销售成本的配比，在实践中又分为直接费用和间接费用与收入的配比，前者直接分配，后者间接分摊；另一种是收入与费用按照时间配比，比如一定时期的期间费用与当期收入之间的配比。某一会计期间的收入与费用进行相抵后就是当期的营业利润。营业利润是企业经营绩效的集中体现。

(十) 历史成本原则

历史成本原则是指金融企业的各项财产在取得时应当按照实际成本计量。各项财产如果发生减值，应当按照规定计提相应的减值准备。除法律、行政法规和国家统一的会计制度另有规定者外，金融企业一律不得自行调整其账面价值。

会计核算中坚持历史成本原则有其积极作用：历史成本是实际发生的成本，容易获得；便于核查；比较客观和可靠。不过在物价变动的条件下，历史成本可能会歪曲企业资产、负债、所有者权益、收入、费用和利润的真实信息，与遵循市场规则的评估结果不一致。

值得指出的是，在坚持历史成本原则的同时，各项财产如果发生减值，应当按照规定计提相应的减值准备。《金融企业会计制度》要求"金融企业应当定期或者至少于每年年度终了时对各项资产进行检查，根据谨慎性的要求，合理地预计各项资产可能发生的损失，对可能发生的各项资产损失计提资产减值准备"。一般情况下，金融企业需要对以下资产项目计提减值准备：短期投资计提短期投资跌价准备；应收款项计提坏账准备；各项贷款计提贷款损失准备；长期投资计提长期投资减值准备；固定资产和在建工程计提固定资产减值准备；无形资产计提无形资产减值准备。计提资产减值准备不是否定历史成本原则，而是谨慎性原则的运用，是对历史成本原则的修正与完善。

（十一）谨慎性原则

谨慎性原则是指金融企业的会计核算，应当遵循谨慎性原则，不得多计资产或收益，也不得少计负债或费用。各项资产减值准备的计提就是谨慎性原则在会计核算中的具体运用。谨慎性原则要求会计人员只有在"相当确定"的条件下才能确认资产和收益；但是，在"相当可能"的条件下就应该确认负债和费用。坚持谨慎性原则可以保证企业报送的会计信息中所反映的所有者权益和净收益的质量。

需要指出的是企业应该合理运用谨慎性原则，不得以谨慎性原则为借口，随意设置秘密准备，否则就是对谨慎性原则的滥用。

（十二）划分收益性支出与资本性支出的原则

划分收益性支出与资本性支出的原则是指金融企业的会计核算应当合理划分收益性支出与资本性支出，即凡支出的效益仅与本会计年度相关的，应当作为收益性支出；凡支出的效益与几个会计年度相关的，应当作为资本性支出。

收益性支出的效益只在本期发挥作用；资本性支出的效益可以在连续几期发挥作用。在会计核算中划分收益性支出与资本性支出，就是要求金融企业在确认支出时要正确确定各项支出的性质，将收益性支出计入利润表，作为当期损益反映，以便正确地计算企业当期的经营成果；将资本性支出计入资产负债表，作为资产反映，以便真实地反映企业的财务状况。混淆收益性支出和资本性支出会降低会计信息的质量。

（十三）重要性原则

重要性原则是指金融企业的会计核算中，对资产、负债、损益等有较大影响，进而影响财务会计报告使用者据以做出合理判断的重要会计事项，必须按照规定的会计方法和程序进行处理，并在财务会计报告中予以充分的披露；对于次要的会计事项，在不影响会计信息真实性和不至于误导会计信息使用者做出正确判断的前提下，可适当简化处理。

会计事项是否重要可以从质和量两个方面进行判断：从性质方面看，一项会计事项对会计信息使用者的决策有一定的影响时，该事项就是重要的，否则，就不属于重要项目；从数量方面看，当某一业务或事项达到一定规模时，就可能对会计信息使用者的决策产生影响，该业务或事项就是重要的，否则，就不属于重要事项。不同行业、企业对重要性的具体判断标准会有一定的差异，比如某一金额的交易对于小企业可能是重要的，但对于大企业可能就不属于重要项目。金融企业对于重要的交易和事项应当分别反映，充分揭示，这样可以提高会计信息的有用性。

第五节　金融企业会计工作的组织

金融企业会计工作的组织是指金融企业如何安排、协调和管理自己的会计活动。金融企业依据国家的法律、法规、会计准则、会计制度和相关政策等会计规范，设立专门的职能机构，配备合格的会计人员从事和完成本企业的会计工作。

一、金融企业的会计规范

会计规范，简单的说就是指导和约束会计工作的法律、法规、准则、制度和政策的总称。"没有规矩，不成方圆"，没有一定的会计工作规范，会计处理就会充满随意性，会计信息就无法比较，会计对决策的服务价值就会降低，甚至会起负作用。不同国家由于经济环境、政治与法律环境、教育环境、文化环境、科技环境、自然环境等不同，会计规范可能存在较大差异。国际上比较有影响的会计规范有两大类：一类是以惯例法为特征的英美法系国家的会计规范，一类是以成文法为特征的大陆法系国家的会计规范。同一国家不同行业由于经营特点不同、经营业务不一样，行业所属企业的会计规范也不一样。

我国金融企业的会计规范的特点偏向于大陆法系，主要由三个层次构成：第一个层次是与会计有关的法律；第二个层次是会计准则、审计准则、上市公司信息披露准则、企业会计制度和金融企业会计制度等；第三个层次是金融企业内部的财务、会计、审计等工作规范和管理制度。

第一个层次和第二个层次会计规范中的一般内容参见其他书籍，这里重点介绍一下《金融企业会计制度》和金融企业内部的会计规范。

我国新的《金融企业会计制度》于2001年11月27日由财政部印发，该制度是根据1999年修订的《中华人民共和国会计法》和2000年发布的《企业财务会计报告条例》制定的，适用于中华人民共和国境内依法成立的各类金融企业，包括银行（含信用社）、保险公司、证券公司、信托投资公司、期货公司、基金管理公司、租赁公司和财务公司等，旨在规范金融企业的会计核算，提高金融企业的会计信息质量。《金融企业会计制度》共分15章164条。第一章"总则"，主要规定了金融企业会计核算的目标、适用范围、核算假设、核算方法和核算应遵循的基本原则;第二章"资产",规定了金融企业资产的含义、内容和核算方法;第三章"负债",规定了金融企业负债的含义、内容和核算方法;第四章"所有者权益",规定了金融企业所有者权益的含义、内容和核算方法;第五章"收入",规定了金融企业收入的含义、内容和核算方法;第六章"成本和费用",规定了金融企业成本和费用的含义、内容和核算方法;第七章"利润和利润分配",规定了金融企业利润的构成、利润分配的内容及其相关业务的会计核算方法;第八章"外币业务",规定了金融企业外币业务的会计核算方法;第九章"会计调整",规定了金融企业会计调整、会计政策、会计估计、会计差错、资产负债表日后事项的含义及其相关业务的会计处理方法;第十章"或有事项",规定了金融企业或有事项的含义、内容及其会计处理方法;第十一章"关联方关系及其交易",规定了金融企业关联方关系及其交易的含义、形式和会计披露方法;第十二章"财务会计报告",规定了金融企业财务报告的构成及其所应包含的信息内容;第十三章"证券投资基金",规定了基金的会计核算方法;第十四章"信托业务",规定了金融企业信托业务的会计核算方法;第十五章"附则",规定了该金融企业会计制度开始执行的时间。可见,《金融企业会计制度》为金融企业会计核算提供了较为明确的操作规范。

金融企业自己的会计规范是在国家会计法律、法规和会计准则、企业会计制度、信息披露准则和金融企业会计制度等规范的指导下,由金融企业根据自身的条件、特点和经营管理需要制定的适用于本企业内部财务与会计管理的工作规范和管理制度。这些工作规范和管理制度主要包括金融企业财务人员工作规范、资金预算管理制度、贷款管理制度、存款管理制度、储蓄管理制度、固定资产管理制度、费用开支管理制度、投资管理制度、利润分配管理制度、财务分析制度、内部审计制度、会计委派制度、会计档案管理制度等。各个金融企业根据自身的特点和管理的需要,在制定自己的会计管理制度上可能会有较大的差异,只要适用和满足本企业会计核算与会计控制需要,有利于提高会计信息质量的会计规范都是好的会计规范。以商业银行为例,它们一般都本着"统一领导,分级管理"的原则制定自己的会计制度,凡属于全行性的统一制度和具体核算方法,由总行统一制定;分行可在总行统一制度规范下,做必要的补充和修订,并报总行备案后颁布实施。

二、金融企业的会计机构和会计人员

在国家法律、政策和相关会计规范的指导下,根据自身经营的特点、企业管理的需要、会计业务量的多少和复杂程度,金融企业需要科学合理地设置会计机构,配备会计人员,搞好会计核算和会计控制工作。下面结合银行的特点说明金融企业会计机构的设置和会计人员的配备。

根据银行普遍执行的"统一领导，分级管理"经营管理体制，商业银行内部的会计核算单位分为独立会计核算单位和附属会计核算单位，凡是单独编制会计报表和办理年度决算的单位，即为独立会计核算单位；凡是业务收支由主管部门采用并账或并表方式汇总反映的单位，即为附属核算单位。一般地，县级或城市区级和县级或城市区级以上的银行机构为独立会计核算单位；县级或城市区级以下的机构为附属会计核算单位，比如分理处与营业所等一般不设独立的会计机构，只配备专职的会计主管和会计人员。

商业银行在各层级机构中设置相应的会计机构，负责会计的组织与核算工作：总行一般都设置会计部或会计司，负责全行会计制度、会计政策的制定，协助下级行进行会计机构的设置和会计人员的配置，进行会计工作的指导、检查，协助人力资源部门进行会计人员的考核与奖惩，协助抓好会计人员的培训与培养，全面负责全行的会计核算和控制；分行设置会计处，地、市行设置会计科，县级和城区支行设置会计股等，分别负责本级行的会计管理、会计核算和会计控制工作，并协助下级行搞好会计工作；分理处、储蓄所等营业机构专门配备合格的会计人员，负责本机构的会计工作。商业银行的会计工作在行长的领导下，在分管行长的组织下，由会计部门负责。各级银行及其会计机构根据工作需要，设置若干对外营业专柜和内部核算小组，负责办理会计业务和账务处理工作，会计柜组要设置负责全面工作的柜组长，同时需要设置一定数量的专职人员，负责会计业务和账务的复核工作。随着银行经营机构的调整和信息技术的大量运用，其会计机构的设置也会做出相应的调整。

会计工作最终是通过人来完成的，因此，金融企业的各级会计机构都要根据工作需要配备称职、敬业的会计人员。以商业银行为例，其会计人员主要有会计主管人员、复核人员、记账员、出纳员、稽核、检查、辅导人员和其他从事账务工作的人员。根据会计法的规定，从事会计工作的人员，必须取得会计从业资格证书；担任单位会计机构负责人（或会计主管）的，除取得会计从业资格证书外，还应当具备会计师以上专业技术职称资格或从事会计工作三年以上经历。我国的金融企业在配备会计人员时必须符合《中华人民共和国会计法》的相关规定。

金融企业配备会计人员时，应当明确其工作范围、工作职责，做好定岗、定员、定责任的工作，保证会计工作顺利开展，保证会计信息质量。

三、金融企业会计工作中的职业道德

再多再好的会计规范都不可能尽善尽美，企业的会计规范总是有空子可钻，而且，会计工作，尤其是金融企业的会计工作的社会效应很强，如果会计信息的真实性、公允性保障不了，就会给社会造成巨大危害，近年来国内外不少公司出现的一系列会计和财务丑闻事件充分说明了这一点。相当多的研究也证明"道德风险是

十分巨大的财务风险,是导致金融企业会计工作失败的根本原因之一"。因此,金融企业的会计人员具有良好的职业道德十分重要。

所谓道德,是社会意识形态之一,是以善恶评价的方式调整人与人之间及人与社会之间关系的行为规范的总和。它主要通过教育和社会舆论的力量,使人们逐渐形成一定的信念、习惯、传统而发生作用。道德由一定社会的经济基础所决定并为之服务。职业道德是指从事一定职业的人员在职业活动中应遵循的行为规范的总和。基本要求是:向社会负责、爱岗敬业、诚实守信、办事公道等。作为一个职业的从业人员应该具有特定的责任,尤其是为公众利益的最大化服务;有时为了社会的利益和职业的发展,甚至需要从业人员牺牲自己的利益。

金融企业会计人员的职业道德是指会计人员在从事金融企业会计工作时应该遵循的所有行为规范。由于编制和列示会计信息并不是一项能够完全由电脑甚至由训练有素的会计人员完成的机械性工作,所以会计工作的一个重要特点就是需要胜任的专业人员运用职业判断并遵循严格的道德标准解决问题。金融企业的会计人员每天都面临这样的问题:某些复杂业务在什么时点实际上已经发生,从而必须把它们包括在财务报表之中?一个金融企业的财务问题在何时足以引起本企业在可预见的将来陷入财务危机,甚至影响持续经营?这样的信息又应该在何时通过会计报表传递给信息使用者?金融企业利润粉饰的行为在什么情况下超过了正当界限,使得会计报表实际上已经在误导投资者?这些都需要会计人员的道德判断。

由于金融企业会计工作的社会效应很大,会计人员更要注意培养自己的职业道德,并主动遵循职业道德。相当多的职业会计组织对会计人员的职业道德规范做出了明确规定,希望会计师们认真遵循。美国注册会计师协会的会员都需遵循的《职业行为规范》的序言指出:注册会计师承担超出法律和条例要求的自律的义务……和对荣誉行为坚定的承诺,甚至不惜牺牲个人利益。该规范中经常使用的术语有:自律、荣誉行为、道德判断、公众利益、敬业精神、正直和技术与职业标准等。这些术语就体现了一种道德要求。归纳起来,美国 AICPA 对注册会计师的职业道德要求是维护公众利益,具有诚信、客观和独立性,同时在完成职责时需要保持应有的关注。美国管理会计协会也专门规定:作为专业人士,管理会计人员必须尽其对自己、同事和其所属组织的义务,保持较高的道德行为标准。美国管理会计人员应该遵循的职业道德标准是:(1)胜任性;(2)保密性;(3)正直;(4)客观性。国际内部审计师协会在《内部审计师协会道德准则》中对会员的职业道德要求是诚实、客观和勤奋。

《中华人民共和国会计法》第五章"会计机构和会计人员"中明确指出:会计人员应当遵守职业道德,提高业务素质。中国注册会计师协会在其《职业道德基本准则》中对职业道德的重要要求是:独立、客观、公正,具有专业胜任能力,对客户、对同行、对职业组织具有责任感。

我们认为，金融企业会计人员最重要的职业道德是胜任能力，不具备胜任能力就不应该从事会计工作，让缺乏胜任能力的会计人员提供高质量的会计信息是无法想象的；金融企业会计人员另一重要的职业道德是其应该认真关注公众利益、行业利益、企业利益和职业利益，甚至为了上述利益可以牺牲个人的利益；金融企业会计人员的职业道德还应该体现在他们的诚实、独立、客观、公正的工作态度和充满敬业精神的工作状态上。

关键名词

(1) 金融企业会计　　(2) 资产
(3) 负债　　　　　　(4) 所有者权益
(5) 收入　　　　　　(6) 费用
(7) 利润　　　　　　(8) 金融企业会计的职能
(9) 会计假设　　　　(10) 会计原则
(11) 会计规范　　　　(12) 金融企业会计人员的职业道德

复习思考题

(1) 如何理解金融企业会计的含义？与其他行业会计相比，金融企业会计的特点是什么？

(2) 结合金融企业的活动，描述金融企业会计的对象。

(3) 什么是资产、负债、所有者权益、收入、费用和利润？金融企业的资产、负债、所有者权益、收入、费用和利润各包括哪些内容？金融企业会计各要素之间有何关系？

(4) 如何理解金融企业会计的职能与作用？

(5) 结合金融企业的特点，谈谈会计的各个假设对金融企业会计核算的作用。

(6) 如何理解实质重于形式的会计原则？

(7) 分别说明客观性原则、实质重于形式原则、相关性原则、一贯性原则、可比性原则、及时性原则、明晰性原则、权责发生制原则、配比原则、历史成本原则、谨慎性原则、划分收益性支出和资本性支出原则和重要性原则的含义，并分析它们对保证和提高金融企业会计信息质量的意义。

(8) 什么是会计规范？金融企业的会计规范有哪些？

(9) 金融企业如何设置会计机构？如何配置会计人员？

(10) 金融企业的会计人员为什么要讲职业道德？应该具备什么样的职业道德？

第二章 商业银行会计循环

在连续不断的各个会计期间内，会计工作按照一定步骤周而复始进行着的会计程序称为会计循环。会计循环包括取得原始凭证并编制会计分录等六个基本步骤。会计科目是对会计核算内容所作的具体分类，是设置账户的依据。商业银行设置会计科目应遵循一定的原则。会计科目可以按使用范围、与会计报表之间的关系等分为不同类别。商业银行对表内科目采用借贷记账法核算，对表外科目采用单式收付记账法核算。借贷记账法包括记账符号、记账规则、账户分类、试算平衡四个方面的内容。会计凭证是记录经济业务，办理资金收付和明确经济责任的书面证明，也是登记账簿、核对账务和事后查考的依据。会计凭证按照格式和用途不同可以分为通用基本凭证、特定专用凭证两类。账务组织是指账簿的设置、记账程序和核对方法的有机结合。商业银行的账务组织包括明细核算和综合核算两个系统。商业银行采用科目日结单会计核算形式，运用科目日结单汇总每一科目的当日借、贷方发生额，再据以登记总账是这种会计核算形式的显著特点。改正错账的方法有划线更正法、红字更正法、蓝字反向冲正法。商业银行的会计报表主要包括资产负债表、利润表、现金流量表和利润分配表。

第一节 商业银行会计循环概述

一、会计循环的概念

在正常经营活动的任何一个会计期间内，商业银行都会发生大量的经济业务，会计对这些经济业务进行账务处理时，必须按照一定的程序进行。会计工作必须首先取得原始凭证并据以编制记账凭证，再根据记账凭证登记账簿并进行试算平衡，最后编制会计报表。在每一个会计期间，会计工作总是按照这个基本程序有规律地运行着。在连续不断的各个会计期间内，会计工作按照一定步骤周而复始地进行着的会计程序，就称为会计循环。

从理论上讲，会计循环与会计过程有一定的区别。会计过程包括从观察经济活动过程开始，直至编制出解释一系列经济活动的会计报表为止的若干可辨认步骤。会计过程的可辨认步骤与规定的会计制度以及用于汇集、处理和编制会计报表的诸多方法所构成的有机整体才是会计循环。但是，人们往往习惯于用明显可辨认的步骤对会计循环进行描述。

二、会计循环的基本步骤

每一个会计循环由以下六个基本步骤形成：

1. 取得原始凭证，分析会计事项，编制会计分录。为了保证会计核算资料的真实性，会计工作必须做到有凭有据。因此，会计循环的第一个步骤，就是要取得用于证明经济业务发生情况的原始凭证。对取得的原始凭证加以审核，确定所记录经济业务的真实性、合理性、合法性以后，判断应记入账户的名称，编制会计分录。在实际工作中，会计分录的编制是通过填写记账凭证进行的。

2. 登记账簿。会计人员对记账凭证审核后，据以登记日记账、明细账和总账。日记账和明细账，一般按照经济业务发生的时间顺序逐日逐笔登记。总账既可以逐日逐笔登记，也可以定期编制记账凭证汇总表而汇总登记。

3. 编制调整前试算平衡表。登记账簿以后，应根据总账的记录结果编制试算平衡表，检查账簿记录是否正确。通过编制试算平衡表，能够发现影响借贷平衡的错误，如过账方向和数字发生错误等，但不能发现不影响借贷平衡的错误，如重复编制会计分录或重复过账、遗漏编制会计分录或遗漏过账等。所以，会计人员对不影响借贷平衡的错误，在日常会计工作中应特别谨慎。

4. 编制调整分录并登记有关账户。调整分录是在期末结账前，根据权责发生制的原则，对有关账户内容进行调整所编制的会计分录。调整的账项包括预付费用的摊销、应计费用的预提，以及应计收入和预收收入的调整等。编制调整分录的目的，是为了正确反映一定会计期间的收入和费用，合理确定当期的财务成果。调整分录也应过入有关总分类账户和明细分类账户。

5. 结清账户记录。编制调整分录并据以登记账簿以后，应按期结账。为了确保账目正确，还可以编制调整后结账前的试算平衡表，以发现调整过程中可能出现的错账，然后再进行结账。凡属于收入、费用类的虚账户，最后都应结平。凡属资产、负债、所有者权益类的实账户，一般都应结出期末余额，并转作下期期初余额。

6. 编制会计报表。期末，会计人员应根据结账后的各账户余额或结账后的试算平衡表编制各种会计报表。按现行制度的规定，商业银行对外编制的会计报表包括资产负债表、损益表、现金流量表等。

会计工作经过以上六个环节后，已经完成了一轮会计循环。待下一个会计期间到来时，新的一轮会计循环又将开始。会计循环除了前述六个明显可辨认的步骤外，设置会计科目与账户、填制与审核会计凭证、复式记账等，也是会计循环不可分割的部分。

第二节 商业银行的会计科目

一、会计科目的设置原则

会计科目是对会计核算内容所作的具体分类,是设置账户的依据。为了正确反映和监督商业银行的会计核算内容,必须科学地设置会计科目。会计科目的基本设置原则包括:

1. 满足经营管理需要。会计工作是商业银行管理活动的基础和重要组成部分,会计科目的设置必须满足经营管理的需要。经营管理的理念、重点、内容不断变化,会计科目的设置也必须随之变化。例如为了满足资产负债比例管理以及流动性、安全性、效益性经营原则的需要,商业银行应该设置"定期存款"、"活期存款"以及"短期贷款"、"中长期贷款"等反映存款和贷款情况的会计科目。只有设置的会计科目符合经营管理的需要,按照会计科目对经济业务进行分类核算所提供的资料,才能够反映一定时期的经营管理状况。

2. 符合会计核算要求。设置会计科目是会计核算的基础,因此,设置的会计科目要符合会计核算的要求,有利于会计核算的组织和会计资料的提供。首先,会计科目的设置要贯彻权责发生制原则,以便准确记录各期的收入和费用。为此,商业银行应该设置"应收利息"、"应付利息"等会计科目。其次,会计科目的设置要有科学性,做到名称确切、含义清楚、核算内容明确。最后,会计科目的数量要适当,能够恰如其分地反映商业银行的会计核算内容。设置的会计科目过多或过少,都会影响会计核算的质量。

3. 与会计报表要素一致。商业银行的会计科目应根据会计报表要素设置为资产类、负债类、所有者权益类和损益类,这样,通过核算就能够反映出企业的财务状况和经营成果,为会计报表的编制提供直接的数据资料。

4. 突出业务特点。会计科目的设置应该体现各项具体业务的特点。例如信用贷款与抵押贷款、贷款与贴现、吸收存款与发行债券、拆入资金与借入款项、信托业务与租赁业务、自营证券与代发证券等,都需要分别设置会计科目,以便通过核算反映各类经济业务的发生过程和结果。

二、会计科目的分类

(一) 按会计科目的使用范围分类

为了统一核算口径,提供统一的会计报表指标,财政部会同中国人民银行根据各行业务的常规需要,制定了银行业会计科目和金融性公司会计科目。其中:银行业会计科目又分为全国统一的银行业会计科目和各行系统内会计科目。银行发生经济业务时，根据系统内会计科目进行核算，但在编制会计报表时，必须严格按照银行业会计科目的归属关系填报有关数据，确保核算口径一致、指标可比。

（二）按与会计报表的关系分类

会计科目按其与会计报表的关系划分，可以分为表内科目和表外科目。表内科目又可以分为资产负债表科目和损益表科目。

资产负债表科目是编制资产负债表的依据，这类科目在期末一般都有余额，它表示商业银行的资产、负债和所有者权益的实有数，并且结转至下期期初，为下期的期初余额。

损益表科目是用于归集和反映某一会计期间的营业收入、营业支出和营业成果，并据以编制损益表的会计科目。这类科目反映的是本期已实现的收入和已发生的费用，在每个会计期末结转至"本年利润"科目以形成利润。本类科目期末没有余额。

表外科目是用以反映债权债务已经形成但尚未涉及资金增减变化的会计事项以及保管债券、单证等需要在表外进行控制的事项。如为了记载超过规定期限而应收未收的利息，应设置"未收贷款利息"表外科目；为了记载有价单证和空白重要凭证的调拨、领用和库存情况，应设置"有价单证"和"空白重要凭证"表外科目等。

（三）表内科目按经济内容分类

表内科目分为资产、负债、所有者权益、损益四大类。其中：银行业表内科目还包括具有资产和权益双重性质的科目。

1. 资产类科目。主要用于反映和监督各类资产的增减变动及其结存情况。该类科目主要包括现金、银行存款、贵金属、各类贷款、应收款项、存放在中央银行和联行及同业的款项、对外投资、固定资产和其他资产类科目。这类科目的排列顺序也与工商企业会计科目一样，是根据资产流动性快慢排列的。

2. 负债类科目。主要用于反映和监督各类负债的增减变动及结余情况。这类科目主要包括各类存款、向中央银行借款、联行或同业存放在本行的款项、拆入资金、各种应付款项等。它们是根据负债的期限长短和内容来设置的，有流动负债和长期负债两类。

3. 所在者权益类科目。主要用于反映和监督投资者投入资本金及其变化情况。这类科目与其他企业一样，也包括实收资本（股本）、资本公积、盈余公积和本年利润等科目。

4. 损益类科目。主要用于反映和监督从不同途径取得收入和发生费用的情况。这类科目主要有各项收入、各项支出及费用等科目，它们是计算商业银行损益的依据。

以上四类科目是银行业和金融性公司共有的会计科目。各个金融企业由于反映自身独特业务和加强经营管理的需要,在遵循共同科目设置原则的基础上,对具体科目的选用会有差异,从事同类别金融业务的不同企业在相同业务上对会计科目的称呼也会有所不同。读者可以查阅各个金融企业的会计科目表了解这些内容。

第三节　商业银行的记账方法

记账方法是使用一定的记账符号,按照一定的记账规则,将经济业务进行整理、分类和登记会计账簿的一种专门方法。商业银行会计的记账方法包括复式记账法和单式记账法两种。经济业务发生后,涉及到表内科目增减变化的,采用复式记账法;未引起表内科目变化,涉及表外科目增减变化的,采用单式记账法。

一、复式记账法

复式记账法就是对每一项经济业务,都要以相等的金额,同时在两个或两个以上相互联系的账户中进行登记的记账方法。我国商业银行采用借贷记账法对表内科目进行记载。借贷记账法的主要内容如下:

（一）记账符号

借贷记账法以"借"和"贷"作为记账符号。用"借"反映资产增加或负债和所有者权益的减少;用"贷"反映资产的减少或负债和所有者权益的增加。

（二）记账规则

在借贷记账法下,对每一项经济业务,都以相等的金额同时记入借方账户和贷方账户。其记账规则是:有借必有贷,借贷必相等。

（三）账户分类

在借贷记账法下,可以设置具有资产和权益共同性质的账户,即有的账户不固定性质,在期末按其余额所在的方向列入资产负债表的资产方或权益方,如"待清算辖内往来"账户和"外汇买卖"账户等。

（四）试算平衡

试算平衡是利用资产和权益之间存在的对立统一的平衡关系以及记账规则的平衡理论,检查各类账户的记录是否正确的一种方法。试算平衡一般是通过编制"试算平衡表"来进行的。

借贷记账法的平衡关系有以下两种:

1. 发生额平衡。发生额平衡是指所有账户的借方发生额合计等于所有账户的贷方发生额合计。用公式表示为:各账户借方本期发生额 = 各账户贷方本期发生额。这是按照"有借必有贷、借贷必相等"的记账规则记账后所产生的必然结果。因为，各账户的借方发生额合计，相当于把复式记账的借方发生额相加；各账户的贷方发生额合计，相当于把复式记账的贷方发生额相加，二者必然相等。

2. 余额平衡。运用借贷记账法记载账务，资产类账户为借方余额，负债及所有者权益类账户为贷方余额。根据"资产=负债+所有者权益"的平衡公式，资产总额与负债、所有者权益总额必然平衡。用公式表示为：各科目借方余额合计=各科目贷方余额合计。

现以某商业银行发生的有关经济业务为例，说明借贷记账法的具体运用。

【例1】 某储户送存现金5 000元，存入活期储蓄存款。银行的会计分录为：

借：现金 5 000
　贷：活期储蓄存款 5 000

【例2】 卖出黄金，收取现金10 000元。银行的会计分录为：

借：现金 10 000
　贷：贵金属 10 000

【例3】 振兴中药房签发转账支票计金额18 000元，转入中华制药厂账户，系支付购货款。银行的会计分录为：

借：单位活期存款——中华制药厂 18 000
　贷：单位活期存款——振兴中药房 18 000

【例4】 金星商厦归还贷款本金300 000元，同时支付利息8 000元，全部从其存款账户中支付。银行的会计分录为：

借：单位活期存款——金星商厦 308 000
　贷：短期贷款 300 000
　　　利息收入 8 000

二、单式记账法

单式记账法，就是对每项经济业务一般只在一个账户中进行登记的一种方法；有时即使登记在两个账户中，但这两个账户之间的记录也没有直接的联系。

对于不涉及实际资金增减变化，但须承担一定经济责任的重要业务事项，如代保管的有价值物品、重要空白凭证及托收款项等，需要设置表外科目核算。我国规定对这类业务采用单式的收付记账法进行反映和监督，即以"收入"和"付出"作为记账符号。当表外科目涉及的业务发生时记收入，注销或减少时记付出，余额表示尚未结算的业务事项。如商业银行从中央银行领回本票时，账务处理方法为：

收入：未签发本票

本票签发出去时，账务处理方法为：

付出：未签发本票

采用单式收付记账法时，各科目只单方面反映自身的变动，不涉及其他科目，也不存在科目间的平衡关系问题。

第四节　商业银行的会计凭证

一、会计凭证的意义

会计凭证是记录经济业务，办理资金收付和明确经济责任的书面证明，也是登记账簿、核对账务和事后查考的依据。

编制会计凭证是会计核算的起点和基础，任何一项经济业务的发生都必须取得或编制会计凭证。登记账簿时，必须以审核无误的会计凭证为依据，以保证会计核算资料的真实性。

根据商业银行业务量大、分工细的特点，会计凭证除少量需根据业务事实自行编制外，对外业务绝大部分都是以单位向银行提交的各种凭证作为记账凭证。以单位提交的凭证作为记账凭证，必须经过会计部门的严格审查和签章，以明确有关经办人员的经济责任，并保证会计凭证的正确、完整、合法。因此，会计凭证是办理经济业务的最具法律效力的重要凭据，能够起到维护国家和企业财产安全与完整的作用。

会计凭证不仅能够反映每笔业务活动和财务收支是否合理合法，而且在事后检查中对于违纪违法或账务差错等问题，也可以通过有关会计凭证进行查对，所以会计凭证又是事后考查的重要依据。

由于经办业务时会计凭证要在不同柜组间进行传递，所以，在商业银行内部，会计凭证习惯上被称为"传票"。

二、会计凭证的种类

商业银行的会计凭证种类繁多，可以按照不同的标志进行分类。按照格式和用途不同，可以分为通用基本凭证和专用特定凭证；按照核算方法不同，可以分为表内科目凭证和表外科目凭证；按照凭证形式不同，可以分为单式凭证和复式凭证。目前，我国商业银行会计凭证主要按照格式和用途不同进行分类。

（一）通用基本凭证

通用基本凭证是根据原始凭证及业务事项由各商业银行自行编制并据以记账的凭证。按业务性质不同，它分为以下10种：现金收入传票（表2-1）、现金付出传票①、转账贷方传票（表2-2）、转账借方传票②、特种转账贷方传票（表2-3）、特种转账借方传票③、外汇买卖贷方传票、外汇买卖借方传票、表外科目收入传票（表2-4）和表外科目付出传票④。

表2-1　　　　　　　　　　**现 金 收 入 传 票**

铜牌或对号单第　　号

（贷）_____年　月　日

（借）现金

总字第	号
字第	号

户名或账号	摘要	金额	
		（位数）	附件　　张

会计　　　出纳　　　复核　　　记账

表2-2　　　　　　　　　　**转 账 贷 方 传 票**

总字第	号
字第	号

科目　　（贷）　　　　年　月　日　　　对方科目（借）

户名或账号	摘要	金额	
		（位数）	附件　　张

会计　　　　　　复核　　　　　　记账

---

① 作者注：现金付出传票除左上角为"（借）——"、"（贷）：现金"外，其余部分与现金收入传票相同。

② 作者注：转账借方传票除左方科目为"（借）"，右方对方科目为"（贷）"外，其余部分与转账贷方传票相同。

③ 作者注：特种转账借方传票除右下方为"科目（借），对方科目（贷）"外，其余部分与特种转账贷方传票相同。

④ 作者注：表外科目付出传票与表外科目收入传票的格式完全相同。

表 2-3　　　　　　　　　　　特 种 转 账 贷 方 传 票

　　　　　　　　　　　　　　　　年　月　日

总字第　　　号
字　　第　　号

付款单位	全称		收款单位	全称	
	账号或地址			账号或地址	
	开户银行	行号		开户银行	行号

金额	人民币（大写）										

原凭证金额		赔偿金	
原凭证名称		号码	科目（贷）_____
转账原因	银行盖章		对方科目（借）_____ 会计　　复核　　记账员

附件　　张

表 2-4　　　　　　　　　　　　表外科目收入传票

　　　　　　　　　　　　　　　　年　月　日

总字第　　　号
字　　第　　号

户名	摘要	表外科目代号	金额	
			（位数）	
会计	保管	复核	记账	

附件　　张

现金传票和转账传票只限银行内部使用，不向外部销售和传递。特种转账传票不对外销售但可对外填发，适用于涉及外单位并且又无专用凭证的一切转账借贷业务。外汇买卖传票适用于经营外汇业务的金融机构。

（二）特定专用凭证

特定专用凭证是根据某项业务的特殊需要制定的具有专门格式和用途的凭证。这类凭证由银行统一印制发行，各企业单位需要时向银行购买。实际工作中，商业银行除少数业务需自制凭证外，一般都是以客户向商业银行提交的专用凭证作为记账凭证，如商业汇票、汇兑结算凭证、委托收款凭证等。

三、会计凭证的处理

会计凭证的处理是指从编制或审查凭证算起，经过账务处理的各个环节，直到装订保管为止的整个过程。合理地组织凭证传递，对于迅速办理各项业务，加速资金周转，及时完成核算工作都有重要的意义。

（一）会计凭证的编制

编制会计凭证是会计核算工作的起点和基础。编制凭证应做到要素齐全、内容完整、反映真实、数字正确、字迹清楚、书写规范、手续完备、不得任意涂改。对外签发的凭证以及受理客户提交的凭证，其金额除阿拉伯数字的小写金额外，应同时填写中文大写数字，以防涂改，大小写数字必须相符。

商业银行较多地使用单式凭证。在其他行业中，主要使用复式凭证，很少使用单式凭证。采用单式凭证时，一张凭证只填写一个会计科目，一笔经济业务涉及几个会计科目，就要填写几张单式凭证。因而，若不采用复写的方法，势必增加填制和装订凭证的工作量，同时也不便于日后查考某项业务的全貌。但是商业银行经济业务量大，凭证传递次数多，会计分工较细，使用单式凭证可以加速凭证的周转，便于分工记账和汇总。

商业银行大量采用原始凭证作为记账凭证。实际工作中，商业银行大量原始凭证都是按专门格式印制的，且大多是一次套写多联，凭证中不但包括经济业务的主要内容，还留有填写会计分录的地方，所以这种凭证既是原始凭证又起记账凭证的作用，从而提高了工作效率，对保证核算质量、减少差错和节约纸张也很有益。

在编制现金传票时，应根据企业内部发生的现金收入或现金付出业务，自行编制一张贷记××科目的现金收入传票或借记××科目的现金付出传票。对外业务中的现金收付，则以客户提交的现金缴款单、现金支票等代替现金收入和现金付出传票。为了简化手续，不再另编现金科目传票。

每笔转账业务都必须编制转账借方或贷方传票。为了便于明确对转关系和事后查考以及核对账务，对于每笔业务涉及的一套转账传票，不论几张都应该编列同一传票顺序，对其中每一张传票，还应编列分号，同时还应该在相关传票上列出对方科目。对单位提交的特定凭证，可按规定分别代替转账借方传票和转账贷方传票。

（二）会计凭证的审查

对自制或客户提交的会计凭证，都必须根据会计制度和有关业务的要求，严格进行审查，以保证凭证的正确性、完整性、真实性、合法性。只有经过审查合格的凭证，才能作为处理业务和记载账务的依据。

会计凭证审查的要点为：是否为本行受理的凭证；凭证内容、联数、附件是否齐全完整；是否超过有效期限；账号、户名是否相符；大小写金额是否一致，字迹有无涂改；取款是否超过存款余额、拨款限额和贷款额度；密押、印鉴是否真实齐全；款项来源、用途是否符合政策和有关财务管理的规定；计息、收费、赔偿金的计算是否正确；内部科目的账户名称使用是否正确。

经审查无误的凭证，应及时处理。如果内容不够齐全，应予退回补办手续。对不符合要求的凭证，应拒绝受理。如发现伪造凭证等犯罪行为，要认真追究，严肃处理。

（三）会计凭证的签章

会计凭证的签章是确认凭证有效性、表示业务手续完成程度和明确经济责任的重要措施。凡是经过审查处理的凭证，都应加盖有关人员印章和规定的公章。如现金收入传票在收妥现金后，应加盖"现金收讫章"；现金付出传票付款后，应加盖"现金付讫章"；转账传票和给单位的收、支款通知应加盖"转讫章"；发出的有关结算凭证以及有关结算款项的查询书等，应加盖"结算专用章"；办完手续发给客户的存单、存折、收据等，应加盖"行名业务公章"；联行专用章按联行制度规定使用。

（四）会计凭证的传递

会计凭证的传递不仅在一个行处内进行，有的还要在不同金融机构之间进行。科学合理地组织会计凭证传递，有利于迅速办理各项业务，加速资金周转，及时完成核算工作。因此，应根据各项业务特点、会计核算要求和劳动组织分工等情况，按照先外后内、先急后缓的原则组织凭证传递。一般而言，在手工操作的行处，外来凭证应先经过接柜人员审核，然后交记账员确定会计分录，记入明细账户，再交复核员复核；自制凭证经有关人员签章和记账后，也要交复核员复核。在使用计算机的行处，经办员受理审查凭证后，交由操作人员将数据及时或分批输入计算机处理。联行凭证的传递按联行制度规定办理。

为了维护商业银行资金的安全，在人机并用的情况下，凭证的传递除符合上述要求外，还必须遵守以下顺序规则：现金收入凭证必须先由出纳收款，后交会计记账，以防止漏收或错收款项；现金付出凭证必须先由会计记账，后交出纳人员付款，以防止透支；转账凭证必须先记付款单位账，后记收款单位账，代收他们的票据时，必须待款项收妥后才能使用，以贯彻银行不垫款原则；无论联行之间还是银行内部的凭证传递，除业务核算手续另有规定外，应一律通过邮局或银行内部传递，不得交由客户代为传递，以免发生账务错乱或丢失。

（五）会计凭证的整理、装订和保管

会计凭证是重要会计档案，是事后查考的依据。为了保证会计资料的完整性和安全性，必须按规定装订归档，妥善保管。

每日结账后，应将凭证按科目清分，附在各科目日结单的后面。对每一科目的

传票再按现金付出、现金收入、转账借方、转账贷方顺序整理，然后按科目代号顺序排列，并加传票封面、封底装订成册。装订的传票应在结绳处用纸条加封，由装订人员和会计主管人员在封条骑缝处盖章，以明确责任。已装订成册的传票应编制传票总号，每册传票封面上按日编制顺序号。每日分册装订的传票，应注明共几册、第几册，并登记会计档案保管登记簿，交保管人员入库妥善保管。

第五节 商业银行的账务组织及其账务处理

一、账务组织

账务组织，又称会计核算形式，是指账簿的设置、记账程序和核对方法的有机结合。账务组织主要由各种账簿组成，但为了核算的严密性，还设置了有关表、单，作为账务组织的组成部分。

账务组织要求结构严密，并能保证核算资料的系统、完整、准确。我国商业银行主要使用单式凭证和科目日结单的账务组织形式，这样便于按科目汇总发生额和登记总账。今后随着电子计算机在会计部门的广泛应用，采用复式凭证和日记账的账务组织更有利于严密监督和提高账务处理速度。

商业银行的账簿分为序时账、分类账和登记簿。序时账是按业务发生的先后顺序进行登记的账簿，如现金收入日记簿和现金付出日记簿；分类账包括总分类账和明细分类账；登记簿是明细分类账的辅助账簿，用以登记明细分类账簿未能或不必记载而又需要登记和查考的业务事项。

账务组织包括明细核算和综合核算两个系统。明细核算是按账户核算，反映各单位或各项资金增减变化及其结果的详细情况的核算系统；综合核算则是按会计科目汇总核算，反映各类资金的增减变化及其结果的总括情况的核算系统。这两个核算系统是根据同一会计凭证进行平行登记而分别核算的。明细核算对综合核算起着补充作用，综合核算对明细核算起着统驭作用，两者构成了一套完整的、科学的、严密的账务组织体系。

（一）明细核算

商业银行的明细核算由分户账、登记簿、余额表、现金收入日记簿和现金付出日记簿四种记录组成。

1. 分户账。分户账是明细核算的主要形式，是各账户的明细记录，必须按单位或资金性质立户连续记载，以便详细反映各账户的资金增减变化情况。根据账户是否计息，以及是否逐笔记账和销账的特点，分户账又分为甲、乙、丙、丁四种。

甲种账：设借方、贷方和余额3栏，用以记录不计息或使用余额表计息以及内部资金的各账户，格式如表2-5所示。

表 2-5

_____账

本账总页数	
本户页数	

户名：　　　　　账号：　　　　领用凭证记录

年		摘要	凭证号码	对方科目代号	借方（位数）	贷方（位数）	借或贷	余额（位数）	复核盖章
月	日								

会计：　　　　　　　　　　　　　　记账：

乙种账：设借、贷、余、日数、积数 5 栏，用以记录直接在账页上计算利息的账户，积数是计息积数的简称，它等于账户余额与日数的乘积。其格式如表 2-6 所示。

表 2-6

_____账

本账总页数	
本户页数	

户名：　　　账号：　　　领用凭证记录：　　　利率：

年		摘要	凭证号码	对方科目代号	借方（位数）	贷方（位数）	借或贷	余额（位数）	日数	积数（位数）	复核盖章
月	日										

会计：　　　　　　　　　　　　　记账：

丙种账：设借、贷方发生额和借、贷方余额 4 栏，用以记录需要在借、贷双方反映余额的账户。格式如表 2-7 所示。

表 2-7

_____账

		本账总页数：	
		本户页数：	
贷款指标	拨款限额	期　限	
		年　月　日起止	

户名：　　　　　账号：　　　　　领用凭证记录　利率存贷

年		摘要	凭证号码	对方科目代号	发生额		余　额		复核盖章
月	日				借方（位数）	贷方（位数）	借方（位数）	贷方（位数）	

会计：　　　　　记账：

丁种账：设有借方发生额、贷方发生额、余额和销账 4 栏，用以记录逐笔销账的一次性账务，例如本行借入的资金可用此格式。它兼有分户核算的作用，且这种反映方法可以在同一行看出资金的全部面貌，便于核对账务，并克服了因时间跨度大可能引起的账务混乱。格式如表 2-8 所示。

表 2-8

_____账

												本账总页数		
												本户页数		
年		账号	户名	摘要	凭证号码	贷方（位数）	销账			借方（位数）	借或贷	余额（位数）	复核盖章
月	日						年	月	日				

会计：　　　　　记账：

以上是分户账的四种基本格式，各商业银行根据需要全部使用或使用其中的几种。比如有些商业银行规定使用的甲种账称为"分户式账页"，乙种账称为"计息式账页",丁种账页称为"销账式账页"。由于会计制度取消了借、贷双方同时反映余额的科目,因此,丙种账页使用较少。

分户账是各单位资金增减变动情况的详细记录。因此,在记载分户账时,账页上列示的账号、户名、支票起讫号码、限额、利率、页数等应逐一填写。摘要栏应简明扼要说明业务内容,并分别情况记载现收、现付、转借、转贷、汇出、汇入、贷款、还款等业务事实。使用电子计算机记账的,可用数码代号;以现金支票和转账支票代传票时,还应填列凭证号码的后四位数;要根据凭证逐笔正确记录借贷方发生额,并结出余额;为了简化手续,对同一收付款单位账户的多笔借或贷方传票可以根据原始凭证汇总出两联记账凭证,一联凭以记账,一联作为回单退交客户。

记账前,必须切实核对户名、账号、印鉴、余额、凭证号码等,防止串户、透支等事项的发生。同时并注意账页上有无特殊备注,如冻结、止付等。

损益类各账户,应具体记载发生收支的事由。收付利息采取汇总填制传票的,要填写科目、户数、利率和计息期;采取逐笔填制传票的,要写明科目、账号、起止息日期、利率、积数或本金。费用开支要写明用途和购买的物品名称、数量、单价等。

使用销账式账页,在销记了某笔款项时,应在原发生额销账栏填明销账日期。如遇一次不能销账而需分次销账时,可另设账页记载。

账页记满更换新账页时,应在新账页第一行摘要栏内填写"承前页"字样,同时,将上一页最后余额过入新账页的余额栏中。采用复写账页记满时,应将对账单及时或定期送交开户单位对账。采用"对账未达清单"对账的,月末营业终了,不论账页是否记满,均应结转新账页,并将原账页的对账单交给客户。对客户反馈或对账中发现的账务不符,应及时查找更正。

2. 登记簿。登记簿是一种备查账簿,商业银行会计较多地使用登记簿作为明细账的一种补充形式,它是为适应某些业务需要而设置的,如对客户交来的托收单据的记录等;也是记录和控制重要空白凭证和有价单证及实物的重要账簿,如对现金支票、银行本票、代管物品的记录等;此外它还是统驭卡片账的辅助账簿。

3. 余额表。余额表是登记各分户账余额的明细表,也是核对总账和分户账余额是否相符和计算利息的重要工具,它根据各分户账的余额填列,分为计息余额表和一般余额表两种:计息余额表适用于计息科目,每日营业终了,根据分户账各户的最后余额填列。若当日没有收、付方发生额的记录,应根据上日的最后余额填列,以便与总账核对和计算计息积数,除储蓄业务和用乙种账计息的账户外,其他计息的存、贷款科目均使用计息余额表。一般余额表适用于抄列不计息科目的各分户账的余额,通常在账务交接和年终核对账务或者进行总分账务核对时编制。这两种余额表的格式分别见表 2-9、表 2-10。

表 2-9　　　　　　　　　中国工商银行（　　）

计 息 余 额 表

科目名称　　　科目代号　　　年　　月份　利率：　　　共　页第　页

户名账号／余额／日期	(位数)	(位数)	(位数)	(位数)	(位数)	(位数)	(位数)	(位数)	(位数)	(位数)	复核盖章
1 … 10 天小计 11 … 20 天小计											
本月合计											
至上月底未计息积数											
应加应减积数											
至本月底累计未计息积数											
结息时计算利息数											

会计　　　　　复核　　　　　记账

表 2-10　　　　　　　　　中国工商银行（　　）

一般余额表

年　月　日　　　　　　　共　　页第　页

科目代号	户号	摘要	余额（位数）	科目代号	户号	摘要	余额（位数）

4. 现金收入日记簿和现金付出日记簿。现金收入日记簿和现金付出日记簿是

反映和监督现金收入、付出情况的序时账簿，也是商业银行重要的明细账，由出纳会计根据现金收入传票和现金付出传票分别逐笔进行登记。每日营业终了，其收入合计数和付出合计数应与库管员经管的现金库存簿以及会计总账科目的对应项目核对相符。

（二）综合核算

综合核算是各科目的总括记录，按科目进行核算。其作用是综合反映各部门、各类资金的变化情况，概括商业银行业务全貌和控制各科目明细账的数额。综合核算由科目日结单、总账、日计表所组成。

1. 科目日结单。科目日结单是每一会计科目当日借、贷方发生额和传票张数的汇总记录，是监督明细账户发生额，轧平当日账务的重要工具，也是登记总账的依据。

每日营业终了，根据同一科目的传票，分别借方、贷方，再按现金和转账各自相加填制的，同时还需注明传票张数。现金科目日结单，是根据各科目日结单的贷方现金数相加，填入现金科目日结单的借方；根据各科目日结单的借方现金数相加，填入现金科目日结单的贷方。现金科目日结单不需填写传票张数。每张科目日结单的借方合计数与贷方合计数必须相等，表外科目日结单只填同一科目的收入、付出传票的金额、凭证张数及附件的合计数。科目日结单的格式见表 2-11。

表 2-11　　　　　　　　　　　　　　科目日结单　　　　　　　　　　年　月　日

借　方		贷　方	
传票张数	金额（位数）	传票张数	金额（位数）
现金　　张		现金　　张	
转账　　张		转账　　张	
合计　　张		合计　　张	

复核　　　　　　　　　　　　　　　　　　　　　　制单

2. 总账。总账是会计账簿中综合、总括反映和监督经济业务的分类账簿，对分户账起着控制和统驭的作用，是定期编制各种会计报表的依据。每日根据该科目的科目日结单的借、贷方发生额合计数登记，每日占一行，并结出当天余额，每月需更换一次账页。对那些借贷双方反映余额的科目，其余额应根据余额表或分户账各户的借方、贷方余额分别反映，不得轧差记载。总账格式如表 2-12 所示。

表 2-12　　　　　　　　　　　　总　账

科目名称：　　　　　　　　　　　　　　　第　号

年　月份	借　方	贷　方			
上年底余额					
本年累计发生额					
上月底余额					
日　期	发生额		余额		复核盖章
	借方	贷方	借方	贷方	
1					
2					
…					
月　计					
自年初累计					
本期累计息积数					
本期累计未计息积数					

3. 日计表。日计表是反映当天业务活动和轧平当天全部账务的主要工具。它根据当天各总账账户的发生额和余额填制。借、贷方发生额和余额的合计数必须各自平衡。由此可见它实质上是当天的科目汇总表。其格式如表 2-13 所示。

表 2-13　　　　　　　　　中国工商银行（　　）

日　计　表

年　月　日　　　　共　页　第　页

科目代号	科目名称	本日发生额		余额		科目代号
		借方	贷方	借方	贷方	
		（位数）	（位数）	（位数）	（位数）	

行长（主任）　　　　　　会计　　　　　复核　　　　制表

由以上内容可以看出，商业银行的账簿设置是十分严密的，明细核算和综合核算两大部分紧密结合，各部分内部则步步深入，前一步为后一步打基础，后一步以前一步为条件，这一点尤其是在综合核算三个方面表现得特别突出。

二、账务处理

账务处理是从受理或编制凭证开始,经过账务记载与核对,编制日计表,直至轧平账务为止的全部过程。包括账务处理程序、账务核对程序以及错账更正等。

(一) 账务处理程序

账务处理程序也称会计核算形式,各种不同的核算形式都是根据登记总账的依据不同而命名的。商业银行的会计核算形式既不同于工商企业中的汇总记账凭证核算形式,也不完全同于科目汇总表核算形式,而是科目日结单核算形式。运用科目日结单汇总每一科目的当日借、贷方发生额,再据以登记总账,是这种会计核算形式的显著特点。具体程序如下:(1)根据经济业务编制现金收入、付出传票和转账借方、贷方传票;(2)根据现金传票和转账传票登记现金收(付)日记簿和各种分户账及登记簿,并根据分户账编制余额表;(3)根据现金传票和转账传票编制科目日结单;(4)根据科目日结单登记总账;(5)进行总分核对和账实核对;(6)根据总账编制日计表。

商业银行采用的账务处理程序的具体步骤如图2-1所示。

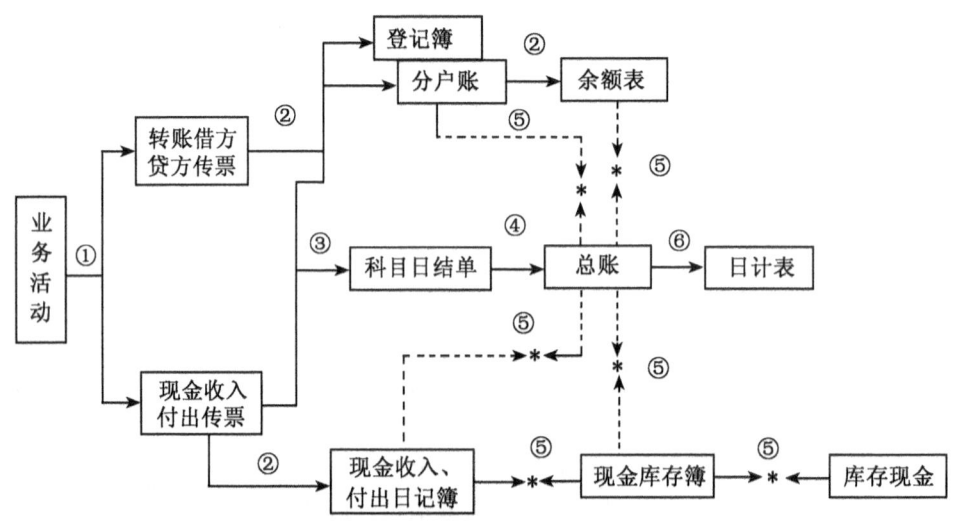

图 2-1 商业银行的账务处理程序

(二) 账务核对

账务核对是防止账务差错,保证核算质量的重要措施。通过核对可以确保账务正确,做到账账、账表、账款、账据、账实和内外账务相符。

1. 每日核对。每日核对包括以下内容:(1)总分核对。每日营业终了,总账各科目余额与同科目分户账或余额表各户余额合计数核对相符。（2）账款核对。现金收入、付出日记簿的合计数，必须与现金科目总账借方、贷方发生额核对相符；现金库存簿的现金库存数，应与实际库存现金和现金科目总账的余额核对相符。（3）表外科目核对。各表外科目余额应与有关登记簿核对相符，其中空白重要凭证、有价单证应核对当日领入、使用、售出及库存数，并与实际库存数核对相符。

2. 定期核对。凡未能每日核对的账务，均属定期核对的内容，定期核对的内容为：（1）使用丁种账记账的科目，每旬末加计未销账的各笔金额总数，与该科目总账核对相符。（2）计息积数核对。将余额表上的计息积数按旬、按月、按结息期与同科目总账的同期余额累计数核对相符。对应加、应减积数，应审查数字是否正确。（3）各种卡片账的核对。如定期储蓄账卡、联行账卡、农贷账卡等，按月与各该科目总账核对相符。（4）账实核对。包括固定资产、金银、物品、有价单证、重要空白凭证等，每月账实核对相符，房屋器具定期和在年终决算前账实核对相符。（5）内外账务核对。包括银行与各单位之间，人民银行与商业银行以及其他金融机构之间的往来款项按月或按季采用一定的对账方法进行核对。

每日核对和定期核对二者必须有机结合，才能确保会计核算质量。

三、记账规则和错账冲正

记账是商业银行处理账务和业务的重要环节。因此要认真按照记账规则记账，如果出现记账差错，应按统一的错账冲正办法冲正。

（一）记账规则

1. 记账簿必须根据传票记载，做到内容完整、数字准确、摘要简明、字迹清晰。如果传票内容有错误或不完整，必须将传票内容更正或补充后再记账。

2. 记账应用蓝黑墨水钢笔书写，复写账页可用圆珠笔及双面复写纸套写。红色墨水只能用于划线和冲账以及按规定用红字书写的有关文字说明。

3. 账簿上所记载的文字及数字，一般只占全格的二分之一，摘要栏文字如一格写不完时可以在下一格连续填写，但其金额应填在末一行的金额栏内。账簿余额结算时，应在元位以"——0——"表示结平。

4. 账簿上的一切记载，不准涂改、刀刮皮擦、挖补和用药水销蚀。

5. 因漏记使账页发生空格时，应在空格的摘要栏用红字注明"空格"字样。

6. 一切账簿记载均以人民币"元"为单位，元以下计至角、分位，分位以下四舍五入。

（二）错账更正

账务记载力求准确无误，一旦发现错误，必须采用相应的办法处理。

1. 划线更正法。当日发现记账差错，可采用划线更正法予以更正，更正程序为：(1) 日期和金额写错时，应用一条红线将错误的数字全行划销，然后将正确的日期和金额填在划线上方，并由更正人员在红线左端盖章，以明确经济责任。文字写错，只需将错字划红线，并在红线上方写上正确的文字。(2) 传票填错科目或账户，应先更正传票，然后按 (1) 项办法更正账簿。

2. 红字更正法。日后发现本月或本年度以内的记账差错，可采用红字更正法予以更正，更正程序为：(1) 传票金额填错，造成账簿记错，首先用红字编写与原先错误凭证完全相同的记账凭证，并用红字登记入账，冲销原来的错账，然后，再用蓝字编写正确的记账凭证，并据以入账。(2) 记账串户，应编制同一方向红、蓝字冲正传票办理冲正。红字传票冲销原来的错账，蓝字传票补记正确的账户。(3) 传票填错科目或账户，按 (2) 项办法处理。

3. 蓝字反方向冲正法。凡以前年度的错账，应填制蓝字反方向传票冲账，不再更改年度报表，因冲正错账影响计息的，还要计算应加、应减积数。

凡是办理错账更正，均应在摘要栏内注明"更正错账"字样。

第六节 商业银行会计报表简介

会计报表是定期对核算资料进行归类、整理和汇总而编制的，用以全面反映商业银行一定时期财务状况和经营成果的一种书面报告。它是考核商业银行贯彻执行国家方针政策、检查商业银行业务工作和财务工作质量的依据，是平衡银行账务的工具。编制会计报表是会计核算的一种重要方法。

一、会计报表的作用

(一) 综合反映一定时期的业务活动和财务活动

在日常会计核算中，通过编制会计凭证、登记账簿等核算环节，可以提供每个科目和每个账户的具体资料，但不能全面地、综合地反映商业银行在一定时期内的各种业务活动，以及由此引起的资产、负债、所有者权益变化情况及财务收支状况。因此，必须将分散的会计资料，按一定的要求加以归类和汇总，并形成会计报表，向有关方面反映商业银行一定时期的业务活动和财务成果。

(二) 为考核国家方针政策执行情况提供依据

国家方针政策的执行情况，都体现在商业银行的各项业务活动中，而会计报表是对一定时期业务活动和财务活动的总结。通过逐级报送会计报表，便于政府部门了解国家方针政策的执行情况。

(三) 检查与监督日常核算工作

会计报表是依据日常会计核算资料编制的，编制会计报表的过程，就是对日常会计核算资料系统地归纳、整理过程。通过编制会计报表，可以检查日常账务记载的正确性、完整性。比如通过编制日计表，可以检查各科目发生额和余额是否平衡。如果日计表有关数字不平衡，则说明当天账务处理有误。所以，会计报表是平衡账务、检查与监督日常核算工作的工具。

编制会计报表必须做到反映真实、内容完整、数字正确、字迹清晰，同时还须编报及时，以充分发挥报表的应有作用。

二、商业银行会计报表的种类

商业银行会计报表，包括资产负债表、损益表、现金流量表、利润分配表。按照不同标准可以进行以下几种分类：

（一）按照其反映的经济内容分

可分为反映银行财务状况及其变动情况的会计报表。这类报表又可分为两种：反映银行在特定日期的财务状况的会计报表；反映银行在一定时期的财务状况的会计报表。

（二）按照其反映的资金运动形态分

可分为动态会计报表和静态会计报表。动态会计报表是反映银行在某一时期内资金增减变化的报表，如损益表、现金流量表；静态会计报表是指综合反映银行在某一时刻资金变化处于相对静止状态的报表，如资产负债表。

（三）按照其编报时间分

可分为年度会计报表、季度会计报表和月度会计报表。年度会计报表简称年报，是全面反映银行全年的经营成果、财务状况及其现金流量情况的会计报表。年报要求的会计报表种类和反映的信息最为完整齐全，以便能全面地反映全年的经营活动。季度会计报表简称季报，是反映银行一个季度的经营成果、财务状况及其变动情况的会计报表，每季编制一次。季报在会计信息的详细程度方面，是介于月报和年报之间的报表。月度会计报表简称月报，是反映银行本月份经营成果和财务状况的会计报表，每月编制一次，它只包括几个主要的会计报表，如资产负债表、损益表等。

（四）按照其编制的单位分

可分为单位会计报表和汇总会计报表。单位会计报表又称"基层会计报表"，是指独立核算的基层单位，根据银行日常的核算资料所编制的反映本单位的经营成果和财务状况的会计报表。汇总会计报表，是指上级主管部门根据所属各单位的会计报表并汇总本身的会计报表所汇总编制的综合性会计报表，提供综合的信息指标。

（五）按照其报送的对象分

可分为对内会计报表和对外会计报表。对内会计报表是指单纯为银行内部管理服务的会计报表，不需要统一规定的格式和统一的指标体系。对外会计报表是指银行对外报送的会计报表。对外会计报表的种类、格式、指标内容、编报时间，必须严格执行国家有关制度的统一规定。

会计报表的编制和分析，将在本书第十六章中详细说明。

关键名词

（1）会计循环　　　（2）复式记账法
（3）会计凭证　　　（4）会计报表

复习思考题

（1）什么是会计循环？会计循环包括哪六个基本步骤？

（2）什么是会计科目？设置会计科目应遵守哪些原则？

（3）什么是复式记账法？借贷记账法包括哪些内容？

（4）什么是会计凭证？会计凭证是怎样分类的？

（5）说明商业银行账务组织的明细核算与综合核算的两个系统。

（6）商业银行的会计核算形式有什么特点？说明科目日结单会计核算形式的基本步骤。

（7）什么是会计报表？金融企业的会计报表是怎样分类的？

第三章　存款和储蓄业务

存款是单位和个人存放在某一银行的、有权得到该银行在未来某日偿还的资金。存款按照存入客户的不同，可以分为单位存款和个人储蓄存款。单位存款有活期存款和定期存款；个人储蓄存款有活期储蓄存款，整存整取定期储蓄存款，零存整取定期储蓄存款，存本取息定期储蓄存款，整存零取定期储蓄存款和定活两便储蓄存款等。银行吸收的各种形式的存款，在一般条件下，银行都要为之付出利息，利息有定期结算法和逐笔结算法两种。本章分别介绍存款核算的要求，存款核算业务的账户管理，单位存款存入、计息和支取以及储蓄存款存入、计息和支取业务的会计核算。

第一节　存款和储蓄业务概述

一、存款的含义和意义

存款是客户（单位和个人）存放在某一银行的、有权得到该银行在未来某日偿还的资金。这里说的资金可以是纸币和硬币、支票、汇票等。我国银行的存款包括单位存款和储蓄存款。单位存款是指企业、事业、机关、部队和社会团体等单位在金融机构办理的人民币存款，包括定期存款、活期存款、通知存款、协定存款及经中国人民银行批准的其他存款。储蓄是指个人将属于其所有的人民币或者外币存入储蓄机构，储蓄机构开具存折或者存单作为凭证，个人凭存折或者存单可以支取存款本金和利息，储蓄机构依照规定支付存款本金和利息的活动。因储蓄活动而形成的存款称为储蓄存款。

存款对于银行的生存与发展，对于社会经济的健康发展都有重要意义。对于银行而言，自有资本是无法满足银行经营资金需要的，增加存款可以扩大银行的信贷资金来源，充分发挥银行的作用，从这个意义上说，没有存款就无所谓银行。对于整个社会而言，存款首先为存款户提供了服务，存款也是银行动员和吸收社会闲散资金的一种信用行为，它将诸多小额的资金聚集在一起，为大额的资金需求提供有偿的支持，实现整个社会资金的有效融通。对政府而言，还可以利用金融政策科学合理地调节存款的数量，从而有效地调控宏观经济的发展。

二、存款的分类

按照不同的标准，存款有不同的分类结果。

（一）存款按对象分类，可以分为单位存款和储蓄存款

单位存款，是指企业、事业、机关、部队和社会团体等单位在金融机构办理的人民币存款和外币存款，包括定期存款、活期存款、通知存款、协定存款及经中国人民银行批准的其他存款。

储蓄存款，是指个人将属于其所有的人民币或者外币存入储蓄机构而形成的存款，包括活期储蓄存款、定活两便储蓄存款、通知存款、整存整取定期储蓄存款、零存整取定期储蓄存款、存本取息定期储蓄存款、整存零取定期储蓄存款、华侨（人民币）整存整取定期储蓄存款以及经中国人民银行批准开办的其他种类的储蓄存款。

（二）存款按流动性大小分类，分为短期存款和长期存款

短期存款，是指金融企业吸收存款单位和居民个人存入的 1 年以内的定期存款和活期存款，包括单位的短期存款和居民个人的短期存款。

长期存款，是指金融企业吸收存款单位和居民个人存入的 1 年（不含 1 年）以上的定期存款，包括单位的长期存款和居民个人 1 年以上的定期存款。

（三）存款按存期是否确定分类，分为活期存款和定期存款

活期存款，是指金融企业吸收存款单位和居民个人存入的可随时取用的存款。包括单位的活期存款和居民个人的活期存款。

定期存款，是指金融企业吸收存款单位和居民个人存入的期限确定的存款，包括单位定期存款和定期储蓄存款。我国目前的定期储蓄存款主要有整存整取定期储蓄存款，零存整取定期储蓄存款，存本取息定期储蓄存款，整存零取定期储蓄存款等。

（四）存款按产生的来源分类，分为原始存款和派生存款

原始存款，是指单位和个人将现金或现金支票等送存银行而形成的存款。

派生存款，是指银行以贷款方式自创的存款。

（五）存款按币种分类，分为人民币存款和外币存款

人民币存款，是指单位和居民个人以人民币存入银行形成的存款。

外币存款，是指单位和个人将其持有的外汇资金存入银行形成的存款，包括活期储蓄外币存款、整存整取定期储蓄外币存款、经中国人民银行批准开办的其他种类的外币储蓄存款、以及单位的长短期外币存款。

三、存款业务的核算要求

为了维护存款各方当事人的合法权益，为了保证存款业务会计信息的真实、可

靠，银行的存款核算必须执行国家在存款管理方面的政策、法规和制度。

（一）切实有效地维护存款户的合法权益

银行吸收存款是一种信用行为，是资金使用权的暂时让渡，银行在进行存款业务的会计核算时应该坚持"谁的钱进谁的账，由谁支配"的原则，维护存款人对自己资金的支配权，除国家法律另有规定外，不得代任何单位和个人查询、冻结、扣划他人账户的资金，有效地保护存款者的合法权益。对储蓄客户而言，储蓄机构在办理储蓄业务和会计核算时，必须遵循"存款自愿，取款自由，存款有息，为储户保密"的原则，保护个人合法储蓄存款的所有权及其他合法权益。

（二）正确地使用会计科目和会计账户，并加强账户管理

会计科目是对会计要素做出的更加明细的分类，账户是在会计科目下按单位或存款种类进行具体分类的名称，是银行办理信贷、结算、现金出纳、储蓄业务时，反映各单位、各部门经济活动的工具。银行应该正确地为存款单位和储蓄客户开立账户，及时、准确地反映各单位和储户存放款项的增减变动及其结余金额。银行在会计核算中，还应加强账户管理，禁止出租、出借和转让账户。对非法账户应及时取缔，对关、停、并、转、撤的单位账户或开立后久而不用的账户，要及时清理，及时注销，并办理相关手续。只有如此，才能保证会计信息的基本质量，切实有效地维护客户的资金安全，保护相关当事人的合法权益。

（三）准确及时地进行会计核算，并对单位存款实施适时对账

资金是有时间价值的，如果资金不能及时到账，有时会影响客户其他项目活动的正常开展，给存款户带来损失。因此，银行在进行存款业务的会计核算时，必须正确使用会计科目和会计账户，正确使用和传递凭证，按照"准确、方便、快捷"的要求，及时划转客户资金，及时处理会计业务。对于单位存款中的支票户（以支票存取款的账户），银行还应及时编制"余额对账单"，保证银行与客户双方账务核对相符。

（四）余额不足不付款

商业银行在经济活动中是信用和支付中介，只起中介作用，没有为客户垫款的义务。存款户给银行签发的各种支款凭证设定的金额，必须小于其在银行存款账户中的余额。如发生存款余额不足的，诸如开具空头支票之类的行为，银行应该按照相关政策与规定给予开户人经济处罚（在法律允许的条件下，银行为了自身开展业务另有专门规定者按规定执行）。银行为了维护自己的利益，为了确保"余额不足不付款"原则的落实，应该坚持规定的记账顺序：现金收入业务，坚持先收款，后记账；现金付出业务，坚持先记账，后付款；转账业务，坚持先记付款单位账，后记收款单位账等。

四、存款账户的管理

前面说过,账户是在会计科目下按单位或存款种类进行具体分类的名称,是银行办理信贷、结算、现金出纳、储蓄业务,反映各单位、各部门经济活动的工具。银行在会计核算中必须管理好各种性质的账户,以免发生资金的混乱。

(一) 单位存款的账户管理

存款单位申请开户,必须填写开户申请书,并提供有关规定的证明文件,送交盖有存款人印章的印鉴卡片,申请开立基本存款账户的,还须提交中国人民银行当地分支机构核发的开户许可证,经银行审核同意后开立账户。单位根据经营活动和资金流动的需要,可以申请开立以下账户:

1. 基本存款账户。基本存款账户,是指存款人办理日常转账结算和现金收付的账户。存款人的工资、奖金等现金的支取以及结算业务中资金的收付,只能通过基本存款账户办理。凡符合开户条件的单位均可按规定在当地一家银行的一个营业机构开立一个基本存款账户。

下列存款人可以申请开立基本存款账户:(1)企业法人;(2)企业法人内部单独核算的单位;(3)管理财政预算资金和预算外资金的财政部门;(4)实行财政预算管理的行政机关、事业单位;(5)县级(含县)以上军队、武警单位;(6)外国驻华机构;(7)社会团体;(8)单位附设的食堂、招待所、幼儿园;(9)外地常设机构;(10)私营企业、个体经济户和承包户。存款人申请开立基本存款账户时,应向开户银行提交《营业执照》正本、具有法律效力的相关批文或居民身份证和户口簿等证明文件。

2. 一般存款账户。一般存款账户,是指存款人在开立一个基本存款账户以外为满足和适应企事业单位向多家银行借款的需要,可以在其他借款银行的一家营业机构开立一般存款账户。存款人可以通过本账户办理转账结算和现金缴存,但不能办理现金支取。

在下列情况下,存款人可以申请开立一般存款账户:(1)在基本存款账户以外的银行取得借款的;(2)与基本存款账户的存款人不在同一地点的附属非独立核算单位。存款人申请开立一般存款账户,应向开户银行提交借款合同或借款借据或基本存款账户的存款人同意其附属的非独立核算单位开户的证明。

3. 临时存款账户。临时存款账户,是指存款人因临时经营活动需要开立的账户。存款人可以通过本账户办理转账结算和根据国家现金管理的规定办理现金收付。

在下列情况下,存款人可以申请开立临时存户:(1)外地临时机构;(2)临时经营活动需要的。存款人申请开立临时存款账户,应向开户银行提交当地工商行政管理机关核发的临时执照或当地有权部门同意设立外来临时机构的批件。

4. 专用存款账户。专用存款账户，是指存款人因特殊需要开立的限定了资金来源或运用的账户。

下列资金，存款人可以申请开立专用存款账户：（1）基本建设的资金；（2）更新改造的资金；（3）特定用途，需要专户管理的资金。存款人申请开立专用存款账户，应向开户银行出具经有权部门批准立项的文件。

存款人可以自主选择银行，银行也可以自愿选择存款人开立账户。任何单位和个人不得干预存款人、银行开立或使用账户。存款人在银行开立基本存款账户，实行由中国人民银行当地分支机构核发开户许可证制度，银行对存款人开立或撤销账户，必须向中国人民银行当地分支机构申报。

银行应该根据客户存入资金的性质和用途，将资金分别正确地划入或划出相应的账户，并对资金的流动实施有效的监督，保证存款人资金流转的合法性，保护存款人对存入款项的合法权益。

（二）个人储蓄存款的账户管理

个人储蓄存款分为活期储蓄存款和定期储蓄存款。活期储蓄存款又分为存折户存款和支票户存款两种形式；定期储蓄存款也有很多种类。银行应该根据客户的申请、提交的储蓄存款凭条（或称为凭证）和准备存入的款项，为储户开立活期存款账户和定期存款账户，并根据存款期限的长短和存款的种类设置明细账户，搞好明细核算，保护好银行和存款人的合法权益。

第二节　单位存款业务的核算

单位存款，是指企业、事业、机关、部队和社会团体等单位在金融机构办理的人民币存款和外币存款，包括定期存款、活期存款、通知存款、协定存款及经中国人民银行批准的其他存款。

一、单位活期存款业务的核算

存款单位存入银行的可随时取用的存款，称为单位活期存款。除了单位存入现金和支取现金外，转账业务也会导致单位在银行活期存款账户余额的增减变化，但是，转账业务一般与银行的结算业务、联行业务和信贷业务等有关，这些内容将在相关章节中讲述，这里重点介绍单位活期存款业务中存、取现金业务的会计核算。根据存取款的凭条不同，单位活期存款可以分为支票户存款和存折户存款。

（一）支票户单位活期存款的会计核算

支票户，就是以现金缴款单和支票办理存、取款项的一种账户。

1. 支票户存入现金的会计核算。开立支票户的单位向银行存入现金时，应填制现金缴款单一式两联，连同现金一并交银行出纳部门。银行出纳部门根据现金缴款单所填列的金额如数收妥款项后，在缴款单上加盖现金收讫戳记和出纳员名章，登记现金日记账。办理完业务后缴款单第一联作为存款户的回单，第二联作为传票送银行会计部门登记单位存款分户账，借记"现金"账户，贷记"活期存款"账户。

【例1】 某单位填写30 000元进账单，连同30 000元现金送交银行，办理存款业务，银行办妥有关手续后，做如下的会计分录：

借：现金　　　　　　　　　　　　　　　　　　　　　　　30 000
　　贷：活期存款——××单位存款户　　　　　　　　　　　30 000

2. 支票户支取现金的会计核算。单位向银行支取现金时，应签发现金支票，并加盖预留银行印鉴，送银行会计部门。银行会计部门对现金支票进行审核，审核的主要内容为：款项用途是否符合现金管理的有关规定，支票记载的事项是否齐全，大小写金额是否一致，支票上的签章是否与预留印鉴相符，是否是空头支票，是否为挂失支票，支票是否过期等。经审核无误后，会计部门将对号单交取款人凭以取现。然后以现金支票代现金付出传票登记账务，借记"活期存款"账户，贷记"现金"账户。

会计人员登账后加盖自己的名章，交给复核人员复核无误并盖章，再经内部传递给出纳部门。出纳根据现金支票登记现金日记账后，凭对号单向取款单位支付现金。

【例2】 某存款单位开出现金支票3 000元支取现金，用于采购办公用品。银行会计部门办理完有关手续后，做如下会计分录：

借：活期存款——××单位存款户　　　　　　　　　　　3 000
　　贷：现金　　　　　　　　　　　　　　　　　　　　　3 000

银行对单位活期存款计付利息时，借记"利息支出——活期存款利息支出"账户，贷记"活期存款"账户。关于活期存款利息的计算在本章第四节中讲述。

（二）存折户单位活期存款的会计核算

存折户，就是以存折办理存取款项的一种账户。这种账户适用于存款收付业务比较简单、与外界较少发生购销业务的单位和团体。存折户存入与支取款项的会计核算与支票户略有不同。

1. 存折户存入现金的会计核算。单位第一次存入现金开立凭存折支取的存款账户时，应将存入金额和款项来源填入存款凭条。会计部门对存款凭条进行审核后，给单位编列账号，然后转出纳部门收款。出纳人员收妥现金后，将存款凭条转送会计部门，会计部门以存款凭条代现金收入传票，登入单位存款账，借记"现金"账户，贷记"活期存款"账户。最后，根据存款凭条开立存折，再次复核无误后，将存折交存款单位。

2. 存折户支取现金的会计核算。存款单位凭存折向银行支取现金时，应该填写取款凭条，填写内容主要是款项用途和支取金额。如果预留印鉴，单位应在存折上加盖印章。存折和填好的支取凭条一同交银行会计部门。会计部门认真审核后，以取款凭条代现金付出凭证登记分户账，借记"活期存款"账户，贷记"现金"账户，并在存折上做出记录。会计部门处理完毕相关业务后，将存折连同传票送出纳部门，登记现金付出日记账，凭对号单付款，将存折和现金交给取款单位。

（三）单位活期存款的对账

由于银行与企业之间有些业务的记账时间不同，会出现一方已经记账，另一方没有记账的未达账项，使得银行账务与存款户账面记录产生差异；有时由于银行或存款户一方出现差错，也会使双方账务无法核对相符。因此，银行与存款户之间必须经常进行账务核对。定期、不定期的账务核对既可以保证双方记账正确，又可以及时发现业务和账务处理中掩盖的舞弊行为，切实有效地保护业务往来各方的合法权益。

1. 支票户的对账。对支票户存款业务，银行采用两联套写账页登记账务，一联为银行的存款分户账，一联为对账单。银行记满一页后，应将对账单撕下，及时交给存款单位对账。季度末和年度终了，银行还应该向所有支票户填送"余额对账单"进行账务的系统核对。单位要对"余额对账单"进行逐笔勾对，核对相符后加盖印鉴送还开户银行以示确认；核对不符的要注明未达账项，以便进一步查对。银行收到对账单回单后应按客户顺序排列并装订成册，以便保管备查。

2. 存折户的对账。存折户由于客户每次办理存、取款时，都要坚持账折见面，所以可以随时核对，保证双方账务相符。

二、单位定期存款业务的核算

单位定期存款是单位存入款项时一次存入，约定存期，到期支取本息的存款。各单位可将按规定提留暂时不用的资金，以及地方财政节余款项以整存整取的方式存入银行，存款的利率与同期储蓄存款的利率相同。单位定期存款起存点金额为10 000元，多存不限，本金一次存入，本息一次提取，不得提前支取。目前，单位定期存款的存期有三个月、半年、一年、二年、三年和五年六个档次，单位可以根据需要进行选择。

1. 单位定期存款存入款项时的会计核算。单位办理定期存款时，按照存款金额签发转账支票交给银行，银行对接到的支票进行审查，确定无误后，以转账支票代转账借方传票登记单位存款账，同时填写一式三联单位定期存款存单，经复核后，以第一联存单做转账贷方传票，以第三联存单做定期存款卡片账，将第二联存单加盖公章和经办人员名章后，交存款单位做存款凭据。银行对办理好相关手续后的单位定期存款存入业务应做如下会计分录：

借：活期存款——××单位存款户
　　贷：定期存款——××单位存款户

2. 单位定期存款支取款项时的会计核算。单位定期存款到期时，单位持定期存单第二联向银行支取款项，银行将存单与原来保留的定期存款卡片账进行核对。核对无误后，计算出应付利息，并加盖结清戳记，以定期存单代定期存款的转账借方传票，另外编制两联特种转账贷方传票，一联做贷方传票，一联做代收账通知，办理转账，将定期存款转入活期存款，同时对该单位定期存款进行销户处理。单位定期存款支取业务的会计分录如下：

借：定期存款——××定期存款户
　　利息支出——定期存款利息支出
　贷：活期存款——××单位存款户

单位定期存款利息的计算与利息支出的核算在本章第四节中讲述。

第三节　个人储蓄业务的核算

个人储蓄存款，是指个人将属于其所有的人民币或者外币存入储蓄机构而形成的存款，包括活期储蓄存款、定活两便储蓄存款、通知存款、整存整取定期储蓄存款、零存整取定期储蓄存款、存本取息定期储蓄存款、整存零取定期储蓄存款、华侨（人民币）整存整取定期储蓄存款以及经中国人民银行批准开办的其他种类的储蓄存款。目前，定期储蓄存款存期有三个月、半年、一年、二年、三年和五年等档次，储户可以根据需要进行存期的选择。

一、活期储蓄存款业务的核算

活期储蓄存款是不固定存期，可以随时存、取款的储蓄存款。按照存、取款的方式不同，活期储蓄存款可以分为存折户和支票户，从实践中看，存折户的活期储蓄存款居多。

（一）存折户活期储蓄存款的会计核算

存折户活期储蓄存款是使用存折作为存取款凭据的存款，这种存款起存点为1元，多存不限，储户开户时由储蓄机构根据储户申请和交存款项发给存折，储户可以在银行预留印鉴，开户后储蓄可以随时存取款。

1. 开户与续存的会计核算。储户新开户时，应该填写储蓄存款凭条（证），有些银行各种储蓄存款凭条是分别制作的，有的银行将各种储蓄存款凭条合为一张，适用于所有的储蓄品种。储蓄存款凭条填写的主要内容有存款日期、存款的种类（这里为活期储蓄存款）、户名和地址等。

储户在开户时还必须写明身份证证号、住址和联系电话。做好相关准备后，储户将存款凭条和现金一起交存银行，并出示身份证件。

储蓄机构的经办人员审查凭条，并清点现金无误后，为储户开立和登记活期储蓄存款分户账，同时登记开销户登记簿，然后填写活期存折，在存款凭条上加盖"新开户"字样。如果储户要求凭密码支取，则应该在分户账和存折上同时加盖"凭密码支取"戳记。最后由经办人员再次复点现金，并与存款凭条核对所填金额相符后，在凭条复核处加盖个人私章和"现金收讫"字样，在存折上加盖业务公章和个人私章，将存折交给储户。银行以存款凭条代收入传票记录储蓄业务时，借记"现金"账户，贷记"活期储蓄存款"账户。

【例3】 张三将50 000元现金以活期存款形式存入银行，银行办妥相关手续后，做如下会计分录：

借：现金　　　　　　　　　　　　　　　　　　　　　　　　　50 000
　　贷：活期储蓄存款——××户　　　　　　　　　　　　　　　　50 000

储户续存时，首先要认真填写存款凭条，填写内容与新开户时基本相同，填好后连同现金和存折一起交给银行，银行经办员检验存折、审查凭条、点收现金、确认无误后，调出存款人的存款分户，同存款人的存折核对相符，登记存入款项后，算出余额，再次确认无误后加盖印章，凭条留存，存折还给储户。经办好业务后，银行以存款凭条代收入传票，借记"现金"账户，贷记"活期储蓄存款"账户。

2. 存款支取的会计核算。活期储蓄存款储户支取现金时，应该填写"储蓄取款凭条（证）"，有些银行各种储蓄取款凭条是分别制作的，有的银行将各种储蓄取款凭条合为一张，适用于所有的储蓄品种。储蓄存款凭条填写的主要内容有日期、储蓄品种、户名、账号、取款金额等。

取款人将填好的储蓄取款凭条连同存折一起交给银行，银行经办人员根据取款凭条抽调出相应账户，同存折核对相符。凭密码支取的活期储蓄存款，银行经办人员还要核对密码。账、折、密码核对相符后，以取款凭条代付出传票，凭以登记存折和分户账，借记"活期储蓄存款"账户，贷记"现金"账户，然后退折、付款。

【例4】 张×凭存折支取现金5 000元，银行办妥相关手续后，做如下会计分录：

借：活期储蓄存款——××户　　　　　　　　　　　　　　　　5 000
　　贷：现金　　　　　　　　　　　　　　　　　　　　　　　　5 000

3. 清户的会计核算。清户是指储户将存款全部取出。清户的处理手续除同一般支取存款的手续相同外，还要结算出利息，并填制两联利息清单，一联连同本息交储户，另一联由储户签收后收回，营业终了据以编制利息支出科目的传票，同时银行应按照适用于个人存款利息收入的所得税率代扣利息税。清户时，银行经办人员应在取款凭条、分户账和存折上加盖"结清"戳记，并注销开销户登记簿。银行在储户清户时应做如下会计分录：

借：活期储蓄存款——××户
　　利息支出——××利息支出户

贷：现金
　　其他应付款——利息税
(二) 支票户活期储蓄存款的会计核算

支票户活期储蓄存款是指以储蓄支票为存取款凭证的活期储蓄存款。活期储蓄存款的开户和续存需要像存折户一样填写储蓄存款凭条，取款则凭储户签发的储蓄支票在其存款余额范围内支取。清户时储户必须交回空白支票由银行注销。支票户存款业务的其他手续和会计分录与存折户的相同。

二、定期储蓄存款业务的核算

(一) 定期储蓄存款的种类

定期储蓄存款是储户在银行存入款项时，与银行约定存储期限，到期一次或分次支取本金和利息的一种储蓄存款形式。定期储蓄存款主要包括整存整取存款、零存整取存款、存本取息存款、整存零取存款、定活两便存款、通知存款、协议存款、教育储蓄存款等。下面分别说明几种主要定期存款的含义。

1. 整存整取定期储蓄存款是指按约定的存期整笔一次存入，到期一次支取本金和利息的储蓄存款。储户可以要求以定期一本通存折或存单作为自己存款和支取款项的依据。目前这种存款的存期有三个月、半年、一年、二年、三年和五年六个档次，利息计算采取利随本清的形式。

2. 零存整取定期储蓄存款是指约定存期，固定存额，在存期内按月分次存入款项，到期一次支取本息的储蓄存款。在存期内如果客户中途漏存，未存月份，下月补齐，以后续存。目前零存整取定期储蓄存款存期有一年、三年和五年三个档次。

3. 存本取息定期储蓄存款是指一次存入本金，约定存期内分次支取利息，到期支取本金的储蓄存款。目前这种储蓄存款的存期有一年、三年和五年三个档次；支取利息的时间可以是一个月一次，也可以是几个月一次，由储户自己选择。如果储户在约定的取息期内没有支取利息，以后可以随时支取，但不对利息计算复利。

4. 整存零取定期储蓄存款是指本金一次存入，约定存款期限、支取本金的次数和每次支取的数额，在存期内等额支取本金、到期一次支取利息的储蓄存款。目前整存零取储蓄存款的存期有一年、三年和五年三个档次；支取期有一个月、三个月、半年等，由储户自己选择。

5. 定活两便储蓄存款是指存款时不约定存期，可以根据储户要求随时支取、按实际存期和适用利率计算利息的储蓄存款。

(二) 定期储蓄存款开户和续存的会计核算

在定期储蓄存款中，各种存款都有开户的手续，但是，整存整取、存本取息、整存零取、通知存款、定活两便等存款一般不存在续存的问题；相反，零存整取则在开户后要不断地办理续存手续。为了核算各种形式的定期储蓄存款，银行应开立"定期储蓄存款"账户，同时要为每一种定期储蓄存款设立明细账户，进行明细核算。

零存整取定期储蓄存款开户和续存的手续与活期储蓄存款基本相同，定活两便的存款手续也可以比照活期存款处理，这里都不再赘述。整存整取、存本取息和整存零取在开户存入时的手续基本相同，只是存款凭条填写项目和明细账户的处理有所差异。下面就专门说明整存整取定期储蓄存款开户和存入款项时的账务处理。

储户到银行填写储蓄存款凭条（凭条通用于各种储蓄存款），在储蓄存款凭条上填写日期、选择储种为整存整取，写上户名，选择存期和是否需要凭密码支取，填写存款的金额，写上新开户地址等。填好的储蓄存款凭条连同现金交给银行经办人员，并交验身份证。

银行经办人员收到储蓄存款凭条和现金后，点数现金，并和储蓄存款凭条相核对，核对无误后，填写一式三联"定期储蓄单"，第一联代收入传票据以办理收款，第二联存单交储户保管，第三联作为卡片账留存，按账户顺序排列保管，并做出借记"现金"账户、贷记"定期储蓄存款"账户的账务处理。收妥款项，再次确认各种手续无误，金额核对相符后，在存单上加盖公章，登记好"定期储蓄存款开销户登记簿"，然后将存单交给储户作为存款的凭证。

【例5】 李小二将 80 000 元现金存入银行，存期三年，选择整存整取的方式。银行办妥相关手续后，做如下会计分录：

借：现金　　　　　　　　　　　　　　　　　　　　　　　　　80 000
　贷：定期储蓄存款——整存整取户　　　　　　　　　　　　　80 000

（三）定期储蓄存款支取的会计核算

整存整取定期储蓄存款到期时，储户持存单到银行支取存款，银行经办人员抽调出卡片账同存单进行核对，凭印鉴或密码支取的还要核对印鉴或密码。核对相符后计算应付利息，然后在存单和卡片账有关栏目中分别填写利息金额，加盖支付利息和"结清"戳记，在"定期储蓄存款开销户登记簿"中做出销记记录，同时填制一式两联利息清单，以整存整取定期储蓄存单代现金付出传票，与一联利息清单一起作为存款本息支付的依据，此时银行还要代扣利息税，另一联利息清单连同扣除利息税后的本息额交储户当面点清。最后做出如下会计分录：

借：定期储蓄存款——整存整取户
　　利息支出
　贷：现金
　　　其他应付款——利息税

储户过期支取的，银行按照规定计付过期利息，其他手续与到期支取的手续相同。提前支取的，储户应提交身份证明，银行审查无误后在存单背面记载储户证件名称、号码、发证机关，请储户签字、签章确认后，在存单和卡片账上分别加盖"提前支取"戳记，办理付款手续，按规定计付利息。其他手续与到期支取的手续相同。储户要求部分提前支取款项时，银行应按照"满付实收"的办法处理，即将原来的存单本金一次付清，并按规定计付提前支取部分的利息，对未支取的部分按原来存单存入的日期、存期、到期日和利率等另开新存单，并在原来存单和卡片账上注明"部分提前支取××元"，新存单上注明"由××号存单部分转存"字样，并在"定期储蓄存款开销户登记簿"上做出相应记录，其他手续与到期存取手续相同。

零存整取定期储蓄存款支取时由储户将存单交给银行经办人员，银行经办人员核对无误后按规定结算出利息，填制利息清单，分别在存单和分户账上填写本金数、利息数和本利合计数，并加盖付款日期和"结清"戳记与名章，以存单代现金付出传票（或另编传票）做出账务处理，会计分录和其他手续与整存整取定期储蓄存款取款业务相同。

整存零取定期储蓄存款的储户按照约定时间取款，储户应该填写储蓄取款凭条，连同存单一并交给银行经办人员，经办人员抽出卡片账核对无误后，在存单和卡片账上做支取记录，以取款凭条代现金付出传票做出账务处理。存单、账卡和取款凭条经复核相符后，将存单退还储户。最后一次支取时则将存单作为储蓄取款凭条的附件一并支付本息。取款时的会计分录与整存整取的分录相似，只是平常支取本金时没有利息支付的账务。

存本取息定期储蓄存款的储户按照约定时间前来支取利息时，应持存单，并填写储蓄取款凭条，经银行经办人员核对无误后，凭以登记存单、账、卡并付款，以取息凭条代现金付出传票，做出会计分录。最后一次既支取本金，又支取利息，相关手续与会计分录与其他定期储蓄取款业务基本相同。

三、储蓄所的结账、对账、账务组织与事后监督

（一）储蓄所的结账

储蓄所是银行在基层办理储蓄业务的机构，并非独立的会计核算单位，储蓄所的账务处理隶属于管辖行。每日营业终了，储蓄所要将一天的储蓄业务进行结账。

储蓄所结账的主要工作是编制汇总的传票、科目日结单及营业汇总日报表。

1. 编制汇总的传票和科目日结单。储蓄所于每日营业终了，应该根据储蓄的种类，分别存取款凭条，分科目编制汇总传票，包括汇总现金借方传票、汇总现金贷方传票、汇总转账借方传票和汇总转账贷方传票。在汇总传票基础上储蓄所还要编制科目日结单。最后将存取款凭条及利息清单附汇总传票和科目日结单一并报送管辖行。

2. 编制储蓄所营业汇总日报表。营业汇总日报表是反映储蓄所当日全部业务情况的报表，也是轧平和核对账务的重要工具。储蓄所营业汇总日报表如表3-1所示，该表一式两份，一份由储蓄所留存，另一份连同传票和科目日结单一起报送管辖行。

表 3-1　　　　　　　　　　　（　　　　）储蓄所营业日报表

业务种类	本日发生额		本日余额	储蓄户数		
	借方	贷方		本日开户	本日销户	结存户数
整存整取						
零存整取						
整存零取						
存本取息						
活期储蓄						
定活两便						
各种储蓄合计						
利息支出				空白重要凭证		
				种类	本日收入	本日付出	本日结存
小　计				整存整取			
昨日库存现金				零存整取			
今日库存现金				整存零取			
合　计				存本取息			
传票张数			活期存折			
种　类	本日数	本月累计数	活期支票			
整存整取						
零存整取			未发行有价单证			
整存零取			种　类	本日收入	本日付出	本日结存
存本取息						
活期储蓄						

续表

业务种类	本日发生额		本日余额	储蓄户数		
	借方	贷方		本日开户	本日销户	结存户数
定活两便						
合　计						

管辖单位　　　所负责人　　　复核　　　出纳　　　制表

储蓄所营业汇总日报表的编制方法具体说明如下：

（1）将本日各类储蓄存款的借、贷方发生额填入营业汇总日报表，并根据昨日各项存款的余额结出本日的结存数，填入日报表的相应栏目；

（2）根据本日的开户和销户情况，填写日报表中的开户、销户栏，并计算出结存数；

（3）根据当日传票数，分别按照各种存款填入本日传票张数栏，并结出本月累计数；

（4）根据现金收付数，分别填入现金本日发生额的借贷方栏，以昨日的余额为基础，轧平总数，计算出本日的现金结存额；

（5）根据重要空白凭证的收付数，按种类分别填入有关栏目，并算出本日结存数。

（二）储蓄所的账务核对

账务核对是及时发现工作错误，保证记账正确无误，明确工作责任，保护各方当事人合法权益的必不可少的工作，储蓄所的账务核对工作主要包括：

1. 核对现金。储蓄所每日营业终了应该将库存现金的数量与营业日报表中的现金库存数核对相符。

2. 核对当日账务。储蓄业务繁杂，交易次数多，容易发生账务处理错误，因此，每日营业终了应认真核对账务，以保证账务处理的正确性。储蓄所的账务核对包括：将储户本日变动数量（增加为正数，减少为负数）加上昨日余额合计数，算出本日结存户数，该数应与营业日报表上的本日结存户数核对相符；然后将各种储蓄存款的昨日余额加上变动户本日余额，算出的数额应该与各储蓄科目的本日余额核对相符，同时还要与储蓄所营业日报表上的余额核对相符。

3. 核对开销户。新开户的账卡及结清的存单、存折，应与储蓄所营业日报表上的开销户数核对相符。

4. 核对空白的重要凭证。每日营业终了，储蓄所都应将空白的重要凭证的实有数量与营业汇总日报表上的记录数核对相符。

5. 定期将各种储蓄分户账上的余额与储蓄有关科目的余额核对相符，切实保证账务处理的正确性。

（三）储蓄所的账务组织

前面说过，储蓄所不是独立核算的单位，其账务仅仅是管辖行账务的一个部分，储蓄所的账务必须与管辖行的账务有效衔接。一般地，储蓄所的账务可以通过并账或并表方式并入管辖行。

1. 并账方式。实行并账方式处理账务的储蓄所，储蓄所的账务不独立，每日将汇总的传票和营业日报表报送管辖行，管辖行收到传票和营业日报表后，认真审核、确认无误后，按照科目和不同的储蓄所设立分户账。根据各所汇总的传票，直接登记到有关科目的分户账中。管辖行还应将储蓄所的传票与自身的传票并在一起，每日轧平账务，编制科目日结单。

2. 并表方式。实行并表方式处理账务的储蓄所，储蓄所的账务相对独立，有自己一套较为完整的账务体系，每日将营业日报表报送管辖行，管辖行对储蓄所不再另设分户账，只将储蓄所的营业日报表与自身的日计表合并，然后编制全辖区的汇总日计表。

（四）储蓄所账务事后监督

这里说的事后监督是指管辖行对辖区内各个储蓄所报送的证、账、表进行监督和检查，包括对凭证、报表的监督及其各笔具体业务的监督，事后监督可以防止账务错乱，保证账务处理正确无误。

第四节　存款利息的计算

一、存款利息计算的一般说明

对存款人计付利息有助于从整体上提高整个社会资金的使用效率，可以保护存款人的合法权益，有利于积聚大量的社会闲散资金，支持国家的经济建设。正确地对存款人计付利息也是保护银行自身利益的要求。在我国，个人的储蓄存款和单位通过业务收入形成的存款都可以获得利息收入。

存款的利息由存款的本金、存款的期限和存款适用的利率确定。单位存款的利息收入不用交纳利息税；个人储蓄存款取得利息收入需要交纳20%的利息税，利息税由银行代为扣缴。利率对于各种存款利息的计算十分重要，日常使用的利率有年利率、月利率和日利率，年利率的符号是%，月利率的符号是‰，日利率的符号是‱，年利率、月利率和日利率之间可以进行以下换算：年利率÷12＝月利率；月利率÷30＝日利率；年利率÷360＝日利率。

根据存款性质及各种存款的特点，存款有定期计算结付利息和逐笔计算结付利息两种利息计算方式。活期储蓄存款和单位活期存款采用定期计算结付利息的方式；定期储蓄存款和单位定期存款采用逐笔计算结付利息的方式。

二、定期计算结付利息情况下利息的计算

单位活期存款和个人活期储蓄存款存取款频繁，存款本金经常变动，不便于逐笔计算存款利息，一般采用定期计算结付利息的方式计算利息的数额。个人活期储蓄存款利息每年结息一次，结息日为6月30日，计息期为上年的7月1日到本年的6月30日，储蓄存款计息的起点为元，元以下不计付利息。单位活期存款每季度结息一次，结息日为每季末月的20日，单位活期存款的计息期为上季末月的21日到本季度末月的20日。中途销户的活期储蓄存款，不论时间长短，都要计付利息。

由于活期存款的本金经常变化，既不便于采用逐笔计算法，也不能简单地用固定不变的本金、存期和相应利率的乘积计算。因此，个人活期储蓄存款和单位活期存款往往采用积数法计付利息，即：

利息 = 累计积数 × 日利率

累计积数 = 存款余额 × 日数

积数是经常变动的日存款余额之和，是每日存款的累加。采用积数计算法计付利息的关键是积数的确定。积数的确定有两种方法，一种为余额表计算法，另一种为分户账计算法。在实际工作中为了简化结息手续，减少利息计算的错误，活期存款利息的计算普遍采用利息积数查算表，按每次存取款发生额随时查算出利息积数，结出应付利息积数。

（一）采用余额表法计算积数

采用余额表（如表3-2所示）计算积数，就是于每日营业终了时，将各科目各个分户账当日余额抄列入余额表，如果当日余额没有变动的，按照上日的余额抄列。各户各日余额相加，即为计息积数。每旬、每月和结息日都要结出累计计息积数，并且将同一科目所属各明细账户的累计计息积数与该科目总账的累计计息积数核对相符。如果账务错误等原因导致账项调整，从而影响利息计算的，应该相应调整（增加或减少）积数。调整后的本季度或本年度累计计息积数乘以适用的日利率，就可算出本期应计付的利息数。

从表3-2可以看出，根据W单位2002年6月1日~10日各天的存款余额，10天的积数共计为3 444 000元，W单位至上月底累计未计息积数（即2002年3月21日~2002年5月31日的未计息积数）为18 384 000元，至本月底累计未计息的积数为3 990 000元，本月积数中纳入本期计息的数额为5 476 000元（9 466 000元 − 3 990 000元），这样本季度全部应计息积数为23 860 000元（即18 384 000元 + 5 476 000元）。

所以，W单位本期活期存款利息 = 23 860 000元 × (0.72% ÷ 360)

= 477.2元。

表 3-2　　　　　　　　　　××银行计息余额表
2002 年 6 月

科目名称：单位活期存款　　年利率：0.72%　　　　　　共　页第　页

日期 户名、账号 余额	W 单位活期存款户 201006		合计
1	288 000		
2	306 000		
3	390 000		
4	312 000		
5	258 000		
6	222 000		
7	288 000		
8	402 000		
9	498 000		
10	480 000		
10 天小计	3 444 000		
…			
本月合计	9 466 000		
至上月底未计息积数	18 384 000		
应加积数	0		
应减积数	0		
至结息日累计应计息积数	23 860 000		
至本月底累计未计息积数	3 990 000		
结息日计算利息数	477.2		

（二）采用分户账计算积数

采用分户账计算活期存款的利息时，一般使用乙种账（如表 3-3 所示），因为乙种账中有余额、每个余额存在的日数、每个余额的累计积数等栏目，便于计算。

采用分户账计算积数的情况下，当发生存款存取业务时，按照上次最后余额乘以该余额的实际存款日数计算出该余额形成的积数，记入分户账"积数栏"中的相应位置。每个余额的实际存款日数按照"算头不算尾"的原则处理。到结息日，应该先根据上个记账日的日期和存款余额计算出截至结息日的日数和积数，再加总本计息期的积数总和，如果有错账调整，则应相应调整积数，这样就确定了本计息期应该计付利息的积数。用该积数乘以适用的日利率就是本期应该计付的利息。

表3-3

账

本账总页数	
本户页数	

户名：　　　账号：　　　领用凭证记录：　　　利率：

年		摘要	凭证号码	对方科目代号	借方（位数）	贷方（位数）	借或贷	余额（位数）	日数	积数（位数）	复核盖章
月	日										

　　会计：　　　　　　　　　　　　记账：

(三) 采用利息积数查算表计算积数

利用利息积数查算表（7月1日的活期储蓄利息积数查算表如表3-4所示）查算利息时，按照每次存取款金额，随时算出计息积数，在结息日根据应付计息积数和适用利率计算出各项存款上的应付利息。

从表3-4可以看出，计息积数查算表每天一张，每月30张（31日与30日共用一张），2月份为29张，全年共359张。表内分本金、计息积数两栏，列有本金1元至1 000元的计息积数。每笔积数计至元，元以下四舍五入。活期储蓄计息积数查算表是根据"本金×时期"的公式编制的，积数按本金从当年存入日算至本期结息日为止。如查算表中7月1日500元的计息积数为180 000元（500元×360 = 36 000元）；549元的计息积数则是500元的计息积数180 000元和49元的计息积数17 640元之和。

表3-4　　　　　　　　　活期储蓄积数查算表（7月1日）　　　　　　　　单位：元

本金	积数	本金	积数	本金	积数	本金	积数	本金	积数	本金	积数
1	360	20	7 200	39	14 040	58	20 880	77	27 720	96	34 560
2	720	21	7 560	40	14 400	59	21 240	78	28 080	97	34 920
3	1 080	22	7 920	41	14 760	60	21 600	79	28 440	98	35 280
4	1 440	23	8 280	42	15 120	61	21 960	80	28 800	99	35 640

续表

本金	积数	本金	积数	本金	积数	本金	积数	本金	积数	本金	积数
5	1 800	24	8 640	43	15 480	62	22 320	81	29 160	100	36 000
6	2 160	25	9 000	44	15 840	63	22 680	82	29 520	200	72 000
7	2 520	26	9 360	45	16 200	64	23 040	83	29 880	300	108 000
8	2 880	27	9 720	46	16 560	65	23 400	84	30 240	400	144 000
9	3 240	28	10 080	47	16 920	66	23 760	85	30 600	500	180 000
10	3 600	29	10 440	48	17 280	67	24 120	86	30 960	600	216 000
11	3 960	30	10 800	49	17 640	68	24 480	87	31 320	700	252 000
12	4 820	31	11 160	50	18 000	69	24 840	88	31 680	800	288 000
13	4 680	32	11 520	51	18 360	70	25 200	89	32 040	900	324 000
14	5 040	33	11 880	52	18 720	71	25 560	90	32 400	1 000	360 000
15	5 400	34	12 240	53	19 080	72	25 920	91	32 760	2 000	720 000
16	5 760	35	12 600	54	19 440	73	26 280	92	33 120	3 000	1 080 000
17	6 120	36	12 960	55	19 800	74	26 640	93	33 480		
18	6 480	37	13 320	56	20 160	75	27 000	94	33 840		
19	6 840	38	13 680	57	20 520	76	27 360	95	34 200		

计息积数查算表的使用方法为：储户开户存款时，从当日计息积数查算表上查算出存入金额的计息积数，记入存款的计息积数栏。续存时，在续存日计息积数查算表上查出存入金额的计息积数，与存款账上的原计息积数相加，结出到此业务为止的计息积数。支取时，在当日查算表上查出支取金额计息积数，将存款账上原计息积数减去支取金额的计息积数，结出到此业务为止的应付利息计息积数。

无论采用何种方法，计算出本期计息积数后，将计息积数乘以适用利率就是本期应付利息。

三、逐笔计算结付利息情况下利息的计算

由于定期存款的本金相对固定，变化较少，利息计算较为简单，因此定期储蓄存款和单位定期存款一般采用逐笔结付利息的方式计算利息。

逐笔结息的计算利息基本公式是：

$$利息 = 存款本金 \times 存期 \times 利率$$

单位定期存款和个人储蓄整存整取存款的计算公式为：

　　　　该笔定期存款的利息＝该笔存款的本金×该笔存款的存期×适用利率

　　零存整取定期存款利息的计算由于储户不断地存入款项会使本金发生变化，因此，一般采用积数法确定。

　　整存零取定期存款利息的计算由于分期支取本金引起存款本金的变化而有点复杂，其利息在到期时一次性支付，具体计算方法为：

　　　　存款本金的平均值＝（全部存款本金＋每期支取的本金数）÷2

　　　　该笔定期存款的利息＝该笔存款的本金平均值×存期×利率

　　存本取息定期存款利息的计算应先按照规定的利率求出全部应付利息总数，然后将该利息平均分摊算出每次支取的利息数，具体计算公式为：

　　　　每次支取的利息数＝（存款本金×存期×适用利率）÷支取利息的次数

　　定活两便存款利息的计算根据存款额和适用利率确定。存期不足三个月的按照活期存款利率给付利息；三个月以上的定活两便存款按一年期以内定期整存整取同档次利率打六折执行。

　　利息金额确定后，单位存款不用交纳利息税，银行直接做如下的会计分录：

　　借：利息支出

　　　　贷：现金（或：应付利息、活期存款）

　　对于个人储蓄存款获得的利息，需要交纳20％的利息税，由银行代扣代缴，银行的会计分录如下：

　　借：利息支出

　　　　贷：现金（或：应付利息、活期存款）

　　　　　　其他应付款——利息税

关键名词

（1）存款　　　　　（2）活期存款
（3）定期存款　　　（4）储蓄存款
（5）单位存款

复习思考题

（1）什么是存款？存款对银行有何意义？
（2）存款有哪些分类？按照不同的分类标准，银行存款的分类结果如何？
（3）存款业务的核算有哪些要求？
（4）单位存款有哪些账户？各种账户开立的条件是什么？
（5）简述单位活期存款的相关手续。单位活期存款的会计核算与定期存款的会计核算有何不同？

(6) 定期储蓄存款的种类有哪些？分别说明它们的特点。

(7) 储蓄所结账和对账的工作包括哪些内容？

(8) 计算存款利息积数的方法有哪些？请分别阐述各种计算方法的基本程序。

(9) 各种定期存款的利息如何计算？

第四章 贷款与贴现业务

贷款是银行以债权人身份将货币资金使用权有偿有期限地转让给债务人的授信行为。办理贷款与贴现业务，是商业银行的重要职责和主要的资产业务。贴现是商业汇票的持票人，在汇票到期日前，将票据权利转让给银行而取得资金的一项业务，这是商业银行以商业汇票为基础而向持票人融通资金的业务。对商业银行而言，贷款与贴现虽都属于资产业务，但二者却是有区别的。贷款与贴现投资的基础不同，所体现的信用关系不同以及银行收取利息的时间先后不同等，这些区别都直接影响到核算手续的差异。本章介绍各种贷款发放、收回、计息的核算；商业承兑汇票与银行承兑汇票贴现及到期收回的核算。

第一节 贷款业务概述

一、贷款的含义和意义

贷款是指金融企业对借款人提供的按约定的利率和期限还本付息的货币资金。它是商业银行主要的资产业务，贷款利息收入是商业银行营业收入的主要来源。同时贷款业务也是银行的重要职责，它是根据信贷政策，按照贷款原则，对国民经济各部门进行的资金再分配，商业银行发放贷款必须遵循安全性、流动性和盈利性相结合的原则。银行通过发放贷款业务，将一定数量的资金进行循环使用，充分发挥资金的使用效能，满足社会再生产过程中对资金的需求，促进国民经济的健康发展。

二、贷款的种类

银行的贷款可按不同的划分标准进行分类：按贷款期限的长短可划分为短期贷款、中期贷款和长期贷款；按贷款发放的保障条件可划分为信用贷款、担保贷款和票据贴现；按贷款的风险承担的对象不同可划分为自营贷款和委托贷款；按贷款的质量和风险程度可划分为正常贷款、关注贷款、次级贷款、可疑贷款和损失贷款五类。

(一) 按贷款期限长短划分，贷款可分为短期贷款、中期贷款和长期贷款

短期贷款是指金融企业根据有关规定发放的，期限在 1 年以下（含 1 年）的各种贷款；中期贷款是指金融企业发放的贷款期限在 1 年以上，5 年以下（含 5 年）的各种贷款；长期贷款是指金融企业发放的贷款期限在 5 年（不含 5 年）以上的各种贷款。

(二) 按贷款发放的保障条件划分，贷款可分为信用贷款、担保贷款和票据贴现

信用贷款是指仅凭借款人的信誉而发放的贷款。担保贷款是指银行或其他金融机构以法律规定的担保方式作为还款保障而发放的贷款，它又分为保证贷款、抵押贷款和质押贷款。保证贷款是指按照《中华人民共和国担保法》所规定的保证方式，以第三人承诺在借款人不能偿还贷款时，按约定承担一般保证责任或连带责任而发放的贷款；抵押贷款是指按照《中华人民共和国担保法》规定的抵押方式以借款人或第三人的财产作为抵押物发放的贷款；质押贷款是指按照《中华人民共和国担保法》所规定的质押方式以借款人或第三人的动产或权利作为质物发放的贷款。票据贴现是指放款人以购买借款人未到期商业汇票的方式而发放的贷款。

(三) 按贷款风险承担的对象不同划分，贷款可分为自营贷款和委托贷款

自营贷款是指金融企业以合法方式筹集的资金自主发放的贷款，其风险由金融企业承担，并由金融企业收取本金和利息；委托贷款是指委托人提供资金，由金融企业（受托人）根据委托人确定的贷款对象、用途、金额、期限、利率等而代理发放，监督使用并协助收回的贷款，其风险由委托人承担。

(四) 按贷款的质量和风险程度划分，贷款可划分为正常贷款、关注类贷款、次级类贷款、可疑类贷款和损失类贷款

正常贷款是指借款人能够履行合同，有充分把握按时、足额偿还本息的贷款；关注类贷款是指借款人目前有能力偿还本息，但是存在一些可能对偿还产生不利影响的因素的贷款；次级类贷款是指借款人的还款能力出现了明显问题，依靠其正常经营收入已无法保证足额偿还本息的贷款；可疑类贷款是指借款人无法足额偿还本息，即使执行抵押或担保也肯定造成一定损失的贷款；损失类贷款是指在采取所有可能的措施和一切必要的法律程序后，本息仍无法收回或只能收回极少部分的贷款。我国已从 1998 年起要求所有商业银行对贷款进行五级分类管理。

在西方银行会计中，贷款根据目的、用途或偿还方式等分为三类：商业贷款、房地产贷款和消费贷款。商业贷款是为商业经营提供的贷款，它的对象可以是个人，也可以是合伙公司或股份有限公司。房地产贷款是用房地产作抵押的贷款，它的贷款金额一般不超过房地产评估价的一定百分比。房地产贷款又分为建设贷款和抵押贷款两种。房地产建设贷款是向住宅或商业房产的建设者提供的贷款；房地产抵押贷款是为开发好了的房地产（盈利性的或作住宅用的）提供的贷款。消费贷

款是为购买汽车、船只和其他价高而耐用消费品提供的贷款,也有一些消费贷款是为教育或医疗提供的。一般来说,消费贷款是向个人提供的,包括分期偿还贷款、定期贷款和循环信用贷款。

三、贷款业务的核算原则

商业银行发放贷款主要应遵循安全性、流动性和盈利性原则。而在进行贷款核算时,尤其是中长期贷款核算应遵循以下原则:

1. 本息分别核算的原则。商业银行发放的中长期贷款,应当按照实际贷出的金额入账,期末按照贷款本金和适用的利率计算应收取的利息,分别贷款本金和利息进行核算。

2. 商业性贷款与政策性贷款分别核算的原则。

3. 自营贷款与委托贷款分别核算的原则。金融企业发放委托贷款时,只收取手续费,不得代垫资金。金融企业因发放委托贷款而收取的手续费,按收入确认条件予以确认。

4. 应计贷款和非应计贷款分别核算。非应计贷款是指贷款本金或利息逾期90天没有收回的贷款。应计贷款是指非应计贷款以外的贷款。当贷款的本金或利息逾期90天时,应单独核算。当应计贷款转为非应计贷款时,应将已入账的利息收入和应收利息予以冲销。从应计贷款转为非应计贷款后,在收到该笔贷款的还款时,首先应冲减本金;本金全部收回后,再收到的还款则确认为当期利息收入。

第二节 单位贷款的核算

单位贷款主要包括信用贷款和担保贷款。

一、信用贷款的核算

信用贷款是指仅凭借款人的信誉而发放的贷款。目前,我国的信用贷款、担保贷款多采用逐笔核贷的贷款核算方式。所谓逐笔核贷是指由借款单位向银行提出申请,银行根据批准的贷款计划,逐笔立据,逐笔审查,逐笔发放,约定期限,一次贷放,一次或分次归还贷款,按照规定利率计收利息的一种贷款核算方式。

(一) 贷款发放的核算

借款人申请贷款时,首先向银行信贷部门提交贷款申请书及有关资料,信贷部门遵照审贷分离,分级审批的原则进行审核批准后,双方商定贷款的金额、用途、还款期限、利率、违约责任等,并签订借款合同或协议。借款合同经签订,就具有法律效力,双方必须根据合同履行责任和义务。

借款合同签订以后,借款单位需要贷款时,应填制一式五联的借款凭证,送信贷部门审批，第一联为借方凭证，第二联为贷方凭证，第三联为回单（代收账通知），第四联为放款记录，第五联为到期卡。经信贷部门审批并签署意见后，在借款凭证上加注贷款编号、贷款种类、贷款期限、贷款利率、银行核定贷款金额等项目，送会计部门凭以办理放款手续。

会计部门收到五联借款凭证后，应认真审查信贷部门的审批意见，审核借款凭证各栏填写是否正确完整，大小写金额是否一致，印鉴是否相符，有无信贷部门和有权审批人员的签章等。审核无误后，以借款凭证第一、第二联分别代转账借方、贷方传票办理转账。该业务的会计分录在例1中说明。

转账后，将第三联回单加盖转讫章后交借款单位作为贷款入账的收账通知。第四联送信贷部门作为放款记录留存备查，第五联由会计部门按到期日先后顺序专夹妥善保管，据以督促借款单位按期归还贷款。会计部门要定期对保存的借款凭证与贷款分户账核对，保证账据相等。

【例1】 2月2日，文利公司向其开户行申请短期贷款100 000元，经银行信贷部门审批同意发放，全额转入该公司存款账户内。则银行发放贷款时的会计分录为：

借：短期贷款——文利公司　　　　　　　　　　　　　　100 000
　　贷：活期存款——文利公司　　　　　　　　　　　　　100 000

（二）贷款收回的核算

银行放款必须遵循按时收回贷款的原则。在贷款到期时，会计部门应与信贷部门联系，一般提前3天通知借款单位准备资金归还贷款。收回贷款的核算主要分以下两种情况。

1. 贷款到期，借款单位主动归还。借款人主动归还贷款时，应签发转账支票及填制一式四联的还款凭证送交开户行，办理还款手续。

（1）借款单位的开户行为放款行时，银行会计部门收到还款凭证后，应同贷款账簿进行核对，核对无误后，于贷款到期办理收回贷款的转账手续。在到期日转账时，应认真核对支票的印鉴，查看借款单位存款账户是否有足够的余额等，以还款凭证第一、第二联分别作贷款方借方、贷方凭证办理转账，第三联转账后由会计部门送信贷部门核销原放款记录，第四联加盖业务公章后交还借款单位作归还贷款的通知。该业务的会计分录在例2中说明。

【例2】 接例1，假设贷款期限为3个月，月利率为6‰。则贷款到期文利公司按时足额还款时，应收利息=100 000×3×6‰=1 800（元），则该业务的会计分录为：

借：活期存款——文利公司　　　　　　　　　　　　　　101 800
　　贷：短期贷款——文利公司　　　　　　　　　　　　　100 000
　　　　利息收入　　　　　　　　　　　　　　　　　　　　1 800

（2）借款单位的开户行不为放款行时，银行会计部门收到借款单位提交的转账支票后，应通过票据交换员在票据交换所办理交换手续，经对方银行的票据交换员审核无误后，才能凭票据交换员提交回的票据及有关凭证办理转账。此时会计分录为：

借：存放中央银行款项（或：有关科目）
　　贷：短期贷款（或：中长期贷款）——贷款单位贷款户
　　　　利息收入

如借款单位分次归还贷款，则应在原借据上作分次进行还款记录。等最后还清贷款时，再将注销的借据退还借款单位。

2. 贷款到期，银行主动扣收。贷款到期，借款人未能主动归还贷款，而其存款账户的余额足够还款时，会计部门可以及时征得信贷部门同意，由信贷部门出具加盖了业务公章的"贷款收回通知单"，会计部门凭以填制三联特种转账传票，一联代借方传票，一联代贷方传票，一联代收账通知连同注销后的借据第一联一并交借款单位，该业务的会计分录为：

借：活期存款——借款单位存款户
　　贷：短期贷款（或：中长期贷款）——借款单位贷款户
　　　　利息收入

（三）贷款展期

贷款到期，借款单位因故不能按期归还贷款时，短期贷款必须在到期日 10 天以前，中长期贷款必须在到期日 1 个月以前，由借款单位向银行提交"贷款展期申请书"，写明原因，银行信贷部门审查同意并签署意见后，一联留存备查，其余两联作贷款展期通知，送交会计部门办理贷款展期手续。每一笔贷款只能展期一次，短期贷款展期不得超过原贷款的期限，中长期贷款展期不得超过原贷款期限的一半，最长不超过 3 年。

会计部门接到贷款展期申请书后，应审查相关内容：信贷部门是否批准，有无签章；展期贷款的金额与借款凭证上的金额是否一致；展期时间是否超过规定期限；展期利率的确定是否正确等。审核无误后在贷款分户账及到期卡上批注展期还款利率及日期，同时将一联贷款展期申请书加盖业务公章后交借款单位收存，另一联附在原借据后，按展期后的还款日期排列保管。无需办理转账手续。

（四）贷款逾期

贷款到期，借款单位不能按期归还或其存款账户资金不足时，而借款单位事先未向银行申请办理展期手续，或者申请展期未获批准，又或者已办理展期，但展期到期仍未能归还贷款的，即作为逾期贷款（逾期贷款不含呆滞贷款和呆账贷款）。银行应将贷款转入借款单位的逾期贷款账户。会计部门根据原借据分别编制特种转账借方传票和特种转账贷方传票各两联，凭特种转账借方凭证和贷方传票各一联办

第四章　贷款与贴现业务

理转账。该业务的会计分录在例3中说明。

【例3】 接例1,假设贷款到期,文利公司无力按期归还贷款,银行将此短期贷款转入逾期贷款户。则此时的会计分录为:

借:逾期贷款——文利公司　　　　　　　　　　　　　　　101 800
　　贷:短期贷款——文利公司　　　　　　　　　　　　　　　101 800

转账后,将另两联特种转账借、贷方传票作收、支款通知,加盖转讫章和经办人员章后交借款单位。同时,在原借据上批注"××××年××月××日转入逾期贷款"的字样后,另行保管。在借款单位存款账户有款支付时,一次或分次从其存款账户上扣收,并从逾期之日起至款项还清前1日止,除按规定利率计息外,还应按实际逾期天数和中国人民银行规定的罚息率计收罚息。

按现行规定,逾期满一年及超过一年仍未归还的贷款,作为呆滞贷款处理,其应收利息不再计入当期损益,实际收到的利息,计入当期损益。逾期贷款满2年,经确认无法收回后,才能申报核销本金和应收利息。

二、担保贷款的核算

担保贷款包括保证贷款、抵押贷款和质押贷款三大类。

(一) 保证贷款

保证贷款是指按《中华人民共和国担保法》规定的保证方式以第三人承诺在借款人不能偿还贷款时,按约定承担一般保证责任或者连带责任为前提而发放的贷款。保证人必须是具有代为清偿债务能力的法人、其他组织或公民。国家机关不得为保证人,但经国务院批准为使用外国政府或者国际经济组织贷款进行转贷的除外;以公益为目的的事业单位、社会团体(如学校、医院等)不得为保证人;企业法人的分支机构及职能部门不得作为保证人,但分支机构具有法人书面授权的,可以在授权范围内提供保证。保证人与债权人应当以书面形式订立保证合同,保证的方式有一般保证和连带责任保证。贷款到期如借款人不能归还贷款的,应由保证人承担偿还贷款本息的责任。

1. 贷款发放的核算。借款单位申请保证贷款时,应向银行信贷部门提交贷款申请书并附上由保证人签署的保证书等资料,信贷部门审核批准后,即与保证人订立保证合同,填制借款凭证,然后将有关凭证文件交会计部门办理贷款手续。该业务的会计分录为:

借:保证贷款——借款单位贷款户
　　贷:活期存款——借款单位存款户

2. 贷款收回的核算。贷款到期,借款单位主动归还款项或由银行从借款单位存款账户中扣收时,该业务的会计分录如下:

借：活期存款——借款单位存款户
　　　贷：保证贷款——借款单位贷款户
　　　　　利息收入

　3. 贷款到期不能收回的核算。保证贷款到期，借款人无力归还贷款本息时，银行应根据借款合同规定向保证人收取贷款本息。该业务的会计分录如下：
　　借：活期存款（或：其他科目）——保证人户
　　　贷：保证贷款——借款单位贷款户
　　　　　利息收入

　（二）抵押贷款

　抵押贷款是指按《中华人民共和国担保法》规定的抵押方式以借款人或第三人的财产作为抵押物发放的贷款。它适用于经工商行政管理部门登记并具有法人资格的公民，集体工商企事业单位以及我国境内的中外合资经营企业。借款人到期不能归还贷款本息时，银行有权依法处置贷款抵押物，并从所得价款收入中优先收回贷款本息。抵押物是指借款人或第三人（抵押人）提供的经债权人认可作为抵押物的财产。如：抵押人依法所有的房屋、机器、土地使用权等。抵押贷款的贷款额度，以抵押物的现值为基数，按双方约定的抵押率计算。计算公式为：

$$贷款额度 = 抵押物作价现值 \times 抵押率$$

　银行在确定抵押率时应考虑该笔抵押贷款的风险大小及借款人的信誉等，一般是按抵押物现值的50%~70%（最高不超过70%）来定。抵押贷款中，流动资金贷款最长不超过一年，固定资金贷款一般为一至三年，最长不超过五年。

　1. 贷款发放的核算。借款人向银行申请抵押贷款时，须向银行提交抵押贷款申请书，经信贷部门审查同意后，由借款人同银行签订借款合同，并将抵押品或抵押品产权证明移交银行。银行保管抵押品必须执行证账分管的原则。并由信贷部门根据确定的贷款额度，填制一式五联的借款凭证，并将借款凭证及与抵押贷款有关单证一并送交会计部门。

　会计部门收到有关单证后，经审核无误，办理转账。该业务的会计分录为：
　　借：抵押贷款——借款单位贷款户
　　　贷：活期存款——借款单位存款户

　同时，对抵押品按企业及财产类设明细账户进行表外登记。该业务的会计记录为：
　　收：代保管的有价值品——借款单位户

　2. 贷款收回的核算。抵押贷款到期收回的会计处理，可参照信用贷款到期收回时的处理。该业务的会计分录为：
　　借：活期存款——借款单位存款户
　　　贷：抵押贷款——借款单位贷款户
　　　　　利息收入

同时，销记表外科目，以原抵押申请书作为表外科目付出凭证的附件。该业务的会计记录为：

付：代保管有价值品——借款单位户

3. 贷款逾期的核算。抵押贷款到期，若借款单位不能按期归还贷款，银行应将抵押贷款转入逾期贷款科目，并按规定计收罚息。逾期一个月，银行有权依据借款合同，依法处理抵押物。对抵押物的处理主要有作价入账和出售两种方式。处理后取得的收入，扣除银行在处理抵押物过程中发生的费用后，应优先归还贷款本金，再归还利息。

（1）将抵押物作价入账的核算。将抵押物作价入账时，该业务的会计分录为：

借：固定资产（或：其他资产类科目）
　　贷：逾期贷款——借款人户
　　　　应收利息——应收抵押贷款利息
　　　　累计折旧

（2）将抵押物出售的核算。银行按规定拍卖借款单位的抵押品时，应以拍卖所得的净收入抵补抵押贷款本息。

第一，净收入高于贷款本息。如拍卖所得净收入高于贷款本息之和，其差额作为利息收入入账时，该业务的会计分录为：

借：活期存款（或：现金等）
　　贷：逾期贷款——借款单位户
　　　　应收利息——应收抵押贷款利息
　　　　利息收入——抵押贷款利息收入

若其差额部分退还借款单位时，该业务的会计分录为：

借：活期存款（或：现金等）
　　贷：逾期贷款——借款单位户
　　　　应收利息——应收抵押贷款利息
　　　　活期存款——借款单位存款户

第二，净收入低于贷款本金。若拍卖所得净收入低于贷款本金，其贷款本金不足部分，从贷款损失准备中核销，应收利息从坏账准备中核销。该业务的会计分录为：

借：活期存款（或：现金等）
　　　贷款损失准备
　　　坏账准备
　　贷：逾期贷款——借款人户
　　　　应收利息——应收抵押贷款利息

第三，净收入高于贷款本金，但低于贷款本息之和时的核算。此时拍卖所得金额在全额补偿贷款本金和部分应收利息后，不足部分从坏账准备中核算。该业务的会计分录为：

借：活期存款（或：现金等）
　　坏账准备
　贷：逾期贷款——借款人户
　　　应收利息——应收抵押贷款利息

（三）质押贷款的核算

质押贷款是指按《中华人民共和国担保法》规定的质押方式以借款人或第三人的动产或权利为质物而发放的贷款。质押贷款分为动产质押和权利质押两种形式。其会计业务处理类似抵押贷款，不再赘述。

三、贷款利息的核算

银行发放的贷款，应按期计提利息并确认收入。贷款利息的计算方法分为定期计息和利随本清两种。

（一）定期计息

定期计息一般每季度结算一次，每季度末月 20 日为结算日。采用余额表或分户账以积数计息方法计算。计算公式为：

$$应收利息 = 计息积数 \times (月利率 \div 30)$$

该业务的会计分录在例 4 中说明。

【例4】　某银行于 4 月 1 日发放一笔短期贷款，金额为 10 万元，假定月利率为 6‰，期限为 4 个月，则 6 月 20 日银行按季结息时，该笔贷款应计利息为：

$$100\ 000 \times 80 \times (6‰ \div 30) = 1\ 600（元）$$

其会计分录为：

借：应收利息　　　　　　　　　　　　　　　　　　　　　　1 600
　贷：利息收入　　　　　　　　　　　　　　　　　　　　　　　　1 600

到期还款时该笔贷款总的应计利息为：

$$100\ 000 \times 40 \times (6‰ \div 30) + 1\ 600 = 2\ 400（元）$$

其中本期应计利息为：

$$100\ 000 \times 40 \times (6‰ \div 30) = 800（元）$$

借：活期存款　　　　　　　　　　　　　　　　　　　　　102 400
　贷：应收利息　　　　　　　　　　　　　　　　　　　　　　　1 600
　　　利息收入　　　　　　　　　　　　　　　　　　　　　　　　800
　　　短期贷款　　　　　　　　　　　　　　　　　　　　　100 000

（二）利随本清

利随本清也称为逐笔结息方式，是指银行按规定的贷款期限，于贷款归还的同时计收利息的方法。贷款到期，借款人还款时，应按"算头不算尾"的方法计算实际贷款天数，对年按 360 天，对月按 30 天计算。计算公式为：

$$应收利息 = 本金 \times 日数 \times 日利率$$

该业务的会计分录在例 5 中说明。

【例5】 文利公司于 2001 年 2 月 2 日向银行借款 10 万元，期限半年，利率为月息 6‰，双方约定采用利随本清的计息方法来计算利息。企业于到期日签发转账支票，归还贷款。

$$应收利息 = 100\,000 \times 180 \times (6‰ \div 30) = 3\,600 （元）$$

其会计分录为：

借：短期贷款　　文利公司		103 600
贷：短期贷款—文利公司		100 000
利息收入—贷款利息收入		3 600

（三）逾期贷款利息的核算

按现行制度规定，银行发放贷款到期（含展期，下同）90 天后尚未收回的，其应计利息停止计入当期利息收入，纳入表外核算；已计提的贷款应收利息，在贷款到期 90 天后仍未收回的，或在应收利息逾期 90 天后仍未收到的，冲减原已计入损益的利息收入，转作表外核算。表外核算科目为"未收贷款利息"。贷款转入逾期贷款后，利息应分段计算，即从贷款发放日起至贷款到期日止，按贷款时双方约定的利率计息，从贷款到期日的次日起到收回贷款日止按逾期贷款利率计收罚息。

第三节　个人消费贷款的核算

一、个人消费贷款概述

个人消费贷款是指商业银行对个人发放的用于个人消费的担保贷款。个人消费贷款可以依照不同标准进行划分。有以下几种划分方式：

（一）按用途划分，可分为汽车贷款、住房贷款、教育助学贷款、旅游贷款、耐用消费品贷款等

（二）按其偿还方式划分，可分为分期偿还贷款、一次性偿还贷款和循环贷款

1. 分期偿还贷款就是借款人用于购买汽车、住房、耐用消费品等，按月分期偿还本息的贷款。这种贷款数额取决于贷款的用途，一般金额较大，耐用消费品贷款期限 1~3 年，汽车贷款期限 2~5 年，住房贷款期限 10~20 年。分期偿还贷款在商业银行的消费贷款中占很大的比重。当消费者直接从零售商店购买金额较大的耐用消费品，然后按照购货契约向销售企业分期付款，而销售企业资金又不足时，可

向银行取得贷款。商业银行也可直接对消费者发放分期偿还的消费贷款和一次性偿还的消费贷款。

2. 所谓一次性偿还贷款就是借款人一次还清本金和利息的消费贷款。这种借款一般是临时性的，通常用于购买价值不大的商品或劳务。发放这种贷款要以借款人在还款期内十分确定的现金收入作为到期的还款保证。

3. 信用卡贷款，即持卡人在发卡商业银行确定的信贷额度内，以信用卡购买商品或劳务。持卡人可以一次或多次取得贷款，归还时也可一次或分几次还款。此时持卡人可以凭本人身份证或护照在商业银行直接透支，在取款单上签字，或者在销售单上签字，销售者将此单交给发卡银行，银行扣除手续费予以全部支付，然后将销售单寄给持卡人对账。存取款手续费和贷款利息是商业银行信用卡业务的主要收入。

（三）按发放方式划分，可分为直接贷款和间接贷款

直接贷款即商业银行直接对消费者发放的消费贷款；间接贷款是商业银行通过那些零售商向借款人提供的消费贷款。前者在商业银行的消费贷款中所占数额比例较小，它是商业银行依照购物票据直接向购买耐用消费品的消费者发放的贷款；后者在商业银行的消费贷款中所占数额比例较大。消费者购买耐用消费品采取分期偿付时往往开出期票作为贷款的支付手段，销售企业将这种票据经过背书向银行取得贷款。商业银行通过购买汽车交易商、家具交易商或电器用品零售商等开出的票据，实际上等于商业银行向商业企业发放了一笔贷款。

（四）按期限长短划分，可分为短期消费贷款、中期消费贷款和长期消费贷款

短期消费贷款，如旅游贷款、信用卡贷款、支票贷款计划；中期消费贷款，如汽车贷款、耐用消费品贷款；长期消费贷款，如住房贷款、教育助学贷款。

用于办理个人消费贷款的质押物有实物国库券、金融债券、定期储蓄存单等。

二、个人定期储蓄存单小额抵押贷款

（一）发放贷款的核算

个人定期储蓄存单小额抵押贷款是以未到期的定期储蓄存款存单作抵押，从储蓄机构取得一定金额的贷款，到期归还贷款本息的一种存贷结合业务。这种贷款只对中国境内的居民开办。作为抵押品的定期储蓄存单仅限于未到期的整存整取、存本取息、华侨人民币、大额可转让定期存单（记名）和外币定期储蓄存单。凡所有权有争议、已作担保、挂失、失效或依法止付的存单不得作为抵押品。借款人申请定期储蓄存单抵押贷款须向其存单开户银行提出申请，经审核批准后，由借贷双方签订抵押贷款合同，抵押存单交储蓄机构保管，储蓄机构出具保管收据。

银行会计部门根据借款人出具的储蓄存单及贷款凭证，办理转账。该业务的会计分录为：

借：小额抵押贷款——借款人定期储蓄存单户
　　贷：活期存款——借款人户
同时，根据"抵押定期存单保管收据"登记表外科目账：
收：担保物——借款人户

(二) 归还贷款的核算

贷款到期时，借款人归还贷款，应填写"贷款归还凭证"，经银行信贷部门审核无误后，交会计部门办理还款手续。该业务的会计分录为：

借：活期存款——借款人户
　　贷：小额抵押贷款——借款人定期储蓄存单户
同时，销记表外科目账：
付：担保物——借款人户

(三) 贷款逾期的处理

贷款到期，借款人因故不能按期归还贷款时，银行应将此抵押贷款转入逾期贷款科目。贷款逾期1个月后，银行有权处理抵押存单用于偿还贷款本息。如果抵押存单尚未到期，则按提前支取处理。如果存单金额偿还贷款本息有余，则银行按原抵押存款利率及期限优先扣除贷款本息，并重新开立存单，办理转账。该业务的会计分录为：

借：活期存款——借款人户
　　应付利息——借款人户
　　贷：小额抵押贷款——借款人户
　　　　利息收入
　　　　定期储蓄存款——借款人户
同时，销记表外科目账：
付：担保物——借款人户

三、个人住房贷款的核算

(一) 个人住房贷款的含义和条件

个人住房贷款是指银行向借款人发放的用于购买自用住房的贷款。银行发放个人住房贷款时，借款人必须提供担保。贷款的对象应是具有完全民事行为能力的自然人。借款人须同时具备以下条件：(1) 具有城镇常住户口或有效居留身份；(2) 具有稳定的职业和收入，信用良好，有偿还贷款本息的能力；(3) 具有购买住房的合同或协议；(4) 无住房补贴的以不低于所购住房全部价款的30%作为购房的首期付款，有住房补贴的以个人承担部分的30%作为购房的首期付款；(5) 放款人认可的资产作为抵押或质押，或有足够代偿能力的单位或个人作为保证人；(6) 放款人规定的其他条件。

(二) 发放贷款的核算

借款人向银行申请个人住房贷款时，应向银行提供相关资料，并填写"个人住房贷款支付凭证"。经银行信贷部门审核无误后，信贷部门填制一式四联的"贷款通知书"连同借款合同副本及借款人填写的"个人住房贷款支付凭证"一并转交会计部门，办理转账。该业务的会计分录为：

借：个人住房贷款——借款人户
　贷：活期存款——售房单位户

同时，根据贷款抵押物担保合同登记表外科目账：

收：担保物——借款人户

(三) 归还贷款的核算

贷款到期借款人归还贷款时，主要有柜台归还和委托扣款两种还款方式。银行会计部门根据借款人填写的贷款归还凭证，办理转账。该业务的会计分录为：

借：借款人储蓄存款（或：其他相关科目）
　贷：个人住房贷款——借款人户
　　　利息收入

等借款人全部还清贷款时，销记表外科目账：

付：担保物——借款人户

(四) 贷款逾期的核算

贷款到期，借款人未能按期归还贷款本息时，在一定期限内，贷款本金一般不作财务处理只作逾期记录标记，应计利息作挂账处理。一定期限后，借款人未偿还贷款本息金额到一定程度，银行将其转为逾期贷款。该业务的会计分录为：

借：应收利息
　贷：利息收入

同时，

借：逾期贷款
　贷：个人住房贷款

其他个人消费贷款的核算手续与上述基本相同，不再赘述。

第四节　贷款损失准备金和坏账准备金的核算

一、贷款损失准备金

(一) 贷款损失准备金概述

贷款损失准备金是按一定比例提取，用于补偿贷款损失的准备金。贷款损失准备金制度的建立是为了增强商业银行的风险意识，提高银行抵御风险的能力，从而确保信贷资金的完整，真实核算银行经营损益，保证银行稳健经营和持续发展。

银行应当在期末按照谨慎会计原则分析各项贷款（不包括保户质押贷款和委托贷款，下同）的可收回性，并预计可能产生的贷款损失。对预计可能产生的贷款损失，计提贷款损失准备金。贷款损失准备金应根据借款人的还款能力、贷款本息的偿还情况、抵押品的市价、担保人的支持力度和银行内部信贷管理等因素，分析其风险程度和回收的可能性，合理计提。

贷款损失准备金包括一般准备金、专项准备金和特种准备金三种。一般准备金是根据全部贷款余额的一定比例计提的、用于弥补尚未识别的可能性损失的准备金；专项准备金是根据《贷款风险分类指导原则》，对贷款进行风险分类后，按每笔贷款损失的程度计提的用于弥补专项损失的准备金；它按照贷款五级分类结果及时足额计提，计提比例由银行根据贷款资产的风险程度和回收的可能性合理确定。特种准备金是指银行针对特定国家、地区、行业或某一类贷款风险计提的准备金，具体比例由银行根据贷款资产的风险程度和回收的可能性合理确定。贷款损失准备金必须根据贷款的风险程度足额提取，损失准备金提取不足的，不得进行税后利润分配。贷款损失准备金由各家银行总行统一计提。

计提贷款损失准备金的资产，是指银行承担风险和损失的贷款，具体包括：贷款（含抵押、质押、保证、无担保贷款等）、银行卡透支、贴现、信用垫款（如银行承兑汇票垫款、担保垫款、信用证垫款等）、进出口押汇等。对于不由银行承担风险的委托贷款等，不计提贷款损失准备金。对由银行转贷并承担对外还款责任的国外贷款，包括国际金融组织贷款、外国买方信贷、外国政府贷款、日本国际协力银行不附条件贷款和外国政府混合贷款等资产，也应当计提贷款损失准备。

银行应按季计提一般准备金，一般准备金年末余额应不低于年末贷款余额的1%。银行提取的一般准备金，在计算银行的资本充足率时，按《巴塞尔协议》的有关原则，应纳入银行附属资本。外国银行在中华人民共和国境内设立的分行可由其总行统一计提一般准备金，专项准备金由分行分别计提。

银行可参照以下比例按季计提专项准备金：

对于关注类贷款，计提比例为2%；对于次级类贷款，计提比例为25%；对于可疑类贷款，计提比例为50%；对于损失类贷款，计提比例为100%。其中：次级类和可疑类贷款的损失准备金，计提比例可以上下浮动20%。

银行应以贷款风险分类为基础，建立审慎的贷款损失准备制度，具体包括：（1）银行应建立贷款风险识别制度，按贷款风险分类的要求，定期对贷款进行分类，及时识别贷款风险，评估贷款的内在损失；（2）银行应建立贷款损失准备的评估制度，在贷款分类的基础上，定期对贷款损失准备的充足性进行评估，及时计提贷款损失准备，使之与贷款的内在损失评估结果相适应，准确核算经营成果，增强抵御风险的能力；（3）银行应建立贷款损失核销制度，及时对损失类贷款或贷款的损失部分进行核销。贷款损失的核销要建立严格的审核、审批制度，对于已核销损失类贷款，银行应继续保留对贷款的追索权。

银行应根据中国人民银行的要求，定期报送贷款质量五级分类、贷款损失准备计提及损失贷款核销的情况。中国人民银行通过现场检查和非现场检查对银行贷款风险分类及相应的损失准备提取情况进行监督，对贷款损失准备的充分性进行评估。银行的损失准备计提及核销数据应根据有关规定对外披露。

对于被确认为损失的贷款，应按规定的核销条件、核销办法和审批权限，从提取的损失准备金中加以核销。损失核销条件为：（1）借款人和担保人依法宣告破产，经法定清偿后，仍不能还清的贷款；（2）借款人死亡，或依照《中华人民共和国民法通则》的规定，宣告失踪或死亡，以其遗产清偿后未能还清的贷款；（3）借款人遭受自然灾害或意外事故，损失巨大且不能获得保险补偿，确实无力偿还的部分或全部贷款，或经保险赔偿清偿后仍未能还清的贷款；（4）贷款人依法处理贷款抵押品所得价款不足补偿贷款的部分；（5）国务院专案批准核销的逾期贷款。

美国注册会计师协会 1984 年版的《银行审计》也对此提出了指导性意见：银行应通过定期借记营业费用的方法对所有种类的贷款保留合理的贷款损失准备金。贷款损失准备支出的金额是否合理取决于管理层是否认为贷款损失准备金（包括当期提取的金额）已足够弥补贷款的预计损失。从很大程度上讲，信贷损失准备金取决于管理判断。在进行预计时，还应考虑资产负债表中所有的相关事项，以前贷款回收的经验，国际、国内和当地经济的影响以及银行的环境状态。随着 20 世纪 80 年代初银行破产事件的增加，人们越来越意识到了准备金预计的重要性。

（二）贷款损失准备金的核算

1. 提取损失准备金的核算。银行应当在期末根据各项贷款的可收回性，提取贷款损失准备金。提取的损失准备金计入当期损益。该业务的会计分录为：

借：其他营业支出
　　贷：贷款损失准备——专项准备（或：特种准备）

2. 核销贷款损失的核算。银行对需要核销的损失贷款，应按照规定的条件及规定的审批程序和权限办理核销，冲减已计提的损失准备。该业务的会计分录为：

借：贷款损失准备
　　贷：××贷款——借款单位逾期贷款户

若已冲销的贷款损失在以后又收回的，其核销的损失准备应予以转回，同时冲减贷款本金。该业务的会计分录为：

借：××贷款——借款单位逾期贷款户
　　贷：贷款损失准备
借：活期存款（或：相关科目）
　　贷：××贷款——借款单位逾期贷款户

二、坏账准备金

(一) 坏账准备金概述

坏账损失是指因债务人破产或者死亡或者因债务人逾期未履行清偿义务超过2年等原因，确实无法收回的应收账款。银行应当在期末分析各项应收款项（不包括贷款的应收利息）的可收回性，并预计可能产生的坏账损失。对预计可能发生的坏账损失，计提坏账准备金。计提坏账准备金的方法由银行自行确定。银行应当制定计提坏账准备的政策，明确计提坏账准备的范围、提取方法、账龄的划分和提取比例，按照法律、行政法规的规定报有关各方备案，并备置于金融企业所在地。坏账准备提取方法一经确定，不得随意变更。如需变更，应当在会计报表附注中予以注明。

在确定坏账准备的计提比例时，应当根据以往的经验，债务单位的实际财务状况和现金流量等相关信息予以合理估计。除有确凿证据表明该项应收款项不能够收回或收回的可能性不大外（如债务单位已撤销、破产、资不抵债、现金流量严重不足、发生严重的自然灾害等导致停产而在短时间内无法偿付债务等，以及3年以上的应收款项），下列几种情况不能全额提取坏账准备：(1)当年发生的应收款项；(2)计划对应收款项进行重组；(3)与关联方发生的应收款项；(4)其他已逾期，但无确凿证据表明不能收回的应收款项。

(二) 坏账准备金的核算

银行应当在期末根据各项应收款项的可收回性，按规定计提坏账准备，计提的坏账准备计入当期成本。该业务的会计分录为：

借：其他营业支出（或：相关科目）
　　贷：坏账准备

若已确认并转销的坏账损失在以后又收回时，应增加坏账准备金，该业务的会计分录为：

借：相关科目
　　贷：坏账准备

同时，

借：活期存款
　　贷：相关科目

第五节 票据贴现业务的核算

一、票据贴现概述

票据贴现是指票据的持有人在汇票到期前，为取得资金而将票据转让给银行并贴付一定利息的一种票据转让活动。它是银行的一种放款方式，也是银行信用与商业信用相结合的一种融资手段。目前，银行办理贴现业务的票据主要是商业汇票。商业汇票按承兑人的不同可以分为商业承兑汇票和银行承兑汇票，商业汇票一律记名，允许背书转让，但期限最长不超过6个月。

票据贴现业务属于银行贷款业务的一种，它与一般贷款相比而言，两者都属于银行的资产业务，都是借款人的融资方式，银行都要计收利息，但两者又有以下几点不同之处：（1）融资的对象不同，票据贴现是以持票人（债权人）为放款对象；一般贷款以借款人（债务人）为放款对象。（2）计息的时间不同，票据贴现在放款时就预先扣收利息；一般贷款则在贷款到期时或定期计收利息。（3）放款期限不同，票据贴现通常为短期贷款，贴现期限是从贴现之日起到承兑票据到期日止，最长期限不超过6个月；一般贷款则分为短期贷款和中长期贷款。（4）资金的流动性不同，票据贴现的放款银行可以通过再贴现或转贴现提前收回资金；一般贷款只有到期才能收回资金。

二、银行办理商业汇票贴现时的核算

商业汇票到期前，持票人持汇票向开户银行申请贴现时，应填制一式五联的贴现凭证。凭证的第一联为贴现借方凭证，第二联为贷方凭证，第三联为贴现利息贷方凭证，第四联为银行给持票人的回单，第五联为到期卡。

贴现申请人填妥凭证并按规定签章后，将凭证及商业汇票一并送交银行信贷部门。信贷部门经过审核批准后，将凭证及汇票递交给会计部门。

会计部门收到汇票和贴现凭证后，先按规定认真审查贴现凭证及汇票，经确认无误后，再按规定的贴现率，计算出贴现利息和实付贴现金额，其计算公式为：

贴现利息＝汇票金额×贴现天数×日贴现率

实付贴现金额＝汇票金额－贴现利息

其中贴现天数是按从贴现之日起到汇票到期前一日止计算。承兑人在异地的，贴现的期限及贴现利息的计算应另加3天的划款日期。

会计部门按规定将计算好的贴现利息及实付贴现金额填在贴现凭证上后，办理转账手续。该业务的会计分录在例6中说明。

【例6】 某企业于10月11日以其持有的商业承兑汇票（该汇票8月1日签发并承兑，12月1日到期）向其开户银行申请贴现，金额为1 000 000元，月贴现率为9‰，则：

贴现利息＝1 000 000×49×（9‰÷30）＝14 700（元）

实付贴现金额＝1 000 000－14 700＝985 300（元）

其会计分录为：

借：贴现　　　　　　　　　　　　　　　　　　　　　　　1 000 000

贷：活期存款　　　　　　　　　　　　　　　　　　　　985 300
　　　　利息收入　　　　　　　　　　　　　　　　　　　　 14 700

三、贴现汇票到期收回贴现款的核算

银行应经常审查贴现汇票到期的情况，对即将到期的汇票，要注意及时收回款项，以防止占用资金。

（一）商业承兑汇票贴现到期收回款项的核算

商业承兑汇票贴现的收回是通过委托收款方式进行的，贴现银行作为收款人，对于同城承兑的汇票，应于汇票到期日办理收款业务；对于异地承兑的汇票，应于汇票到期日前匡算邮程，提前填制委托收款凭证并连同贴现汇票送交承兑人开户行，以办理收取票款的业务。

1. 当贴现银行收到承兑人开户行划回的票款时，该业务的会计分录为：
借：辖内往来
　　贷：贴现——商业承兑汇票户

2. 若承兑人存款账户余额不足以支付，其开户行退回委托收款凭证和汇票时，贴现银行对已贴现的金额应从贴现申请人的账户中收取，并办理转账手续。该业务的会计分录为：
借：活期存款——贴现申请人存款户
　　贷：贴现——商业承兑汇票户

3. 若贴现申请人的存款账户余额也不足以支付时，其不足部分应转入逾期贷款。该业务的会计分录为：
借：活期存款——贴现申请人存款户
　　　逾期贷款——贴现申请人贷款户
　　贷：贴现——商业承兑汇票户

（二）银行承兑汇票贴现到期收回款项的核算

由于银行承兑汇票的承兑人是付款人开户行，信用十分可靠，一般不会发生退票情况。其会计处理业务同上，不再赘述。

关键名词

（1）贷款　　　　　　（2）信用贷款
（3）担保贷款　　　　（4）抵押贷款
（5）贷款损失准备　　（6）坏账准备
（7）票据贴现

复习思考题

（1）银行的贷款业务有哪几种？它们有何区别？
（2）信用贷款和担保贷款在核算上有何不同？
（3）什么是贷款损失准备？为什么要计提贷款损失准备？
（4）什么是个人消费贷款？如何核算个人住房贷款？
（5）什么是票据贴现？它与一般贷款有何不同？
（6）贷款利息如何核算？

第五章 支付结算业务

支付结算工作的任务，是根据经济往来组织支付结算的需要，准确、及时、安全地办理支付结算手续，疏通支付结算渠道，减少不必要的结算环节，保证全社会资金的正常流动。国内支付结算的手段包括银行汇票、商业汇票、银行本票、支票、汇兑、托收承付、委托收款及信用卡等。信用证结算在国际结算中被广泛采用。本章重点介绍国内各种结算方式的流程及其核算手续。

第一节 支付结算业务概述

支付结算是指单位、个人在社会经济活动中使用票据、信用卡和汇兑、托收承付、委托收款等结算方式进行货币给付及其资金清算的行为。银行在支付结算中起着重要的中介作用。

一、支付结算的原则及其基本规定

（一）支付结算的原则

支付结算的原则是办理结算业务的单位和个人以及银行会计部门在组织结算业务及进行会计核算时所必须遵循的原则，具体包括：

1. 恪守信用，履约付款的原则。参加支付结算的当事人双方及其开户银行，必须严格遵守信用，按事先的承诺，履约付款，不得拖欠拒付款项。

2. 谁的钱进谁的账，由谁支配的原则。银行作为资金结算的中介机构，必须根据付款人签发的支付凭证或取得有关承诺办理付款手续，按照收款人的账号及户名，及时为其收账。除国家法律另有规定外，其他任何单位、个人及银行本身都不得干预和侵犯存款人的资金，以维护存款人自主支配资金的权利。

3. 银行不垫款的原则。银行提供支付结算服务，只是根据客户的委托，将结算的款项从付款账户划到收款账户，而不垫付任何款项，以防止客户占用银行资金，套取银行信用。为此在支付结算过程中，银行必须做到"先收后付、收妥抵用"，只能在其存款余额之内支用款项。

(二) 支付结算的基本规定①

支付结算的基本规定是结算业务正常进行的有力保障，银行及相关单位和个人应该严格遵守。我国关于支付结算的规定主要有：

1. 票据和结算方式。《支付结算办法》所称的票据，是指银行汇票、银行本票、支票和商业汇票；结算方式是指汇兑、托收承付和委托收款。

2. 票据的签发、取得与转让基础。票据的签发、取得和转让必须具有真实的交易关系和债权债务关系。

3. 票据的记名。为使票据关系明确，票据一律记名。出票人必须记载收款人名称，背书时必须记载背书人、被背书人名称，被背书人为实际收款人。

4. 票据背书转让。流通转让的票据必须经过背书，背书是指票据持有人为了转让票据权力，或为了将一定的票据权力授予他人行使而在票据的背面或粘单上记载一定事项并签章的行为。

5. 票据保证。票据保证是指票据债务人以外的人为担保票据债务的履行，在票据上或者粘单上所做的表示愿意与被保证人负相同责任的行为。银行汇票、商业汇票和银行本票的债务可以依法由保证人承担保证责任。

6. 提示付款。持票人应当按照《中华人民共和国票据法》、《支付结算办法》规定的期限提示付款人付款，付款人或代理付款人应于见票当日足额付款。

7. 拒付与追索。如果票据到期被拒付，承兑人或付款人死亡、逃匿的，或被依法宣告破产的，或因违法被责令终止业务活动的，持票人可以对背书人、出票人等行使追索权。持票人行使追索权，可以请求被追索人支付被拒绝付款的票据金额、相关利息和费用。

8. 票据的挂失。未填明"现金"字样和代理付款人的银行汇票以及未填明"现金"字样的银行本票丧失，不得挂失止付。已承兑的商业汇票、支票、填明"现金"字样和代理付款人的银行汇票以及填明"现金"字样的银行本票丧失，失票人可以通知付款人或代理付款人挂失止付。

9. 票据付款地的确定原则。（1）银行汇票的付款地为代理付款人或出票人所在地；（2）银行本票的付款地为出票人所在地；（3）商业汇票的付款地为承兑人所在地；（4）支票的付款地为付款人所在地。

10. 结算凭证记载事项。结算凭证应按《支付结算办法》的规定填写必须记载的事项。结算凭证上记载汇款人、付款人和收款人账号的，账号与户名要一致。

---

① 作者注：有关支付结算的详细规定读者可以查阅《支付结算办法》和《中华人民共和国票据法》等法律文件，这里仅简化说明部分内容。

11. 结算凭证的寄发和付款。办理向外发出的结算凭证，必须于当日，最迟不得超过次日寄发；收到的结算凭证，必须及时将款项支付给结算凭证上记载的收款人。

12. 查验身份证件。银行在办理支付结算时需要查验个人的有效证件以及国家规定的结算凭证。

13. 统一凭证。办理支付结算必须使用按人民银行统一规定印制的票据凭证和结算凭证。

14. 计算期限。票据按月计算期限的，按到期月的对日计算，无对日的，月末为到期日；期限最后一日是法定休假日的，以休假日的次日为最后一日。

15. 确认客户的身份。银行在客户办理汇款、申请签发银行汇票、签发支票委托银行主动付款以及购买空白票据凭证时，应采用客户预留密码、结算证或IC卡等方式对客户身份的真实性进行确认。

二、结算种类及结算方式

按不同的标准，结算有不同的分类结果：

1. 结算按地区可分为同城结算、异地结算、国际结算。

2. 结算按不同形式可分为现金结算和非现金结算。凡使用现金来完成货币收付行为的称为现金结算；凡双方通过其开户银行，用转账的方法来完成货币收付行为的称为非现金结算，也叫转账结算。

3. 结算按所使用的支付结算工具不同，可分为汇票、本票、支票、汇兑、托收承付、委托收款和信用卡等结算方式。

三、支付结算的纪律

银行的支付结算纪律有：（1）不准以任何理由压票、任意退票、截留挪用客户和他行资金，不准受理无理拒付、不扣或少扣滞纳金；（2）不准在结算制度之外规定附加条件，影响汇路畅通；（3）不准违反规定开立账户；（4）不准拒绝受理、代理他行正常结算业务；（5）不准放弃对企业单位违反结算纪律的制裁；（6）不准违章承兑、贴现商业汇票和逃避承兑责任，不准拒绝支付已承兑的商业汇票票款；（7）不准逃避向人民银行转汇大额银行汇票资金。

单位、个人办理结算应做到"三不准"：（1）不准套取银行信用，签发空头支票；（2）不准无理拒付，任意占用他人资金；（3）不准利用多头开户转移资金，逃避债务。

第二节 银行汇票

一、银行汇票的含义及其结算规定

银行汇票是由出票银行签发的,并由其在见票时按照实际结算金额无条件支付给收款人或者持票人的票据。

有关银行汇票的结算规定主要有:

1. 单位和个人的各种款项结算,均可使用银行汇票。银行汇票可以用于转账,填明"现金"字样的银行汇票也可用于支取现金。

2. 出票银行不得为单位签发现金银行汇票,现金汇票的申请人和收款人必须为个人。

3. 银行汇票的代理付款人是代理本系统出票银行或跨系统签约审核支付汇票款项的银行。代理付款人不得受理未在本行开立存款户的持票人为单位直接提交的汇票,未在本机构开立存款账户的个人持票人提示付款可以受理。

4. 银行汇票的提示付款期限为自出票日起一个月。

5. 银行汇票的实际结算金额、日期、收款人名称不得更改,更改后票据无效。

6. 对超过提示付款期限的或因其他原因要求退款或付款的银行汇票,如果持票人或申请人在票据权利内做出书面说明,并提供个人身份证件或单位证明及银行汇票和解讫通知请求退款的,出票银行可以办理退款手续。

7. 银行汇票可以背书转让给背书人。但未填写实际结算金额或实际金额超过出票金额的银行汇票不得背书转让。

二、银行汇票结算的流程图

银行汇票流程图如图 5-1 所示,根据标号读者可以了解具体的结算步骤。

三、银行汇票的核算

(一) 银行汇票出票的核算

1. 汇款人向银行申请汇票。出票行受理申请人提交的一式三联"银行汇票申请书"。第一联作为存根,第二联、第三联提交出票行。出票行需详细审查内容是否填写清晰、齐全,汇票上的签章是否与预留银行的签章相符,申请书填明"现金"字样的,要看申请人和收款人是否均为个人,且是否已交存现金。

2. 出票行审查无误,根据有关凭证办理转账,会计分录为:

借:活期存款(或:现金)
　　贷:汇出汇款

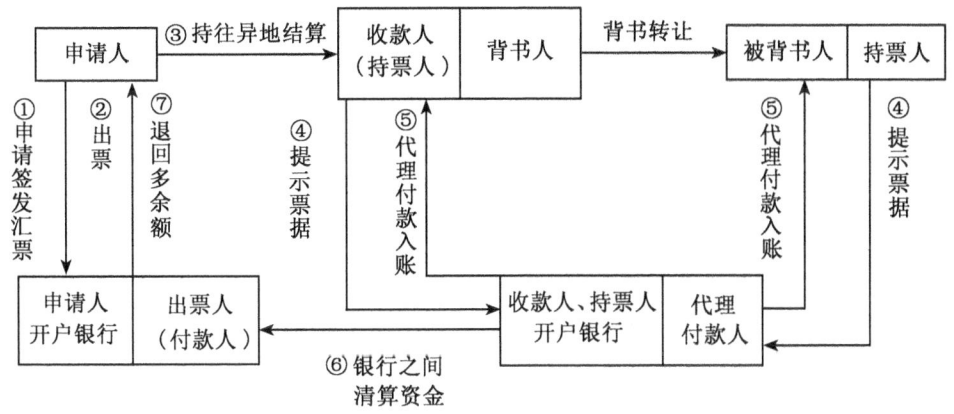

图 5-1　银行汇票流程图

3. 出票行办妥转账或收妥现金后，即可签发银行汇票。签发汇票应注意以下几点：（1）对空白汇票的防伪标志进行检测，防伪标志不全或残损的空白汇票应予作废，不得使用；（2）汇票金额和日期必须大写，填写字迹要清楚，不得涂改，如果填写错误，应作废重写；（3）申请书备注栏内注明"不得转汇"的，出票行应该在汇票用途栏中注明；（4）签发现金银行汇票时，先在"汇票金额"栏填写"现金"字样，再填写汇票金额并填写代理付款人名称。签发转账银行汇票一律不填写代理付款行。

4. 汇票经复核无误后，在第二联汇票"汇款金额"栏后端，用压数机印压汇款金额。然后在汇票第二联上加盖汇票专用章及授权的经办人名章。将汇票的二、三联交申请人，由其在汇票申请书第三联上签收，并逐笔登记汇出汇款登记簿，将汇票一、四联专夹保管。

（二）银行汇票付款的核算

1. 持票人在代理付款行开户的处理。代理付款行受理持票人交来的汇票、解讫通知和两联进账单，根据有关规定，应认真审查：（1）汇票和解讫通知是否齐全，汇票号码和记载内容是否一致；（2）汇票是否真实，提示付款期限是否超过；（3）汇票填明持票人是否在本行开户，持票人名称是否为该持票人，与进账单上的名称是否相符；（4）汇票密押是否正确，压数机压印的金额是否与出票金额一致；（5）汇票的实际结算金额大小写是否一致，是否在出票金额以内，与进账单所填金额是否一致，多余金额结计是否正确；（6）汇票必须记载的事项是否齐全，出票日期、出票金额、实际结算金额、收款人名称是否更改，其他记载事项的更改是否由原记载人签章证明；（7）汇票的背书转让是否符合《支付结算办法》。

开户银行审查无误后，向出票行清算汇票资金。会计分录为：

借：清算资金往来——电子汇划款项户

　　贷：活期存款——持票人（或：其他有关科目）

2. 持票人未在代理付款行开户的处理。若持票人未在代理付款行开户，可以选择任何一家银行机构提示付款，并填写两联进账单和解讫通知送交银行。代理付款行除按上述要求审查汇票外，还应审查持票人签章与收款人或者最后的被背书人的名称是否一致，是否在背书人栏记载了"委托收款"字样。审查无误后，以持票人姓名开立应解汇款账户，并在该账户上填明汇票号码以备查考，第二联进账单作贷方凭证，办理转账，会计分录为：

借：清算资金往来——电子汇划款项户

　　贷：应解汇款——持票人户

"应解汇款"账户只付不收，付完清户，不计付利息。

第一，原持票人需要一次或分次办理转账的，应先填制支付凭证，并交验本人身份证件，银行应做如下会计分录：

借：应解汇款——持票人户

　　贷：存放中央银行款项（或：其他有关项目）

第二，原持票人需要支取现金，代理付款行经查看汇票上确已按规定填明"现金"字样，填写的代理付款行名称与本行名称相符，可办理现金支付手续，会计分录为：

借：应解汇款——持票人户

　　贷：现金

第三，持票人若超过汇票期限，则不能再向代理行提示付款。持票人须及时向出票银行做出说明，并提供本人身份证件或单位证明，持银行汇票和解讫通知向出票银行请求付款。出票行将汇票从"汇出汇款"转入"应解汇款"，再由持票人重新办理申请汇票手续或办理汇兑结算方式将款项汇出。

（三）出票行结清汇票的核算

出票行收到清算代理兑付银行汇票资金的"电子汇划付款补充报单"，抽出原专夹保管的汇票卡片，经核对无误后，按下述不同情况处理。

1. 汇票全额兑付的处理。出票行在汇票卡片的结算金额栏填入全部金额，以汇票卡片作为借方凭证，在多余款收账通知的多余金额栏填写零，解讫通知和多余款收账通知作借方凭证的附件，会计分录如下：

借：汇出汇款——汇出汇款户

　　贷：清算资金往来——电子汇划款项户

2. 汇款有多余款的处理。出票行应在汇票卡片和多余款收账通知上填写实际结算金额，汇票卡片作为借方凭证，解讫通知作为多余款贷方凭证，会计分录如下：

借：汇出汇款
　　贷：清算资金往来——电子汇划款项户
　　　　活期存款——申请人户（或：其他有关科目）

同时，销记汇出汇款账，在多余款收款通知上填写多余金额，加盖"转讫章"，通知申请人。

3. 申请人未在本行开户领取多余款项。申请人凭第四联多余款收账通知领取款项时，填制"支款单"登记身份证件名称、号码及发证机关后，办理支现，会计分录为：

借：应解汇款——申请人户
　　贷：现金

（四）银行汇票的退款、挂失和丧失

1. 银行汇票的退款。申请人由于超过付款期限或其他原因要求退款时，应交回汇票和解讫通知，并向出票行提交证明或身份证件。出票行与原专夹保管的汇票卡片核对无误后，在汇票和解讫通知的实际结算金额大写栏填写"未用退回"字样，汇票卡片作借方凭证，汇票作附件，解讫通知作贷方凭证（如退付现金，即作为借方凭证的附件）办理转账，会计分录为：

借：汇出汇款
　　贷：活期存款——申请人户（或：现金及其他有关科目）

同时销记汇出汇款账。在多余款收账通知的多余款金额栏中填入原出票金额，并加盖"转讫章"作收账通知，交给申请人。

申请人由于不满足收账通知要求退款的，应当向出票银行说明短缺原因，并交回持有的汇票，出票行于提示期满1个月后比照退款手续办理退款。

2. 银行汇票的挂失。失票人到代理付款行或出票行挂失时，应提交三联"挂失止付通知书"，由代理付款行或出票行相互通知，以控制付款或退款。

3. 银行汇票的丧失。失票人凭人民法院出具的指明其享有该汇票权利以及实际结算金额的证明，可以向出票银行申请付款或退款。

第三节　银行本票

一、银行本票的含义及其结算规定

银行本票是银行签发的，承诺自己在见票时无条件支付确定的金额给收款人或者持票人的票据。

有关银行本票的结算的规定主要有：

1. 单位和个人在同一票据交换区域需要支付各种款项时，均可使用银行本票。

2. 银行本票用于转账,注明"现金"字样的银行本票可用于现金支取。

3. 本票分为定额和不定额两种,定额本票的面额分为 1 000 元、5 000 元、10 000元和 50 000 元四种;不定额本票具有金额起点的限制。

4. 银行本票的出票人为经中国人民银行当地分支行批准办理银行本票业务的银行机构,代理付款人是代理出票银行审核支付银行本票款项的银行。

5. 银行本票的提示付款期自出票日起最长不超过两个月。

6. 本票可以在其票据交换区域内背书转让,但填有"现金"字样的本票不得背书转让。

7. 本票见票即付。兑付跨系统本票的持票人开户行可根据中国人民银行规定的金融机构同业往来利率向出票银行收取利息。

二、银行本票结算的流程图

银行本票的流程图如图 5-2 所示,根据标号读者可以了解具体的结算步骤。

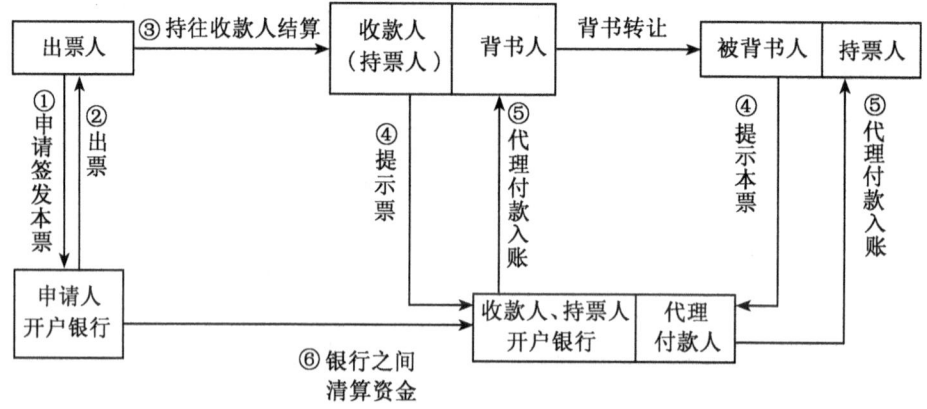

图 5-2 银行本票的流程图

三、银行本票的核算

(一)银行本票出票的核算

申请人使用银行本票,应向银行填写"银行本票申请书"。申请人和收款人均要为个人,需要支取现金的,应在"支付金额"栏先填写"现金"字样,后填写支付金额。出票行经审查无误后,收取现金或办理转账并签发银行本票,会计分录如下:

借:活期存款——申请人户等相关科目(或:现金)

贷：本票

不定额银行本票凭证一式两联，第一联卡片，第二联本票；定额银行本票凭证分为存根联和正联。签发完毕后，出票银行在本票上签章后，定额本票正联交申请人，不定额本票第二联交申请人。第一联卡片或存根联盖章后留存，并专夹保管。

（二）银行本票付款的核算

1. 代理付款行收到在本行开户的持票人交来的本票和进账单时，经审核无误后，第二联进账单作贷方凭证入账，会计分录为：

借：存放中央银行款项（或：××往来）
　　贷：活期存款——持票人户等相关科目

2. 出票行收到持票人提交的填明"现金"字样的本票时，抽出专夹保管的本票卡片或存根，经核对相符确属本行签发的，审查无误后，办理付款手续，会计分录为：

借：本票
　　贷：现金

（三）出票银行结清的核算

1. 收到票据交换提入的本票时，抽出专夹保管的本票卡片或存根，经核对相符后，办理转账，出票银行会计分录为：

借：本票
　　贷：存放中央银行款项（或：××往来）

2. 出票行受理本行签发的本票，除不通过票据交换外，其余手续参照"银行本票的付款"的程序办理，该业务会计分录为：

借：本票
　　贷：活期存款——持票人户等相关科目（或：现金）

（四）银行本票的退款、超期付款和挂失

1. 银行本票退款的处理。申请人因本票超过提示付款期限或其他原因要求出票行退款时，应填制一式二联的进账单，连同本票及相关证件交出票行。出票行审核无误后，在本票上注明"未用退回"字样，并将第二联作为贷方凭证，本票作为借方凭证，本票卡片或存根作为附件，办理转账，会计分录为：

借：本票
　　贷：活期存款——申请人户等相关科目（或：现金）

2. 银行本票超期付款的处理。持票人超过付款期未获付款的，应及时向出票行说明原因，并将本票交给出票银行。出票银行经与原专夹保管的本票卡片或存根核对无误后，在本票上注明"逾期付款"字样，办理付款手续。

第一，持票人在出票行开户，出票行以持票人提交的进账单第二联作为贷方凭证，本票作为借方凭证，本票卡片或存根作为附件，办理转账，会计分录为：

借：本票

  贷：活期存款——持票人等相关科目（或：现金）

第二，持票人未在出票行开户，需填制三联进账单，出票行以本票作为借方凭证，本票卡片或存根作为附件，办理转账，会计分录为：

借：本票

  贷：存放中央银行款项（或：××往来）

3. 银行本票丢失的付款。失票人凭人民法院出具的有关证明，向出票行请求退款或付款时，出票行分情况做如下处理：（1）出票行向持票人付款，应与原专夹保管的本票卡片或存根进行核对，无误后，按超期付款的处理手续，将款项付给收款人。（2）出票行向原申请人退款，应与原专夹保管的本票卡片或存根进行对照，无误后，按银行本票退款的有关手续处理。

4. 银行本票挂失的处理。失票人到出票银行挂失时，应提交挂失止付通知书，经出票行审核无误后，方可受理。

第四节 支 票

一、支票的含义及其结算的规定

支票是出票人签发的，委托办理支票存款业务的银行在见票时无条件支付确定的金额给收款人或持票人的票据。

有关支票结算的规定主要有：

1. 单位和个人在同一票据交换区域的各种款项结算均可使用支票。

2. 支票的使用涉及出票人、付款人和收款人等。出票人是填制支票，且必须是经中国人民银行当地分行批准办理支票业务的银行机构开立支票存款账户的单位和个人；支票的付款人为支票上记载的出票人开户银行；支票的收款人为支票上标明的收款单位和个人。

3. 支票上印有"现金"字样的为现金支票，现金支票可用于支取现金；支票上印有"转账"字样的为转账支票，转账支票只能用于转账。

4. 转账支票只能在同一票据交换区内背书转让。

5. 支票的金额、收款人名称，可由出票人授权补记。未补记前不得背书转让和提示付款。

6. 禁止出票人签发空头支票，否则，银行将按规定予以退票，并按票面金额处以一定比例的罚款。

7. 支票的提示付款期限为自出票日起 10 日内，但人民银行另有规定的除外。持票人可委托开户银行收款或直接向付款人提示付款。用于支取现金的支票仅限于向付款人提示付款。

二、支票的核算

(一) 转账支票的核算

1. 持票人（或收款人）与出票人在同一行处开户的核算。

第一，银行受理持票人交存的支票。出票人开户银行接受持票人提交的支票和两联进账单时，应进行严格的审查。内容包括：（1）支票是否真实，是否超过提示付款期；（2）支票填明的持票人是否在本行开户，持票人的名称是否为持票人，与进账单上的名称是否一致；（3）出票人账户是否有足够支付的款项；（4）出票人签章与预留银行的签章是否一致，使用的密码是否正确；（5）支票的大小写金额是否一致，与进账单金额是否相符；（6）支票必须记载的事项是否齐全；（7）背书转让的支票是否按规定转让。经审查无误后，将支票作为借方凭证，以进账单第二联作为贷方凭证办理转账。

银行受理持票人交存支票业务的会计分录为：

借：活期存款——出票人户
　　贷：活期存款——持票人户（或：其他有关科目）

进账单第一联加盖转讫章交持票人作为收账通知。

第二，银行受理出票人交送的支票。出票人向银行交送支票时，应填写三联进账单，连同支票一并交送开户银行。银行审查无误后，进行账务处理，会计分录与受理人交存支票时相同。转账后，进账单第一联加盖"转讫章"后，交出票人作为回单，进账单第三联加盖"转讫章"后作为收账通知，转交收款人。

2. 持票人（或收款人）与出票人在不同行处开户的核算。

第一，持票人（或收款人）开户银行受理持票人交存的支票。持票人开户银行收到持票人交存的支票和两联进账单时，按前述内容审查无误后，在第二联进账单上加盖"收妥后入账"戳记，将第一联进账单加盖"转讫章"交持票人，支票按同城票据交换的有关规定，及时提出交换，待退票时间过后，以第二联进账单作为贷方凭证，办理转账，会计分录如下：

借：存放中央银行款项
　　贷：活期存款——持票人户（或收款人）

第二，出票人开户银行收到提交的支票，对支票审查无误后，以支票作为借方凭证办理转账，会计分录如下：

借：活期存款——出票人户
　　贷：存放中央银行款项

若支票发生退票，出票人开户银行应将其作为"其他应收款"处理；持票人开户银行则作为"其他应付款"处理。

（二）现金支票的核算

出票人开户行接到提交的支票支取现金时，按转账支票审查内容审查并核对印鉴，还应审查是否符合现金管理规定，背书与收款人名称是否一致。审查无误后，发给对号单，交收款人凭以向出纳部门取款。现金支票作为借方记账凭证。

银行为现金支票付款时的会计分录为：

借：活期存款——出票人户
　　贷：现金

（三）支票的领购和挂失

银行存款人领购支票时，填写"票据和结算凭证领用单"，加盖与预留银行签章相同的签章。银行审核后，收取支票工本费和手续费。支票账户的存款人结清账户时，必须将全部剩余空白支票交回银行，由银行统一处理。

支票丢失，失票人应及时到支票的付款行办理有关的挂失手续，并提交挂失止付通知书，银行审核无误并确定票款未付后，登记"支票挂失登记簿"，并在出票人分户账上做出标记，凭此控制付款。在挂失前已被支付的，银行对其付款不承担责任。

第五节　商业汇票

一、商业汇票的含义及其结算的规定

商业汇票是出票人签发的，委托付款人在指定日期无条件支付确定金额给收款人或者持票人的票据。商业汇票按承兑人不同分为商业承兑汇票和银行承兑汇票，由银行以外的付款人承兑的商业汇票为商业承兑汇票，银行承兑的商业汇票为银行承兑汇票。

有关商业汇票结算的规定主要有：

1. 商业汇票的使用必须具有真实的交易关系或债权债务关系，出票人不得签发商业汇票用以骗取银行或其他票据当事人的资金。

2. 付款人承兑商业汇票，应当在汇票正面记载"承兑"字样和承兑日期并签章。付款人承兑商业汇票，不得附有条件，承兑附有条件的视为拒绝承兑。

3. 商业汇票的期限最长不超过 6 个月。

4. 商业汇票的提示付款期限为自汇票到期日起 10 日。

5. 符合条件的商业汇票的持票人可持未到期的商业汇票向银行申请贴现。

6. 商业承兑汇票的有关规定：（1）商业承兑汇票的付款人为承兑人；（2）商业承兑汇票可以由付款人签发并承兑，也可以由收款人签发交由付款人承兑；（3）商业承兑汇票的出票人为在银行开立存款账户的法人或其他组织，与付款人具有真实的委托付款关系，具有支付汇票金额的可靠资金来源；（4）商业承兑汇票付款人的开户银行收到通过委托收款寄来商业承兑汇票,将商业承兑汇票留存,并及时通知付款人按《支付结算办法》的规定付款。

7. 银行承兑汇票的有关规定:(1)银行承兑汇票的付款人为承兑银行。(2)银行承兑汇票由在承兑银行开立存款账户的存款人签发。(3)银行承兑汇票需在出票人出票后并向承兑银行申请承兑后使用。(4)银行承兑汇票的出票人应与汇票到期前将票款足额交存开户银行。承兑银行应在汇票到期日或到期日后的见票当日支付票款。银行承兑汇票的出票人于汇票到期日未能足额交存票款的,对出票人尚未支付的承兑金额应转作逾期贷款,并按每天万分之五计收利息。

二、商业汇票结算的流程图

1. 商业承兑汇票的流程图如图 5-3 所示,根据标号读者可以了解具体的结算步骤。

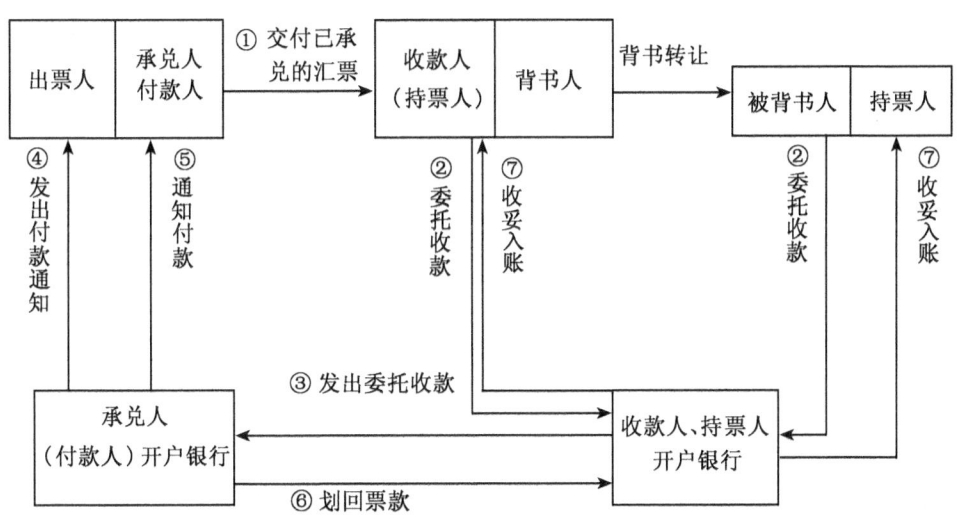

图 5-3 商业承兑汇票流程图

2. 银行承兑汇票的流程图如图 5-4 所示,根据标号读者可以了解具体的结算步骤。

三、商业汇票的核算

(一) 商业承兑汇票的核算

1. 持票人开户行受理汇票的核算。持票人开户行收到开户单位交来的委托收款凭证和商业承兑汇票后,应认真审查以下内容:(1)汇票是否是统一规定印制

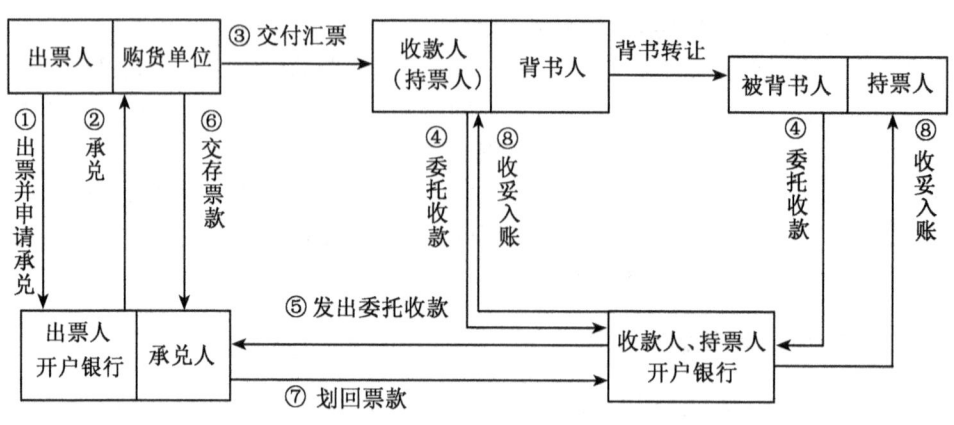

图 5-4 银行承兑汇票流程图

的凭证,提示付款期限是否超过;(2)汇票上填明的持票人是否在本行开户;(3)出票人、承兑人的签章是否符合规定;(4)汇票必须记载的事项是否齐全,出票金额、出票日期、收款人名称是否更改,其他记载事项的更改是否由原记载人签章证明;(5)是否作为委托收款背书,背书转让的汇票其背书是否连续,签章是否符合规定,背书使用粘单的是否按规定在粘接处签章;(6)委托收款凭证的记载事项是否与汇票记载的事项相符。

开户银行审查无误后,在委托收款凭证上加盖"商业承兑汇票"戳记,委托收款凭证第一联加盖业务公章,退给持票人;第二联专夹保管;第三、第四、第五联与商业承兑汇票一并寄交付款人开户行。

2. 付款人开户行收到汇票的核算。付款人开户行收到持票人开户行寄来的委托收款凭证及汇票后,进行审核,确定付款人确在本行开户,承兑人在汇票上的签章与预留银行的签章相符,即可按委托收款的有关规定通知付款人付款。

3. 付款人支付票款的核算。

第一,全额付款的核算。付款人开户行接到付款通知次日起 3 日内,将票款划给持票人,同时将第三联委托收款凭证作为借方凭证,汇票加盖"转讫章"作为附件,会计分录为:

借:××存款
  贷:清算资金往来(或:××往来)

转账后银行在第四联委托收款凭证上填注支付日期,与联行报单一并寄交持票人开户行。

第二,付款人账户余额不足支付的处理。付款人账户余额不足支付的,填制付款人未付票款通知书,在委托收款凭证备注栏注明"付款人无款支付"字样,按照委托收款无款支付的手续处理。

第三，付款人拒绝付款的处理。银行在付款人接到通知日的次日起 3 日内收到付款人的拒绝付款证明时，应按委托收款结算拒绝付款的手续处理，注明"拒绝付款"的委托收款凭证、拒付证明及汇票均寄回持票人开户行。

4. 持票人开户行收到划回票款或退回凭证的处理。

第一，款项全额划回的处理。持票人开户行收到划回委托收款款项的"电子汇划收款补充报单"或其他凭证，按照委托收款款项划回手续处理，银行收到划回款项会计分录如下：

借：清算资金往来（或：××存款）
　　贷：存放系统内款项（或：××存款）

转账后，将第四联委托收款凭证加盖"转讫章"，作为收账通知交给持票人。

第二，无款支付或拒绝付款的处理。持票人开户行接到付款人开户行发来的付款人未付票款通知书或付款人拒绝付款理由书和汇票以及委托收款凭证，按照委托收款付款人不足支付退回凭证的手续处理，将委托收款凭证、未付票款通知书或拒绝付款理由书及汇票退持票人，并由持票人签收。

（二）银行承兑汇票的处理

1. 承兑银行办理汇票的核算。银行承兑汇票的出票人或持票人持银行承兑汇票向银行提示承兑时，银行必须进行认真审查。对符合规定和承兑条件的，与出票人签署承兑协议，一联留存，另一联及副本和第一、第二联汇票一并交本行会计部门。会计部门接到汇票和承兑协议，应审查汇票必须记载的事项是否齐全，出票人的签章是否符合规定，出票人是否在本行开有存款账户，汇票是否为统一规定印制的凭证。经审核无误后，按规定办理有关手续，办理转账，会计分录为：

借：活期存款——承兑申请人等相关科目
　　贷：手续费收入

同时登记表外科目：

收入：银行承兑汇票

2. 银行承兑汇票到期收取票款的核算。承兑银行根据汇票和承兑协议，每天查看汇票的到期情况，对于到期的汇票，应于到期日向承兑申请人收取票款。根据出票人账户余额情况不同，分别作如下处理：

第一，出票人账户余额足够支付汇票款项的，从出票人账户扣收。承兑银行需填制两联特种转账借方凭证，并在一联特种转账贷方凭证的"转账原因"栏注明"根据××号汇票划转票款"，会计分录为：

借：××存款——承兑申请人户
　　贷：应解汇款——承兑申请人户

一联特种转账借方凭证加盖"转讫章"后作付款通知交给出票人。

第二，出票人保证金账户和存款账户余额不足支付票款的，先从保证金账户、存款账户汇转票款，差额部分转入逾期贷款户，同时对承兑申请人的存款账户进行监督，到账户有存款时及时办理汇款手续，会计分录为：

借：保证金存款——承兑申请人户
　　××存款——承兑申请人户
　　逾期贷款——逾期贷款户
　贷：应解汇款

第三，出票人账户无款支付汇票款项的，将票款转入逾期贷款账户，会计分录为：

借：逾期贷款——承兑申请人逾期贷款户
　贷：应解汇款

3. 承兑银行支付汇票款项的核算。持票人通过其开户银行寄来的委托收款凭证和银行承兑汇票向承兑银行办理支付汇票款时，承兑银行应抽出专夹保管的汇票卡片和承兑协议副本，审查以下内容：（1）汇票是否为本行承兑，与汇票卡片的号码和记载事项是否相符；（2）是否为委托收款背书，背书转让的汇票，其背书是否连续，签章是否符合规定，背书使用的粘单是否在粘接处有签章；（3）委托收款凭证的记载事项是否与汇票记载的事项相符。银行审查无误后办理转账，会计分录为：

借：应解汇款
　贷：清算资金往来（或：存放中央银行款项、××往来）

同时登记表外科目：

付出：银行承兑汇票

如果银行接到持票人因超过提示付款期限或其他原因直接请求付款的公函、提示付款申请书、汇票第二联直接提示付款时，经审核无误后，办理转账，会计分录为：

借：应解汇款
　贷：清算资金往来（或：存中央银行存款、××往来、××存款）

同时销记表外科目账：

付出：银行承兑汇票

4. 持票人开户银行受理银行承兑汇票的处理。持票人开户行收到开户单位交来的委托收款凭证和汇票，经审核无误后按委托收款的有关手续发出托收。

5. 持票人开户行收到划回款项或退回凭证的核算。持票人开户行收到划回委托收款款项的"电子划汇收款补充报单"或其他凭证，按照委托收款的款项划回手续处理，会计分录为：

借：清算资金往来
　　贷：××存款

(三) 商业汇票遗失或未使用注销的核算

1. 商业汇票遗失的处理。(1) 已承兑的银行承兑汇票遗失，失票人到承兑银行挂失时，应当提交三联挂失止付通知书。承兑银行接到挂失止付通知书，经审查有误的，退失票人；无误的，抽出汇票卡片和承兑协议副本，核对相符确未付款的，方可受理。将三联挂失止付通知书加盖公章，第一联作为受理回单交失票人，第二、三联登记汇票挂失登记簿后，与汇票卡片一并另行保管，凭以控制付款。(2) 商业承兑汇票遗失，由失票人向承兑人挂失。

银行收到失票人提交的法院出具的其享有票据权利的证明，如已付款的，不予受理。确未付款的，抽出专夹保管的汇票卡片，核对无误后，填制一联特种转账借方凭证，二联特种转账贷方凭证，然后按规定办理付款。

2. 承兑银行承兑汇票未使用注销的核算。

出票人对未使用的银行承兑汇票，应到承兑银行申请注销。申请注销时交回第二联、第三联汇票，银行从专夹中抽出该份第一联汇票和承兑协议副本核对后，在第一联、第三联汇票备注栏和承兑协议副本上注明"未用注销"字样，将第三联汇票加盖公章退给出票人，按以下几种情况办理划款手续：

第一，汇票未到期，出票人未交存保证金的，销记表外科目账，同时登记表外科目：

付出：银行承兑汇票

第二，汇票未到期，出票人已交存保证金的，退回保证金，销记表外科目账，会计分录为：

借：保证金存款——承兑申请人户
　　贷：××存款——承兑申请人户

同时登记表外科目：

付出：银行承兑汇票

第三，对汇票到期且已向出票人收取票款的，应办理退款手续，同时销记表外科目账，会计分录为：

借：应解汇款——承兑申请人户
　　贷：××存款——承兑申请人户

同时登记表外科目：

付出：银行承兑汇票

第六节 汇　兑

一、汇兑的含义及其结算规定

汇兑结算，是汇款人委托银行将款项汇给收款人的结算方式。广泛应用于单位和个人的各种款项的结算。汇兑结算分为信汇和电汇两种，由汇款人选择使用。

有关汇兑结算的规定主要有：

1. 汇兑的委托日期必须是汇款人向汇出银行提交汇兑凭证的当日；
2. 汇兑凭证记载的汇款人、收款人在银行开立账户的，必须记载其账号；
3. 汇款人可以将款项直接转入收款人账户，也可以申请"留行待取"、分次支取汇款或凭印鉴支取；
4. 汇款人和收款人均为个人，在需要支取现金时，应在信、电汇凭证的"汇款金额"大写栏先填写"现金"字样，后填写汇款金额；
5. 汇款人确定不得转汇的，应在汇兑凭证备注栏注明"不得转汇"字样；
6. 汇款人对汇出银行尚未汇出的款项可以申请撤销，汇款人对汇出银行已汇出的款项可以办理退汇。

二、汇兑结算的流程图

汇兑结算流程图见图 5-5，根据标号读者可以了解具体的结算步骤。

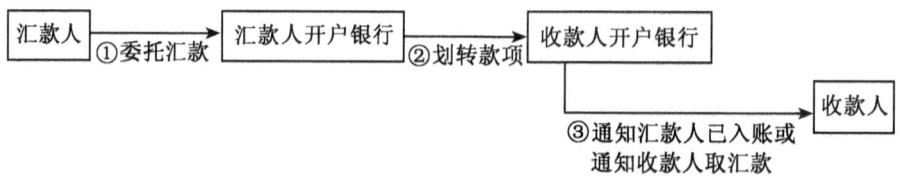

图 5-5　汇兑结算的流程图

三、汇兑的核算

（一）信汇结算业务的核算

信汇，是汇款人委托银行用邮寄凭证的方式通知汇入行向收款人兑付款项的结算方式。

汇款人委托银行办理信汇结算时，应认真填制一式四联的信汇凭证，填完盖章，交银行工作人员办理。第一联为回单，第二联为支款凭证，第三联为收款凭证，第四联为收账通知。

1. 汇出行的核算。汇出银行在受理信汇凭证时，应认真审查以下内容：（1）信汇凭证必须填写的各项内容是否齐全正确；（2）委托日期是否为受理的当日，金额、委托日期、收款人名称是否更改，更改其他记载事项的，是否有原记载人签章证明；（3）汇款人账户是否有足够支付的款项；（4）汇款人的印章是否与预留银行的印章相符；（5）填明"现金"字样的信汇凭证，汇款人和收款人是否均为个人，交付现金的，是否收到出纳部门盖有"现金转讫"章的现金交款单第二联。审查无误后，办理转账，会计分录为：

　　借：××科目——汇款人户（或：现金——业务现金户）
　　　贷：清算资金往来——电子汇划款项户（或：存中央银行存款、××往来）

对系统内银行信汇，应凭信汇凭证第三联、第四联办理电子汇划；汇款人指定收款人凭印鉴支取的，同时应将信汇凭证第四联以及汇款人所附凭证附件，作为电子汇划业务的附单邮寄给汇入行。

对跨系统银行汇款的（含系统内汇兑金额50万元以上的），汇入行是人民银行全国电子联行机构，通过电子联行汇划。汇入行不是全国电子联行机构的，提交同城跨系统转汇行。转汇行通过电子划款业务办理划款。

2. 汇入行的核算。

第一，收到汇款的核算。汇入行收到汇出行或转汇行通过电子汇划传来的联行报单和第三、四联信汇凭证，应审查第三联信汇凭证上的联行专用章与联行报单印章是否一致，汇兑凭证收款人是否在本行开户，金额栏填明"现金"的，汇款人和收款人是否均为个人，审查无误后，办理转账。汇入行收到汇出行或转汇行汇划款项时的会计分录为：

　　借：清算资金往来——电子汇划款项户（或：存中央银行存款——存款户）
　　　贷：××存款——收款人户（或：应解汇款——收款人户）

收款人未在本行开立存款账户的，银行应将其登记在"应解汇款登记簿"，以便通知收款人来行办理取款手续。

第二，未在本行开立存款账户支取款项的核算。收款人支取款项时，应填制一联支款单，交汇入行，汇入行将专夹保管的第三联"电子汇划补充报单"或第四联信汇凭证抽出，核对收款人证件是否与信汇凭证上填写的证件名称、号码及发证机关等内容一致，收款人是否签章，凭签章取款的，应查验收款人签章是否与预留签章一致。核对无误后，分别按下述情况办理付款手续：

（1）信汇凭证上填有"现金"字样的，应一次办理现金支付手续，银行填制一联应解汇款借方凭证，以第四联信汇凭证作为附件转账，该业务的会计分录为：

　　借：应解汇款——收款人户
　　　贷：现金——业务现金户

（2）分次支取的，应根据第四联信汇凭证注销应解汇款登记簿中的该笔汇款，并如数转入应解汇款科目的分账户内。银行审核收款人填写的取款凭证、预留银行签章和取款人的身份证件，审核无误后，办理分次支付手续。待最后结清时，将第四联信汇凭证作为借方凭证的附件。分次支付业务发生时，银行的会计分录为：

借：应解汇款——收款人户

贷：××科目——××收款人户（或：清算资金往来——电子汇划款项户）

（3）需要转汇的，应重新办理汇款手续。收款人和款项用途必须与原汇款人和用途相同，并需在第三联信汇凭证上加盖"转汇"戳记。如果第三联信汇凭证上已注明不得转汇，银行不予办理。

（二）电汇结算业务的核算

电汇，是汇款人委托银行将所汇款项用电报通知汇入行的汇款方式。

汇款人委托银行办理电汇时，应按照信汇凭证的填写要求填制一式三联的电汇凭证，第一联为回单，第二联为借方凭证，第三联为发电依据。

1. 汇出行的核算。汇出行受理电汇凭证时，审查的内容与受理信汇业务基本相同。审核无误后，第一联电汇凭证加盖"转讫章"交汇款人，第二联信汇凭证作为借方凭证办理转账，会计分录与信汇业务分录相同。然后，根据第三联电汇凭证编制联行汇单，并向汇入行拍发电报。对填明"现金"字样的电汇凭证，应在电文的金额前加拍"现金"字样。

2. 汇入行的核算。汇入行接到汇出行发来的电报，经审核无误后，应填制三联电划贷方补充报单，第一联代联行凭证，第二联代贷方凭证，第三联代收账通知交收款人。其他各项手续均与信汇结算业务相同。

第七节　委托收款

一、委托收款的含义及其结算规定

委托收款是收款人向银行提供收款依据，委托银行向付款人收取款项的结算方式。委托收款在同城、异地均可使用。单位和个人均可使用这种结算方式。委托收款不受金额起点限制。

有关委托收款的结算规定主要有：

1. 办理委托收款的有关规定。（1）收款人办理委托收款应向银行提交委托收款凭证和有关债务证明。（2）商业汇票异地委托收款可匡算邮程，在票据到期日前办理。企业委托收取异地发行、兑付债券的款项，在债券到期日才能办理。（3）在同城范围内，收款人收取公用事业费或依据国务院的规定，可以使用同城特约委托收款。（4）未在银行开立存款账户的个人为收款人时，委托收款凭证必须记载被委托银行名称。(5) 单位委托收取银行承兑汇票款项,由于承兑银行为付款人,委托收款凭证付款人名称栏应填银行承兑汇票的承兑银行名称。

2. 付款人开户银行接到寄来的委托收款凭证及债务证明,审查无误后及时付款。

3. 委托收款结算款项的划回方式有邮寄和电报划回两种,由收款人根据需要选择使用。

4. 银行在办理划款时,付款人存款账户不足支付的,应通过被委托银行向收款人发出未付款项通知书并连同有关债务证明一起交收款人。

5. 付款人审查有关债务证明后,对收款人委托收取的款项需要拒绝付款的,可以办理拒绝付款。

6. 收款人开户银行对逾期尚未划回,又未收到付款人开户银行寄来无款支付通知书或拒绝付款理由书的委托收款款项,应当及时发出查询。付款人开户银行要积极查明,及时答复。

二、委托收款结算的流程图

委托收款结算的流程图与托收承付结算流程图相似,请读者参阅托收承付结算的流程图。

三、委托收款的核算

(一) 收款人开户行受理委托收款的处理

收款人办理委托收款时,应填制一式五联邮寄或电划委托收款凭证,并在第二联委托收款凭证上签章,连同有关债务证明,送开户行。收款人开户行审查无误后,将第一联邮划或电划委托收款凭证加盖"业务用公章"后退收款人,第二联邮划或电划委托收款凭证专夹保管,并登记"发出托收承付(委托收款)登记簿",将第三联邮划或电划委托收款凭证加盖"结算专用章",连同第四联、第五联委托收款凭证及有关债务证明,一并寄交付款人开户行。

(二) 收款人开户行的核算

1. 款项划回的核算。收款人开户行收到付款人开户行有关汇划凭证或人民银行转来的转汇贷方凭证,应与留存的第二联委托收款凭证进行核对。经审核无误后,在有关凭证上填注转账日期,以第一联"电子汇划收款补充报单"或第二联人民银行转汇贷方凭证作贷方记账凭证,第二联"电子汇划收款补充报单"或第三联人民银行转汇贷方凭证加盖"转讫章",作收账通知交收款人,并销记"发出托收承付(委托收款)登记簿"。第二联委托收款凭证作贷方记账凭证附件。银行所作的会计分录为:

借:清算资金往来——电子汇划款项户(或:存放中央银行款项等)
　　贷:活期存款——××存款户

2. 无款支付的处理。收款人开户行收到第四联委托收款凭证和第二、三联付款人"未付款项通知书"以及有关债务证明，抽出第二联委托收款凭证，并在该联凭证"备注"栏注明"无款支付"字样，销记"发出托收承付（委托收款）登记簿"。然后将第四联委托收款凭证和第二联"未付款项通知书"以及收到的债务证明退给收款人。收款人在第三联"未付款项通知书"上签收后，收款人开户行将第三联"未付款项通知书"连同第二联委托收款凭证一并保管备查。

3. 拒绝付款的处理。收款人开户行收到第四、五联委托收款凭证及有关债务证明和第三、四联"拒绝付款理由书"，经核对无误后，抽出第二联委托收款凭证，并在该联凭证备注栏注明"拒绝付款"字样。销记"发出托收承付（委托收款）登记簿"。然后将第四、五联委托收款凭证及有关债务证明和第四联拒付理由书一并退给收款人。收款人在第三联拒付理由书签收后，收款人开户行将第三联拒付理由书连同第二联委托收款凭证一并保管备查。

（三）付款人开户行的核算

付款人开户行收到邮划或电划第三、四、五联委托收款凭证及有关债务证明时，按有关规定审查无误后，在凭证上填明收到日期。根据邮划或电划第三、四联委托收款凭证逐笔登记"收到托收承付（委托收款）登记簿"。将邮划或电划第三、四联委托收款凭证及商业汇票或按照有关办法规定需要留存付款人开户行的有关债务证明一并专夹保管，并分别按下述不同情况处理：

1. 付款人付款的核算。银行在收到委托收款凭证和有关债务证明时，按照规定需要将债务证明留存的，应将第五联委托收款凭证加盖"业务用公章"及时交给付款人，并由付款人签收；按照规定需要将债务证明交给付款人的，应将第五联委托收款凭证加盖"业务用公章"连同有关债务证明一并及时交付款人，并由付款人签收。

付款人账户有足够款项支付，并在接到银行通知单的次日起 3 日内通知银行付款的，视同付款人同意付款，银行应于付款人接到通知单的次日起第 4 日上午开始营业时，将款项划给收款人。

付款人提前收到由其付款的债务证明，应通知银行于债务到期日付款。付款人未于接到通知单的次日起 3 日内通知银行付款，且付款人接到通知单的次日起第 4 日债务证明已到期的，银行应于债务证明到期日将款项划给收款人。

付款时，以第三联委托收款凭证作借方记账凭证，如留存债务证明的，其债务证明和付款通知书作借方记账凭证附件，办理电子汇划，第四联委托收款凭证作贷方记账凭证附件。属于跨系统的委托收款付款后，应将第四联委托收款凭证填明支付日期并加盖"业务用公章"后提交转汇行，付款人开户行所作会计分录为：

借：活期存款——存款人户
　贷：清算资金往来——电子汇划款项户（或：存放中央银行款项、同城票据清算等）

转账后,在"收到委托收款凭证登记簿"上填明转账日期。

如果银行在划款日办理划款时,付款人账户余额不足以支付款项的,在委托收款凭证上和"收到托收承付(委托收款)登记簿"上注明退回日期和"无款支付"字样,并填制三联付款人"未付款项通知书"(以"支付结算通知查询查复书"代),在第一、二联未付款项通知书加盖"业务用公章",交会计主管复审并在第一联未付款项通知书加盖个人名章后,将第一联通知书和第三联委托收款凭证留存备查,将第二、三联通知书连同第四联委托收款凭证邮寄收款人开户行。留存债务证明一并邮寄收款人开户行。

2. 付款人拒绝付款的处理。银行在付款人接到通知单的次日起3日内,收到付款人填制的在第二联加盖预留银行印签的四联"拒绝付款理由书"以及付款人持有的债务证明和第五联委托收款凭证,经审核无误后,在委托收款凭证和"收到托收承付(委托收款)登记簿"备注栏注明"拒绝付款"字样。经会计主管复审并在第二联"拒绝付款理由书"签章后,将第一联"拒绝付款理由书"加盖"业务用公章"作回单退付款人,将第二联拒绝付款理由书连同第三联委托收款凭证一并留存备查,第三联"拒绝付款理由书"加盖"业务用公章"后,连同第四联"拒绝付款理由书"和付款人提交或本行留存的债务证明及第四、五联委托收款凭证一并寄给收款人开户行。

(四)同城委托收款的处理

同城委托收款的款项划转通过同城票据交换办理,其余手续参照异地邮划委托收款的手续处理。

(五)同城特约委托收款的处理

同城特约委托收款的处理,按当地人民银行规定办理。

第八节 托收承付

一、托收承付的含义及其结算规定

托收承付又称异地托收承付,是指收款人发货后委托银行向异地付款人收取款项,由付款人向银行承认付款的结算方式。

有关托收承付结算的规定主要有:

1. 使用这种结算方式的收款单位和付款单位,必须是国有企业、供销合作社以及经营管理较好、并经开户银行审查同意的城乡集体所有制工业企业。

2. 托收承付结算每笔的金额起点为10 000元。新华书店系统每笔金额起点为1 000元。

3. 办理托收承付结算款项必须是商品交易以及因商品交易而产生的劳务供应款项。代销、寄售、赊销商品的款项，不得办理托收承付结算。

4. 使用托收承付结算方式时，收付双方必须签有符合《中华人民共和国合同法》的购销合同，并在合同上订明使用托收承付结算方式。

5. 收款人办理托收，必须具有商品确已发运的证件，包括铁路、航运、公路等运输部门签发的运单、运单副本和邮局包裹回执等。没有发运证件，按照《支付结算办法》所规定的具体情况，可凭其他有关证件办理托收。

6. 收付双方办理托收承付结算，必须重合同、守信用。收款人对同一付款人发货托收累计三次收不回款的，银行应暂停其向该付款人办理托收；付款人累计三次提出无理拒付的，银行应暂停为其托收办理向外。

7. 托收承付结算款项的划回方法，分邮寄和电报两种，由收款人选用。

二、托收承付结算的流程图

托收承付结算的流程图如图 5-6 所示，根据标号读者可以了解具体的结算步骤。

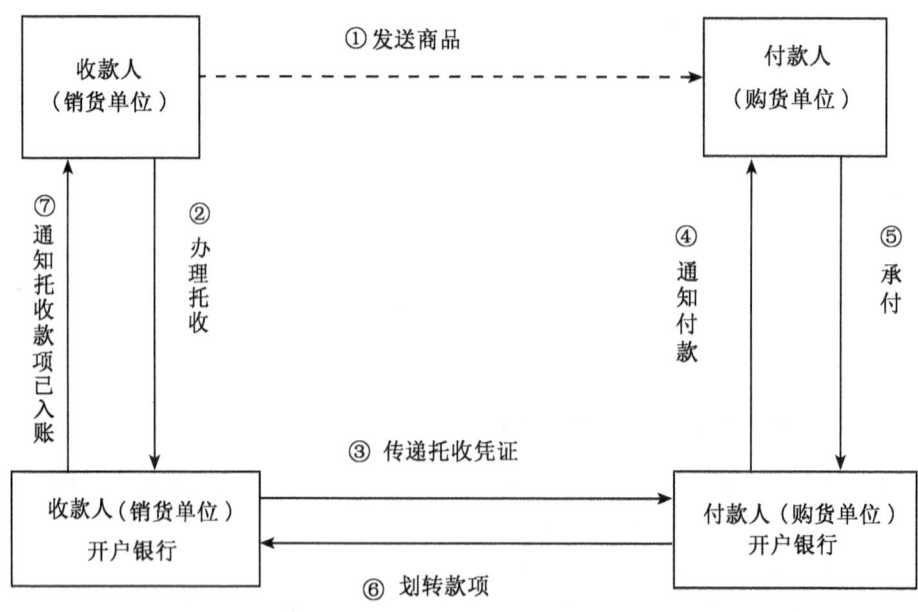

图 5-6　托收承付结算流程图

三、托收承付的核算

异地托收承付结算,其处理过程可分为4阶段:(1)收款人开户行受理并发出托收凭证;(2)付款人开户行通知承付;(3)付款人开户行划款;(4)收款人开户行收账。

(一)收款单位开户行受理托收凭证的处理

收款人办理托收时,应填制一式五联托收承付凭证,第一联回单、第二联贷方凭证、第三联借方凭证、第四联收账通知(如为电划方式,托收凭证第四联为发电依据)、第五联付款通知。并连同必须的符合托收承付的有关证明及其交易单证交开户行,开户行应认真审查:(1)办理托收承付的收款单位是否经本行审查批准同意;(2)办理托收承付的款项是否符合结算办法的规定;(3)托收凭证记载的事项是否齐全;(4)托收承付的内容是否更改过,原记载人是否在更改处签章证明;(5)托收凭证第二联收款人是否加盖预留银行印鉴;(6)托收凭证记载的附件张数与所附的单证张数是否相符;(7)合同的名称及号码是否与实际相符。

收款人如需取回发运证件,银行应在托收凭证上加盖"已验发运单证"戳记。

开户银行将托收凭证、发运证件和交易单证审核无误后,托收凭证第一联加盖"业务用公章"退回收款人,第二联托收凭证凭以登记"发出托收结算凭证登记簿",并专夹保管,托收凭证的第三、四、五联连同所附单证一并交付款人开户行。

(二)付款人开户行的核算

1. 收到托收承付凭证的处理。

付款人开户行收到托收承付凭证和所附单证,应及时审查下列内容:(1)付款人是否在本行开户;(2)付款人是否经本行批准可以办理托收承付的单位;(3)所附单证张数或册数与凭证记载是否相符;(4)第三联凭证上是否盖有收款人开户银行的"结算专用章"。审查无误后,在凭证上填注收到日期和承付期限。

根据邮划或电划第三、四联托收凭证,逐笔登记"收到托收登记簿",将邮划或电划第三、四联托收凭证专夹保管,将第五联托收凭证加盖"业务用公章",连同交易单证一并交给付款人。

2. 承付款项的核算。

第一,全额付款的核算。付款人开户行应每日检查托收承付的到期情况,承付期满未接到付款人全部拒付或部分拒付通知,且付款人账户有足够资金支付全部款项的,应在次日上午抽出专夹保管的第三、四联托收凭证,经会计主管签字,办理转账,会计分录为:

借:活期存款
　　贷:清算资金往来——电子汇划款项户(或:存放中央银行款项等)

第二，提前付款的处理。付款人开户行收到付款人在承付期满前通知银行提前付款的书面通知，应立即办理划款，并在托收凭证和收到托收登记簿备注栏分别注明"提前付款"字样和支付日期。其他按"全额付款额处理"处理。

第三，多承付、部分拒付的处理。付款人如因商品的价格、数量或金额变动等原因，要求将托收承付款项与原承付金额一并划回，付款人应填制四联"多承付理由书"（以"托收承付拒付理由书"改用）提交开户行，银行审查后，在原托收凭证和"收到托收登记簿"备注栏注明多承付（或拒付）的金额及转账日期，经会计主管签字，办理转账。会计分录按全额付款的处理办法处理。

第四，逾期付款的处理。付款人在承付期日满前，账户无足够资金支付，其不足部分，为逾期未付款项。在托收凭证和收到托收登记簿备注栏分别注明"逾期付款"字样，填制三联"托收承付结算到期未收通知书"。将第一、二联通知书寄收款人开户行，第三联通知书留存。

第五，拒绝付款的处理。付款人开户行在承付期内收到付款人填制的四联全部或部分"拒绝付款理由书"应连同有关的拒付证明、第三联托收凭证及所附单证送交开户行。

开户银行对于付款人提出的拒付手续不全、依据不足、理由不符合规定以及超过承付期拒付和应当部分拒付提为全部拒付的，均不得受理；银行不同意拒付的，应强制扣款。

银行同意部分或全部拒付的，银行在拒绝付款理由书上签注意见后，交会计主管复审，并在拒付理由书上签注意见。如果是部分拒付款，对于同意承付的部分，以第二联拒绝付款理由书代借方记账凭证（原托收凭证第三联作借方凭证附件），办理转账。转账后，应将拒付理由书连同拒付证明及拒付商品清单邮寄收款人开户银行转交收款人。

第六，逾期付款的处理。付款人在承付期满日银行营业终了时，如无足够资金支付，其不足的部分，即为逾期支付款项，根据付款人逾期付款的金额和天数，按每天万分之五计算逾期付款赔偿金。

（三）收款人开户行收账的核算

1. 全额划回的核算。收款人开户行收到有关汇划凭证，应与留存的第二联托收凭证进行核对。经审核无误后，以有关划款凭证作借方记账凭证，以第一联"电子汇划收款补充报单"作贷方记账凭证，第二联托收凭证作贷方记账凭证附件。第二联"电子汇划收款补充报单"加盖"转讫章"作收款通知交给收款人，并销记"发出托收承付（委托收款）登记簿"，收款人开户行对该业务的所做会计分录如下：

借：清算资金往来——电子汇划款项户（或：存放中央银行款项、同城票据清算等）

贷：活期存款——××收款人户

2. 多承付款划回的核算。收款人开户行收到有关汇划凭证后,在留存的第二联托收凭证备注栏注明多承付金额,以第一联"电子汇划收款补充报单"作贷方记账凭证,第二联托收凭证作贷方记账凭证附件。"电子汇划收款补充报单"第二联加盖"转讫章"作收账通知交收款人。收到寄来的第三联"多承付理由书"留存备查,第四联"多承付理由书"交收款人。其他手续参照全额划回处理,该业务的会计分录为:

借:清算资金往来——电子汇划款项户(或:存放中央银行款项、同城票据清算)

贷:活期存款——××存款人户

转账后,按原托收金额销记"发出托收承付(委托收款)登记簿"。

3. 部分划回的核算。收款人开户行收到部分划回的有关汇划凭证,以"电子汇划收款补充报单"第一联作贷方记账凭证,同时销记"发出托收承付(委托收款)登记簿"。银行对托收款部分划回的会计分录为:

借:清算资金往来——电子汇划款项户(或:存放中央银行款项、同城票据清算户)

贷:活期存款——××单位收款人户

转账后,将电子汇划收款补充报单第二联加盖"转讫章",作收账通知交给收款人,在托收凭证第二联和登记簿上注明部分划回的金额。

4. 逾期划回、无款支付退回凭证或单独划回赔偿金的处理。收款人开户行收到第一、二联"托收承付结算到期末收通知书"后,应在第二联托收凭证上加注"逾期付款"字样及日期,然后将第二联通知书交给收款人,第一联附于第二联托收凭证后一并保管,参照部分划回的有关手续处理。对于一次划回的,第二联托收凭证作贷方记账凭证附件,第四联作收款通知附件交收款人,并销记"发出托收承付(委托收款)登记簿"。对于单独划回赔偿金的,在第二联托收凭证和"发出托收承付(委托收款)登记簿"上注明第×个月划回的赔偿金的金额。会计分录同全额付款划回的情况相同。

收款人开户行在逾期付款期满后收到第四、五联托收凭证(部分无款支付系第四联托收凭证)及两联"无款支付通知书"和有关单证,经核对无误后,在第二联托收凭证备注栏注明"无款支付"字样,销记"发出托收承付(委托收款)登记簿"。然后将第四、五联托收凭证(部分无款支付系第四联托收凭证)及一联"无款支付通知"和有关单证退给收款人。收款人在另一联"无款支付通知"上签收,然后连同第二联托收凭证一并保管备查。

5. 全部拒绝付款的处理。收款人开户行收到第四、五联托收凭证及有关单证和第三、四联"全部拒绝付款理由书"及拒付证明,经核对无误后,抽出第二联托收凭证,并在该联备注栏注明"全部拒付"字样,销记"发出托收承付(委托收款）登记簿"。然后将第四、五联托收凭证及有关单证和第四联"拒绝付款理由书"及拒付证明退给收款人。收款人在第三联"拒绝付款理由书"上签收，然后连同第二联托收凭证一并保管备查。

6. 部分拒绝付款的核算。收款人开户行收到有关汇划凭证后，在第二联托收凭证备注栏注明"部分拒付"字样，填明日期和部分拒付金额。以第一联"电子汇划收款补充报单"作贷方记账凭证，第二联托收凭证作贷方凭证附件。第二联"电子汇划收款补充报单"加盖"转讫章"作收账通知交收款人。如部分拒付将部分承付分次划回，在第二联托收凭证和登记簿上注明分次划回的金额，在最后清偿完毕的托收凭证上注明结算终了日期，将托收凭证作有关凭证附件，并销记"发出托收承付（委托收款）登记簿"，该业务的会计分录为：

借：清算资金往来——电子汇划款项户（或：存放中央银行款项、同城票据清算等）

贷：活期存款——××单位收款户

待收到第三、四联"拒绝付款理由书"及第四联托收凭证以及拒付部分的商品清单及证明后，第三联"拒绝付款理由书"留存备查，将第四联托收凭证、第四联"部分拒绝付款理由书"拒绝部分的商品清单和证明一并交给收款人。

第九节　信用卡

一、信用卡含义及其结算规定

信用卡是指商业银行向个人和单位发行的，凭以向特约单位购物、消费和向银行存取现金，且具有消费信用的特制载体卡片。信用卡按使用对象可分为单位卡和个人卡，按信誉等级分为金卡和普通卡。信用卡业务的核算主要包括信用卡开户、存续现金、取现和购物消费及授权的核算。本节将重点介绍信用卡开户、取现和购物消费的相关业务核算。

有关信用卡结算的规定主要有：

1. 商业银行、非银行金融机构需经中国人民银行批准才能发行信用卡。

2. 凡在中国境内金融机构开立基本存款账户的单位可申领单位卡。凡具有完全民事行为能力的公民可申领个人卡。

3. 信用卡的使用仅限于合法持卡人本人使用，持卡人不得出租或转借信用卡。单位卡在使用过程中，需要向其账户续存资金的，一律从其基本存款账户转账存入，不得存取现金，不得将销货收入的款项存入其账户。单位人民币卡可办理商品交易和劳务供应款项的结算，但不得透支；超过中国人民银行规定的起点的，应当经中国人民银行的当地分支机构办理转汇。个人卡账户的资金以其持有的现金存入或以其工资性存款及属于个人的劳务报酬收入转账存入。严禁将单位的款项转入个人卡账户。

4. 信用卡透支额最高为金卡，不得超过1万元，普通卡不得超过5 000元，信用卡透支期限最长为60天。信用卡透支利息，自签单日或银行记账日起，15日内按日息万分之五计算，超过15日按日息万分之十计算，超过30日或透支金额超过规定限额的，按日息万分之十五计算。透支利息不分段，按最后期限或者最高透支额的最高利率档次计算。禁止持卡人超过规定限额或者规定期限，并且经发卡人催收无效的恶意透支行为。

二、信用卡业务的核算

（一）信用卡开户的核算

银行受理个人或单位的申请后，应及时通知申请人前来办理领卡手续，并按规定向其收取备用金和手续费，填制一联特种转账贷方传票，作收取手续费贷方凭证，相应的会计分录为：

借：现金（或：活期存款——××持卡人户）
　　贷：信用卡存款——××持卡人户
　　　　手续费收入

（二）信用卡取现的核算

银行收到持卡人送交的信用卡、身份证后，银行审查信用卡的真伪及有效性，审查无误后，在取现单上填写金额、身份证号码等，由持卡人签名并核对其签名与信用卡签名是否一致，与身份证的姓名是否相同。持卡人取现超过规定限额应办理授权并在取现单上填入授权号码。会计分录为：

借：信用卡存款——××持卡人户（或：存放中央银行款项等）
　　贷：现金

（三）信用卡购物消费的核算

持卡人凭信用卡在同城或异地直接消费时，需填制签购单，由特约单位填制单证与签购单一并送交银行，经办行向特约单位收取手续费。

这里重点介绍持卡人开户行对本地卡来单业务和异地卡来单业务的会计核算。

1. 本地信用卡来单业务的会计核算。经办行收到特约单位的来单后，经办人员应认真审查以下内容：签购单压印的内容是否在本行受理的范围内；签购单上持卡人签名、身份证号码，是否真实有效；签购单的金额大小写是否相符；手续费的计算是否正确；超过规定交易限额的，有无授权号等。审查无误后，通过系统内往来将款项划转到特约单位开户行，会计分录为：

借：信用卡存款
　　贷：存放同业款项（或：存放中央银行款项等）

手续费收入

2. 异地信用卡来单业务的会计核算。特约单位与持卡人不在同一城市，经办行收到来单后，按受理本地卡来单业务一样对有关证件进行认真审查，审核无误后，作如下会计分录：

借：其他应收款
　　贷：存放同业款项（或：存放中央银行款项等）
　　　　手续费收入

关键名词

（1）银行汇票　　　（2）银行本票
（3）支票　　　　　（4）商业汇票
（5）汇兑结算　　　（6）委托收款
（7）托收承付　　　（8）信用卡

复习思考题

（1）简述我国商业银行支付结算的原则与种类。
（2）简述银行汇票的概念和结算规定。
（3）银行汇票的核算分几个阶段？应如何处理？
（4）简述银行本票的概念和结算规定。
（5）银行本票的核算分几个阶段？应如何处理？
（6）简述支票的概念和结算规定，并说明转账支票的核算分几种情况，应如何处理？
（7）简述商业汇票的概念和结算规定。
（8）简述汇兑的概念和结算规定。
（9）简述信汇汇出行和汇入行的核算程序。
（10）比较委托收款和托收承付有何异同。

第六章　金融企业往来业务

本章主要介绍了我国商业银行与中央银行、其他商业银行之间往来业务的会计核算。作为"银行的银行",中央银行与商业银行之间经常发生缴存款、再贷款、再贴现、资金清算等业务,而由于各单位在不同商业银行开户,各单位之间的资金往来不可避免地带来了各商业银行间资金划拨、清算的问题,同时,银行间的短期资金融通也导致了同业拆借的活跃,加强了各商业银行之间的联系。为了应对银行业务电子化的需要,中国人民银行正在建设电子化条件下的现代支付系统。为反映这种趋势,本章第一、二、三节着重论述金融企业往来业务的传统处理流程及其会计核算,第四节简单介绍了中国人民银行的现代支付系统。关于不同金融企业之间、同一金融企业不同联行之间在电子汇划条件下的账务处理将集中在第七章中讲述。

第一节　金融企业往来业务概述

一、金融企业往来业务的含义及内容

（一）金融企业往来的概念

金融企业往来是指各金融机构之间（包括商业银行与中央银行之间、商业银行之间、商业银行与非银行金融机构之间）由于缴存存款、汇划款项、办理结算等业务而引起的资金账务往来。

（二）金融企业往来的内容

从广义上讲,金融企业往来包括商业银行与中央银行之间的往来、各商业银行之间的往来、商业银行与非银行金融机构之间的往来、中央银行与非银行金融机构的往来、非银行金融机构之间的往来等。就我国目前的情况来看,金融企业往来核算的内容主要涉及商业银行与中央银行之间以及各商业银行之间的往来。前者主要包括商业银行向央行送存或提取现金、缴存存款、向央行借款、办理再贴现、通过央行办理大额汇划款项等业务。后者主要包括同城同业往来、异地跨系统汇划款项相互转汇、同业拆借等业务。

二、金融企业往来业务核算的要求

1. 及时传递凭证，迅速办理业务，加速资金周转。及时传递凭证是及时处理业务进行核算的基础和前提。业务凭证要在中央银行与各商业银行之间进行传递。无论是代收、代付，还是划收、划付，都应当及时传送，不能随意拖延、压票。收到凭证后要及时处理账务，加速资金周转。

2. 及时清算资金，防止相互拖欠。中央银行与各金融机构之间的往来以及各金融机构之间的往来都是在及时划分各方资金的基础上进行的，相互往来的资金存欠必须及时清偿。各金融机构应在中央银行保留足够的准备金存款，便于清算使用，若在清算前资金不足，要采取措施及时调入资金，防止相互拖欠。

3. 商业银行的汇划款项跨系统在10万元（含）或系统内在50万元（含）以上（另有规定者除外），一律通过央行办理转汇并清算资金。

4. 商业银行到央行取款不得透支；计划内借款不得超过央行核定的贷款额度；同业拆借应通过双方在央行的存款户办理转账，不得提取现金。

第二节 中央银行往来的核算

一、商业银行与中央银行往来核算概述

（一）商业银行与中央银行往来的概念

商业银行与中央银行之间的往来是指商业银行向中央银行办理缴存款、借款、再贴现、领缴现金以及必须通过在中央银行开立的存款户进行清算的资金往来。在我国，中国人民银行是中央银行，是"银行的银行"。它集中保管全国银行的存款准备金，是全国各银行的最后贷款人和最后清算人。各级商业银行根据信贷资金管理的原则，都要在同级人民银行开立有关存、贷款账户，预留印鉴，购买有关结算凭证。商业银行与人民银行的往来账务必须按月核对；对人民银行送来的副本账页及对账单，商业银行应及时由会计主管会同会计人员逐人逐笔勾对；核对后的副本账页应专夹保管，定期装订成册归档。

（二）商业银行与中央银行往来核算的科目设置

1. "存放中央银行款项"科目属于资产类科目，核算商业银行存放在中央银行的各种存款，如业务资金的存入、调拨、提取或缴存现金、同城往来资金结算、按规定缴存的财政性存款和一般性存款等。存入款项时，借记该科目；支出款项时，贷记该科目。期末余额应该在借方。该科目应按"存放中央银行存款"、"存放中央银行财政性存款"、"存放中央银行一般性存款"等设置明细科目。

2. "向中央银行借款"科目属于负债类科目，核算各银行向中央银行借入的

各种款项。借入款项时,贷记该科目;归还款项时,借记该科目。期末余额应该在贷方。该科目应按借款性质设置明细科目。

3. "存放联行款项"科目用于核算银行为日常签发、受理联行划拨款项而存放在系统内其他银行(联行)的各种往来款项。签发联行往来借方凭证或受理联行往来贷方凭证时,借记该科目。期末,将该科目与"联行存放款项"科目的余额进行比较,对转余额较小的一方的金额,只在报表上反映余额较大一方经对转后的余额。该科目按往来单位设置明细账。

4. "联行存放款项"科目用于核算银行日常签发、受理联行划拨款项而由系统内其他银行(联行)存放在本行的各种往来款项。当本行签发联行往来贷方凭证或受理联行往来借方凭证时,贷记该科目。期末,将该科目与"存放联行款项"科目按余额较小的一方金额进行对转。该科目按往来单位设置明细账。

二、向中央银行领缴现金的核算

根据货币发行制度的规定,商业银行应对其所属行处的业务库存核定必须保留的现金限额,报开户中央银行发行库备案,超过业务库存限额的现金应缴存开户行发行库。需用现金时,可签发现金支票到开户行提取现金。

(一) 存入现金的核算

每日营业终了,若商业银行的现金库存量超过限额,应将超过部分以千元为单位填写"现金缴款单",连同现金一并交存中央银行。中央银行点收无误,办妥缴库手续后,退回一联现金缴款单。商业银行根据收到的"现金缴款单"的回单做如下账务处理:

借:存放中央银行款项
　贷:现金

(二) 支取现金的核算

商业银行支取现金时,应根据中央银行核定的月度现金计划及库存限额,填写现金支票,从中央银行存款户中支取现金。待取回现金后,填制现金收入传票,以原支票存根作附件,并做如下账务处理:

借:现金
　贷:存放中央银行款项

三、向中央银行缴存存款的核算

存款准备金制度是中央银行进行宏观调控的有效办法之一。商业银行和其他金融机构吸收的存款应按照一定比例缴存中央银行,由中央银行统一调控。根据缴存存款性质的不同,可分为缴存财政性存款和缴存一般性存款,两者在缴存范围、缴存比例、欠缴款处理等方面存在较大差异,应注意区分。

(一) 向中央银行缴存存款的一般规定

1. 缴存存款的范围和比例。

第一，财政性存款。财政性存款主要包括中央预算收入、地方预算存款、代理发行债券和待结算财政款项等。其缴存范围为：集中上交中央财政资金，集中上交地方财政资金，待结算财政款项（轧差后贷方余额），代收个人购买国库券款项（减：代付个人国库券本息款项），代收单位购买国库券款项（减：兑付单位购买国库券本息款项），代收国家其他债券款项（减：兑付国家其他债券本息款项、兑付国家投资公司债券本息款项）。财政性存款属于中央银行的信贷资金，商业银行不得占用，应全部缴存。

第二，一般性存款。一般性存款主要包括商业银行吸收的机关团体存款、财政预算外存款、个人储蓄存款、单位存款及其他各项存款。其缴存范围为：企业存款，储蓄存款，农村存款，基建单位存款，机关团体存款，财政预算外存款，委托存款轧减委托贷款，委托投资后的差额以及其他一般存款等。缴存款的比例（即商业银行缴存的存款准备金占其吸收的一般存款总额的比例）目前为6%。该比例可由中央银行根据货币政策的运用，适时加以调整。

2. 向中央银行缴存存款的时间。各商业银行缴存存款的时间，除第一次按规定时间缴存外，市级分支行为每旬调整一次，在旬后5日内办理；县级分支行每月调整一次，在旬后8日内办理（最后一天遇节假日顺延）；不在中央银行开户的行处，由其管辖行或代理行每月调整一次。

财政性存款应由经办行在规定时限内全额划交当地中央银行，不单独在中央银行开户的行处，委托其管辖行或代理行代为缴存；一般性存款由各商业银行法人统一缴存，各分支行逐级向上级行缴存。

3. 向中央银行缴存存款的金额起点。划缴或调整存款时，应区别财政性存款和一般性存款，将本旬（月）末各自科目余额总数与上期同类各科目旬（月）末余额总数对比，按实际增加或减少数进行调整，计算应缴存金额。缴存（调整）以千元为单位，千元以下四舍五入。

4. 向中央银行缴存存款的凭证。商业银行按规定时间向人民银行缴存（或调整）存款时，应根据有关存款科目余额，填制"缴存财政性存款科目余额表"、"缴存一般存款科目余额表"一式两份，并按规定比例分别计算出财政性存款和一般性存款应缴存金额，填制"缴存（或调整）财政性存款划拨凭证"、"缴存（或调整）一般存款划拨凭证"一式四联。第一联贷方传票和第二联借方传票由商业银行留存代记账传票；第三联贷方传票和第四联借方传票由人民银行代记账传票。

发生欠缴时，填列欠缴凭证，将欠缴凭证的第一、二联留存，第三、四联交至中央银行。

(二) 向中央银行缴存存款的核算

1. 首次缴存的核算。首次向中央银行缴存存款时，应分别填制"缴存财政性存款科目余额表"、"缴存一般存款科目余额表"一式两份，按各自规定的比例计算应缴存金额，据以填制"缴存财政性存款划拨凭证"、"缴存一般存款划拨凭证"。以第一、二联凭证做账务处理，会计分录为：

借：存放中央银行款项——存放中央银行财政性存款（或：存放中央银行一般存款）
　　贷：存放中央银行款项——存放中央银行存款

转账后，分别将各自缴存款划拨凭证的第三、四联和一份科目余额表送交中央银行，另一份余额表留存。

2. 调整缴存款的核算。商业银行按规定对已缴存的存款进行调整时，也应填制"缴存财政性（一般）存款科目余额表"一式两份，按各自规定的比例计算出应缴存金额，依如下公式计算本期应调整额，据以填列相应的划拨凭证。

$$本次应调整数 = 本次应缴存数 - 已缴存数$$

其中：正数为应调增数，负数为应调减数。

【例1】 某银行截至 2002 年 6 月 20 日财政性存款余额合计为 460 000 元，已缴存金额为 410 000 元，由此，根据公式可得本期应补缴金额为 50 000 元。补缴存款的会计分录为：

借：存放中央银行款项——存放中央银行财政性存款　　　　50 000
　　贷：存放中央银行款项——存放中央银行存款　　　　　　　　50 000

3. 欠缴存款的核算。欠缴存款是指在规定缴存存款的时间内，商业银行在中央银行的存款余额低于应缴额。对于欠缴存款，应尽快设法调剂资金，及时缴足。关于欠缴存款有如下规定：发生欠缴款时，本次实缴金额应先缴存财政性存款，如有余额再缴存一般性存款；对本次能实缴的金额和欠缴的金额要分开填列凭证；欠缴金额待商业银行调入资金后，应一次全额收回，人民银行不予分次扣收；对欠缴的金额每日按规定比例扣收罚款，由人民银行随同扣收存款一并收取。

发生欠缴时，商业银行的相关会计处理与调整缴存款时类似。首先，应填制"缴存财政性（一般）存款科目余额表"，按规定比例计算出本次应缴存金额，然后，根据本次能实缴的金额，填制划拨凭证，并将划拨凭证中的"本次应补缴金额"栏改为"本次能实缴金额"，且在凭证备注栏内注明本次应补缴金额和本次欠缴金额。其实缴部分的会计处理与正常缴存相同。

此外，还应根据欠缴金额填制"欠缴凭证"一式四联，同时填制"待清算凭证"表外科目收入传票，据以记载登记簿。表外科目的记账分录为：

收入：待清算凭证——人民银行户

将"欠缴凭证"第三、四联与划拨凭证的第三、四联及"缴存财政性（一般）存款科目余额表"一并送交中央银行，"欠缴凭证"的第一、二联，划拨凭证的第

一、二联及一份"缴存财政性(一般)存款科目余额表"留存。

补缴时,中央银行按日计收罚息,连同欠缴存款一并扣收。商业银行收到中央银行的扣款通知后,取出相应的欠款凭证第一、二联,办理转账,并做如下会计处理:

第一,扣收欠款时,会计分录为:

借:存放中央银行款项——存放中央银行财政性存款(或:存放中央银行一般性存款)

　　贷:存放中央银行款项——存放中央银行存款

同时,销记表外科目登记簿,记账分录为:

付出:待清算凭证——人民银行户

第二,扣收罚款时,会计分录为:

借:营业外支出——罚款支出

　　贷:存放中央银行款项——存放中央银行存款

四、向央行借款的核算

(一)再贷款的种类

商业银行在执行信贷计划的过程中,资金不足时,既可采取向上级行申请调入资金、同业拆借或通过金融市场融通资金等手段,也可向央行申请贷款。就央行而言,向商业银行提供再贷款是其控制货币供给量、进行宏观调控的一种重要工具。

目前央行对商业银行发放的贷款,按期限可分为年度性贷款、季节性贷款和日拆性贷款。

1. 年度性贷款。年度性贷款是央行用于解决商业银行因经济合理增长引起的年度性资金不足而发放给商业银行在年度周转时使用的贷款。商业银行向央行申请年度性贷款,一般限于省分行或二级分行,借入款后可在系统内拨给所属各行使用。

2. 季节性贷款。季节性贷款主要用于解决商业银行在信贷资金运营中由于先交后收,或存款季节性下降,贷款季节性上升等客观原因引起的资金临时性短缺。对由于同业拆借资金而引起的信贷资金不足,央行也可发放季节性贷款。该类贷款的期限一般为两个月,最长不超过4个月。

3. 日拆性贷款。日拆性贷款主要用于解决商业银行因未达汇划款项而发生的临时性资金头寸不足。贷款期限一般为10天,最长不超过20天。

(二)再贷款的核算

1. 再贷款的发放。商业银行向央行申请借款时,应向央行提交"人民银行贷款申请书",经人民银行审查同意后,填写一式五联借款凭证,并在第一联加盖预留人民银行存款户的印鉴,送交人民银行办理借款手续。待收到人民银行退回的第三联借款凭证(即收账通知联)时,编制转账贷方传票,并做如下会计分录:

借:存放中央银行款项
    贷:向中央银行借款

2. 再贷款的收回。商业银行向人民银行归还借款时,应填写一式四联的还款凭证,并在第二联上加盖预留人民银行存款户的印鉴,送交人民银行办理还款手续。待收到人民银行退回的还款凭证第四联(支款通知)和借据时,以还款凭证代转账传票(借据作附件)办理转账,会计分录如下:

借:向中央银行借款
    金融企业往来支出——央行往来利息支出
    贷:存放中央银行款项

五、再贴现的核算

(一) 再贴现的概念

再贴现是指商业银行为了取得资金,将未到期的已贴现商业汇票再以贴现方式向中国人民银行转让的票据行为,是中央银行的一种货币政策工具。中国人民银行可根据金融宏观调控和结构调整的需要,不定期公布再贴现优先支持的行业、企业和产品目录,影响再贴现票据的选择,安排再贴现资金投向。

再贴现主要用于解决商业银行由于办理贴现业务而引起的暂时资金短缺。再贴现的实付金额等于再贴现商业汇票金额扣除再贴现利息后的余额。再贴现的期限,从再贴现之日起至票据到期日前一日止,一般不超过4个月。

(二) 再贴现的核算

1. 办理再贴现时的核算。商业银行将持有未到期的商业汇票向人民银行申请贴现时,应填制一式五联的再贴现凭证,并在第一联加盖预留中央银行的印鉴,连同两联再贴现汇票清单和所附经背书后的再贴现商业汇票一并送交人民银行。待收到人民银行退回的第四联再贴现凭证、汇票清单及加盖"已办再贴现"戳记的商业汇票后,编制特种转账借方、贷方传票,以第四联再贴现凭证作附件,办理转账,并做如下会计分录:

借:存放中央银行款项
    金融机构往来支出——再贴现利息支出户
    贷:向中央银行借款——再贴现户

同时,将再贴现清单和商业汇票在再贴现汇票登记簿上记载。

2. 再贴现到期时的核算。按现行规定,再贴现汇票到期时,由再贴现人民银行作为持票人填制委托收款凭证,将其连同再贴现票据向付款人办理收款。

若再贴现到期时,再贴现人民银行收到了付款人开户银行或承兑银行退回的委托收款凭证、汇票和拒付理由书或付款人未付款项通知书，应追索票款，从申请再贴现商业银行账户中收取款项，并将委托收款凭证汇票和拒绝付款理由书或付款人未付款项通知书交给申请再贴现的商业银行。商业银行在收到人民银行从其存款户中收取再贴现票款的通知（特种转账借方传票）后，进行账务处理。

六、通过央行办理大额汇划业务的核算

各商业银行大额汇划款项，即跨系统在 10 万元以上、系统内在 50 万元以上的款项，按照规定都要通过央行转汇，以确保汇划款项与资金清算同步进行，防止商业银行跨系统相互占用资金（注：自 2001 年 9 月 1 日起，中国工商银行、中国农业银行、中国银行、中信实业银行、中国光大银行、广东发展银行、招商银行以及深圳发展银行系统内 50 万元以上大额汇划款项可不通过人民银行转汇，直接由各行行内电子汇兑系统办理）。具体来讲，有以下两种方式：

（一）通过人民银行电子联行转汇

人民银行电子联行汇划业务主要处理人民银行和商业银行跨系统贷记支付业务。在通过人民银行电子联行办理大额汇划业务时，我们将需要通过人民银行办理转汇的商业银行称为汇出行，汇出行开户的人民银行经办机构称为发报行，异地收到资金的人民银行称为收报行，收到划来款项的商业银行称为汇入行。

1. 业务处理流程。通过人民银行电子联行办理商业银行跨系统贷记支付业务时，汇出行首先将款项划至当地人民银行，由汇出行开户的人民银行（发报行）从汇出行准备金存款账户中付出款项，通过电子联行将款项划至汇入地人民银行（收报行）。汇入地人民银行收到划来的款项后，将款项转入汇入行准备金存款账户，同时将有关凭证交汇入行，由汇入行据以处理转账。整个流程可用图 6-1 表示：

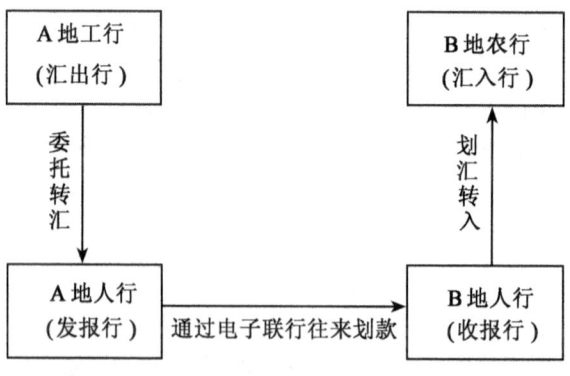

图 6-1 通过人民银行电子联行转汇的流程图

2. 相关业务的会计核算。

第一，汇出行的核算。汇出行汇出款项时，根据结算凭证逐份填制转汇清单并汇总填制划款凭证，将有关凭证送交开户的人民银行办理转汇并清算资金。会计分录为：

借：××科目
　　贷：存放中央银行款项

第二，发报行的核算。汇出行开户的人民银行收到汇出行交来的凭证后，审查汇出行准备金存款账户是否有足够的资金支付。不足支付的，应要求汇出行及时补足；在规定时间内不能补足的，将凭证退回。若汇出行准备金账户足以支付或已及时补足资金，则将款项从汇出行账户付出并通过电子联行划往汇入行开户的人民银行。会计分录为：

借：××银行准备金存款
　　贷：电子联行存放款项

第三，收报行的核算。汇入行开户的人民银行收到划来的款项，转入汇入行账户，并将凭证送交汇入行。会计分录为：

借：存放电子联行款项
　　贷：××银行准备金存款

第四，汇入行的核算。汇入行根据人民银行交来的有关凭证办理转账。会计分录为：

借：存放中央银行款项
　　贷：××科目

(二) 通过人民银行手工联行系统转汇

人民银行手工联行系统主要处理人民银行机构之间资金划拨的借记支付业务以及电子联行未到县部分的贷记支付业务。与电子联行系统转汇时类似，办理转汇业务的相关行处也分别称为汇出行、发报行、收报行、汇入行，其转汇的基本程序以及相关各行的账务处理与通过电子联行转汇基本相同，只是发报行、收报行使用的联行科目名称有所区别。

第一，汇出行的核算。汇出行委托人民银行办理转汇时，应做如下分录：
借：××科目
　　贷：存放中央银行款项

第二，发报行的核算。发报行受理商业银行转汇业务，通过联行往来划拨款项时，应做如下会计分录：

借：××银行准备金存款
　　贷：联行存放款项

第三，收报行的核算。收报行收到发报行的报单，为汇入行收账并将汇划凭证送交汇入行，会计分录为：

借：存放联行款项
　　贷：××银行准备金存款

第四，汇入行的核算。汇入行收到划来款项，为收款人收账，并做如下会计分录：

借：存放中央银行款项
　　贷：××科目

第三节　同业往来的核算

一、同业往来的概念

同业往来是指商业银行之间由于办理跨系统结算、相互拆借资金以及代理业务等引起的资金账务往来。由于各企、事业单位在不同的商业银行开户，彼此之间的货币结算必然会引起银行之间的业务往来，从而导致银行间跨系统的同城、异地结算以及资金账务往来。此外，各商业银行之间调剂资金余缺，进行短期拆借，也会形成同业往来间的借贷关系。具体说来，同业往来核算的内容主要包括：同城同业往来、异地跨系统汇划款项转汇以及同业拆借。

二、同城同业往来的核算

（一）同城票据交换的核算

1. 票据交换的概念。同城票据交换是指同一城市各商业银行将相互代收、代付的票据在规定时间内集中在票据交换场所进行交换，当场轧算交换差额，进行资金清算的一种方式。采用同城票据交换，有助于加速商业银行间的凭证传递和资金周转，提高结算效率，简化往来业务的核算手续。同城票据交换由当地人民银行统一组织，当地未设人民银行机构的，一般由人民银行委托当地某商业银行组织。参加票据交换的行处，一般是同城内的相关商业银行。在交通方便的地区，也可吸收毗邻市、县的有关行处参加。

票据交换时，参与交换的银行一方为提出行，一方为提入行。向他行提出交换票据的为提出行；从票据交换所取回票据的为提入行。参加清算的各行处一般既是提出行又是提入行。各行提出交换的票据按照对本行资金影响的不同，可分为两类：凡属收到的在本行开户的收款单位提交的应由在其他行开户的单位付款的票据，称为借方票据或代付票据；凡属收到的在本行开户的单位提交的委托本行向在他行开户的单位付款的票据，称为贷方票据或代收票据。

2. 票据清算的有关规定。有关票据清算规定的主要内容为：

第一，参加交换的行处，应核定交换号码。交换号码是参加票据交换行处的代号。在支票的票面上必须印有交换号码,以方便区分识别。参加票据交换的银行营业机构,必须向人民银行交换清算的部门申请交换号码,经审查同意后,由人民银行向该行核发交换号码,并通报全市各参加交换的银行,该行从该日起即可参加交换。

第二,交换场次和时间。在支付业务量大的城市和较大的县城,清算所每天上、下午各进行一次交换,小城市和大多数县城清算所每天上午只进行一次票据交换。以广州市为例,广州市的票据交换有两场,午场和晚场。午场最迟应不超过12点30分提出票据,下午3点取票;晚场最迟应不超过当日下午6点30分提出票据,次日上午9时取票。

第三,提出交换的票据种类一般包括:借方票据,包括支票、银行汇票、本票及商业汇票等;贷方票据,含汇兑结算凭证、支票、银行本票等。

第四,同城票据交换的具体做法(计算机处理)如下:(1)严格统一交换票据格式,用打码机处理提出票据。交换票据为特别打制的统一格式。由于提出交换的票据和凭证仍系签发人手写,所以需经打码机处理后才能提出交换。同时,为便于分批处理提出交换票据,在每批(不超过100张)经打码机处理后,另打制一张"批控卡"以控制分批金额。(2)填制"交换提出报告单",连同票据凭证一起提出交换。提出行根据"批控卡"的借方(贷方)总额填入"交换提出报告单",合计总数,并与打码机的总数核对相符,连同本场交换提出的全部票据和贷记凭证以及逐笔清单,一并送至交换场。(3)在交换场清分、打印及提回交换凭证。交换场工作人员在柜面与提出交换行对送达的票据、凭证办理交接手续,然后将交换票据和凭证送交机房,由工作人员陆续投入计算机运行,自动按提回行进行清分、读数、打出明细清单,直至最后把提回票据、凭证输进各提回行的箱夹,整个交换工作才告完成。(4)根据提出、提回票据、凭证的借方贷方总金额轧计,打制"交换差额报告单"送人民银行营业部门办理转账。

第五,提入行将票据及凭证处理入账。提入行提回的票据及凭证,通过终端机输入,记入各单位账户。票据、凭证的输入总金额应与提回清单的总金额相符。

3. 同城票据交换的原理与核算。同城票据交换的过程,表面上看,是各行处在交换所提出票据(含本行签收的付款单位在本行的代收款票据以及付款单位在他行的代付款票据)并取回票据(含他行提出的本行收款凭证及付款凭证)。实际上,这一过程是通过央行作为中介完成的。央行将各行处提出票据、取回票据的情况(含提出票据、取回票据的金额,提出票据、取回票据的对应行处代码等信息)汇总起来,集中清分票据,结算各行处票据交换差额,并将差额反映在各行处在央行存款户余额的变化上,从而完成清算过程。另一方面,各行处也应根据在交换所提出票据与取回票据的情况,依据下列公式:

$$本行应付款 = 本行代收票据 + 本行付款凭证$$

本行应收款 = 本行代付票据 + 本行收款凭证

计算出本次交换中本行应收款、本行应付款及两者差额，得到本次交换本行应收差额或应付差额，与央行清算结果核对相符后，填列"同城票据清算划收（划付）专用转账凭证"一式四联，将其中两联交票据交换所划拨转账清算差额，另两联带回本行进行账务处理。

同城票据交换的原理可用表 6-1 表示：

表 6-1　　　　　　　　　　同城票据交换原理　　　　　　　　（单位：万元）

应收行＼应付行	A 银行	B 银行	C 银行	D 银行	应收合计	应付差额
A 银行	0	20	25	55	100	—
B 银行	10	0	35	20	65	30
C 银行	35	15	0	25	75	5
D 银行	15	60	20	0	95	5
应付合计	60	95	80	100	335	—
应收差额	40	—	—	—	—	40

具体会计分录如下：
（1）提出借方（托收）票据：
借：其他应收款——提出交换票据应收款
　　贷：其他应付款——托收票据
（2）提出贷方（收单）凭证：
借：××存款——××单位
　　贷：其他应付款——提出交换凭证应付款
（3）提回交换票据（借方票据）：
借：××存款——××单位
　　贷：其他应付款——提回交换票据应付款
（4）提回收单（贷方）凭证：
借：其他应收款——提回交换凭证应收款
　　贷：××存款——××单位
（5）每次交换结束，进行清算：
借：其他应付款——提出交换凭证应付款
　　其他应付款——提回交换票据应付款

贷：其他应收款——提出交换票据应收款
　　　　其他应收款——提回交换凭证应收款
　若借方金额大于贷方金额，则其差额贷记在央行的存款；反之，若贷方金额大于借方，则就差额借记在央行的存款。
　（6）将有关托收款项记入对应单位账户：
　借：其他应付款——托收票据
　　贷：××存款——××单位

（二）同城同业直接往来的核算

　同城同业直接往来是指同城同业行处未参加票据交换时，银行间采用直接交换、定期清算方式进行资金结算。它适用于业务量较少的中小城市的银行进行的票据交换。同业往来核算时经常使用"存放同业款项"和"同业存放款项"两个会计科目。"存放同业款项"用于核算商业银行之间因日常结算往来款项而存入其他商业银行的各种存款，属于资产类科目，期末余额在借方。"同业存放款项"用于核算商业银行之间因日常结算往来款项而由其他商业银行存入本行的各种存款，属于负债类科目，期末余额在贷方。

　1. 单项存放款项时的核算。单项存放款项是指同业往来双方中只有一方在另一方有存款，提入提出的票据只经一个账户结算，即本行存入他行（"存放同业款项"）或他行存入本行（"同业存放款项"）账户。当仅有本行存入他行，本行付款时，会计分录为：
　借：××存款——××单位
　　贷：存放同业款项
　当仅有本行存入他行，本行收款时，会计分录为：
　借：存放同业款项
　　贷：××存款——××单位
　当仅有他行存入本行，本行付款时，会计分录为：
　借：××存款——××单位
　　贷：同业存放款项
　当仅有他行存入本行，本行收款时，会计分录为：
　借：同业存放款项
　　贷：××存款——××单位

　2. 双向存放款项的核算。双向存放款项是指同业往来双方互相将资金存入对方，即往来双方同时使用以对方银行为明细的"存放同业款项"和"同业存放款项"两个科目。
　本行提出票据时，通过"存放同业款项"核算。当本行付款时，会计分录为：

借：××存款——××单位
　　贷：存放同业款项
当本行收款时，会计分录为：
借：存放同业款项
　　贷：××存款——××单位
本行提回票据时，通过"同业存放款项"核算。当本行付款时，会计分录为：
借：××存款——××单位
　　贷：同业存放款项
当本行收款时，会计分录为：
借：同业存放款项
　　贷：××存款——××单位

三、异地跨系统汇划款项转汇的核算

异地跨系统汇划款项转汇是指由于在不同银行开户的客户办理异地结算而引起的各商业银行间相互汇划款项的业务。各商业银行间跨系统的汇划款项，在规定限额以上（按现行规定为10万元），应通过中央银行清算资金和转汇（参见本章第二节）。对于不超过限额的异地跨系统汇划款项，可采用相互转汇的办法。具体来说，根据银行机构设置的不同情况，可采用以下三种方式：

（一）"先横后直"方式

1. 款项流转过程。在这种方式下，汇出行将跨系统的汇划款项先在同城通过票据交换或直接同业往来转至跨系统的汇出行，由该转汇行通过内部汇划系统将款项划至异地汇入行。这种方式主要适用于汇出行所在地为双设机构地区，即在汇出地设有异地汇入行同系统的银行机构。"先横后直"方式的款项划转过程可用图6-2表示：

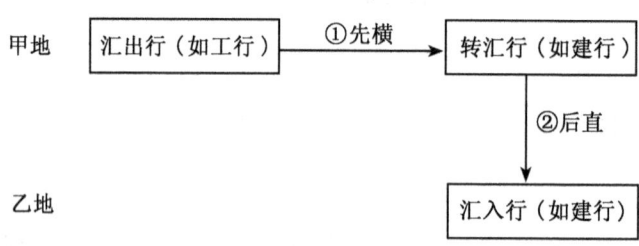

图6-2 "先横后直"方式示意图

2. 相关业务的会计核算。
（1）汇出行的核算。汇出行应根据客户提交的跨系统汇划凭证，按不同系统的汇入行逐笔填制转汇清单，并将转汇清单连同有关汇划款项的凭证等一起通过票据交换等方式送交跨系统的转汇行。会计分录如下：

借：××存款——汇款人户
　　贷：同业存放款项

（2）转汇行的核算。转汇行在收到汇出行送交的转汇清单及汇划凭证后，编制联行借（贷）方报单，通过系统内的联行往来将有关凭证寄至汇入行。会计分录如下：

借：存放同业款项
　　贷：联行存放款项

（3）汇入行的核算。汇入行在收到同系统的转汇行寄来的联行报单和有关结算凭证后，办理转账，并做如下分录：

借：存放联行款项
　　贷：××存款——收款人户

（二）"先直后横"方式

1. 款项流转过程。在这种方式下，汇出行将款项先通过联行系统汇至异地系统内转汇行，由转汇行通过同城票据交换或直接同业往来将款项转至跨系统的汇入行。这种方式主要适用于汇出行为单设机构地区的商业银行（即在汇出地没有异地汇入行同一系统的银行机构），而汇入行所在地为双设机构地区。其款项流转过程可用图 6-3 表示：

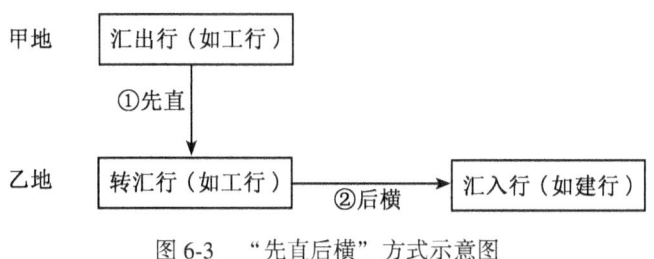

图 6-3　"先直后横"方式示意图

2. 相关业务的会计核算。

（1）汇出行的核算。汇出行应根据客户提交的跨系统汇划凭证，填制系统内联行报单，将报单连同汇划凭证一起寄至汇入行所在地的本系统转汇行，并做如下分录：

借：××存款——汇款人户
　　贷：联行存放款项

（2）转汇行的核算。转汇行在收到本系统的汇出行寄来的联行报单和有关结算凭证后，填制转汇清单，通过同城票据交换或同城同业直接往来将有关凭证、款项转至汇入行。会计分录如下：

借：存放联行款项
　　贷：同业存放款项

（3）汇入行的核算。汇入行依据从票据交换所提入或通过直接同业往来取得转汇凭证，办理转账，并做如下会计分录：

借：存放同业款项
　　贷：××存款——收款人户

（三）"先直后横再直"方式

1. 款项流转过程。在这种方式下，汇出行先通过本行的联行系统将款项划至上级管辖行（代转行），由上级管辖行将款项转至同城的跨系统转汇行，转汇行再通过其联行系统将款项划至汇入行。这种方式主要适用于汇出行和汇入行均在单设机构地区的商业银行，即汇出地没有收款单位开户银行同一系统的机构，汇入地也无汇款单位开户银行同一系统的机构。"先直后横再直"方式的款项流转过程如图6-4所示：

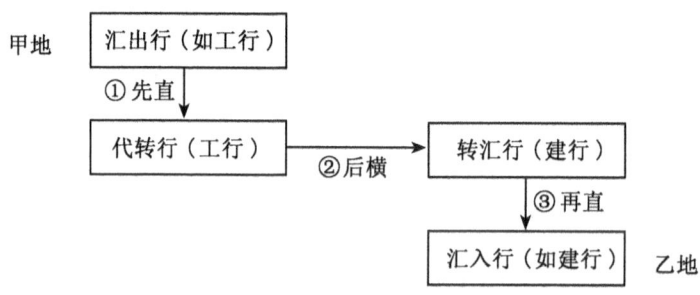

图6-4 "先直后横再直"方式示意图

2. 相关业务的会计核算。

（1）汇出行的核算。汇出行在收到客户提交的跨系统汇划凭证后，填制系统内联行报单，将报单连同有关汇划凭证寄至双设机构地区的本系统银行机构，并做如下会计分录：

借：××存款——汇款人户
　　贷：联行存放款项

（2）代转行的核算。代转行在收到汇出行寄来的联行报单和相关汇划凭证后，办理转账，并做如下会计分录：

借：存放联行款项
　　贷：同业存放款项

（3）转汇行的核算。转汇行在票据交换所提入或通过同城同业直接往来取得转汇清单及有关汇划凭证后，填制系统内联行报单，连同有关汇划凭证一并寄至汇入行，会计分录为：

借：存放同业款项
　　贷：联行存放款项

（4）汇入行的核算。汇入行收到联行报单及有关汇划凭证后，办理转账，会计分录为：

借：存放联行款项
　　贷：××存款——收款人户

四、同业拆借的核算

同业拆借是商业银行之间临时性融通资金余缺的一种短期借贷行为，是通过横向融资解决临时资金不足的一条重要途径。在日常经营中，由于转汇、票据交换等业务，商业银行在央行的存款可能不足支付，在来不及向上级申请调入资金或向央行申请日拆性贷款有困难时，可向其他商业银行拆借。

同业拆借有如下特点：拆借时间短、定期归还（资金拆借以日拆为主，最长期限不得超过1个月，一般不得展期）；用于拆出的资金只限于交足准备金、备付金并归还人民银行到期贷款之后的闲置资金，拆入的资金只能用于弥补票据清算、联行汇差头寸不足和先支后收等临时性资金周转的需要；拆借资金的利率不得超过央行的最高限额（从1996年6月1日起，中国人民银行对同业拆借利率不再实行上限管理的直接控制方式，而由拆借双方根据市场资金供求情况，自行确定同业拆借利率，以强化利率对市场资金供求的调节作用）；拆借资金不能用现金方式直接拆借，必须通过双方在中央银行的存款账户办理转账；跨地区拆借资金必须报管辖行批准，跨省拆借应报总行审批。

我国的同业拆借市场是依托1996年1月建立的全国银行间同业拆借系统运行的。实行交易双方公开报价、格式化询价、确认成交的交易方式。资金清算由拆出方或归还方在规定时间主动通过电子联行系统办理资金汇划和清算。

（一）同业拆借核算时的科目设置

核算同业拆借时需要设置两个会计科目，即"拆放同业"和"同业拆入"。"拆放同业"属资产类科目，用于核算银行拆借给其他银行的短期资金。拆借资金给他行时，借记该科目；他行归还拆借资金时，贷记该科目。期末余额在借方，表示本行拆出且尚未收回的款项。该科目应按拆借的银行进行明细核算。"同业拆入"属负债类科目，用于核算银行向其他银行借入的短期或临时性资金。从其他银行拆入资金时，贷记该科目；向其他银行归还拆入资金时，借记该科目。期末余额在贷方，表示本行拆入且尚未归还的款项。与"拆放同业"类似，该科目应按拆入银行设置明细账。

（二）同业拆借的核算

1. 资金拆借时的核算。

（1）拆出行的核算。拆出行经计划部门批准，与拆入行签订拆借合同后，签发其在央行存款账户的转账支付凭证，办理转账手续，并做如下会计分录：

借：拆放同业——拆入行户
　　贷：存放中央银行款项

转账后，将转账支票与进账单一起交拆入行和开户央行。

（2）拆入行的核算。拆入行收到进账单的回单联后，办理转账，并做如下会计分录：

借：存放中央银行款项
　　贷：同业拆入——拆出行户

2. 拆借资金归还时的核算。

（1）拆入行的核算。拆借资金到期时，拆入行应主动填制转账支票，送交中央银行办理还本付息手续，办理转账，并做如下会计分录：

借：同业拆入——拆出行户
　　　金融企业往来支出——同业拆借利息支出
　　贷：存放中央银行款项

转账后，将支票和进账单一起交中央银行。

（2）拆出行的核算。拆出行在收到进账单回单联后，办理转账，并做如下分录：

借：存放中央银行款项
　　贷：拆放同业——拆入行户
　　　　金融企业往来收入——同业拆借利息收入户

第四节　中国人民银行的现代支付系统

中国人民银行计划通过建立一个以现代化支付系统为核心，商业银行行内系统并存，辅以同城票据交换和清算系统的中国现代支付体系，推动支付领域的创新，以应对银行电子化发展的需要。

一、中国人民银行现代支付系统概述

现代支付系统是为商业银行之间和商业银行与人民银行之间的支付业务提供最终资金清算的系统，是各商业银行电子汇兑系统资金清算的枢纽系统，也是金融市场的核心支持系统。它主要包括大额实时支付系统和小额批量支付系统。大额实时支付系统处理同城和异地在规定金额起点以上的大额贷记支付业务、紧急的小额贷记支付业务以及特定的即时转账业务，实行逐笔实时处理，全额清算资金；小额批量支付系统处理同城和异地的借记支付业务和规定金额起点以下的小额贷记业务，实行批量发送支付指令，净额清算资金。

二、中国人民银行现代支付系统的参与者

该系统的直接参与者是人民银行以及在人民银行开设清算账户的银行和非银行金融机构。该系统的间接参与者是未在人民银行开设清算账户而委托直接参与者办理资金清算的银行和经人民银行批准经营支付结算业务的非银行金融机构。该系统的特许参与者是经中国人民银行批准通过支付系统办理特定业务的机构。可见，参与中国人民银行现代支付系统的金融机构十分广泛。

三、支付系统的结构及其与有关系统的连接

（一）支付系统的结构

为了有效地支持各方面支付清算的需要，支付系统设有国家处理中心（NPC）和地市级城市处理中心（CCPC）两级处理中心。

鉴于商业银行绝大多数行建立了行内汇兑系统，商业银行与支付系统的连接可以由商业银行的总行与支付系统连接。为便于城市处理中心对所在地各家商业银行办理的小额支付业务接收、发送和轧差的处理，以及人民银行当地分支行会计营业部门对同城票据交换净额清算、存取款等业务的处理和账务平衡，商业银行各分支行应在人民银行当地分支行开设清算账户，并与当地城市处理中心实行连接。但商业银行处理业务的路径是开放式的，既可以通过行内汇兑系统由其总行提交支付系统，也可以由其分支行直接提交支付系统城市处理中心处理。

为有效支持公开市场操作、债券发行及兑付、债券交易和外汇交易的资金清算，公开市场业务交易系统、债券发行系统、中央债券簿记系统和外汇交易系统与支付系统国家处理中心直接相连，处理其交易的即时转账清算。

现代支付系统总体结构参见图6-5。

（二）各系统与支付系统的连接

中央银行会计核算系统（ABS）与支付系统同步建设，第一步集中到地级以上城市，与城市处理中心（CCPC）连接，办理支付业务。

中央银行国库业务处理系统：地级以上城市国库部门的业务处理系统与CCPC连接，处理国库资金的借贷记业务；县级国库业务提交中央银行会计核算系统县级处理工作站。

商业银行行内汇兑系统与其总行所在地CCPC连接。

商业银行分支行的综合业务系统与其所在地CCPC连接。

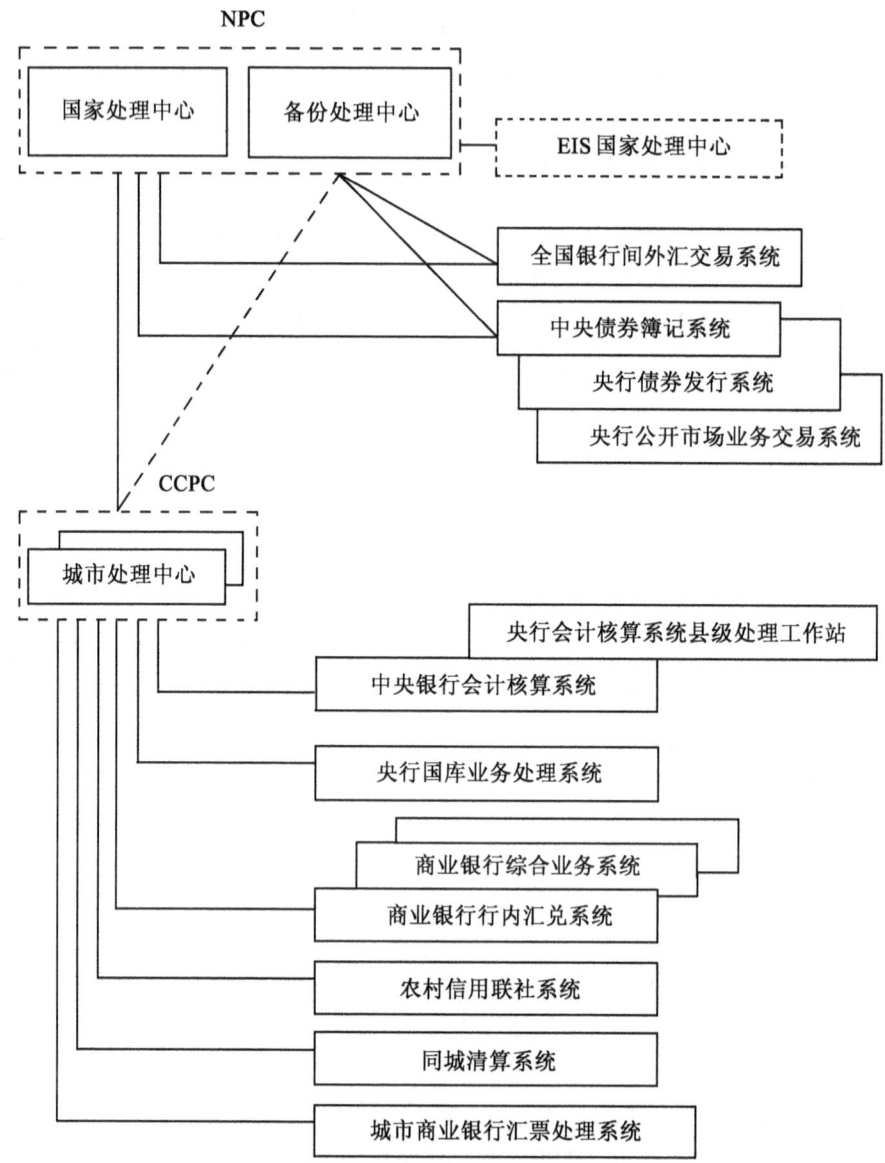

图 6-5　中国现代支付系统总体结构图

中央银行公开市场业务交易系统、中央银行债券发行系统、中央债券簿记系统、全国银行间外汇交易系统直接与 NPC 连接。NPC 为其分别设置虚拟 CCPC，办理发起的"即时转账"支付业务，并提供给中央银行公开市场操作室和全国外汇交易中心访问交易者清算账户余额的查询功能。

同城清算系统与其所在地的 CCPC 连接，处理同城清算净额和异地支付业务。

城市商业银行汇票处理系统直接与当地 CCPC 连接，处理银行汇票的资金移存和兑付的资金清算。

农村信用联社系统直接与所在地的 CCPC 连接，处理有关支付清算业务。

四、支付系统支付清算与对账的路径

（一）大额支付业务的处理

商业银行的分支行可通过所在地 CCPC 办理支付清算业务，也可通过行内汇兑系统向支付系统发起支付业务。发起行的支付清算和对账处理路径相同。通过所在地 CCPC 直接办理业务的，在分支行清算账户清算资金，对账信息通过所在地 CCPC 发回；通过行内汇兑系统发起支付清算业务的，在总行的清算账户清算资金，对账信息通过总行所在地的 CCPC 发回。

NPC 接收支付业务、清算资金后，按照业务报文中的接收行所在地的收报中心代码，向 CCPC 转发支付业务。对账信息也直接向接收行所在地 CCPC 发送。

（二）小额支付业务的处理

小额支付业务发送和接收以及对账信息的路径，比照大额支付业务的路径处理。小额轧差以直接提出行和提入行为对象进行，对账信息向发起的 CCPC 发送。

总之，快速、安全、高效是金融企业往来业务发展的趋势，计算机系统和网络的应用为这种趋势的实现提供了基础，带来了银行业日新月异的变化。这些变化不仅仅是对会计科目进行适当的调整，更重要的是，其改变了银行往来业务的实现手段与流程，从而提高了我国银行业在加入 WTO 后的国际竞争力。

关键名词

（1）再贴现　　　　（2）同业往来
（3）存放同业款项　（4）同业存放款项

复习思考题

（1）什么是金融企业往来？有何核算要求及规定？

（2）商业银行与中央银行往来主要包括哪些业务？这些业务的处理流程是怎样的？

（3）同业往来核算的内容是什么？同城票据的交换是怎样进行的？异地跨系统汇划款项转汇有哪几种方式？经过哪些流程？它与商业银行和中央银行往来业务中"通过央行办理大额汇划业务"的业务流程有何异同？

第七章 联行往来业务

联行之间由于办理各项银行业务以及内部资金调拨而引起资金账务往来。联行往来具有自己的核算特点。我国现行联行管理模式是各家银行自成系统，各联行系统内资金往来与清算、电子联行建设、联行往来操作程序及其联行往来核算方法等，均由各系统自行决策执行。但总的说来，各银行的联行往来体系包括全国联行往来、分行辖内往来和支行辖内往来三级往来。随着计算机网络技术、通讯技术的发展，不少银行系统采用了新型的电子联行往来方式。本章讲解的联行往来的核算主要是以电子联行往来为基础的。

第一节 联行往来业务概述

一、联行往来的基本概念

银行是国民经济资金活动的枢纽，是连接国民经济的纽带。国民经济各部门、各单位的货币结算，都需通过银行办理。当办理结算的收、付款单位不在同一银行行处开户时，结算就涉及两个或两个以上的银行行处。这些相互联系的银行称为往来银行，往来银行通过相互设立往来账户建立往来关系。往来银行各自属于同一银行系统或不同的银行系统，从而就建立了多种不同的往来关系，设立了不同的账户系统。如果往来银行双方同属于一个银行系统，即共同隶属于一个总行，则双方互称为联行，它们之间往来使用联行账户系统。联行之间由于办理各项银行业务以及内部资金调拨而引起的资金账务往来，叫做联行往来。

联行往来是银行业务的重要组成部分。银行办理结算业务、代理国家金库业务、外汇业务、内部资金调拨及年终损益上划等，都要通过联行往来实现。联行往来是实现银行各项业务的工具。目前各商业银行都分别有各自的联行系统和制度，并都采用联行电子汇划系统，以提高和加速社会资金周转。

联行往来是由于对客户办理转账结算而引起的，并通过邮递、专递、电讯等手段而联系的，两个或多个同一银行系统分支机构间相互代收、代付款项的账户往来。也就是说，联行往来是由一笔转账结算及其信息的传递而联系的相互联行间，在不同的时间和空间里通过借记或贷记往来账户而达到为客户办理转账结算的目的。联行往来的双方均以与自己对应的另一行处为往来的前提。在会计处理时，一个行处记"借"，另一个行处记"贷"，有往有来，有借有贷，缺一不可。任何一方短缺都不能构成联行往来，任何一方核算差错都直接影响联行往来的账务平衡。可以说，这样由此及彼、有来有往、有借有贷，就形成了完整的联行往来账务。

二、联行往来的组织体系

有效地设置联行往来的组织体系，是保证联行往来核算质量的先决条件。联行往来组织体系的确立要适应宏观经济和金融发展的要求。随着宏观经济体系的转型和金融体制的变革，联行往来组织体系也会随之而不断变化。

我国幅员辽阔，各地区的经济发展不平衡，各地银行的业务量也不尽相同，由此而引起的联行往来账务也多寡不一。同时，我国各专业银行之间还没有从真正意义上形成银行联合，条块分割问题还存在。目前，我国联行管理模式是各家银行自成系统，各联行系统内资金往来与清算、电子联行建设、联行往来操作程序及其联行往来核算方法等，均由各系统自行决策执行。各大联行系统彼此独立、平行运作，从而形成了我国复杂的纵向资金传送通道。

我国现行的联行统一领导、分级管理制度，将我国各联行系统的联行往来核算划分为不同级别、不同范围的往来体系。这个体系包括全国联行往来、分行辖内往来和支行辖内往来三级，各级往来制定有相应的核算办法，分别由各总行、分行、支行进行管理。

（一）全国联行往来

全国联行往来由总行进行监督管理。凡经总行核准，颁发有全国联行行号和联行专用章的行处，对异省、自治区和直辖市各行处之间的资金账务往来，按全国联行制度办理。

（二）分行辖内往来

分行辖内往来由省、自治区、直辖市分行监督管理。凡经分行核准，颁发有省（自治区、直辖市）辖联行行号和省（自治区、直辖市）辖联行专用章的行处，对本省（自治区、直辖市）内各行处之间的资金账务往来，按分行辖内往来制度办理。

（三）支行辖内往来

支行辖内往来由县（市）支行监督管理。凡经县（市）支行核准，有辖内行号和辖内联行专用章的行、处、所，对本县（市）内各行处之间的资金账务往来，按支行辖内往来制度办理。

三级联行往来是按不同地区、不同银行级别划分的，不仅减轻了总行监督管理的负担，而且充分发挥了分行和支行对辖内联行往来就近监督管理的优势。这样，三级管理机构同时发挥监督作用，并在不同级别的往来之间形成了相互勾稽的关系，从而对联行往来业务形成有效的监督。

三、联行往来的基本原则

在制定联行往来制度和组织联行往来核算时，必须要遵循一定的原则。目前联行往来按照不同的使用范围划分为三个层次，这些不同层次之间遵循的基本原则是一致的。尽管目前联行往来电子化有了较大发展，但这些基本原则仍有一定的指导意义：

1. 既要简便适用，又要严密监督。联行往来不仅要有严密的内部控制，保证资金划拨的安全，而且要尽量简化办理手续，减少中间环节，提高资金划拨效率，提高银行的竞争力。

2. 既要集中统一，又要分级管理。联行往来目前有各银行总行制定的统一核算制度，从而使核算工作有了统一的执行标准。同时联行往来业务量大，层次较多，必须实行分级管理，即由总行、分行、支行分别对所辖范围内的联行事务加以管理和监督。

3. 既要有制度的严肃性，又要有执行制度的灵活性。联行往来的各行处必须严格执行管理行制定的往来核算制度。但是这也不能排除在不影响大局的情况下，为使资金尽快到位，而采取一些灵活变通的做法。

四、联行往来的基本环节

从联行往来核算方法发展的历史过程来看，不同时期，由于业务量、管理要求以及核算技术方法手段的不同，联行往来的方法也不同。随着现代信息技术的发展，各银行联行往来的核算系统不断更新，承载业务量不断加大，资金划拨速度不断提高，账务核对更加及时严密，在途资金明显减少，资金清算更加及时。但不论哪种联行往来核算方法，其处理过程一般都可以划分为日常往来、往来账核对、划清资金、年度结平四个环节。

（一）日常往来

日常往来是由有关业务引起的发、收报行之间资金的相互往来，双方行处的主要处理内容是编制报单、收受报单以及分别记载往账和来账，这是联行往来的基础环节。日常往来从经济业务的实质上看，是收、发报行之间的资金往来；但从其核算的形式上看，有横向往来和纵向往来两种方式。特别是随着电子联行业务的往来，纵向往来成为一种普遍的形式。横向往来是发报行直接向收报行填发报单；纵向往来是业务发生后，发报行向联行往来的管理行填发报单，报告资金汇划信息，由管理行将资金汇划信息转发给收报行。

（二）往来账核对

往来账核对是确保联行往来账务核算正确性的关键环节，核对往来账可以及时发现收、发报行在联行往来核算中出现的错误与问题。联行往来的监督对账方法，由各级联行往来管辖行根据自身银行的使用范围、业务量以及通讯技术的特点自行确定。同时，联行往来核对方法与日常往来的核算方法密切相关。日常往来采用横向做法的，核对一般分散由收报行处理；日常往来采用纵向做法的，核对一般由联行管辖行集中办理。但是无论是横向往来还是纵向往来，都离不开联行管辖行的监督。

(三) 划清资金

联行往来发生后，必然发生行与行之间的资金欠存。不同的行处发生联行往来时，往来资金并没有实际划拨，而是采取相互记账的方法，记录由于资金划拨而产生的应支付或应收回的资金，这样就形成了联行间资金相互占用或被占用的情况。划清资金即将联行间相互占用的资金划分清楚，并由各专业银行总行统一掌握和调度。对暂未结清的联行占用资金，应该计提利息，维护各独立核算行处的经济利益。在银行实务中，对各行处由于联行往来发生的资金欠存的清偿有逐笔清偿和轧差清偿两种方式。采用逐笔清偿资金欠存方式的，各联行往来清算行需要在联行管理行开立清算账户并存入资金，每发生一笔业务，对该清算账户进行相应的核算处理，资金存欠逐笔得到清偿。采用轧差清算资金存欠方式的（也称汇差清算），各联行往来经办行将一定时间内（一天或一旬）联行往来的发生额进行汇总后轧计差额，即借方发生额与贷方发生额之差。对于轧计的汇差采用抵拨或实拨资金的方式进行清算，从而结清联行之间的资金存欠。

(四) 年度结平

联行往来以年度为界线进行核算。分年度核算可以分别查清各年度的联行未达账项，确保联行往来核算的正确无误。每年度开始后，各行将上年联行账务与本年联行账务划分开，并对上年联行账务进行清查、核对，查清未达账项。查清后，逐级上划至总行，汇总结平。

第二节 联行电子汇划业务的核算

随着社会经济的发展对银行资金划拨要求的提高以及电子通讯技术的发展，各行的联行往来业务不断改革，目前中国人民银行和各商业银行均建立了自己的电子联行往来系统，扩大了资金划拨的规模，加快了资金划拨的速度。由于人民银行和各商业银行在联行往来的处理方法上存在较大的差异，因此本节将分别介绍人民银行的电子联行往来系统和商业银行的电子联行往来系统。在商业银行这一块中，我们将重点介绍一家大型国有商业银行开通的资金汇划清算系统。

一、电子联行汇划往来的业务范围

电子联行汇划往来是指有电子联行行号的行与行之间,通过电子计算机网络进行异地资金划拨的资金账务往来。联行电子汇划业务是由社会支付及银行内部资金划拨引起的,具体包括:汇兑、委托收款、托收承付、银行汇票、商业汇票、信用卡、个人旅行支票、储蓄的通存通兑、储蓄委托收款、银行内部资金划拨等,同时还可以办理联行间的查询、查复业务。

二、联行电子汇划款项的核算分类

联行电子汇划款项分为两大类:划出款项和划入款项。

划出款项是指本行代对方银行收款而引起的款项划出,也称为贷报业务。此时在联行往来的两个行处之间,本行为付款行,对方为收款行。具体有以下业务:汇兑、委托收款、托收承付等结算业务及系统内资金的调拨等活动。

划入款项是指本行代对方银行付款而引起的款项划入,也称为借报业务。此时在联行往来的两个行处之间,本行为收款行,对方为付款行。具体有以下业务:银行汇票的解付、信用卡的解付以及定期借记业务等。

三、电子联行往来的基本做法

与传统的联行往来做法相比,电子联行往来具有自己新的特点。它的基本做法是:实存资金,同步清算,头寸控制,集中监督。

1. 实存资金。实存资金是指以清算行为单位在总行清算中心开立备付金存款账户,用于汇划款项时资金的清算。

2. 同步清算。同步清算是指发报经办行通过其清算行经总行清算中心将款项划至收报经办行的同时,总行清算中心办理清算行之间的资金清算。

3. 头寸控制。头寸控制是指各清算行在总行清算中心开立的备付金存款账户应保留足够余额,不得透支,以便总行清算中心对各行汇划款项实行集中清算。如清算行备付金存款余额不足,应及时调入。

4. 集中监督。集中监督是指总行清算中心对汇划往来数据发送、资金清算、备付金存款账户资信情况和行际间查询查复事宜进行管理和监督。

电子联行汇划通过计算机网络系统,采取"汇划数据实时发送,各清算行控制进出,总行清算中心即时处理,汇划资金按时到达"的办法。(1)"汇划数据实时发送"是指发报经办行录入汇划数据后,全部即时发送到发报清算行。(2)"各清算行控制进出"是指清算行辖属所有经办行的资金汇划、查询查复等事宜全部通过清算行进出,清算行控制辖属经办行内资金清算。(3)"总行清算中心即时处理"是指总行清算中心对发报清算行传输来的汇划数据即时传输到收报清算行。

实时业务由收报清算行即时传输到收报经办行，批量业务由收报清算行次日传输到收报经办行。总行清算中心当日更新各清算行备付金存款。(4)"汇划资金按时到达"是指实时业务即时到达，批量业务次日到达收报经办行。为了区分轻重缓急，实时业务实时处理，对紧急款项和查询查复事项即时处理，即时到达收报经办行；批量业务批量处理，可次日到达收报经办行。

四、人民银行电子联行汇划往来核算

中国人民银行开办了电子联行往来，运用电子计算机网络和卫星通讯技术，为人民银行及各商业银行提供了资金划拨清算服务。电子联行的开通，是实现银行支付系统现代化的重要组成部分，有利于实现汇划款项与资金同步清算，减少在途资金；有利于加强联行汇差资金管理，提高资金周转速度和使用效益；有利于加强中央银行宏观调控的职能。

（一）基本流程

电子联行在人民银行总行设立资金清算总中心，在人民银行各省（自治区、直辖市、计划单列城市）一级分行和地（市）分行设立资金清算分中心，采取"星形结构、纵向往来、随发随收、当时核对、每日结平、欠存反映"的做法。当各分中心受理其他金融机构提交的联行汇划业务时，用计算机形成数据包，直接发送总中心，由总中心转发给接收汇划业务的分中心，各分中心之间不再横向往来。总中心与各分中心之间的信息交换，必须经过当时确认之后才可作为有效信息。每日营业终了，总中心与各分中心应在核对全天账务后，结平当日电子联行账务，并以上存或借用的形式反映各行资金的欠存关系。

电子联行划分为往账和来账两个系统。办理电子联行往账的人民银行机构称为电子发报行，而办理电子联行来账的人民银行机构称为电子收报行，清算中心称为电子转发行。各商业银行及其他金融机构受理资金汇划业务时，发出汇划业务信息的行称为汇出行，收到汇划业务信息的行称为汇入行。汇出行应将汇划的资金划转至其所在地发报行，由发报行通过转发行划往收报行，再由收报行划转到汇入行。汇划款项与资金清算同步进行。

电子联行往来的基本程序如图7-1。

（二）会计科目的设置

人民银行电子联行往来主要涉及以下几个科目：

1."电子联行往账"。发报行通过转发行向收报行进行资金汇划业务时，用本科目核算。余额双方反映，不得轧差。在正常情况下与转发行核对后，当日结平。

2."电子联行来账"。收报行收到转发行转来发报行的资金汇划业务时，用本科目核算。余额双方反映，不得轧差。在正常情况下，收报行与转发行核对后，当日结平。

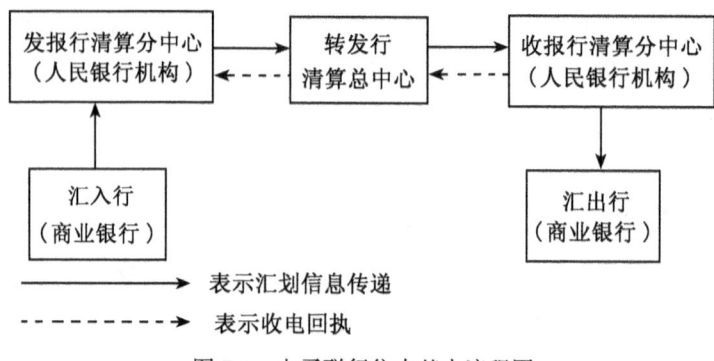

图 7-1 电子联行往来基本流程图

3. "电子清算资金往来"。各清算分中心和总中心之间的电子联行存欠，用本科目核算。每日电子联行往账、来账科目余额分别对清后，全额转入本科目。余额轧差反映，在中央银行会计报表全国汇总后，本科目借、贷方余额应相等。

（三）汇划业务的具体核算

1. 汇出行的账务处理。汇出行收到开户单位提交的应转汇的有关业务（结算）凭证，经审查无误，即填制电子联行转汇清单一式三联，转汇清单每十笔填一份，然后汇总填制两联划款凭证，通过人民银行往来，将转汇资金划转电子联行发报行。如果是代联行付款业务开户单位为收款单位，会计分录为：

借：存放中央银行款项
　　贷：活期存款——××单位存款户

如果是代收款业务，会计分录正好相反。①

汇出行转账后，将第一联划收（付）凭证连同三联转汇清单一并提交开户的发报行。

2. 发报行的账务处理。发报行收到汇出行提交的划款凭证、转汇清单及有关业务凭证，经审核无误并确认汇出行账户有足够存款支付后，在第三联转汇清单上盖章并退回汇出行，同时办理转账的有关会计业务。承前，如果是代付业务，则会计分录为：

借：电子联行往账
　　贷：××商业银行存款——汇出行

---

① 编者注：以后为了叙述方便，把汇划业务分为代收款业务和代付款业务两类，并在介绍中国人民银行电子联行往来的会计分录时详细给出代付款的会计分录，代收款的会计分录正好相反。

如果是代收款业务，会计分录正好相反。

转账后，第一、二联转汇清单须逐笔加填收报行行号并加编密押。转汇清单第一联交录入员，凭以逐笔输入电子联行计算机系统，每十笔打印一份电子联行往账代收清单。录入计算机的往账信息经审查无误后，由计算机自动逐笔加编密押，通过通信网络发往转发行。收到转发行发回的收电回执后，由电子计算机系统对已发的往账借方、贷方笔数和金额进行累加。每日营业终了，发报行发出往账结束包与转发行对清当日往账的笔数及累计金额，在收到对账正确回执后，即填制转账传票办理转账。对于代付款业务，会计分录为：

借：电子清算资金往来
　　贷：电子联行往账

对代收款业务，会计分录相反。

3. 转发行的账务处理。转发行收到发报行发来的往账信息，经确认无误后向发报行发送收电回执，然后分批按收报行行号整理出各行的笔数、金额，并汇总平衡无误后，向各收报行转发汇划信息，待收报行发回收电回执后予以验证。

每日营业终了，通过往账、来账结束包与发、收报行核对当日账务。核对后，打印电子联行往来平衡表（见表7-1），并汇总各联行的应收、应付资金。汇总后的各行应收、应付资金余额合计应相符。

表 7-1　　　　　　　　　　　电子联行往来平衡表

编制单位_____　　　　　　　　　　　　　　　　　　___年___月___日

行号	分中心行号	往账				来账				当月差额		累计存欠差额	
		借方		贷方		借方		贷方		分行上存	分行借用	分行上存	分行借用
		笔数	金额	笔数	金额	笔数	金额	笔数	金额				
(1)	(2)	(3)	(4)	(5)	(6)	(7)	(8)	(9)	(10)	(11)	(12)	(13)	
待转发户													
合计													

　　　　　　　　　　　　　　　　　　复核（签章）　　　经办（签章）

每月，由转发行同收报行和发报行用电传或邮寄对账表（表7-2）方式核对"电子清算资金往来"科目余额，若发现不符，应立即查明更正。

表 7-2　　　　　中国人民银行清算总中心电子清算资金往来余额对账表

对账行行号_____　　　　　　　　　　　　　　　　　　___年___月___日

日期	借方余额（上存）	贷方余额（借用）
1		
2		
3		
…		
31		
当月合计		

转发行（签章）：

4. 收报行的账务处理。收报行收到电子联行来账信息，并经审核无误后，向转发行发送收电回执，并根据来账信息按汇入行打印电子联行来账清单。经逐笔核押无误后，按总数填制两联划款凭证办理转账。对于代付款业务，则会计分录为：

借：××商业银行存款——汇入行
　　贷：电子联行来账

若为代收款业务，则会计分录相反。

转账后，将有关凭证转交汇入行。

每日营业终了，收报行通过转发行发来的来账结束包对清当日来账的笔数及累计金额，并打印电子联行来账科目日结表（见表7-3），并据此编制转账传票，办理转账，将电子联行来账科目余额转入电子清算资金往来科目。仍假设为代付款业务，则会计分录为：

借：电子联行来账
　　贷：电子清算资金往来

表 7-3　　　　　　　　　　电子联行来账科目日结表

编制单位_____　　　　　　　　　　　　　　　　　___年___月___日

项　目		借方（划收）		贷方（划付）		备注
		笔数	金额	笔数	金额	
本日发生额						
转账数	对账数					
	未对账数					

5. 汇入行的账务处理。汇入行接到收报行转来的电子联行来账清单第三联及

划款凭证，经审核无误，编制转账传票和收（付）款通知，进行相应的账务处理。如收报行转来的是发报行代付款业务，则其会计分录为：

借：活期存款——××单位存款户
　　贷：存放中央银行款项

转账后，将收（付）款通知送给客户。

五、国内某家商业银行的电子联行往来——资金汇划清算系统

资金汇划清算是商业银行系统内办理结算和内部资金汇划所采用的联行往来核算办法。资金汇划清算系统是利用计算机网络技术和先进的通讯技术，将传统的系统内的发、收报行之间的横向资金往来转换成纵向资金汇划，从而使联行之间的资金划拨速度大大提高，资金的清算也更为及时。

（一）资金汇划清算系统的特征

资金汇划清算系统是系统内联行办理结算资金和内部资金调拨与清算的工具，是集汇划业务、资金清算与划拨业务、结算业务为一体的综合性运用系统，其特点是突破传统的三级联行管理体制，以资金汇划代替传统的联行业务，从根本上改变了"先汇划，后清算"的联行往来制度。与传统汇划办法的区别主要表现为：（1）清算网络结构层次有了明显的变化，由原来的联行横向往来变为纵向往来；（2）资金汇划清算系统采用实时的逐笔金额清算办法，取代了传统的定期轧差、净额清算办法；（3）技术手段上的变化改变了传统联行往来汇划信息和清算头寸、对账数据相分离的不合理格局，由过去重复录入、相互分离改为一次录入、多次利用。资金汇划清算系统的采用，不仅有效地降低和防范了清算风险，而且提高了银行集约化经营水平和资金使用效益，减少了核算差错。

（二）资金汇划系统的结构和流程安排

国内某大型商业银行的资金汇划清算系统由汇划业务经办行、清算行、省分行及总行清算中心组成。其具体组成如图7-2所示。

经办行是办理结算和资金汇划业务的行处。汇划业务的发生行为发报经办行，接收行为收报经办行。

清算行是在总行清算中心开立备付金存款账户的行，各直辖市分行和二级分行（包括省分行营业部）均为清算行，清算行负责办理辖属行处汇划款项的核算。

省分行在总行清算中心开立备付金账户，但不用于汇划款项的清算，只用于办理系统内资金调拨和内部资金利息的汇划。

总行清算中心主要是办理系统内各经办行之间的资金汇划、各清算行之间的资金清算及资金拆借、账户对账等账务的核算和管理。

资金汇划清算的基本流程是：（1）各发报经办行根据发生的结算等资金汇划业务录入数据，全部及时发送至发报清算行；（2）发报清算行将辖属各发报经办

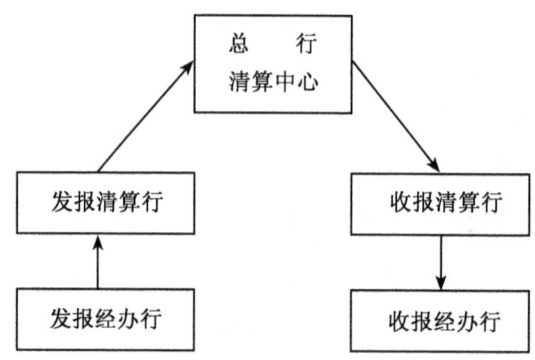

图 7-2 资金汇划清算的基本处理程序图

行的资金汇划信息发送给总行清算中心；（3）总行清算中心将发报清算行传输来的汇划数据即时传输给收报清算行；（4）收报清算行当天或次日将汇划信息传输给收报经办行，从而实现资金汇划业务。

通过图 7-2 我们可以看出：清算行处在信息中转中心的地位，既要向总行清算中心传输发报经办行的汇划信息，又要向收报经办行传输总行清算中心发来的汇划业务信息。在整个汇划系统中，清算行实际上是资金汇划的出口、入口，从而使整个系统的资金汇划和清算得到有效地控制。

（三）资金汇划清算的科目设置

大型商业银行的资金汇划和清算通常设置如下几个会计科目：

1. "上存系统内款项"科目用于核算和反映下级行存放在上级行的资金，凡各清算行和省分行在总行开立的备付金账户，以及二级分行在省分行开立的调拨资金户都使用本科目核算，属于资产类科目。本科目为省分行、直辖市分行、总行直属分行、二级分行使用。省分行、直辖市分行和清算行在该科目下设置"上存总行备付金"账户，省分行营业部在该科目下设置"上存省分行调拨资金"账户。

2. "系统内款项存放"科目是各上级行用以核算和反映下级行备付金存款和调拨资金的科目，属负债类科目。该科目为总行、各省分行使用。总行在"系统内款项存放"科目下按清算行和省分行设"备付金存款户"；省分行在该科目下设"调拨资金存款户"。

3. "待清算辖内往来"科目用以核算和反映各发、收经办行与清算行之间的资金汇划往来与清算情况，属于资产负债共同类会计科目，余额轧差反映。

（四）汇划业务的具体核算

1. 发报经办行的账务处理。发报经办行按汇划业务种类，由经办人员根据汇划凭证录入有关内容。若为贷报业务，会计分录为：

借：××存款（或：其他科目）

　　贷：待清算辖内往来

若为借报业务，则会计分录相反。

业务数据经过复核，按规定权限授权无误后，产生有效汇划数据发送至清算行。

每日营业终了，发报经办行应打印"待清算辖内往来汇总记账凭证"（见表7-4）；打印"资金汇划业务清单"（见表7-5），并将其作为"待清算辖内往来汇总记账凭证"的附件。然后核对当天原始汇划凭证的笔数、金额合计与"资金汇划业务清单"的发送笔数、合计数及"待清算辖内往来"发送汇总借贷方凭证笔数及发生额核对一致，也就是说要实现原始凭证、电子凭证和会计账户记录的一致性。

表7-4　　　　　　　　　**待清算辖内往来汇总记账凭证（贷方）**

行名（分签行）：　　　　　　　　　　　　　　　　日期：

户名：辖内往来——汇划户	账号：
金额：（大写）	
金额：（小写）	
摘要：[汇划发报] 汇总记账笔数：	附件张数：
会计分录　借：有关科目 　　　　　　贷：待清算辖内往来	银行盖章：

事后监督：　　　主管：　　　会计：　　　打印：

表7-5　　　　　　　　　　**资金汇划业务清单**

行名（分签行）：　　　　　　　　　　　　　　　报表日期：

序号	流水号	应用类型	收报行号	发报日期	借方账号户名	贷方账号户名	用途	汇兑业务	经办柜员	复核柜员
		传输类型	业务种类				金额	延付指令	补输柜员	授权柜员
合计				笔数：		金额：				

事后监督：　　　主管：　　　会计：　　　打印：

2. 发报清算行的账务处理。发报清算行收到发报经办行传输来的汇划业务后，电子汇划系统自动记载"上存系统内存款"科目和"待清算辖内往来"科目有关账户。如发报清算行收到发报经办行传输来的汇划数据（贷报业务），会计分录为：

借：待清算辖内往来
　　贷：上存系统内款项——上存总行备付金户

如为借报业务，则分录正好相反。

经过按规定权限授权、编押及账务处理后，由计算机联网系统自动传送至总行。

每日营业终了，发报清算行也要进行记录的核对工作，即核对发报经办行传输来的数据和经过本发报清算行账务处理后的有关数据是否相符。

3. 总行清算中心的账务处理。总行清算中心收到各发报清算行汇划数据，由计算机自动登记有关账户后，将款项传送至收报清算行。每日营业终了更新各清算行在总行开立的备付金存款账户。如果为贷报业务，则会计分录为：

借：系统内款项存放——发报清算行存放备付金
　　贷：系统内款项存放——收报清算行存放备付金

如为借报业务，则会计分录相反。

4. 收报清算行的账务处理。收报清算行收到总行清算中心传来的汇划业务数据，计算机联网系统自动检测到收报经办行是否为辖属行处，并经核押无误后自动进行账务处理。实时业务即时处理并传至收报经办行；批量业务处理后次日传至收报经办行。无论是实时业务还是批量业务，均有集中式和分散式两种处理方法。

（1）集中式处理模式。在集中式处理模式下，收报清算行作为业务处理中心，负责所辖汇划收报的集中处理及汇出汇款、应解汇款等内部账务的集中处理。

第一，收报清算行收到总行清算中心传来的实时汇划数据后，即时代辖属经办行记账。如为贷报汇划业务，则会计分录为：

借：上存系统内款项——上存总行备付金户
　　贷：待清算辖内往来

同时，代理辖属经办行记账，会计分录为：

借：待清算辖内往来
　　贷：××存款——收款人户（其他科目）

第二，收报清算行收到总行清算中心传来的批量汇划数据后，日终进行挂账处理。如为贷方汇划业务，则会计分录如下：

借：上存系统内款项——上存总行备付金户
　　贷：其他应付款——待处理汇划款项户

如为借方汇划款项，则会计分录相反（同时，"其他应付款"科目应改为"其他应收款"）。

次日清算行代经办行确认后冲销"其他应付款"，同时代经办行记账。如仍为贷方汇划业务，则会计分录为：

借：其他应付款——待处理汇划款项户
　　贷：待清算辖内往来
代经办行记账会计分录为：
借：待清算辖内往来
　　贷：××存款——收款人户（其他科目）
如为借方汇划业务，则会计分录相反。

（2）分散式处理模式。采用分散式处理模式下，收报清算行收到总行清算中心传来的汇划数据后，要传至收报经办行进行相应的账务处理，即不代辖属经办行记账。

第一，收报清算行收到总行清算中心的实时汇划数据后，要即时传至收报经办行记账。如为贷方汇划业务，则会计分录为：
借：上存系统内款项——上存总行备付金户
　　贷：待清算辖内往来
如为借方汇划业务，则会计分录相反。

第二，收报清算行收到总行清算中心传来的批量汇划数据先进行挂账处理。如为贷方汇划业务，则会计分录为：
借：上存系统内款项——上存总行备付金户
　　贷：其他应付款——待处理汇划款项户
次日收报经办行确认后，冲减"其他应付款"（如为借方汇划业务，则为"其他应收款"），并传至收报经办行进行账务处理。如为贷方汇划业务，会计分录为：
借：其他应付款——待处理汇划款项户
　　贷：待清算辖内往来
如为借方汇划业务，则会计分录相反。

5. 收报经办行的账务处理。收报经办行的账务处理是在分散式模式下进行。当收报行收到清算行传来的批量或实时汇划数据，经检查无误后，进行相应的账务处理。如为贷方汇划业务，则会计分录为：
借：待清算辖内往来
　　贷：××存款——收款人户
如为借方汇划业务，则会计分录相反。

收报经办行的日终处理与发报经办行的日终处理相同。

从上述五步账务处理可以看到：在整个联行电子汇划系统中，每一笔汇划从整个系统来看，是平衡的。我们可以通过以下的账务处理流程图 7-3（以贷方汇划业务为例）验证。

发报行的一个存款户付款（联行往来中体现为发报行代收）给收报行的一个存款户，最终体现为发报行的一笔存款负债减少和收报行一笔存款负债的增加。把整个银行系统作为一个整体来看，是平衡的，而其他科目的增加或减少，属于内部

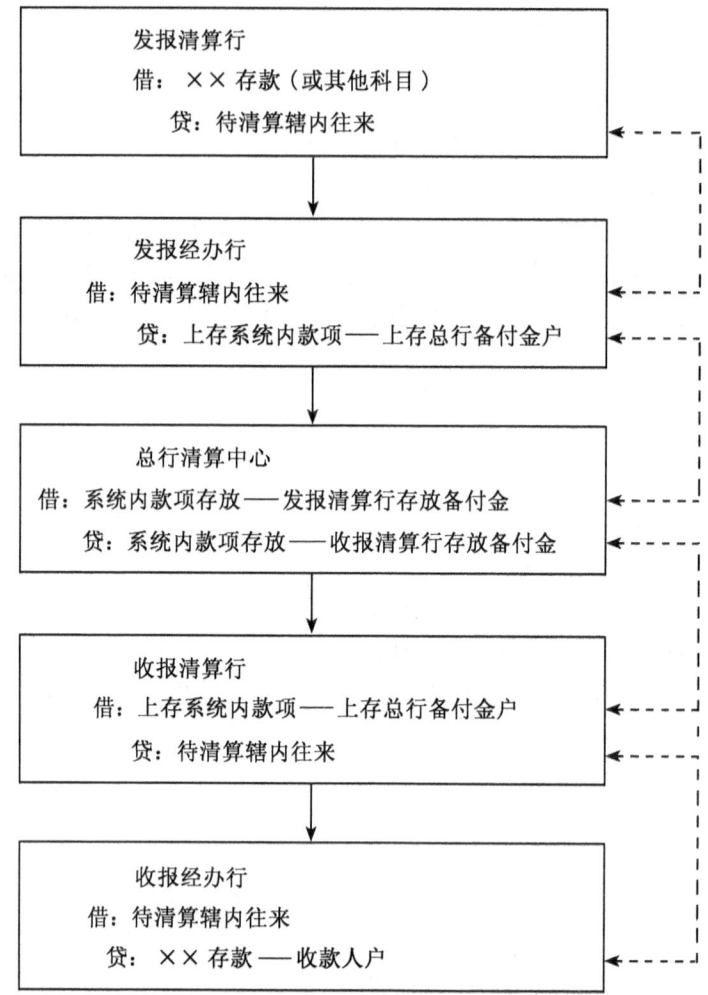

图 7-3 联行电子汇划账务处理流程图
说明：虚箭头表示账户之间的勾稽关系。

账务往来的结果。但是对于每一个具体的行处来说，其电子汇划的核算科目是有差额的，一个行处既是收报行，又是发报行，所以就存在着一个行处占用另一个行处资金的问题，关于这个问题的分析，我们在下一节中进行讲解。

第三节 资金清算业务的核算

关于资金清算业务，我们将仍然就国内某家大型国有商业银行的资金汇划清算系统作出介绍。其他商业银行的资金汇划清算业务流程基本与此相同，只是具体的会计科目的名称有所不同。

资金汇划清算采取"实存资金，同步清算，头寸控制，集中监督"的做法。这是一种纵向的处理方法，其资金的清算与汇划同步进行，该方法已在上节资金汇划业务中进行了详细的账务处理介绍。而传统的联行往来是横向处理模式，未能做到资金的汇划与清算的同步进行，这就存在联行汇差的账务处理（传统模式的联行汇差的账务处理我们在此不作介绍）。

资金汇划清算系统是以清算行为单位在总行清算中心开立备付金存款账户，用于汇划款项时的资金清算，当发报经办行通过其清算行经总行清算中心将款项汇划给收报经办行的同时，总行清算中心每天根据各行汇入资金情况，从该清算行备付金账户付出资金或存入资金，从而实现各清算行之间的资金清算。可见，各清算行在总行清算中心开立的备付金账户，对实现资金划拨和清算相当重要，为此，各清算行必须保证该备付金账户有足额的存款。如果存款不足，二级分行向管辖省分行借款，省分行和直辖市分行可向总行借款。在资金汇划清算系统中，总行清算中心对汇划往来的数据发送、资金清算、备付金账户资信情况和行际间查询查复情况进行管理和监督。

一、备付金存款账户的开立与资金存入

1. 清算行和省分行在总行清算中心开立备付金存款账户时，在"系统内上存款项"科目核算。通过中国人民银行将款项汇入总行清算中心，具体手续是根据资金营运部门的资金调拨单，填制人民银行电（信）汇凭证，由人民银行汇入总行清算中心，会计分录如下：

借：其他应收款——待处理汇划款项
　　贷：存放中央银行准备金

2. 待总行清算中心收到后，清算行和省分行由系统自动进行账务处理，会计分录为：

借：上存系统内款项——上存总行备付金存款户
　　贷：其他应收款——待处理汇划款项户

3. 总行清算中心收到各清算行和省分行上存的备付金后，当日通知有关清算行，并进行相应的账务处理，会计分录为：

借：存放中央银行准备金
　　贷：系统内款项存放——××分行存放备付金户

4. 各清算行或省分行通过人民银行汇款补足备付金存款、二级分行通过人民银行向管辖的省分行上存用于调拨的资金时，其账务流程同上，这里不再赘述。

二、系统内拆借资金的账务处理

（一）一般借入

1. 在联行电子汇划与清算中，如果出现资金头寸不足，各清算行或省分行可通过中国人民银行及时补足在总行的备付金存款，会计分录与开立备付金存款户相同。

2. 清算行如不能通过人民银行汇款补足在总行清算中心的头寸，可向其管辖行资金营运部门发出借款申请，要求通过系统内借款补足在中国人民银行的准备金存款。

（1）管辖行清算中心接到资金营运部门同意借款信息后，进行账务处理，会计分录为：

借：系统内借出————一般借出户
　　贷：存放中央银行准备金

（2）清算行或省分行收到借款信息后，进行账务处理，会计分录为：

借：其他应收款——待处理汇划款项户
　　贷：系统内借入————一般借入户

（3）清算行或省分行收到中国人民银行划来的借入资金款项后，会计分录为：

借：存放中央银行准备金
　　贷：其他应收款——待处理汇划款项户

3. 如清算行不能通过中国人民银行补足在总行清算中心的备付金存款，经有权部门批准，可向管辖行申请借入资金。

（1）省分行接到二级分行资金借款申请书后，经有权部门批准，向总行清算中心办理资金借出手续，会计分录为：

借：系统内借出————一般借出户
　　贷：上存系统内款项——上存总行备付金户

（2）总行清算中心收到省分行借出资金信息后，当日自动进行账务处理，会计分录为：

借：系统内款项存放——××省分行存放备付金户
　　贷：系统内款项存放——××清算行存放备付金户

（3）借款清算行收到借款信息后，自动进行账务处理，会计分录如下：

借：上存系统内款项——上存总行备付金户
　　贷：系统内借入————一般借入户

（4）省分行经有权部门批准可向总行借款，账务处理与清算行向上级行一般借入款项相同。

其一，省分行向总行借款时，总行清算中心进行账务处理，会计分录为：

借：系统内借出———一般借出户
　　贷：系统内款项存放——××省分行存放备付金户
其二，省分行收到借款信息后，自动进行账务处理，会计分录为：
借：上存系统内款项——上存总行备付金户
　　贷：系统内借入———一般借入户

(二) 强行借款

如二级分行在总行备付金不足，日终又不能立即借入资金补足，总行清算中心有权主动代省分行强行向二级分行借出资金，弥补二级分行备付金存款，同时通知二级分行和省分行。

强行借款的处理，除将"系统内借出（入）"科目的"一般借出（入）户"改为"强行借出（入）户"外，其余处理手续与上述一般借款相同。

1. 省分行在总行备付金账户有足够余额。

(1) 总行清算中心进行账务处理会计分录为：
借：系统内款项存放——××省分行备付金存款户
　　贷：系统内款项存放——××清算行备付金存款户

(2) 省分行收到总行清算中心代本行强行拆借给辖属二级分行的借款通知后，进行账务处理，会计分录为：
借：系统内借出——强行借出户
　　贷：上存系统内款项——上存总行备付金户

(3) 二级分行收到借款信息后，进行相应的账务处理，会计分录为：
借：上存系统内款项——上存总行备付金户
　　贷：系统内借入——强行借入户

2. 省分行在总行备付金存款余额不足以向二级分行借出资金。

(1) 总行清算中心向省分行强行借出资金，然后再由省分行向二级分行借出资金，会计分录为：
借：系统内借出——强行借出户
　　贷：系统内款项存放——××省分行存放备付金户
借：系统内款项存放——××省分行存放备付金户
　　贷：系统内款项存放——××清算行存放备付金户

(2) 省分行收到总行清算中心代本行强行拆借给辖属二级分行的借款通知后，进行账务处理，会计分录为：
借：上存系统内款项——上存总行备付金户
　　贷：系统内借入——强行借入户
借：系统内借出——强行借出户
　　贷：上存系统内款项——上存总行备付金户

（3）二级分行收到总行清算中心通知后进行账务处理，会计分录为：

借：上存系统内款项——上存总行备付金户

　贷：系统内借入——强行借入户

三、归还借款的账务处理

1. 二级分行在总行清算中心备付金存款足以归还向省分行的借款时，经有权部门批准，向总行清算中心发出还款通知，填制特种转账凭证，各级行处进行相应的账务处理。

（1）二级分行的会计分录为：

借：系统内借入——一般借入户（或强行借入户）

　贷：上存系统内款项——上存总行备付金户

（2）总行清算中心系统自动更新总行清算中心和省分行有关账户。总行清算中心的会计分录为：

借：系统内款项存放——××清算行存放备付金户

　贷：系统内款项存放——××省分行存放备付金户

（3）省分行进行账务处理，其有关会计分录为：

借：上存系统内款项——上存总行备付金户

　贷：系统内借出——一般借出户或强行借出户

2. 由于备付金头寸不足而发生的借款，如到期不能归还，从到期日营业终了时自动转入有关科目逾期贷款户，并自转入日起按规定的贷款利率计息。

四、利息清算的核算

总行清算中心按季计算各清算行及省分行存入总行的备付金存款和借款利息，并下划各行。

1. 总行清算中心下划存款利息时，会计分录为：

借：金融企业往来支出——系统内往来支出户

　贷：系统内款项存放——××分行备付金存款户

清算行和省分行收到下划存款利息的通知后，进行相应的账务处理，会计分录为：

借：系统内上存款项——上存总行备付金户

　贷：金融企业往来收入——系统内往来收入户

2. 总行清算中心下划借款利息时会计分录如下：

借：系统内款项存放——××分行备付金存款户

　贷：金融企业往来收入——系统内往来收入户

清算行和省分行收到总行信息后，进行相应的账务处理，会计分录为：

借：金融企业往来支出——系统内往来支出户
　　贷：上存系统内款项——上存总行备付金存款户

3. 各省分行、直辖市分行、直属分行在总行清算中心的备付金存款不足以支付借款利息的，总行作强行借款处理，会计分录如下：

借：系统内借出——强行借出户
　　贷：系统内款项存放——××分行备付金存款户
借：系统内款项存放——××分行备付金存款户
　　贷：金融企业往来收入——系统内往来收入户

省分行和清算行收到下划存款利息的通知后，进行相应的账务处理，会计分录为：

借：上存系统内款项——上存总行备付金户
　　贷：系统内借入——强行借入户
借：金融企业往来支出——系统内往来支出户
　　贷：上存系统内款项——上存总行备付金户

4. 二级分行在总行清算中心的备付金存款不足以支付借款利息的，总行有权代辖属省分行强行借出资金后计收借款利息，会计分录同上。

5. 省分行按季向辖属清算行计收借款利息及计付调拨资金存款利息。

（1）省分行计收借款利息会计分录如下：

借：系统内款项存放——××二级分行调拨资金存款户
　　贷：金融企业往来收入——系统内往来收入户

二级分行收到省分行信息后，进行账务处理，会计分录为：

借：金融企业往来支出——系统内往来支出户
　　贷：上存系统内款项——上存省分行调拨资金存款户

（2）省分行计付调拨资金存款利息会计分录如下：

借：金融企业往来支出——系统内往来支出户
　　贷：系统内款项存放——××二级分行调拨资金存款户

二级分行收到省分行信息后，进行账务处理，会计分录如下：

借：上存系统内款项——上存省分行调拨资金存款户
　　贷：金融企业往来收入——系统内往来收入户

五、联行电子汇划清算对账与查询查复

（一）对账

对账是保证总行、清算行、经办行之间资金汇划清算及时、准确、安全的主要内部控制手段，是银行会计监督体系的重要组成部分。各清算行每日营业终了自动将汇划及资金清算明细数据逐级上传进行明细对账；省分行收到上传的明细数据后,与辖属各清算行汇划业务明细数据信息配对对账;总行收到传来的明细数据后,与各行在总行的"系统内款项存放"科目有关账户汇划业务明细数据及清算信息配对对账,并将对账结果逐级下传,发现疑问要发出对账差错信息,同时登记"对账差错登记簿";各行每日接收总行发出的对账差错信息后,打印差错清单,在5个工作日内必须查清原因,并按规定处理完毕。

(二) 查询查复

查询查复是保证资金汇划清算系统安全、防范案件事故的重要手段,各行处要按照"有疑速查、查必彻底、有查速复、复必详尽"的原则办理。查询查复时,要根据原始单证填写和录入查询查复书,经会计主管人员签章或授权,方可发出。同时打印发出查询查复书,与手工填制的查询查复书核对。查询查复书由系统自动实时发出。查复行收到查复书后,必须在2日内查清并答复查询行。查询查复事项,都应通过资金汇划系统办理。

(三) 职责划分

在办理电子联行汇划与清算过程中,由于发报经办行或清算行提供的传输数据有误,影响资金周转的,由发报经办行或清算行负责。无故延迟积压数据,对接收的正常数据没有予以及时转账的,由收报经办行负责。对客户要求赔偿的,按《支付结算办法》执行。各级网络中心负责传输、查询查复资金汇划业务数据时,不得更改经办行、清算行、总行清算中心输出(输入)的任何数据。因操作失误或运作故障而发生延误,影响资金周转或造成资金损失的,由有关中心负责。由于管理不善、违章操作、密押泄密或数据传输中被篡改,而发生资金被诈骗、贪污、挪用的,由负有责任的相关行处或中心负责。

关键名词

(1) 联行往来　　　　(2) 同步清算
(3) 头寸控制　　　　(4) 电子联行往来
(5) 汇出行　　　　　(6) 汇入行
(7) 经办行　　　　　(8) 清算行
(9) 清算中心　　　　(10) 资金汇划清算系统

复习思考题

(1) 我国联行三级往来的组织体系是怎样构成的?

(2) 我国联行往来的基本环节包括哪几个方面?它是如何体现联行往来的基本原则的?

(3) 如何对联行往来电子汇划进行核算分类？每一类别包括哪些业务？
(4) 试分析中国人民银行的电子联行往来的账务处理流程。
(5) 试分析商业银行的资金汇划清算的业务流程。
(6) 试分析以上两种业务流程的异同。
(7) 为什么在电子联行往来下能够实现汇划和清算的同步进行，试从账务流程方面分析。

第八章 中 间 业 务

商业银行除经营资产业务和负债业务外，还有一项重要的收入和利润来源——中间业务。中间业务是指商业银行不动用自身资金，以中间人或代理人的身份为客户办理代理、委托、担保和信息咨询，并从中收取手续费的业务。中间业务范围广泛、种类繁多，包括代收代付、代理保管、个人理财、信托租赁、信息咨询服务等业务。本章着重介绍了我国商业银行中主要经营的几种中间业务的会计核算方法，包括代理证券业务的核算、委托代保管业务的核算、代收代付业务的核算以及代理资金清算业务的核算。

第一节 中间业务概述

一、中间业务的概念

中间业务是指商业银行不动用自身的资金，只是利用其在资金、技术、机构、信誉、信息和人才等方面特殊的功能与优势，以中介身份为客户办理各种委托事项，提供金融服务并从中收取手续费或佣金的业务。西方金融界将中间业务称为收费及佣金业务，或称之为中间市场业务，其服务对象包括各类银行、非银行金融机构、企业、社会团体和个人。

顾名思义，商业银行中间业务必然包含着两个层次：第一层是指商业银行中间业务的内容，即经营各项银行业务或提供金融服务时，均以中间代理人的身份或服务者的身份出现，提供全方位的金融中介性服务；第二层是指中间业务在形式上是独立于商业银行资产业务和负债业务之外的业务，实质上是与商业银行的资产业务和负债业务相伴而生并长期依存的中介业务。由于这些业务未列入资产负债表，并不影响商业银行资产负债总额的变化，所以有些也被称为表外业务。

关于中间业务和表外业务的关系的论述，理论界存在多种观点：

1. 中间业务就是表外业务。在这里是从广义上理解表外业务，即表外业务是指银行所经营的一切资产负债表之外的业务，是列于资产业务和负债业务之外并能增加银行收益的业务。包括银行提供的风险和无风险的所有金融中介服务业务。

2. 中间业务包括表外业务。持这种观点的人从狭义上理解表外业务，认为表外业务主要是指为适应20世纪60~70年代后金融市场的变化，而大量使用的有风险的、不列入资产负债表的业务。按照《巴赛尔协议》的规定，主要包括：贷款承诺、担保、金融衍生工具和中介代理服务等业务。这样，表外业务只是中间业务的一部分，即银行提供的不在资产负债表中反映的有风险的金融中介业务。

3. 中间业务不同于表外业务。这里的中间业务是指商业银行充当中介人的一种业务，指商业银行为客户办理收付和其他委托事项，从中收取手续费的业务。商业银行经营此类业务时，并不运用自有资金和借入资金，银行既不是债权人，也不是债务人，而是受理、代理的中介人，它是商业银行提供无风险的金融中介业务。由此可见，这种观点是对中间业务的狭义理解。

可见，中间业务与表外业务都有一个广义与狭义的含义。本章所讲的中间业务是我国《商业银行中间业务暂行规定》中所指的、从广义角度上理解的中间业务。

二、中间业务的种类

在西方商业银行，中间业务的内容十分丰富，品种也十分繁杂。近些年来随着银行存贷利差收入越来越小，为适应金融市场的变化，商业银行中间业务发展迅猛，新兴业务层出不穷。根据我国现阶段商业银行中间业务的实际情况，大体可以分为以下六类：

1. 代理类中间业务。这是现阶段商业银行开展的最为普遍的中间业务，主要包括各类代收代付款项，代理政策性银行和非银行金融性机构业务，商业银行之间的相互代理业务，代理发行、买卖、承销和兑付政府、金融及企业债券，代理客户买卖外汇，代理保险，代理保管和出租保管箱，代理企业和个人理财以及其他代理事项等。

2. 结算类中间业务。这是银行为客户办理的由债权债务关系引起的、与货币收付有关的业务。传统的结算就是最典型的中间业务（由于结算业务比较繁杂，本书在第五章中专门讲解）。此外还包括结售汇、外币兑换、国际收支申报、信用卡等。

3. 担保类中间业务。这是商业银行向客户出售信用，或为客户承担风险而引起的有关业务，包括担保、承诺、承兑、信用证等。这类业务往往以信用业务的替代形式出现，通常称为"或有资产（负债）"。

4. 服务类中间业务。这是利用商业银行现有的机构、网络和业务功能，为客户提供纯粹的服务性业务，包括提供市场信息、企业管理咨询、项目资产评估、企业信用登记评定、公司财务顾问、电子计算机服务等。

5. 融资类中间业务。这是由商业银行向客户提供传统信贷以外的其他融资引起的有关业务，包括租赁、信托投资、出口押汇、理财服务中的代理融通业务等。

6. 衍生类中间业务。这是由商业银行从事与衍生金融工具有关的各种交易引起的业务,包括金融期货、期权、远期利率协议、互换业务等。

三、中间业务的特点

与传统的资产负债业务或表内业务相比,中间业务具有一些自己的特点。

(一) 以接受委托方式开展业务

商业银行办理中间业务,通常是以接受客户委托的方式开展的,尤其是在办理代理、担保、承诺、委托买卖等中间业务时。也就是说,在相当多的情况下,中间业务是一种委托业务,而不是一种自营业务。例如证券业务中的代理买卖业务和自营买卖业务,前者可以认为是一种中间业务,而后者就不能认为是一种中间业务。因为代理买卖是银行接受客户的委托进行有价证券买卖的,显然,在代理买卖中,银行"不作为信用活动的一方",而是处于"中间人"或"代理人"的位置,不需要运用自己的资金,也不承担相应的风险。而在自营买卖中情况就完全不同,是银行同客户之间直接进行有价证券的买卖,在办理有价证券的自营买卖业务时,银行需要运用自己的资金并承担一定的风险。

(二) 服务与资金的分离性

传统的商业银行业务,无论是资产业务还是负债业务,都与银行的资金紧密相连。吸收存款、主动借款,这是银行的资金来源,构成银行的负债业务;发放贷款、买卖证券,这是银行资金的运用,构成银行的资产业务。银行的每笔收入都是自身资金运用的结果,因此资产的大小决定了收入的多少。而金融监管当局的资本管制对资产的约束决定了资产业务不能随意扩大,收入的增长也因此受到限制。中间业务却恰恰相反,它具有服务与资金相分离的特点。商业银行在经营中间业务时仅仅作为中间人,在客户服务中不需要动用自身的资金就可以获得大量的手续费收入。最典型的就是代理类业务,如代理证券业务、代收代付业务,银行受客户的委托,运用客户的资金,利用自身在信息技术以及人才方面的优势提供单纯的服务,并从中收取手续费。银行的担保业务和承诺业务,也是在银行信用的基础上利用信誉而得到各种收入。即使是银行本身在做金融衍生工具交易时,其在交易中所需的资金是极少的,只需按合约标的数额的百分之几交纳一定的保证金。这部分资金由于交易的特殊性也不反映在资产负债表上。

服务与资金相分离的特点,可以使银行在不改变资产状况的情况下尽力扩大业务,从而有效地规避金融监管当局的资本管制,扩大利润来源,增强竞争优势。但是同时也应注意到,商业银行在经营中间业务时虽然不直接运用自己的资金,却要间接运用自己的资金。例如贷款承诺,当银行向客户作了贷款承诺后,虽然不需要马上垫款,但为了随时能满足客户的贷款需求,银行必须保持更多的流动资产。也就是说,银行必须因做出承诺而间接将自己的一部分资金运用于流动性较强的资产上。类似这种情况的还有承兑业务。

(三) 低风险、高收益性

中间业务最基本的性质是商业银行在经营中间业务的时候不直接作为信用活动的一方出现，即不直接以债权人或债务人的身份参与。银行接受客户委托，其风险主要由委托人来承担，银行通常不承担什么责任。例如银行代理发行债券时，对企业债券的本金及利息的支付能力不予保证，对因企业自身偿债能力发生困难而引起的不能按期支付，给债权人带来的损失也不承担责任。当然，商业银行在办理某些中间业务时，也承担了一定的风险，如办理各类担保、承诺、承兑、押汇、代保管、信用证等业务时，提供的是银行信用，因而要承担相应的责任。

商业银行在办理中间业务时，通常以收取手续费或佣金的方式获得收益，例如代付代收业务，银行不需动用自己的资金，按代收（付）业务发生的笔数或资金总额的一定比例收取手续费。因此，中间业务的发展为银行带来了大量的手续费收入和佣金收入，却不增加银行的资产，使得银行的报酬率大为提高。同时，中间业务具有广泛的业务领域，给银行带来了丰厚的收入来源。多层次多方位的赢利结构使得中间业务的收入不受宏观政策、资金规模的限制，也较少受客户经营状况的影响，具有一定的稳定性。

(四) 业务范围的广泛性

随着社会经济的飞速发展，中间业务的范围不断扩大，业务品种日益丰富。这是银行适应金融市场发展以及经济主体需求的结果。首先，各种经济主体已不仅仅满足于银行在存贷中的服务中介作用，要求其能在信用交易中担任更多的角色。因此，银行在其信用基础上产生了担保与承诺型的服务，从而使中间业务延伸到社会的各个领域。其次，经济活动的多样性和复杂性使得信息与专业技巧突显重要性，促成了银行信息咨询、代理、委托等中介业务的广泛发展。最后，计算机和现代通讯技术的迅猛发展和应用，使得一些原本无利可图因而商业银行不愿承担的中间业务变得有利可图，促使商业银行的中间业务获得了空前发展。

本章将重点介绍我国商业银行普遍办理的代理证券业务、委托代保管业务、代收代付业务和代理资金清算业务的会计核算。

第二节 代理证券业务的核算

代理证券业务是金融企业作为证券代理经纪人，受客户委托，在证券市场上代客户发行、兑付、买卖证券的行为。代理证券业务主要包括代理发行股票和债券、代理买卖有价证券与有价证券的过户登记、代理兑付证券业务。商业银行代理发行的股票、债券，必须是经国家有关部门批准发行的合法证券。在这里，商业银行属受托代理性质，只负责经办发行、收款、付息、资金转账等具体事务，为委托单位提供服务和便利，并从中收取手续费。与银行自营证券业务不同，除进行必要的业务监督外，商业银行不是发行人，不承担风险责任，至于股息红利的高低、债务到期能否还本付息等，均由发行单位负责。

银行根据代理发行证券业务、代理兑付证券业务和代理买卖证券业务设置相应的资产账户和负债账户进行表内核算，同时，为管理需要，银行对证券的收入和发出还要在相应的表外账户上进行登记。

一、代理发行证券业务

代理发行证券业务是商业银行接受客户委托，代理客户在一级市场上发售证券的业务。一方面，证券发行人缺乏对信息的专业搜集，一般很难对证券市场进行深入细致的了解；另一方面，由于缺乏专业性的技术和推销人员，证券发行人不能将发行的证券按照合适的价格分配给购买者。商业银行正是利用其在信息技术、专业人员和硬件设施方面的优势，较好地为证券发行人解决了以上问题。

代理发行证券业务按发行方式的不同可分为代销方式、全额承购包销方式和余额包销方式三种。下面分别介绍三种不同发售方式下的账务处理方法。

（一）代销方式的核算

代销就是商业银行受客户委托，代理销售一级市场上发行的证券。银行售出证券后所筹集的款项交给客户，然后向客户收取手续费。在这种方式下，银行按协议规定帮客户努力推销证券，但是若在发行结束后仍未售完，银行将未售完的代发行证券退还给委托单位。商业银行在此过程中只收取一定手续费，不承担发行失败的风险。

代销方式下，应设置"代理发行证券款"账户。"代理发行证券款"是负债类账户，核算本行发行证券的情况，本账户按证券种类和委托代理单位进行明细核算。银行售出证券收到款项时，贷记"代理发行证券款"，以确认该笔负债的发生，向委托单位交还证券款项时，借记该科目。同时，银行设置"代理发行证券"表外科目，登记代理发行有价证券的收到和发出。

1. 银行收到代发行证券，在发行期开始前，可作为重要凭证保管，在表外科目入账：

收入：代理发行证券——××证券

2. 银行出售证券，收到款项时，会计分录为：

借：现金（或：××科目——××户）
　　贷：代理发行证券款——××证券户

同时登记表外科目账：

付出：代理发行证券——××证券

3. 发行结束，将售出证券所得款项缴付给客户，同时收取手续费。手续费由双方协定，可以从发行证券款中扣除，也可以单独结算收取。

如果从发行证券款中扣除，会计分录为：
借：代理发行证券款——××证券户
　贷：现金（或：××科目——委托单位户）
　　　手续费收入——代理证券业务收入
如果单独结算手续费，则代发行证券款全部划给委托代销单位，再由委托代销单位将手续费划给银行，会计分录为：
借：代理发行证券款——××证券户
　贷：现金（或：××科目——委托单位户）
收到手续费时：
借：现金（或：××科目——委托单位户）
　贷：手续费收入——代理证券业务收入
4. 若发行结束，还有尚未售出的证券，应退回，登记表外科目：
付出：代理发行证券——××证券

（二）全额承购包销方式的核算

全额承购包销方式，是指商业银行与证券发行单位签订合同或协议，由银行按合同或协议确定的价格全部购进证券，并按合同规定的发售价格或市场价格在证券一级市场上发售的一种代理发行方式。在发行结束时，无论银行是否将所有的证券推销出去，都要按规定将全部承购款项划付给委托单位。发行期末没有售出的部分作为银行的长期投资或自营证券入账。这种发行方式下，商业银行主要是赚取证券买卖的差价，所承担的风险也较大。

采用全额承购包销方式，要设置"代理发行证券"账户，借方登记按合同约定价购入的证券，贷方反映结转的已售代理发行证券的成本。同时还要设置"证券发行"账户，用来核算代理发行证券的收入和成本，该账户为损益类账户，贷方反映代理发行证券的收入，以售出价记账；借方结转已售出代发行证券的成本，以承购价记账。期末从借方结转代发行证券的差价收入。

1. 按合同约定价购入证券时，会计分录为：
借：代理发行证券——××证券户
　贷：现金（或：××科目——委托单位户、应付账款）
2. 公开出售证券时，按发售价记账，会计分录为：
借：现金（或：××科目——××户）
　贷：证券发行——××证券户
3. 按期结转已售证券的成本，会计分录为：
借：证券发行——××证券户
　贷：代理发行证券——××证券户
4. 按期结转代发行证券业务的差价收入，按月转入"本年利润"账户，会计分录为：

借：证券发行——××证券户
　　贷：本年利润

若"证券发行"账户为借方余额，表示亏损，则分录与上述相反。

5. 发行期结束后，若还有剩余的证券未售出，应按规定转为银行自己的长期投资或自营库存证券，会计分录为：

借：长期投资——××证券投资（自营库存证券）
　　贷：代理发行证券——××证券户

（三）余额包销方式的核算

余额包销方式，是指商业银行受客户委托代为发行证券，若在规定的发行期结束时，未能完成发售任务，剩余的证券由银行自己认购的一种代理发行方式。

余额包销方式实际上是前两种方式的混合。其核算分为两个阶段，发行期内的核算与代销方式一样，发行期结束后，如果还有尚未售出的证券，银行根据合同规定购入剩余证券，作为自己的长期投资或自营证券业务。其账户设置与前两种方式一样。

1. 发行期内会计核算与代销方式相同。

2. 发行期结束后，将售出证券款项交给委托单位并收取手续费，会计处理方式与代销方式相同。

3. 若还有尚未售出的证券，银行根据与委托发行单位签定的合同规定购入剩余证券，以承购价入账，会计分录为：

借：代理发行证券——××证券
　　贷：××科目——委托单位户

银行将购入的剩余证券转为自己的长期投资时，会计分录为：

借：长期投资——××单位
　　贷：代理发行证券——××证券

同时，登记表外科目：

收入：有价单证——××证券

4. 将承购的未售出代发行证券的价款拨付给发行单位，并转销承购价与约定售价的差额，会计分录为：

借：代理发行证券款（协议售价）
　　贷：××科目——委托单位户（承购价）
　　　　代理发行证券——××证券（差价）

二、代理兑付证券业务

代理兑付证券业务，主要是指代兑付债券业务，是商业银行接受国家或企业等债券发行主体的委托,兑付各种到期债券的业务。发行单位一般将兑付债券款预付给银行,待银行将全部债券兑付完毕后,再与发行单位结清有关款项并收取手续费。

代理兑付证券业务主要设置两个新的账户:"代兑付证券"和"代兑付证券款"。"代兑付证券"账户为资产类账户,用来核算银行代国家或企业兑付的到期证券。该账户应按本金和利息设立明细账户。借方登记收到证券持有者交来的证券,贷方登记兑付完毕后将证券交付给发行单位时的证券转出。"代兑付证券款"账户为负债类账户,贷方反映收到委托方预付的兑付资金,当兑付完毕后,将证券交还委托方时,再由借方冲销。

同时,银行应设置"已兑付证券"表外账户,反映代理兑付证券的收到和交还。

1. 银行收到代兑付资金时,会计分录为:

借:现金(或:××科目——委托单位户)
 贷:代兑付证券款——委托单位户

若发行单位不预付兑付资金,而由银行垫付,则不作该笔分录。

2. 兑付债券时,银行代收回债券,支付资金,会计分录为:

借:代兑付证券——本金
        ——利息
 贷:现金(或:××科目——××户)

同时登记表外科目账:

收入:已兑付证券——××证券

3. 代理兑付债券本息结束后,银行将已兑付证券转交委托企业,如果代兑付证券款有剩余,也应一并交回,会计分录为:

借:代兑付证券款——委托单位户
 贷:代兑付证券——本金
        ——利息
    ××科目——委托单位户

若委托单位预付款不足,兑付时银行垫付了资金,收回垫付资金的会计分录为:

借:现金(或:××科目——委托单位户)
 贷:代兑付证券——本金
        ——利息

同时,应销记表外科目:

付出:已兑付证券——××证券

4. 银行收取手续费的会计分录为:

借：现金（或：××科目——委托单位户）
  贷：手续费收入——代理证券业务收入

三、代理买卖证券业务

代理买卖证券业务是商业银行代理客户进行有价证券买卖的行为。银行应对代理买入证券业务与代理卖出证券业务分别进行核算。

（一）代售证券业务的核算

代售证券是商业银行受客户委托，按约定的价格，在本企业柜台或证券交易所出售证券的业务。主要使用的账户是"代售证券"和"代售证券款"。"代售证券"和"代售证券款"两个账户的性质类似于前面的"代发行证券"和"代发行证券款"两个账户。如果代售证券业务要通过证券交易所进行，还要设置"存出证券——代售证券"和"证券交易清算"等账户进行核算。"存出证券——代售证券"账户借方反映交给证券交易所的证券金额，贷方登记证券交易所已卖出的证券。"证券交易清算"借方登记证券交易所卖出但未办理交割的证券，贷方登记交割日证券金额从证券交易所的转出。

1. 柜台交易代售证券的核算。

（1）当银行收到客户交来代售证券后，按约定价格或面值记账，会计分录为：
借：代售证券——××证券
  贷：代售证券款——委托单位户

（2）当售出证券后，按售价记账，会计分录为：
借：现金（或：××科目——××户）
  贷：代售证券——××证券

（3）将代售证券款交还客户，同时收取手续费，手续费从代售证券款中扣留时，会计分录为：
借：代售证券款——委托单位户
  贷：现金（或：××科目——委托单位户）
    手续费收入——代理证券业务收入

（4）无论是按约定价格记账还是按票面价格记账，其实际售价都有可能与记账价不一致，对于售价与记账价的差额部分，要以"代售证券"和"代售证券款"科目相互对冲。

若实际售价高于约定售价，会计分录为：
借：代售证券——××证券
  贷：代售证券款——委托单位户

若实际售价小于约定售价，会计分录为：
借：代售证券款——委托单位户

贷：代售证券——××证券
  2. 在证券交易所出售的核算。
  （1）收到客户交来的代售证券时，账务处理与柜台交易相同。
  （2）当银行将代售证券转交证券交易所，存入证券结算中心时，会计分录为：
　　借：存出证券——代售证券
　　　　贷：代售证券——××证券
  （3）当证券售出后，按实际售出价记账，会计分录为：
　　借：证券交易结算
　　　　贷：存出证券——代售证券户
  （4）交割日进行交割清算，会计分录为：
　　借：现金（或：××科目）
　　　　贷：证券交易结算
  （5）销售完成时，银行应将代售证券款交给委托单位，并收取手续费，会计分录为：
　　借：代售证券款——委托单位户
　　　　贷：现金（或：××科目——委托单位户）
　　　　　　手续费收入——代理证券业务收入
  （6）如果实际售价高于存出证券记账价格，会计分录为：
　　借：存出证券——代售证券户
　　　　贷：代售证券款——委托单位户
  如果实际售价低于存出证券记账价格，会计分录与以上相反。
  （7）若代售证券超出委托期限未能售出，从证券交易所取回时，按原存出价编制会计分录为：
　　借：代售证券——××证券
　　　　贷：存出证券——代售证券户
  （8）将未售出证券交还客户时，会计分录与收到代售证券时相反。

（二）代购证券业务的核算

代购证券业务是银行与委托单位达成协议，按客户要求，以一定价格代客户购买有价证券的业务。代购证券业务也分在柜台交易和在证券交易所交易两种方式。同代售证券业务类似，设置"代购证券"和"代购证券款"两个账户进行核算。

  1. 柜台交易代购证券的核算。
  （1）商业银行代理客户买卖有价证券，一般应由客户预交购买资金。银行收到预交代购款时，会计分录为：
　　借：现金（或：××科目——委托单位户）
　　　　贷：代购证券款——委托单位户

（2）银行按协议价购入有价证券时，会计分录为：

借：代购证券——××证券
　　贷：现金（或：××科目——××户）

（3）将证券交给客户，结清代购款项，并收取手续费时，会计分录为：

借：代购证券款——委托单位户
　　贷：代购证券——××证券
　　　　手续费收入——代理证券业务收入

（4）如果预付款不足，应先补足，分录与预交款时相同；如果预交款有剩余，退还客户，其会计分录与预交款时相反。

2. 在证券交易所代购证券的核算。

（1）银行收到客户预交款时的会计分录与前述相同。

（2）当通过证券交易所代购证券，会计分录为：

借：存出证券——代购证券户
　　贷：证券交易清算

（3）当银行从证券交易所收回证券，会计分录为：

借：代购证券——××证券
　　贷：存出证券——代购证券户

（4）将代购证券交给客户，并收取手续费时，会计分录与前述相同。

第三节　委托代保管业务的核算

委托代保管业务，是指商业银行接受客户委托，代理保管各种有价证券等贵重物品，或以向委托人出租保险箱的形式代其保管贵重物品的业务。主要包括商业银行以自身所拥有的保管箱、保管库等设备条件，代客户保管各种贵重金属、契约文件、设计图纸、文物古玩、珠宝首饰以及股票、债券等有价证券。委托代保管业务是一项表外业务，不纳入表内进行核算，银行可以设置备查簿进行登记。

一、代保管有价证券业务

代保管有价证券业务是指商业银行代理客户保管各种有价证券，并按保管期限收取保管费的业务。银行收到和交还有价证券时，都不纳入表内核算，而设置"代保管有价证券及物品"表外账户进行登记。

代保管有价证券业务的有关会计核算简述如下：

1. 受理代保管有价证券的核算。

（1）商业银行受理客户代保管有价证券时，应按规定办理各种手续，并向客户收取手续费，会计分录为：

借：现金——业务现金户（或：××科目——委托单位户）
  贷：手续费收入——代保管业务收入
（2）登记代保管有价证券表外科目账：
收入：代保管有价证券及物品——委托单位户

2. 退还代保管有价证券的核算。

委托人到期提取代保管有价证券时，应提交"委托代保管有价证券收据"和有关身份证明文件，银行经审查无误后，办理提取手续，退还有价证券。同时核销表外科目账：

付出：代保管有价证券及物品——委托单位户

二、保管箱业务

保管箱业务是商业银行以出租保管箱的形式代客户保管贵重物品、重要文件、有价证券等财物，并收取保管费的业务。银行出租、续租以及收回保管箱时，只在"保管箱租箱、退箱登记簿"表外科目中登记；收取和退还租箱时客户交付的保证金时，在"其他应付款"账户中核算。

1. 租用人租用保管箱时，应与银行签订保管箱租约，填写"租箱申请书"。保管箱柜台经办人员审查申请书与有关证件无误后，收取手续费和保证金，同时登记"保管箱租箱、退箱登记簿"，会计分录为：

借：现金（或：××科目——××户）
  贷：手续费收入——代保管业务收入户
    其他应付款——保险箱保证金户

2. 租约到期，如果租用人要续租的，银行向租用人收取续租租金，并在原资料卡上加盖"续租"戳记，并作如上会计分录。

3. 租用人需要退租或因故提前退租时，填制"保管箱退租书"。经办人收到租用人提交的申请书、押金收据及有关证件等审核无误，与原申请书留存联核对一致后，登记"保管箱租箱、退箱登记簿"。实际退还押金金额按原押金余额扣除逾期租金计算；提前退租的，租金不予退还。办理退租手续，并从"租箱申请书"专夹中取出留存的保证金收据，退还保证金，会计分录为：

借：其他应付款——保管箱保证金户
  贷：手续费收入——代保管业务收入户
    现金（或：××科目）

4. 收取赔偿金和滞纳金的处理。

（1）租用人因损坏箱体、丢失钥匙应交纳赔偿金时，经办行填制"业务收费凭证"。赔偿金可以从租用人保证金中扣除，也可直接向租用人收取，会计分录为：

借：其他应付款——保管箱保证金户（或：××科目——××户）
　　贷：营业外收入——其他营业外收入

（2）当超过保管期限而未办理退租或续租手续时，租用人应交纳滞纳金，会计分录为：

借：现金（或：××科目——××户）
　　贷：营业外收入——其他营业外收入

第四节　代收、代付业务的核算

代理收付款业务是商业银行利用自身的结算便利，接受客户的委托，代为办理指定款项的收付事宜的业务。代理收付款业务范围较广，包括代收货款、劳务费、管理费、环保费、养路费、有线电视费、电话费、交通罚没款、税款、公用事业费、学费、社会保险基金、劳保基金、房屋建设基金以及代付各级财政部门定期下拨的基金、代发工资、退休养老金等。

由于在企业的日常活动中，除了一般的买卖交易款项的收付外，还常常有许多定期的小额款项的收付，这些收付款项对于企业来说，一是涉及的收付面很广；二是每笔收付的金额一般较小；三是收付频繁。因此这些款项的收付会给企业带来频繁的事务性工作，甚至使一些企业不能及时、准确的支付或收妥有关款项。银行利用自身的机构、网络及先进的电子设备，通过各联行及基层行处，为客户代理收付款项，帮助企业从繁杂的款项收付事务中解脱出来。

银行办理代收、代付款业务时，应遵守"先收后付、先存后支、不予垫付"的原则。对代收的款项，收妥后划入客户指定的账户；对代付的款项，要求客户在约定付款日前将代付资金划入本行指定账户。银行对代收代付业务计收手续费的方法有两种：（1）按业务笔数收费；（2）按代理收款总额的一定比例（一般为1‰～6‰）收取，银行可按月向委托人清算。

一、代收款业务的核算

代收款业务是银行接受客户的委托代为办理指定款项收取的业务。具体分为两种情况：（1）由于收付面很广，商业银行利用其基层营业网点代理收取款项，由非集中代缴行将收妥款项上划至集中代缴行，再由集中代缴行将汇总款项统一交付给委托单位，并向其收取手续费；（2）由于收付面比较单一，范围较小，不需上划款项，由代理行直接代理收款并向客户收取手续费。因此，代收款业务通过"其他应付款"、"存放系统内款项"以及"存放中央银行款项"等账户进行核算。由于这些账户已在第六章中详细介绍，在此不再赘述。下面简单介绍代收款业务的账务处理。

（一）非集中代缴行收妥款项上划至集中代缴行，集中代缴行将汇总款项统一交付委托单位并向其收取手续费

对于这种情况我们以代收财政罚没款为例，设置"待结算财政款项"账户进行核算。"待结算财政款项"账户为负债类账户，银行代收财政罚款时登记贷方，结清代罚款时在借方转出。具体会计处理如下：

1. 非集中代缴行的核算。

办理代收款业务的营业网点在收缴受罚者的罚款时，根据罚款通知收取现金或转账支票，填制或打印代收罚款收据，按协议规定的期限上划款项。

（1）代收罚款时，会计分录为：

借：现金（或：××科目——委托单位户）
　　贷：其他应付款——特划转代收罚款户

（2）将款项按期上划给集中代缴行时，会计分录为：

借：其他应付款——特划转代收罚款户
　　贷：存放系统内款项——××行户

2. 集中代缴行的核算。

（1）受罚者直接到集中代缴行交纳罚款时，会计处理类似于非集中代缴行的核算，会计分录为：

借：现金（或：××科目——委托单位户）
　　贷：待结算财政款项——代报解罚款收入——××户

（2）收到非集中代缴行上划的罚款及所附有关凭证时，经审核无误后，办理转账，会计分录为：

借：存放系统内款项——××行户
　　贷：待结算财政款项——代报解罚款收入——××户

（3）将财政罚款上缴国库时，会计处理为：

借：待结算财政款项——代报解罚款收入——××户
　　贷：存放中央银行款项——存款户

3. 手续费的核算。

（1）集中代缴行于规定时间报送报表后，向财政部门请领手续费。收到财政部门的代收罚款手续费时，先作挂账处理，会计分录为：

借：存放中央银行款项——存款户
　　贷：其他应付款——××户

（2）集中代缴行根据手续费分配办法分配手续费，会计分录为：

借：其他应付款——××户
　　贷：手续费收入——代收代付手续费收入
　　　　××科目——××户

（二）代理行直接代理收款并向客户收取手续费

对于这种情况是由代理银行直接收取款项交付客户，会计处理比较简单。

1. 收到款项时，会计分录为：

借：××科目——委托单位户
　　贷：其他应付款——委托单位户

2. 委托款项全部收妥后，转委托单位账户，同时扣收手续费，会计分录为：

借：其他应付款——委托单位户
　　贷：××科目——委托单位户
　　　　手续费收入——代收代付手续费收入

二、代付款业务的核算

代付款业务是商业银行接受单位委托代为办理指定款项的支付业务。代付款业务的会计处理与代收款业务相似，但委托单位应先将代付款项预交给银行，然后银行根据协议约定将款项支付给收款人。其账务处理简单介绍如下：

1. 收到委托付款人在约定付款日前交付的资金时，会计分录为：

借：现金（或：××科目——委托单位户）
　　贷：其他应付款——委托单位户

2. 办理代付，将款项划付给收款单位，同时收取手续费（收费方式与代收款业务相同）。会计分录为：

借：其他应付款——委托单位户
　　贷：××科目——收款人户
　　　　手续费收入——代收代付手续费收入

3. 当代付协议期满，款项尚未全部支付，而委托单位也不再延期时，银行应结算多余的代理款项，并结清"其他应付款"账户。会计分录为：

借：其他应付款——委托单位户
　　贷：现金（或：××科目——委托单位户）

第五节　代理资金清算业务的核算

代理资金清算业务是随着商业银行电子资金清算系统的建立而发展起来的一项新的中间业务。利用电子资金清算系统，通过先进的结算网络，银行可以方便快捷地为客户办理异地结算、资金划拨等业务，同时为一些特殊行业的客户，如其他商业银行、外资银行、非银行金融机构提供更为先进的结算手段。目前，商业银行的资金清算业务主要包括：代理证券资金清算与代理外行资金清算。

一、代理外行资金清算业务

代理外行资金清算业务是银行受外行委托，代理其进行异地汇划款项的业务。代理外行资金清算是由会计部门和清算部门共同完成的。会计部门负责对委托行交存现金和调回现金作相应账务处理；清算部门负责通过资金清算系统汇划资金，及时办理业务汇划信息的发送和接受，并作相应的账务处理。清算部门在承担代理清算业务后，还应加强委托行同业存款账户的管理，严格开销户和资金调拨手续，定期核对往来账务，实时监控资金头寸，防止透支和挪用。

代理行在接受外行委托后，委托行可直接在资金清算系统开户，存入足额备付金，并将委托行客户机与代理行资金清算网络连接，使用加密卡、IC 卡及数字签名对网端及信息报文进行控制，自行录入发出信息，直接进行"网上结算"。网络连接的具体方式有两种：集中方式和分散方式。集中方式是指委托行代表其所属营业网点统一设置一个集中清算点，与代理行资金清算中心连接，其所属营业网点异地资金汇划业务统一由集中清算点发送与接收。分散方式是指委托行所属营业网点分别设立清算点，分别与代理清算中心连接，委托行各营业网点在各自的清算点发送和接收电子汇划业务。

根据业务要求，代理行清算中心为委托行开立"同业存放款项"账户，核算委托行存入的用于办理异地资金汇划清算的款项。清算中心为委托行在"清算资金往来"账户下设置二级科目"电子汇划款项"，该账户为资产负债共同类账户，核算委托行发送或接受资金汇划代清算的款项。汇划信息经确认有效后，委托行汇划款项的支付记入该账户的借方，收到汇划款项时记入该账户的贷方。该账户日终余额应为零。

同时还应该注意到，对于委托行不同的连接方式，账户设置稍有不同。对于集中方式，委托行在代理行资金清算中心开设一个同业存放款项户，其所有营业网点业务信息均通过委托行集中清算点与代理行清算系统交换，汇出、汇入款项均通过该账户予以清算；对于分散方式，委托行及其所有营业网点分别设立应用终端与代理行清算系统交换业务信息，各自开设同业存放款项户，并通过该账户进行汇划资金清算，或者委托行及其所有营业网点设置一个同业存放款项户，所有网点发出的异地结算业务所产生的汇差均使用该账户清算。

1. 委托行交存资金的核算。

（1）清算中心开户会计部门收到从委托行提入的款项，通过系统内往来划转清算中心，会计分录为：

借：存放中央银行款项——××行户　　　（以转账方式交存）
或：现金　　　　　　　　　　　　　　　（以现金方式交存）
　贷：系统内存放款项——清算中心户

（2）清算中心收到会计部门的划款，经审核无误后，办理转账，会计分录为：

借：存放系统内款项——开户行户

　　贷：同业存放款项——委托行户

清算中心收到委托行递交的转账支票和二联进账单，通过系统内往来划转开户会计部门，会计部门及时将支票提出交换。

2. 委托行调回资金的核算。

（1）委托行申请调回资金时，签发转账支票，连同三联进账单送交清算中心，清算中心审查无误，并确认其账户有足够资金时，办理转账，并将款项划转开户会计部门，会计分录为：

借：同业存放款项——委托户行

　　贷：存放系统内款项——开户行户

（2）会计部门收到清算中心转交的有关凭证，按规定及时交换，会计分录为：

借：系统内存放款项——清算中心户

　　贷：存放中央银行款项——××行户

3. 代理资金清算的核算。

（1）汇出行的核算。汇出行的清算中心对委托行清算点传来的汇划信息审查无误，并确认委托行同业存放款项账户余额足够清算后，收款人开户行为委托行系统内银行且有委托代理关系的，直接将汇划信息发送其异地系统内清算点，会计分录为：

借：清算资金往来——电子汇划款项——委托行户

　　贷：清算资金往来——电子汇划款项——上级行清算中心往来户

（2）汇入行的核算。收款人开户行为委托行系统内银行且有委托代理关系的，业务发生时，清算系统自动办理入账手续，会计分录为：

借：清算资金往来——电子汇划款项——上级行清算中心往来户

　　贷：清算资金往来——电子汇划款项——委托行户

（3）代理汇划汇差的核算。代理行清算中心办理汇划业务后，日终还应根据汇总打印的记账凭证，确定汇划汇差，结清"电子汇划款项账户"。电子汇划款项账户余额在借方时，会计分录为：

借：同业存放款项——委托行户

　　贷：清算资金往来——电子汇划款项——委托行户

电子汇划款项账户余额在贷方时，会计分录与上述相反。

（4）代理费用的核算。开办代理资金清算业务的清算中心按照协议规定的收费标准，由清算系统定期结计手续费，从委托行同业存放款项扣收，会计分录为：

借：同业存放款项——委托行户

　　贷：手续费收入——代理资金清算手续费

二、代理证券资金清算业务

代理证券资金清算业务是指商业银行接受证券公司的委托,代其办理与沪、深两地登记公司及证券总分部之间的资金清算的业务。证券公司委托商业银行办理资金清算,其总公司及下属分公司应在商业银行内开设证券清算户。其中证券总公司的开户行为代理主办行,证券总公司下属的营业部的开户行为代理经办行。证券清算户是证券机构在会计部门开设的,具体办理证券机构与沪、深两地登记公司及证券总分部之间的清算资金汇划业务和日常清算业务的账户。

证券资金清算由资金计划部门、会计部门、清算部门共同完成。会计部门负责证券资金清算业务的账务处理;清算部门负责汇划资金,及时办理证券资金业务汇划信息的发送和接收;资金计划部门负责日常证券资金头寸的管理。在具体办理资金汇划过程中,必须按照优先原则,逐笔加以处理,不得进行批量处理。付款行必须在规定时间内(一般为30分钟)完成从会计部门接收转账申请到清算部门上网发送;付款行必须在规定时间内(一般为30分钟)完成从接受汇划信息到会计部门记账。由于特殊情况(如系统故障等)导致网上资金不能及时到账时,收款行应向付款行查询并取得付款行的有效划款凭证,视同到账,进行账务处理。

同代理外行资金清算业务类似,银行办理代理证券资金清算业务也应通过"清算资金往来——电子汇划款项"账户进行核算。该账户贷方登记银行收到的资金汇划款,借方登记银行接受委托汇出的资金。

1. 汇出行的核算。

(1) 会计部门受理证券机构的汇款凭证,审核无误后,在汇款凭证上加盖"证券加急"字样,同时注明受理时间,进行账务处理,会计分录为:

借:××科目——××户
　　贷:清算资金往来——电子汇划款项——××证券机构户

会计部门应及时将有关凭证和清算软盘按报单编号逐笔登记,及时送交清算中心。

(2) 清算部门收到资金汇划软盘及凭证后,经认真核对无误后,做到随时收发,同时在登记签收单上登记发送时间。

(3) 会计部门在资金汇出后,立即将汇款凭证传真给收款行。

2. 汇入行的核算。

(1) 会计部门收到付款行汇出的凭证传真件后,登记并注明接受时间后转清算部门。

(2) 清算部门收到会计部门转来的传真件后,应及时查询网上资金到账情况,及时接收并打印资金汇划报单,登记接收时间后送交会计部门。

(3) 会计部门将汇划报单与付款行发来的汇款凭证传真件核对无误后,及时入账，会计分录为：

借：清算资金往来——电子汇划款项——××证券机构户
   贷：××科目——××户

3. 特殊情况的处理。

由于银行清算系统或其他特殊原因，有可能导致汇入行不能及时收到证券汇划款项或汇出行未能及时将资金款项汇划出去的特殊情况。这时会计部门应采取应急措施，在"其他应收款"科目下设"暂垫××证券资金"账户，进行特殊情况的账务处理。

（1）汇入行未及时收到汇划款项的处理。汇入行收到汇出行汇款凭证传真件1小时30分钟后或在营业结束前30分钟，资金尚未到账时，清算部门应立即向上级行清算中心查明该笔款项实落点。同时要求汇出行清算部门将有关情况说明、资金汇划凭证连同密押传真给汇入行清算部门，由清算部门登记后交会计部门。经上级行计财部门确认属系统原因后，汇入行会计部门进行账务处理，会计分录为：

借：其他应收款——暂垫××证券资金户
   贷：同业存放款项——××证券公司存放款项户

当日收到款项后，会计分录为：

借：清算资金往来——电子汇划款项——××证券机构户
   贷：其他应收款——暂垫××证券资金户

若汇划资金在系统内隔日在途，汇入行应向汇出行收取延误的资金利息。

（2）汇出行因特殊原因当日无法将资金汇出的处理。汇出行会计部门在受理证券机构汇款凭证后，应首先进行账务处理，会计分录为：

借：××科目——××户
   贷：清算资金往来——电子汇划款项——××证券机构户

同时，将汇划凭证附不能汇出资金的原因说明传真至汇入行。经上级行计财部门确认属系统原因后，汇入行会计部门视同到账，进行账务处理，会计分录为：

借：清算资金往来——电子汇划款项——××证券机构户
   贷：××科目——××户

4. 向证券公司收取手续费时，会计分录为：

借：同业存放款项——××证券公司存放款项户
   贷：手续费收入——代理清算收入

关键名词

（1）中间业务　　　（2）表外业务
（3）代理业务

复习思考题

(1) 什么是中间业务？中间业务可分为哪几类？
(2) 与传统资产负债业务相比，中间业务有哪些特点？
(3) 什么是表外业务？它与中间业务相同吗？为什么？
(4) 代理证券业务有哪几种？
(5) 代理发行证券有哪几种方式？几种方式的区别在哪里？
(6) 简述代收代付业务的账务处理。
(7) 简述代理保管箱业务的核算程序。
(8) 简述代理外行资金清算业务的账务处理。

第九章 现金出纳业务

本章主要讲述银行现金出纳业务的构成以及业务核算。现金出纳业务是银行业务活动的重要组成部分，也是银行的一项基础工作。现金出纳业务的核算主要包括现金收付业务的核算；库房管理及款项移送的核算；金银收购和配售的核算等。

第一节 现金出纳业务概述

一、现金出纳业务及其意义

现金是指有现实购买能力或清偿能力的现行通货。我国法定的现行通货是人民币。现金出纳是指直接用现款进行的货币收付行为。银行是全国的出纳中心，现金出纳工作是银行业务活动的重要组成部分，也是银行的一项基础工作。按照国家现金管理的有关规定，银行对机关、团体、部队、学校、企业等单位，因支付工资、采购有关农副产品、收兑个人金银、兑付有价证券以及其他零星开支等付出现金；同时，又通过各单位将商品销售和劳务供应收入款项缴入银行以及财政回笼、储蓄和发行有价证券等方式，将社会上的现金逐渐收回并集中起来。银行这样一收一付，不断循环往复，形成了它的现金出纳活动。

根据国家有关金融政策和现金管理的规定，认真做好现金出纳业务的核算，对满足市场正常的现金需要、方便开户用户、加速现金周转、促进商品流通和社会经济发展、监督现金的合理使用、保护国家财产安全等方面，都具有十分重要的意义。

二、现金出纳工作的任务

银行现金出纳工作的任务体现了国家的货币政策，概括起来包括以下几个方面：

1. 按照国家金融法令和有关制度，办理现金的收付、清点、调运以及损伤票币的兑换和销毁工作。

2. 依据市场货币流通的需要，调剂市场各种票币的比例，做好现金回笼和供应工作。

3. 按规定保管现金、外币、金银和有价证券及其他贵重物品，做好库房管理、票样管理、现金运送的安全保卫工作。

4. 按国家规定，加强现金管理，代办金银收购配售业务，开展金银回收和节约代用工作。

5. 宣传爱护人民币，组织反假钞反破坏人民币的工作。

6. 加强柜面监督，维护财经法纪，同一切经济违法犯罪活动作斗争。

三、现金出纳工作的基本原则

根据现金出纳业务的性质、特点和任务，在进行出纳工作时，必须建立、健全内部控制制度，做到手续严密、责任分明、及时准确，并坚持以下原则：

1. 钱账分管原则。钱账分管就是管钱的不管账，管账的不管钱，做到钱账分管，责任分明。这样有利于会计出纳发挥各自不同的专业职能，并便于相互核对和制约，确保账款相符。

2. 收付分开原则。收付分开原则是指收款业务与付款业务分开经办，实行收付两条线，不能由一人既管收款又管付款。

3. 双人经办原则。双人经办原则是指在现金出纳工作中，要做到双人临柜、双人管库、双人守库、双人押运，以互相帮助和监督，防止和减少差错，保证货币资金的安全、完整。在实行计算机办理业务时，一些储蓄业务一人一机，实行"柜员制"，储户存取款完全由一人负责经办，不甚符合双人经办原则，在这种情况下一旦出现差错，要求经办人责任自负。而管库、守库和押运必须实行双人经办。

4. 先收款后记账，先记账后付款的原则。先收款后记账，先记账后付款的原则是指收入现金时，必须先经出纳员收妥后才能给缴款单位记账；支付现金时，必须先替支款单位记账后方能付款。

5. 复核制度原则。复核制度原则是指收款要另人复点，付款要另人复核。在一人临柜时，经办人要自行复点和复核。

6. 交接手续和查库原则。交接手续和查库原则是指款项交接或出纳人员调换时，须办理交接手续，分清责任。库房管理须坚持双人管库、双人守库，与此同时，还应定期或不定期进行查库，确保账实相符。

四、现金出纳业务核算的基本要求

银行为了有计划地调节货币流通，满足市场正常的现金需要，促使货币购买力与商品供应相适应，根据国家规定，对开户单位实施现金管理。各单位收入的现金，除按规定范围保留一定的库存限额外，其余的现金必须及时送存银行；各单位使用的现金，必须按规定的使用范围向银行提取。银行的现金管理工作要借助现金出纳核算来实现。因此在办理现金出纳过程中，要充分发挥银行会计的反映和控制职能，促使各单位严格遵守财经纪律，认真执行国家现金管理制度，共同管好用好现金，具体来说：

1. 正确反映现金收付的来源和用途。在现金出纳核算业务中，现金收付凭证是办理现金收付业务的惟一依据，也是统计和回笼货币，正确反映现金收支计划执行情况的原始资料。因此，会计部门应密切配合计划管理人员和现金出纳人员，按照现金管理有关规定和受理凭证的要求，统一口径，严加审核。对于符合规定的现金收入和合理的现金支出，迅速及时地办理收付手续；对于不符合规定，特别是来源不清和用途不明的现金收付凭证，不能变通办理，必须认真督促和协助单位填写清楚以确保现金收入的来源清楚、现金付出的去向明确。

2. 维护财经纪律，制止不合理的现金支出。银行出纳既是一项服务工作，又是一项管理工作。银行支付给各单位现金，是对市场投放现金，使潜在购买力转换为现实购买力，如果支付了计划外现金或被套取了不属于现金使用范围的现金，实际上是增加了现实购买力，也增加了对市场物资供应的压力。因此，会计部门必须密切配合计划管理人员，严格按照现金管理的有关规定，结合单位存款账户资金活动情况，认真审查现金用途，在规定的现金使用范围内，核实支付。对不符合政策和现金管理规定的现金支付凭证，要讲明原因，拒绝办理。

3. 认真组织账款核对，保证资金安全。每日营业终了，要组织会计部门和出纳部门认真核对账款，做到账账相符、账款相符。

4. 现金出纳业务核算过程中经常使用到"现金"账户、"银行存款"账户和"贵金属"账户。"贵金属"为资产类科目，用来反映库存黄金等贵金属的增加、减少与结存等情况。

第二节　现金收付业务的核算

一、现金收入的核算

（一）客户交存现金

客户向银行交存现金时，应填写一式三联的"现金交款单"，连同现金一并交出纳柜台。收款员应审查交款凭证的日期、账号、户名、款项来源、大小写金额、交款单位财务章等内容是否有误，准确无误后凭此收款。收款时，当面点清，先点大数、卡把，再点全部细数。对信誉较好的经常往来的客户，经协商后订立协议，若当日送款数额较多，也可当面清点大数、卡把和零头，事后再点细数，多退少补。采用此办法时必须严密事后清点的手续，以防意外。收款时，要坚持一户一清，不得将几个客户的款项混淆清点。现金收妥后，收款员在现金交款单上加盖个人名章，将现金交款单交收款复核员复核。经复核无误后，在三联现金交款单上加盖"现金收讫章"及复核员名章。然后将第一联回单联退还交款单位，第二联送有关会计专柜代现金收入传票，第三联由出纳部门留存，凭以登记现金收入日记簿。会计部门收到已收讫的第二联送款单后，凭以登记缴款单位分户账，会计分录为：

借：现金
　　贷：××存款——××单位存款户

（二）所辖机构交存现金

营业机构向其管辖行交存现金应填制一式两联的"现金交款单"，管辖行出纳员收到营业机构交来的现金和有关凭证，经审核、清点无误后办理入库手续。管辖行的会计分录为：

借：现金
　　贷：系统内存放款项（或内部往来）

营业机构的会计分录为：

借：系统内存放款项（或内部往来）
　　贷：现金

二、现金付出的核算

由于实行收付两条线管理制度，不能用当日收到的现金直接支付客户的取款。因此为了保证营业时间的现金支付，每日营业开始前，付款出纳应先填写出库票，凭以向库管员领取一定数额的备付现金，来支付客户的取款。付款出纳向库管员领款时应办理手续，在款项交接登记簿中登记并由双方签章。

（一）客户支取现金

客户支取现金时，应填制本行"现金支票"（或规定的其他现金支付凭证）先到会计部门的有关专柜办理手续。会计员收到支款凭证后，应审查现金支票日期、账号、大小写金额、用途、支用现金范围、取款人背书等。经审核无误后，将现金支票右下角的"出纳对号单"撕下或以铜牌交给取款人，凭以向出纳部门领取款项。会计部门以现金支票（或其他支款凭证）作借方记账凭证，办理转账，会计分录为：

借：××活期存款——××单位存款户
　　贷：现金

经复核员复核无误后，及时将现金支票递交出纳部门。出纳员接到会计部门递交的现金支票，审查凭证要素内容及会计记账，复核签章无误，登记"现金付出日记簿"，并按支款凭证配款。款项配妥后在支款凭证上加盖"现金付讫章"及出纳员名章，连同凭证交复核员复点。复核无误后，叫对号单或铜牌号，问清款项数额，收回对号单或铜牌号，再将款项当面给取款人点交清查，之后，支款凭证随时或集中退回会计部门。

（二）所辖机构支取现金

营业机构向其管辖行出纳部门提取现金时，应填写支票。管辖行收到支票后，经审核无误后，办理现金出库手续。管辖行的会计分录为：

借：系统内存放款项（或内部往来）
　　贷：现金

营业机构的会计分录为：

借：现金
　　贷：系统内存放款项（或内部往来）

三、营业终了现金的核对及入库

每日营业终了，收款员应将当天所收的现金按币种分别予以汇总，并将汇总数与现金收入日记账的总数和会计部门"现金"借方发生额进行核对，账款相符后，填写入库票，登记款项交接登记簿，将现金交库管人员核对入库。

现金出纳员根据当天领取备付金总数，扣去未付的剩余现金部分，轧算出当天实付现金总数，与现金付出日记账合计数和会计部门的"现金"贷方发生额核对相符后，填制入库单，登记款项交接登记簿，并将当天领用而未付的剩余备付现金交库管人员审核入库。

库管人员接到收款员和付款员交来的现金，经与现金收付日记簿和入库单核对无误后，将现金入库，同时登记现金库存簿，将上日库存数加减本日收储的现金数，结出当日库存，并与实存现金、现金库存簿的本日余额、会计部门的现金总账的本日发生额与余额进行核对，做到账款、账账相符合。

经以上核对，已达到了四方（会计员、库管员、收款员、付款员）账目相符，并做到了账实相符，当日的现金收付业务宣告结束。

四、出纳错款的核算

出纳错款是指出纳在收、付款过程中发生了现金的多缺，导致账实不符的现象。错款的处理原则是：长款不得寄库，短款不得空库，长短款也不能互补。长款应及时查明原因退还原主，如确实无法查明原因，应按规定入账，不能侵占，否则以贪污论处；短款不能自补上报，应及时查找收回，若确实无法收回，应区别情况处理。

无论长短款，必须遵守审批程序，凡错款每笔在 1 000 元以上的，由省分行审批；1 000 元以下的错款由分行规定审批权限。

出纳错款应登记现金错款登记簿（表 9-1）。

表 9-1   ××银行现金错款登记簿
账别：   第   页

日期	错款日期	错款金额		错款情况及处理	错款柜员	记账	复核	主管
		长款	短款					

营业机构   打印

（一）出纳长款的核算

若发生出纳长款，应及时查明，退还原主。若当天未能查明原因，可先由出纳部门出具证明，经会计主管人员同意后，由会计部门填制现金收入传票，暂列"其他应付款"科目，会计分录为：

借：现金
　　贷：其他应付款——待处理出纳长款户

查明原因后，若系客户多交或银行少付时，应及时退还原主，会计分录为：

借：其他应付款——待处理出纳长款户
　　贷：现金

若经查找，该长款确定无法归还时，经批准后，可将此款作银行收益处理，会计分录为：

借：其他应付款——待处理出纳长款户
　　贷：营业外收入

（二）出纳短款的核算

若发生出纳短款，银行应及时查找收回。如果当天未能查清和收回，可先由出纳部门出具证明，经批准，会计部门凭以填制现金付出传票，暂列"其他应收款"科目，会计分录为：

借：其他应收款
　　贷：现金

经查明原因，追回短款时，会计分录为：

借：现金
　　贷：其他应收款——待处理出纳短款户

若短款确认无法收回，而其原因又属技术性短款时，按规定手续报损，作银行损失处理，会计分录为：

借：营业外支出
　　贷：其他应收款——待处理出纳短款户

如果该短款属监守自盗，侵吞公款，按贪污论处，并追回全部赃款，会计分录为：

借：现金

贷：其他应收款——待处理出纳短款户

必须指出的是，短款时应认真分析原因，认真查找，不能草率报损，以防个人营私舞弊。

五、出纳工作交接手续及票币的整点与兑换

（一）出纳工作交接手续

凡现金、有价证券等贵重物品的转移和出入库，都必须办理严密的交接登记手续，当面点交清楚，做到责任分明。各对外营业单位均应建立款项交接登记簿，款物转移由监交人交接双方登记签章，以备考查。款项交接登记簿按大库、收款柜、付款柜、储蓄柜设置，临时值班另设。凡发生跨柜转移现金（包括现金凭证），交接双方均应登记，保持数据一致，方向相反，即增加一方记贷，减少一方记借，各自登记互相核对签章，以示负责。

为确保库款数字准确和简化出入库手续，收款、付款尾数箱加锁入库保管，钥匙由各自经手人掌管。如经手人临时离职或休假，必须由代班人员会同主管人员按款项交接登记簿结余数，当面点清现金，核对无误后交接双方在交接登记簿结存数栏加盖名章。严禁不经认真交接，擅离工作岗位。

临时设值班办理付款业务，应从付款柜暂领备用金，业务结束后向有关柜交接清楚，但不得设固定值班款箱保留现金。

出纳主管人员工作调动时，应将出纳部门经管的现金、有价证券、库房钥匙等全部清点，填列移交清册，与有关部门账簿核对相符后，由行长（主任）监交，点收无误后，交接双方会同监交人一并签章，移交清册归档保管。出纳员工作调动时，必须将经办的一切款项、账簿交接清楚。库管员工作调动时，应将经管的现金、有价证券等贵重物品，按移交当日实有库存现金与会计账簿核对相符后，由出纳主管人员监交，交接双方同监交人一并签章。不经交接而发生的问题，由交接人负责。

（二）票币的整点与兑换

1. 票币的整点。在业务量较大的行处，一般应设整点专柜。整点专柜不直接办理对外收付款业务，所整点的现金来源，均属本行内部柜组的现金。业务量较少的行处，票币的整点工作由收款人员兼办。

整点票币应做到点准、挑净（即按损伤券挑剔标准将残票币挑除干净）、墩齐（即将票币四边墩齐，达到四面光）、捆紧（即整点好的成把、成捆、封包、装袋捆扎紧，不松动）、盖章清楚（即整点好的成把、成捆票币的盖章要做到行号、姓

名清晰可辨)。

整点票币时,在每捆、每把清点完以前,不得将原封签、纸条丢掉。清点准确后,纸币应按面额一百张为一把,十把为一捆,用绳捆扎;硬币一百枚为一卷,十卷为一捆。每把、卷须盖有行号和经手人名章。

整理损伤票币时,除按上述办法整理外,还应分版别捆扎(一元以下角、分币不分版),并在每把票币两头,各用纸条捆扎,损伤券的封签上,应加盖"破"字戳记,以便识别。

此外,在整点时,要做到张张捻、幅度大、点到底,并按制度规定的挑剔标准剔净残损破币,同时做好反假币和反破坏人民币工作。

2. 票币兑换。兑换残损破币,关系到客户的经济利益和金融机构财产安全,涉及面广,政策性强。为方便客户,各营业行处均应办理人民币票币兑换和损伤票币兑换业务。

损伤票币的兑换,按中国人民银行总行《残缺人民币兑换办法》规定,分为全兑、半兑和不兑三种:(1)全额兑换。票面残缺不超过五分之一,票面污损、熏焦、水湿、油浸、变色,但能辨认真假,票面其余部分的图案、文字能照原样连接完整者,全额兑换。(2)半数兑换。票面残缺五分之一以上至二分之一,其余部分的图案、文字能按原样连接者,照原面额半数兑换,但不得流通使用。(3)不予兑换。票面残缺二分之一以上者,票面污损、熏焦、水湿、油浸、变色不能辨认真假者不予兑换。对采取故意控补、涂改、剪贴、拼凑、揭去一面等方法破坏的人民币,除不予兑换并打洞作废外,还应认真追查来源,严肃处理。

第三节 库房管理与款项移送业务的核算

一、库房管理

银行出纳库房,是集中保管现金、金银、有价证券等贵重财物的专用金库。管好库房,保证资金安全,是出纳业务的重要任务之一。各行处必须提高警惕,加强库房管理。

(一)库房管理的要求

1. 各行处都应设置出纳专用库房,要坚固实用、设施齐全,有必要的通风、防火、防潮、防盗等安全措施。配备责任心强的人员负责库房管理工作。库房的钥匙、密码必须分人掌管。没有专用库房的基层处、所,应在有安全设施的房间,设置保险柜和牢固的箱柜,并装备报警联络装置,切实做好库款安全保卫工作。

2. 代理发行基金保管库的行处,如将业务库款与发行库款在同一库房保管的,两者必须分别列账,分别保管,严格分开,不得混淆。

3. 严格出入库制度。所有现金、金银、有价证券和其他贵重物品,都必须入库保管,并由专人负责。出入库按规定的手续和凭证办理。凡入库保管的现金、金银（包括金银对牌）、外币和有价证券等都必须有账记载,做到账款、账实相符。严禁挪用库款和以白条抵作库存。

4. 实行双人管库共同负责制。库管人员要明确责任,出入库时必须同时进出;出入库的款项要互相复核,防止差错。

5. 建立定期或不定期的查库制度。查库既包括查对库存实物,也包括检查库房管理制度的贯彻执行情况。

（二）库房检查

各级行处应建立查库制度,出纳主管人员和基层处所负责人每月至少查库一次。主管行长（主任）要定期或不定期查库。年终要自上而下进行一次全面性的查库。具体内容包括：

1. 清点库存的现金、金银外币、有价证券等实物是否账实相符,有无白条抵库和挪用情况,是否发生虫蛀、鼠咬及霉烂事故。

2. 各项安全措施是否落实,双人管库和双人守库是否坚持执行。

3. 库房和守库室是否符合安全条件。

4. 武器弹药的使用、管理是否符合要求。

每次查库完毕,应将查库情况和问题详细记入查库登记簿,并由检查人员和库管人员共同签章,以备查考。如发现重大问题,应立即追查和上报,分别性质,严肃处理。

二、款项移送业务的核算

（一）款项移送业务核算的要求

就某一地区、某一时期来说,各行处现金收入和付出可能不均衡,有关行处需要进行现金调剂,这便形成了款项运送业务。银行款项运送应注意以下几个问题：

1. 坚持双人押送,武装护送。运送库款必须用专用装钞袋装袋封口,由两人以上负责押送,不得委托他人捎带。同时要有保卫人员携带武器护送。

2. 严守秘密,专车运送。对运送库款的时间、路线要严守秘密,运送库款的车辆不准搭乘与运送无关的人员。

3. 严密交接手续。运送库款时,必须注意安全,严密交接手续,库款起送和运达后,都应当面点清。

（二）账务处理

1. 运出行的核算。运出行收到调拨函时,确定运送现金的数额后,由出纳部门根据批件填制一式三联"发款单",会计部门据此办理转账,会计分录为：

借：分行辖内往来

贷：现金

第一、二联"发款单"连同联行报单一并交送款员办理出库，送交收款的银行处所。

2. 运入行的核算。运入行接到联行报单、发款单和现金，经查点无误后，登记现金收入日记簿，在发款单回单联上加盖"银行业务公章"及负责人名章，交送款员带回，再填制现金收入传票，会计分录为：

借：现金
　　贷：分行辖内往来

三、向央行提取和交存现金的核算

（一）向央行提取现金

向人民银行发行库提取现金时，由出纳员签发人民银行"现金支票"，经出纳负责人和主管行长审批同意，在现金支票存根联上签字，由会计主管人员审核，加盖预留人民银行印鉴，交提款人向人民银行发行库提取现金。

现金提回后，应立即交管库员办理现金入库手续。管库员清点、核对现金无误后，填制"现金入库票"一式两联，一联留存，凭以登记"库存现金登记簿"，一联递交出纳人员。出纳人员根据现金支票存根联和入库票登记"现金收入日记簿"，并加盖"现金收讫章"及经办人员名章之后，将现金支票存根联交会计部门作贷方记账凭证，另集中编制借方记账凭证，现金收入日记簿和一联现金入库票作借方凭证附件，办理转账，会计分录为：

借：现金
　　贷：存入中央银行款项——××银行存款户

（二）向央行交存现金

向人民银行发行库交存现金时，由管库员填制人民银行"现金交款单"一式两联，根据交款单填制"现金出库票"一式两联，经出纳负责人和主管行长审查同意，在出库票上签章，据以办理现金出库手续。现金和两联现金交款单一并点交交款人。交款人持单押款到人民银行发行库办理现金交存手续。

现金交存后，交款人应立即将人民银行签章退回的"现金交款单"回单联交管库员，管库员审查无误后，一联出库票凭以登记"库存现金登记簿"，另一联出库票连同现金交款单回单联交出纳员。出纳员凭以登记"现金付出登记簿"后，现金交款单回单联交会计部门作借方记账凭证，"现金付出日记簿"和一联出库票作贷方记账凭证附件，办理转账，会计分录为：

借：存放中央银行款项——××银行存款户
　　贷：现金

第四节 金银收购与配售业务的核算

一、金银业务核算的意义与要求

(一) 金银业务核算的意义

黄金白银是贵金属,它们不仅是现代工业生产和科研的重要原材料,而且是国际贸易的支付手段。管好用好金银,对稳定金融市场,增加国际储备,开展国际贸易,支援经济建设具有重要意义。长期以来,按照国务院规定,我国金银等贵金属均由中国人民银行进行统一储备、经营和管理。但近年来,由于经济的发展,物质产品的丰富,国家外汇储备的增加和货币流通的稳定,国家对金银等贵金属的管理政策有了重大变革。1999年11月,国家取消了对白银的统购和统一配售政策,开放了白银市场,银行可以参与白银的市场买卖,但对黄金仍然采取统一的管理政策。

金银的范围包括:矿金、砂金和冶炼副产金银;金银条(块)、锭粉;金银铸币;金银制品和金基、银基等含金银产品;化工产品中含的金银;金银边角余料及废渣、废液、废料中所含的金银。

金银管理主要是指金银经营机构的管理和金银经营市场的管理两方面。其主要内容包括:金银收购的管理;金银配售的管理;金银进出国境的管理;经营机构的管理。

(二) 金银业务核算的要求

1. 金银核算应贯彻真实、准确、完整、及时的账务处理原则。
2. 按照统一规定的价格,实行收支两条线核算办法。中国人民银行各基层行收购的金银(包括专业银行代收的),按原收购价逐级上售人民银行总行,配售的金银则由上级有关行按联行调拨价调给。
3. 严格账实分管,执行收售收支程序。金银的收购和配售过程既是资金的收付过程,又是实物增减的过程,金银会计业务和贵金属实物必须分别管理。在经营贵金属业务过程中,要坚持收购贵金属先收实物后付价款、配售贵金属先收价款后付实物的处理顺序原则。

二、金银收购业务核算

按照我国金银市场管理的规定,金银的收购统一由中国人民银行及其委托机构办理。一切单位和个人生产、回收和采炼的金银,都必须全部交售给中国人民银行或委托机构,各行收购的金银必须按原收购价格逐级上售给人民银行总行。由于直接经营金银生产、回收和采炼等有关业务的企业单位和个人都只能在商业银行开户，因而金银收兑与配售等业务的具体办理也可由中央银行委托商业银行代理。

金银收购业务分为人民银行直接收购和商业银行代收两种方式。银行收购个人出售的金银，一般不向出售者索取证件，但对生产部门生产的金银或从"三废"中回收的金银，必须凭有关单位证明收购。

(一) 商业银行代收金银的核算

1. 商业银行代收金银的核算。

经办人员收购金银时，应向出售者当面点清件数、称出重量、鉴定成色、说明牌价，并按规定价格计算价款，据以填制一式三联的"收兑金银计价单"。

"收兑金银计价单"经会计部门审核无误后，其第一联由出纳部门留存，凭以在营业终了时作金银鉴定凭证，据以登记金银实物账；第二联代现金付出传票，由会计部门凭以登记贵金属科目分户账，出纳部门凭以付出现金并登记现金付出日记簿；第三联连同价款一并交给出售人（若是单位则应通过同城相应的结算手续办理转账），会计分录为：

借：贵金属——××户

　贷：现金

2. 商业银行交售代收金银的核算。

商业银行收购的金银，应将原物按原收购价全部交售人民银行。人民银行验收数量、成色无误后，亦需填制一式三联"收兑金银计价单"，并同时填制两联特种转账贷方传票，以其中一联代商业银行存款账户的传票，计价单第二联代金银科目分户账的借方传票，会计分录为：

借：贵金属——××户

　贷：××商业银行存款

另一联特种转账贷方传票与第三联计价单交给商业银行。金银业务部门根据第一联计价单填制入库票，将金银入库保管，并登记金银库存簿。

商业银行分别编制特种转账借、贷方传票各一联，并以人民银行交来的一联特种转账贷方传票和计价单第三联作附件办理转账，会计分录为：

借：存放中央银行款项

　贷：贵金属——××户

(二) 人民银行直接收购金银的核算

对于厂矿生产和冶炼副产的金银、"三废"回收及清仓金银，可由人民银行直接进行收购。人民银行直接收购金银的称量、验色、计价等与商业银行收购金银时相同，只是由于交售金银单位一般在商业银行开户，因此，价款通过商业银行备付金账户记载，再由商业银行转入交售单位存款账户。

人民银行直接收购金银的处理方法与收到商业银行交售代收购金银的处理基本相同，但计价单第三联应交出售单位，会计分录为：

借：贵金属——××户
　　贷：××商业银行存款
商业银行收到人民银行的收账通知后转入收款单位。会计分录为：
借：存放中央银行款项
　　贷：××存款——××单位户

收进的金银不得抵充现金顶库，应按规定进行封包并填制入库票入库保管。封包工作由经办员和复核员共同负责，并在封包上签章，以明确责任。

三、金银配售业务核算

（一）配售工业用金银的核算

凡需使用金银的单位，必须按照金银管理条例和实施细则的规定，根据节约使用金银的原则，向人民银行编报年度使用金银计划。各地人民银行对各单位年度使用金银计划，必须根据有关的生产计划、金银消耗定额和原有库存等情况，进行认真审核，然后将配售计划逐级上报总行审批。中国人民银行总行平衡后，逐级下达年度金银配售计划指标。各行配售金银，应在上级行批准的配售计划额度内供应。

在上级行批准的配售计划内，各行按当时配售价格出售金银，同时按配售价与联行调拨价计算出价差，将金银价款及价差分别列账。

单位在配购时，要提交有关证明文件，经银行负责人批准后，办理配售手续。银行经办人员在配售时，应按当时国家配售金银的牌价，计算出配售金银的金额，要求配购单位据以签发转账支票。银行经办人员在审核支票和有关证件无误后，填制"配售金银计价单"一式四联。第一联连同实物一起交给单位作报销凭证；第二联代实物付出凭证，由出纳部门留存，据以登记金银实物账；第三联代贵金属科目贷方传票；第四联代贷方传票或借方传票的附件，将配售价高于调拨价的价差收入以蓝字填入计价单的"收益"栏，作营业收入科目"金银买卖收入"户贷方传票的附件；将配售价低于调拨价的价差支出以红字填入计价单"收益"栏，作营业收入科目"金银买卖收入"户借方传票的附件。其对应关系是：配售价＝调拨价+买卖收益（-损失）。

配售时若配售价高于调拨价，则人民银行的会计分录为：
借：××商业银行存款
　　贷：贵金属——××户
　　　　营业收入——金银买卖收入户

若配售价低于调拨价而产生亏损，则按"计价单"第四联上"收益"栏的红字金额数，填制营业收入科目转账借方传票，并以计价单第四联作为传票附件办理转账，会计分录为：
借：××商业银行存款

营业收入——金银买卖收入户

贷：贵金属——××户

人民银行处理账务后，将金银使用单位签发的转账支票，通过票据交换提交其开户银行。

使用金银单位开户的商业银行，收到交换来的转账支票后，经审查无误，办理转账，会计分录为：

借：××存款——××单位户

贷：存放中央银行款项

（二）配售内销金饰品用金的核算

与配售工业用金不同，配售内销金饰品用金，需加收饰品用金差价。配售时应按有关规定计算内销金饰品用金配售差价收入和买卖收益，填制"配售金银计价单"，其对应关系是：配售价=调拨价+买卖收益+饰品用金差价。其核算手续除按配售工业用金的做法处理外，还需按计价单中"饰品用金差价"栏的数额填制一联转账贷方传票，将饰品用金差价记入其他应付款科目"内销金饰品用金配售差价收入"户，会计分录为：

借：××商业银行存款

贷：贵金属——××户

营业收入——金银买卖收入户

其他应付款——内销金饰品用金配售差价收入户

"内销金饰品用金配售差价收入"账户余额，由各省级分行与计划单列市分行于每年12月20日之前集中上划总行。上划时应编制联行贷方报单，并填制两联"内销金饰品用金配售差价收入上划清单"和特种转账借、贷方传票各一联，以清单作传票附件，一联凭以记账，一联随联行贷方报单上划总行。会计分录为：

借：其他应付款——内销金饰品用金配售差价收入户

贷：联行往账

四、金银上售与调拨业务核算

各行收购的金银，按原收购价逐级上售总行，每年至少上售一次，实物由省级分行代总行保管。各行配售所需金银，由上级行按联行调拨价调给。上售与调拨业务核算使用"调拨（上售）金银计价单"，上售的以原收购价格填制，调拨的以联行调拨价格填制。第一联调入行代实物收入凭单；第二联调入行代转账借方传票；第三联调出行代转账贷方传票；第四联调出行代实物付出凭单。

（一）金银上售的核算

1. 省内上售。在省级分行内，下级行向上级行上售金银时，除账务划转外，还要将实物解交上级行。上解时，解送行应将"贵金属"账、收兑金银库存簿以及收购金银实物核对相符。在审核无误的情况下填制"联行间解送金银清单"三联。第一联出纳部门凭以填制金银出库票,办理出库,并在金银库存簿摘要栏注明"上解调出"字样及解送清单编号,暂不登记调出数字;第二、三联随实物送受理行(即调入行)。

受理行根据第二、三联解送清单验色称量后,在清单的"调入行验收数"栏登记验收结果并签章,第二联给调出行代实物收据,第三联留存,凭以填制"调拨(上售)金银计价单"。计价单第一联由受理行出纳部门凭以填制"金银入库票",并附留存的第三联解送清单登记金银库存簿;第二联由受理行会计部门凭以记账;第三、四联附解送清单第二联,随联行贷方报单寄解送行,会计分录为:

借:贵金属——××户
　　贷:分行辖内往来(或联行往账)

解送行收到调入行贷方报单及"调拨(上售)金银计价单"第三、四联,同解送清单第二联的验收数核对相符后,将计价单第三联送会计部门代转账贷方传票;第四联附解送清单第二联及金银出库票,登记金银库存簿,会计分录为:

借:分行辖内往来(或联行往账)
　　贷:贵金属——××户

验收中发生损益,解送行根据调入行退回的解送清单损益栏填入的数字,填制特种转账借、贷方传票各一联和金银损益表一式三联,损益表第一联由出纳部门留存,登记金银库存簿;第二、三联分别作特种借、贷方传票附件。如果是收益,会计分录为:

借:贵金属——××户
　　贷:营业收入——金银业务收入户

如果是损失,会计分录为:

借:营业支出——金银业务支出户
　　贷:贵金属——××户

解送行将原金银账簿余额调整为受理行验收数后,再按受理行划来的报单办理转账手续。

2. 上售总行。各分行向总行上售金银时,只作账务划转,实物不上解,由代总行保管行集中保管。上售时,填制"调拨(上售)金银计价单"四联,以及"分行上售总行金银清单"和"代总行保管金银寄存证"各两联。计价单第一联凭以填制金银入库票并附一张寄存证,登记代总行保管金银库存簿;第二联可汇总填制一联特种转账借方传票,并附上售清单和寄存证各一联,随联行借方报单上划总行;第三联附上售清单一联,凭以记载金银账;第四联凭以填制金银出库票并登记库存簿,上售行会计分录为:

借:联行往账

贷：贵金属——××户

总行收到附有分行上售清单和寄存证的借方报单以后，办理转账，会计分录为：

借：贵金属——××户
　　贷：联行来账

(二) 金银调拨的核算

各级分行配售所用金银，应向总行申请调入，凭总行签发的"联行间金银调拨通知"办理调拨手续。调拨时，由调入行根据总行调拨通知向代总行保管行办理领取手续。因而金银调拨的账务处理，涉及总行、代总行保管行以及调入行等多家银行。

1. 总行调拨。

代总行保管行接到总行调拨通知后，根据通知要求办理调拨手续。对异地调拨的还需要查验调入行的介绍信和领取人身份证。在审查调入行介绍信和领取人身份证无误后，分别填制四联"调拨金银计价单"、两联"金银明细表"及两联"代总行保管金银寄存证"。计价单第一至三联和一联金银明细表连同实物一并交调入行领取人，第四联计价单由调入行领取人签章，填制"金银出库票"附一联寄存证和明细表，登记代总行保管金银库存簿。若为异地调拨，则另一联寄存证寄总行。

调入行收到三联计价单和一联明细表及实物后，经审查无误，填制两联"调入金银价款上划清单"，以持回的第一联计价单和实物明细表填制"金银入库票"，登记金银库存簿；以第二联计价单附一联"上划清单"登记贵金属账；将第三联计价单连同另一联"上划清单"附联行贷方报单寄总行，会计分录为：

借：贵金属——××户
　　贷：联行往账

如果是从本行代总行保管金银调入，还需在报单下附一联寄存证。

总行收到分行上划贷方报单及所附计价单和清单，与代保管行上报的"代总行保管金银寄存证"付出数核对相符后办理转账。会计分录为：

借：联行来账
　　贷：贵金属——××户

2. 分行辖内调拨。

分行辖内各行配售需用的金银，应向上级行申请调入。凭上级行调拨通知和介绍信到指定调出行提取金银。

调出行根据上级行调拨金银通知，审查调入行介绍信和领取人身份证无误后，填制四联"调拨金银计价单"和两联"金银明细表"，将计价单第一联和一联明细表连同实物交调入行领取人；第四联计价单由调入行领取人签章后交调出行出纳部门，凭以填制"金银出库票"并附明细表，登记金银库存簿；第三联计价单附调入行介绍信交调出行会计部门登记贵金属账，会计分录为：

　　借：分行辖内往来

　　　　贷：贵金属——××户

调出行会计部门在账务处理后，将第二联计价单随联行借方报单寄调入行。

调入行将持回的第一联计价单和明细表与收到的借方报单及所附的第三联计价单核对无误后，根据第一联计价单填制"金银入库票"，并登记金银库存簿，凭第二联计价单登记贵金属账，会计分录为：

　　借：贵金属——××户

　　　　贷：分行辖内往来

3. 代总行保管行之间的调拨。

代总行保管金银的分行之间调拨金银，只作金银实物的转移，没有账务划转。双方凭总行签发的调拨通知办理调拨手续。

调出行凭调拨通知，经审查调入行介绍信及领取人身份证无误后，填制第一、四联"调拨金银计价单"（不计价，不填金额）和金银明细表及两联"代总行保管金银寄存证"，在寄存证上注明调入行行名。将第一联计价单和金银明细表连同实物交调入行；第四联经调入行领取人签章后凭以填制"金银入库票"并附一联寄存证，登记"代总行保管金银库存簿"，另一联寄存证作调出报告寄总行。

调入行凭持回的计价单第一联和实物明细表核对实物，填制金银入库票办理入库，同时填制"代总行保管金银寄存证"两联，注明调出行行名。以一联寄存证作计价单附件，登记代总行保管金银库存簿，另一联代调入报告寄总行。

总行收到调出行和调入行的寄存证，经核对无误后，凭以记载有关分户账及明细账。

4. 联行调拨价的调整。

联行调拨价调整时，对库存结余升（降）值款项应办理上划手续。当收到新的调拨价后，应按规定时间将用于配售而未用完的库存净值作升（降）值调整。在调整前，应先将配售金银账与金银库存簿核对相符，然后填制两联"联行调拨差价计价单"和特种转账借、贷方传票各一联，将计价单分别作为特种转账传票的附件，登记金银科目账，同时向上级行划款。

升值时，会计分录为：

　　借：贵金属——××户

　　　　贷：联行往账（或分行辖内往来）

降值时，会计分录与升值时相反。

升（降）值款项在一个月内，由分行汇总上划总行，上划时在划款报单下附一联"联行调拨计价单"。

五、储备金饰品业务的核算

国家拨出一定数量的黄金，加工成金饰品，销售给人民群众。对于这部分业务，必须做好储备与销售的有关核算工作。

各行调入储备金饰品，应按储备金饰品调拨价及时将价款上划。具体核算手续同金银调拨业务。会计部门作账务处理时，会计分录为：

借：储备金饰品——储备金饰品户
　贷：联行往账（或分行辖内往来）

分行批发储备金饰品时，应填制"配售金银计价单"一至三联（第四联不填），"种类"栏写明储备金饰品，按储备金饰品调拨价计算价款。在款项收妥后，计价单第一联连同实物交购买单位；第二联出纳部门留存，凭以填制金银出库票，登记储备金饰品库存簿；第三联作贷方传票，会计分录为：

借：××存款——××单位户
　贷：储备金饰品——储备金饰品户

六、金银业务费用与损益的核算

（一）金银业务费用的核算

金银业务费用是经营金银业务过程中发生的有关费用。除由总行直接拨付有关部门的以外，还包括人民银行办理金银业务过程中的运输费、包装费、差旅费，委托商业银行代办金银业务的手续费，银行冶炼厂的金银提炼费，公安、海关、工商行政等部门交售缉私罚没金银的办案经费补助，清退查抄金银补差等。

银行经营金银业务中发生的各项费用，分别在贵金属科目下分设不同的费用账户，如"金银运杂费"、"委托商业银行代理费"、"金银提炼费"、"办案经费补助"、"清退查抄金银补差"等账户。各项费用发生后，除由人民银行总行直接拨付有关部门的以外，均由业务发生的各行预先垫付，年终上划总行。费用发生时，会计分录为：

借：贵金属——××费用户
　贷：××科目

年终各行将各项金银业务费用汇总逐级上划总行，由总行统一核算经营成本。年终各行上划费用时，会计分录为：

借：联行往账（或分行辖内往来）
　贷：贵金属——××费用户

（二）金银业务损益的核算

金银在收购入库后，在上售、调拨、配售、运输等过程中，可能出现纯重量升降等情况，各行应定期检查库存，并对在金银并包、上售验收、送厂熔炼等过程中发生的重量升降，及时查明原因，按规定区别处理。

对属于正常升降的纯重，通过"营业收入"和"营业支出"科目核算。在"营业收入"科目下设置"金银业务收入"账户用于记载和反映金银正常上升的纯重；在"营业支出"科目下设置"金银业务支出"账户用于记载和反映金银正常下降的纯重。

正常升重时，会计分录为：

借：贵金属——××户

　　贷：营业收入——金银业务收入户

正常降重时，会计分录为：

借：营业支出——金银业务支出户

　　贷：贵金属——××户

对属于丢失、短缺的数量较大或有可疑现象等非正常纯重降重，应先在"其他应收款"科目中记录，待查清原因后再作处理。

各行营业收入科目的"金银买卖收入"账户与"金银业务收入"账户，营业支出科目的"金银业务支出"账户，其年末余额在年终决算时，都随同各科目一并结转"损益"（或本年利润）科目。结转会计分录参见第十四章。

关键名词

（1）现金出纳业务　　　　（2）出纳错款

复习思考题

（1）贯彻现金出纳工作原则与维护现金和金银物品安全的关系是什么？
（2）日常现金出纳中怎样体现核算的基本要求？
（3）简述现金收付业务的记账原则及账务处理。
（4）什么是出纳长款和短款？简述其账务处理过程。
（5）简述商业银行向央行提取和交存现金的核算。
（6）简述金银收购和配售业务的核算。

第十章 外汇业务

本章的主要内容是商业银行外汇业务的会计处理。我们首先介绍了外汇业务的相关概念和记账方法,然后依次介绍了商业银行外汇买卖、外汇存款、外汇贷款、国际汇兑和外汇结算等业务的基本内容及其会计核算。其中:外汇买卖业务主要包括结售汇业务、自营及代客外汇买卖业务和套汇业务;外汇存款业务包括单位外汇存款业务和个人外汇存款业务;外汇贷款业务包括现汇贷款、买方信贷、进出口押汇、打包贷款和银团贷款等业务;国际汇兑业务包括汇出国外汇款业务和国外汇入汇款业务;外汇结算业务包括出口外汇结算业务、进口外汇结算业务和联行外汇往来等。

第一节 外汇业务概述

当今世界经济日益全球化,金融自由化浪潮席卷全球。金融机构的业务活动中,外汇业务所占的比重日益提高,外汇业务的重要性日益增强。我们将在本章学习金融企业外汇业务的会计核算。在此之前,必须首先了解金融机构特别是商业银行外汇业务的基本情况。

一、外汇和汇率

(一) 外汇的概念及其分类

根据 1997 年修订的《中华人民共和国外汇管理条例》的规定,外汇是指可以用作国际清偿的支付手段和资产,包括外国货币、外汇支付凭证、外币有价证券、特别提款权、欧洲货币单位以及其他外汇资产。

外国货币包括外国的纸币和铸币。外汇支付凭证包括票据、银行存款凭证和邮政储蓄凭证。外币有价证券包括政府债券、公司债券和股票等。特别提款权是国际货币基金组织(IMF)创设的一种用于会员国之间结算国际收支逆差的储备资产。欧洲货币单位是由欧洲货币体系成员国的货币构成的综合货币单位。其他外汇资产是指除上述项目以外的可用作国际清偿的支付手段和资产,如黄金、旅行支票等。

根据各国和地区货币在国际清偿中的不同特点,外汇分为自由外汇和记账外汇。自由外汇是指不需发行国和地区外汇管理当局的批准就可以在国际货币市场上自由兑换、自由转让的外币和支付凭证。目前世界上使用最广泛的可自由兑换外币有美元、日元、英镑、欧元、港币等。记账外汇是指不经发行国批准就不能自由兑换成其他国家货币或对第三者支付的外汇，又称协定外汇或双边外汇，主要用于友好国家之间或外汇短缺国家之间。

(二) 汇率的概念及其分类

汇率是一国货币和另一国货币相互折算的比率，即以一国货币表示另一国货币的价格，又称外汇牌价、汇价或外汇行市。汇率有两种标示方法：直接标价法和间接标价法。前者是以一定单位的外国货币为标准折算成若干单位的本国货币来表示的汇率，后者则是以一定的本国货币为标准折算成若干单位的外国货币来表示的汇率。除美国和英国等极少数国家的汇率采用间接标价法以外，世界上绝大多数国家的汇率都是采用直接标价法。依据不同的标准，汇率可进行如下基本分类：

1. 基本汇率和套算汇率。基本汇率是本国货币与基准货币或关键货币的兑换率。关键货币一般是各国国际收支中使用最多的货币，也往往是本国外汇储备中比重最大的货币。关键货币一般是国际上普遍接受的可兑换货币，各国一般选择美元作为关键货币，并以本国货币和美元之间的兑换率作为基本汇率。套算汇率则是根据基本汇率计算的本国货币和其他国家货币的兑换率。例如，假设人民币对美元的汇率是 USD 1=RMB 8.3，美元对英镑的汇率为 GBP 1=USD 1.4，则人民币与英镑的套算汇率为 GBP 1= RMB 11.62（1.4×8.3）。

2. 买入汇率、卖出汇率和中间汇率。买入汇率又称买入价，是银行买入外汇时所使用的汇率。卖出汇率又称卖出价，是指银行卖出外汇时所使用的汇率。买入价一般低于卖出价，银行借以赚取差价。银行买卖外汇的差价（简称汇差）不得超出一定的范围，国际上规定为 1‰~5‰。买入汇率又分为钞买价和汇买价，钞买价是外汇指定银行买入外汇现钞时所使用的汇率，汇买价则是外汇指定银行买入外汇现汇时所采用的汇率。由于外币现钞不能在本国境内作为国际支付手段，银行收兑外钞后，必须将现钞运至其发行国或伦敦等国际金融中心收账或出售，并要支付运费、保险费等，这些费用都要从买入现钞汇率中扣除，因此外币现钞的买入价要低于汇买价。同样地，卖出汇率也分为钞卖价和汇卖价，因为二者相等，人民银行只公布汇卖价。买入价和卖出价的算术平均数就是中间汇率，又称中间价。中国人民银行公布的人民币外汇牌价同时列示买入价（汇买价）、卖出价（汇卖价）、中间价和钞买价。

3. 即期汇率和远期汇率。即期汇率是指在买卖成交后的两个营业日内办理交割所使用的汇率，远期汇率是指买卖双方约定在未来一定日期（两个交易日以后）进行外汇交割所用的汇率。某一时点的远期汇率和即期汇率一般不等，二者的差额称为远期外汇升水或远期外汇贴水。如果采用直接标价法，远期外汇升水是指远期汇率高于即期汇率的差额，远期外汇贴水则是指远期汇率低于即期汇率的差额。间接标价法下,远期外汇升贴水的计算正好相反。

各国的汇率制度主要有固定汇率制和浮动汇率制。固定汇率制是货币当局把本国货币对其他货币的汇率基本上固定下来,其波动幅度控制在一定的范围之内。浮动汇率制是指两国货币之间的汇率由外汇市场的供求状况自发决定的汇率制度,按照国家是否对汇率加以必要管理,浮动汇率制又分为管理浮动汇率制和自由浮动汇率制。根据中国人民银行发布的《关于进一步改革外汇管理体制的公告》,自1994年1月1日起,我国取消外汇留成,将两种汇率并轨,实行以市场供求为基础、单一的、有管理的浮动汇率制度。

二、外汇业务的概念、内容和特点

(一) 外汇业务的概念

外汇业务就是具有相关资格的银行和其他金融机构所从事的与外汇交易及其结算相关的业务。与外汇业务紧密相关的一个概念是外币业务,二者经常被混淆。外币业务在会计上有特殊的含义,因为"外币"在会计上并不是"外国货币"的意思,而应该理解为"功能货币①以外的货币"。"外币"是一个取决于经济环境的相对概念,外币业务则是企业发生的以功能货币以外的货币计价结算的业务。外币业务的会计问题主要是由于汇率变动带来的外币折算损益的会计处理问题和外币财务报表的折算问题。如果抛开会计上的特殊含义,外币业务应该包含于外汇业务之中,因为外币仅仅是外汇资产的一种。除此之外,外币业务是开放经济中的所有企业都有可能发生的,包括一般工商企业和金融企业;外汇业务则只有具备一定资格、经过严格审批的银行和其他金融机构才能从事。一般工商企业的外币业务主要是由于国际贸易和国际投资活动而产生的,而金融企业的外币业务则主要是基于信用关系而产生的。

(二) 外汇业务的内容

银行和非银行金融机构外汇业务的范围有所不同。根据《银行外汇业务管理规定》,银行的外汇业务范围包括:(1)外汇存款;(2)外汇汇款;(3)外汇贷款;(4)外汇借款;(5)发行或代理发行股票以外的外币有价证券;(6)外汇票据的承兑和贴现;(7)外汇投资;(8)买卖或代理买卖股票以外的外币有价证券;(9)自营或代客外币买卖;(10)外币兑换;(11)外汇担保;(12)贸易、非贸易外汇结算;(13)资信调查、咨询、鉴证业务;(14)国家外汇管理局批准的其他外汇业务。

---

① 编者注:"功能货币"是美国财务会计准则委员会第52号公告(SFAS No.52)中提出的概念,指会计实体在其从事经营活动的经济环境中所使用的主要货币,功能货币一般是会计实体所在国的货币,但并不必然是所在国的货币。

根据《非银行金融机构外汇业务管理规定》，非银行金融机构的外汇业务范围包括：(1) 外汇信托存款；(2) 外汇信托放款；(3) 外汇信托投资；(4) 外汇借款；(5) 外汇同业拆借；(6) 外汇存款；(7) 外汇放款；(8) 发行或代理发行外币有价证券；(9) 买卖或代理买卖外币有价证券；(10) 自营或代客外币买卖；(11) 外汇投资；(12) 外汇租赁；(13) 外汇保险；(14) 外汇担保；(15) 资信调查、咨询、鉴证业务；(16) 国家外汇管理局批准的其他外汇业务。

限于篇幅，在本章我们主要介绍商业银行的主要外汇业务及其会计核算。

(三) 外汇业务的特点

外汇业务是商业银行的一项国际业务，和国内业务相比，它具有如下特点：(1) 外汇业务涉及到不同国家的货币及其相互间的兑换；(2) 外汇业务在金融管理和业务标准方面要符合国际惯例；(3) 外汇业务要求具有完善的信息系统和高度灵活的经营管理机制；(4) 外汇业务风险性较大，主要需要解决汇率风险和利率风险；(5) 外汇业务牵涉到国内外的多个交易主体和监管机构，种类繁多、内容复杂；(6) 办理外汇业务要求拥有广泛的代理行关系并在海外设有分支机构。

三、外汇业务会计核算的记账方法

根据财政部 2001 年 11 月 27 日颁布的《金融企业会计制度》第 104 条的规定，有外币业务的金融企业，日常核算可以按照该制度采用外币统账制或外币分账制核算。外汇统账制的核算比较简单，外汇分账制则比较复杂。下面，我们对这两种外汇记账方法分别予以介绍。

(一) 外汇分账制

外汇分账制又称原币记账法，是指在外汇业务发生时，凡是有人民币外汇牌价的外币，都按照原币填制凭证、登记账簿、编制报表，而不是按汇率折成本位币记账，以全面反映各种外币资金增减变动情况。这种记账方法的要点有：

1. 以各种原币分别设账，即本币与各种外币分账核算。所谓分账，是指各种外币都自成一套独立的账务系统，平时每一种分账货币都按照原币金额填制凭证、登记账簿、编制报表，无论境内或港澳及国外银行间进行外汇划转，均应填制原币报单，记原币账，如实反映各种外币的数量和价值。

2. 设置"外币买卖"科目，以联系和平衡不同货币之间的账务。外汇业务是经营、管理外汇资金的活动，外汇业务的会计核算，既要以不同外币单位计算各种货币价值，又要通过一定的汇率反映相应的等值本币。为了不同货币之间的换算和保证各种分账货币保持各自账务系统的完整和相对独立性，当外币与本币或其他外币兑换时，都通过"外币买卖"科目进行核算。"外币买卖"是为了实现外汇分账制而特设的一个科目，它在不同货币账务中起到相互联系和平衡作用，使各种外币资金运动与本币资金占用情况有机地、紧密地联系起来。外币买卖科目的具体应用及其凭证、账簿格式，我们将在下一节详细介绍。

3. 年终并表，以本币统一反映财务状况和经营成果。年终决算时，各种分账货币，分别编制各自的资产负债表。各外币资产负债表按照年终外汇牌价折合人民币，然后与原人民币资产负债表汇总合并成统一的资产负债表。《金融企业会计制度》第104条规定："期末，金融企业应将以原币编制的财务会计报告，折算为人民币。具体折算方法如下：资产负债表，除权益类项目外，其他项目按照期末汇率折合为人民币；权益类项目按照历史汇率折合为人民币。不同汇率之间形成的差额，作为外币折算差额单列项目反映。"

外汇分账制方法虽然复杂，但可以具体、全面地反映各种外汇资金的增减变化及余缺，便于外汇头寸调拨和外汇风险管理，因此商业银行一般都采用外汇分账制核算外汇业务。

（二）外汇统账制

外汇统账制又称本币记账法，就是在每一笔外币业务发生时，对涉及的外国货币，均按一定的比价折合成本位币记账的一种记账方法。《金融企业会计制度》第105条规定："采用外币统账制核算的金融企业，应分别记账本位币和各种外币进行明细核算。金融企业发生外币业务时，应当将有关外币金额折合为记账本位币记账。"

按照外币折算为本位币时所采用的折算汇率的不同，外汇统账制可分为"时价法"和"定价法"两种。

1. 时价法。时价法又称市价法，它是指在外币业务发生时，将有关外币均按照当时的外币与本国货币的汇率折合本位币直接记账，而不需通过"外币买卖"科目核算。到年终决算时，再按照决算日汇率，将各外币资产负债的余额，另行折合成本币，与账上原有的本币余额进行比较，所得的借贷差额，即为汇兑损益。

2. 定价法。定价法又称固定汇率法，它指发生外币业务时，首先确定每种外币折合为人民币的固定汇率，即确定记账汇率，并将有关的外币按记账汇率折合为人民币，通过"外币买卖"科目取得会计分录的平衡，据以入账，并不考虑真实汇率。到年终决算时，再按照决算日汇率，将各种外币折合为本币，与各外币资产负债有关科目及外币买卖科目本币户余额比较，所得差额，即为汇兑损益。《金融企业会计制度》第105条规定："……（采用外汇统账制的金融企业，笔者注）除另有规定外，所有与外币业务有关的账户，应当采用业务发生时的汇率，或业务发生当期期初的汇率折合。"可见，我国金融企业会计制度允许采用的定价法固定汇率只能是业务发生当期期初的汇率。

外汇统账制记账法手续虽然比较简单，只设立一种账簿，但不能反映各种外币的增减变动和结存情况，不便于外汇资金的调拨运用与管理。

第二节 外汇买卖业务的核算

一、外汇买卖业务的概念和分类

外汇买卖也称外汇交易。在国际金融市场上,是指两种可自由兑换货币之间的兑换。它是由于国际间的贸易或资本流动带来的外汇结算产生的。我国外汇指定银行目前的临柜业务中常见的外汇买卖业务有以下几种:

1. 结汇:境内机构将各类外汇收入按照银行挂牌汇率结售给外汇指定银行,银行购入外汇时付给相应的人民币。利息找零业务比照结汇业务。

2. 售汇:境内机构经常项目下正常对外支付的外汇,持有关有效凭证,用人民币到外汇指定银行办理兑付。银行收进人民币,付给等值外币。

3. 钞买汇卖:银行从客户手中买入外币现钞,卖给客户外币现汇。

4. 外汇套汇:当客户拥有的某种外汇与支付所需的外汇币种不一致时,要求银行予以兑换。银行按照挂牌人民币汇率的买入价买入该外汇,按卖出价卖出另一外汇。

5. 代客外汇买卖:银行接受客户委托,代委托方在国际金融市场上做外汇买卖。

下面,我们主要介绍商业银行结售汇、自营及代客外汇买卖、套汇这几种外汇买卖业务及其会计核算。由于外汇买卖业务的会计核算必须通过"外币买卖"科目进行,我们首先介绍"外币买卖"科目的设置与运用。

二、"外币买卖"科目的设置与运用

(一)"外币买卖"科目的性质

"外币买卖"科目属于资产负债共同类科目。当买入外汇时,借记有关科目(外币),贷记"外币买卖"科目(外币);相应付出本币时,借记"外币买卖"科目(本币),贷记有关科目(本币)。当卖出外汇时,借记"外币买卖"科目(外币),贷记有关科目(外币);相应借记有关科目(本币),贷记"外币买卖"科目(本币)。在填制会计凭证、编制会计分录、登记账簿时,"外币买卖"科目下外币和本币均应完整地加以反映。

(二)"外币买卖"凭证的格式

"外币买卖"科目的凭证分为"外币买卖"科目借方传票和"外币买卖"贷方传票两种,其基本格式为一式三联套写传票。当买入外汇时,填制外币买卖贷方传票,第一联为买入外汇记账凭证,记账方向为贷方(见表10-1);第二联为人民币记账凭证,记账方向为借方,其他结构与第一联相同;第三联为外币买卖统计

卡。当卖出外汇时，应填制外币买卖借方传票，第一、二联分别为外汇和人民币的记账凭证，记账方向分别为借方和贷方；第三联为外币买卖统计卡。

表 10-1　外币买卖贷方传票（第一联）　　**中国××银行**
外币买卖贷方传票　　传票编号：
（贷）外币买卖　　　　　　　　　　　年　月　日　　　　对方科目：

外币金额	行　市	人民币金额
摘　要			

会计：　　　复核：　　　出纳：　　　记账：　　　经办：

（三）"外币买卖"账簿的设置

"外币买卖"科目设置总账和分户账两类账簿。"外币买卖"分户账是一种特定格式的账簿，它把本币和外币金额记在同一张账页上，账页格式由买入、卖出、结余三栏组成；买入、卖出栏又各由外币、汇率和本币三栏组成。买入栏外币为贷方，本币为借方；卖出栏外币为借方，本币为贷方。结余栏则设借或贷外币，借或贷本币两栏。其格式如表 10-2 所示。

表 10-2　外币买卖科目分户账　　**中国××银行**
外币买卖分户账

货币：　　　　　　　　　　　账户：　　　　　　　　　第　页共　页

年		摘要	买入			卖出			结余				复核
月	日		外币（贷）金额	行市	本位币（借）金额	外币（借）金额	行市	本位币（贷）金额	外币金额	借或贷	本位币金额	借或贷	

关于"外币买卖"账簿，我们做如下说明：

1. "外币买卖"账簿的记账依据是"外币买卖"借方传票或贷方传票。"外币买卖"传票是多联套写凭证，其中外币联和本币联格式和内容都相同（仅"外币买卖"借贷方不一样），故记账时凭"外币买卖"科目外币联凭证记账即可。

2. "外币买卖"科目总账采用一般总账格式，按各币种分别设置。营业终了时，根据各币种"外币买卖"科目日结单借贷方发生额填写，然后根据上日余额加减本日发生额分别计算本日余额，记入余额栏。

3. "外币买卖"账簿的填写方法与基本勾稽关系。"外币买卖"分户账买入栏根据"外币买卖"贷方传票填写，将"外币买卖"贷方传票外币金额、人民币金额、行市依次填入"外币买卖"分户账买入栏"外币（贷）"项、"本位币（借）"项和"行市"项。"外币买卖"分户账卖出栏根据"外币买卖"借方传票填写，将"外币买卖"借方传票外币金额、人民币、行市依次过入"外币买卖"分户账卖出栏"外币（借）"项、"本位币（贷）"项和"行市"项。上述项目的基本勾稽关系为：

买入外币（贷方）×行市＝本币借方
卖出外币（借方）×行市＝本币贷方

如果买入外币数大于卖出外币数，则以买入外币（贷）项数减去卖出外币（借）项数，余额填入结余栏"外币"项，同时将相应"借或贷"项标记为贷；本币则以买入栏本币（借）减去卖出栏本币（贷），余额填入结余栏"本位币"项，同时将相应"借或贷"项标记为借。卖出外币数大于买入外币数的情形下，结余栏的填写与上述过程正好相反。

4. "外币买卖"账簿与外币资金头寸管理。有了"外币买卖"账簿，银行检查某一外币资金余缺，只需看"外币买卖"科目余额在哪一方。如外币账户的余额在贷方，则表明该货币买入大于卖出，即为"多头"；如外币账户的余额在借方，则表明该外币卖出多于买入，即为"空头"。银行对外币资金头寸的掌握，直接影响到银行外汇风险损失的规避。如果外币头寸有富余（多头），则要设法拆借出去，以避免利息损失；反之，如果外币头寸短缺（空头），则应拆进头寸以备付。

（四）"外币买卖"科目应用举例

"外币买卖"科目主要用于核算商业银行经营的外汇结售汇、外币兑换、套汇、自营及代客外币买卖、结售汇项下外币/本币平盘交易等外币买卖业务，其具体应用我们在下面将有详细论述。在这里，我们结合外币兑换业务，对涉及"外币买卖"科目的分录编制进行初步介绍。

1. 外币兑入。在我国，有现钞牌价的各种外币，银行经鉴别认可予以收兑，并按当日钞买价及买入金额，填写"外币兑换水单"一式四联（业务量大的行也可填制一式二联兑换水单）。第一联交持兑人，持兑人凭此可在六个月内兑还原币，并备出境时查验；第二联、第三联分别作外币贷方和人民币借方传票；第四联作统计卡。

【例1】某来华旅游者塔丽莎持交 A 行美元现钞 USD 10 000，要求兑换人民币。经鉴定认可，按规定汇率兑付人民币现金（钞买价 1∶8）。A 行凭借外汇兑换水单第二、三联记账，其会计分录为：

借：现金 USD 10 000
　　贷：外币买卖——钞买价 USD 10 000
借：外币买卖——钞买价 RMB 80 000
　　贷：现金 RMB 80 000

2. 外币兑出。凡属有外钞收兑牌价的外币，银行均可在符合有关规定的条件下办理兑出。比如私人用汇可凭出境卡和已签证的出国护照办理；短期来华的外国人及侨胞离境时，将剩余的人民币凭本人有效期内的外币兑换水单、出境证明兑回原币等。银行兑出外币时，要按照当日外汇钞卖价及卖出金额，填制一式四联"外币兑换水单"，并根据第二、三联登记入账。

【例2】　张三因出国持有关证明向银行购买美钞 USD 5 000，经审核认可，按规定汇率（钞卖价 1∶8.1）兑出美元现钞，折受人民币。银行兑出外币时的会计分录为：

借：现金 RMB 40 500
　　贷：外币买卖——钞卖价 RMB 40 500
借：外币买卖——钞卖价 USD 5 000
　　贷：现金 USD 5 000

通过例1和例2，我们可以看出，在外币买卖业务中，一笔会计分录的借方和贷方的币种不得相异。

三、外汇买卖业务的核算

（一）结售汇业务的核算

结售汇制是1994年外汇体制改革的主要内容之一，具体做法为：境内所有企事业、机关和团体（以下简称境内机构）的各种外汇收入均按照银行挂牌汇率，全部结售给外汇指定银行；实行银行售汇制，允许人民币在经常项目下有条件的兑换。在上述表述中，前者称为结汇，后者称为售汇。利息找零比照结售汇处理。

1. 结汇的会计处理。

【例3】　2002年1月8日，B行收到港澳及国外代理行发来贷记报单一份，内容为甲外贸公司××号信用证项下的美元100万货款收妥。该行按外汇管理规定予以结汇。当日的挂牌汇价是：美元汇买价 1∶8.678 3。

B行的会计分录为：

借：存放港澳及国外同业 USD 1 000 000
　　贷：外币买卖——汇买价 USD 1 000 000

借：外币买卖——汇买价　　　　　　　　　　　RMB 8 678 300
　　　　贷：活期存款——甲公司　　　　　　　　　RMB 8 678 300
　2. 售汇的会计处理。
　【例4】　2002年2月14日，乙外贸进出口公司需电付港澳及国外一笔货款美元50万元。持有关有效凭证，到B行（开户银行）申请用人民币办理兑付。经该行审查，符合外汇管理规定，同意售汇。当日人民币挂牌汇价：美元汇卖价1∶8.721 7。B行会计分录为：
　　借：活期存款——乙公司户　　　　　　　　　RMB 4 360 850
　　　　贷：外币买卖——汇卖价　　　　　　　　RMB 4 360 850
　　借：外币买卖——汇卖价　　　　　　　　　　USD 500 000
　　　　贷：汇出汇款　　　　　　　　　　　　　USD 500 000
　3. 利息找零。
　【例5】　2002年2月20日，B行支付某储户定期储蓄存款美元200元，本金和利息合计共为美元203.68元。该行缺1美元以下辅币，美元0.68按利息找零处理，以当日美元钞买价1∶8.461 3折付人民币，其会计分录为：
　　借：定期储蓄存款——××户　　　　　　　　USD 200
　　　　应付利息　　　　　　　　　　　　　　　USD 3.68
　　　　贷：现金　　　　　　　　　　　　　　　USD 203.68
　　借：现金　　　　　　　　　　　　　　　　　USD 0.68
　　　　贷：外币买卖——钞买价　　　　　　　　USD 0.68
　　借：外币买卖——钞买价　　　　　　　　　　RMB 5.75
　　　　贷：现金　　　　　　　　　　　　　　　RMB 5.75
　（二）自营及代客外汇买卖业务的核算
　1. 自营外汇买卖。自营外汇买卖是指经国家外汇管理部门批准，直接在国际金融市场上买卖外汇。自营买卖外汇的资金由银行自行解决，不再向人民银行清算，买入的外汇，属银行所有；外汇买卖的风险由银行自行承担。
　【例6】　因为英镑趋势看跌，美元趋势看涨，总行委托代理行花旗银行抛出500万英镑，购买1 000万美元。花旗银行办成了这笔交易，分别收付总行账户。总行根据花旗银行发来的借贷记电报予以转账，其会计分录为：
　　借：存放港澳及国外同业——花旗银行　　　　USD 10 000 000
　　　　贷：外币买卖——套汇专户　　　　　　　USD 10 000 000
　　借：外币买卖——套汇专户　　　　　　　　　GBP 5 000 000
　　　　贷：存放港澳及国外同业——花旗银行　　GBP 5 000 000
　设年终决算时，汇率USD 100 = RMB 800；GBP 100 = RMB 1 100，其会计分录为：

借：外币买卖——套汇专户	USD 10 000 000
贷：外币买卖	USD 10 000 000
借：外币买卖	RMB 80 000 000
贷：外币买卖	RMB 55 000 000
营业收入	RMB 25 000 000
借：外币买卖	GBP 5 000 000
贷：外币买卖——套汇专户	GBP 5 000 000

2. 代客外汇买卖。代客外汇买卖业务主要是指总行接受分（支）行或客户的委托，代其在国际金融市场上买卖外汇，将某一币种外汇兑换成另一币种的外汇。其目的，一方面是解决对某一币种外汇的需要；另一方面是避免和减少某一币种外汇的汇率风险，并把这一汇率风险转移到国际金融市场上去。

【例7】 2002年3月8日，C行接受丙公司申请，通过总行代其用100万美元在伦敦外汇市场上购买英镑，汇价 GBP 1=USD 1.513 8，美元从该公司在银行账户上支付，所购英镑划入该公司在银行的英镑账户上，银行按标准向客户收手续费。买入英镑数：

1 000 000÷1.513 8=660 589.25（GBP）

经办行接到总行清算中心电传后，作会计分录为：

借：活期存款——丙公司户	USD 1 000 000
贷：存放系统内款项——总行户	USD 1 000 000
借：存放系统内款项——总行户	GBP 660 589.25
贷：活期存款——丙公司户	GBP 660 589.25

手续费分录略。

（三）套汇业务的核算

国际金融所谓的"套汇"，是指在同一时期内，两个外汇市场，同样两种货币的汇率由于供求关系不同而发生差异，这种差异到一定程度时，对一种货币在汇价较低的市场买进，在汇价较高的市场卖出，可获得差额利益，就是"套汇"。"套汇"活动，使空间分隔的两个市场上的汇率趋于一致。

外汇会计所指的"套汇"，是指银行根据客户的要求，将一种外汇（外币）兑换成另一种外汇（外币）的外币买卖业务。在我国，两种不同外币之间没有直接比价。一种外汇要兑换成另一种外汇，必须通过人民币折算。我们这里讨论的套汇，其目的不是为了获利，而是为了便于国际结算而进行的外汇套算或折算。

1. 两种外汇之间的套汇，即以一种外汇兑换成另一种外汇。

【例8】 某外商投资企业有现汇活期存款美元100 000元，要求兑换成港币现汇，入港币现汇活期存款户，以备支付货款。银行按美元汇买价买入美元，按港币汇卖价卖出港币。当天的人民币牌价为：美元汇买价1：8.633 6，港币的汇卖价为 1∶1.139 4。会计分录为：

借：活期存款——某外商投资企业户　　　　　USD 100 000
　贷：外币买卖——汇买价　　　　　　　　　　USD 100 000
借：外币买卖——汇买价　　　　　　　　　　RMB 863 360
　贷：外币买卖——汇卖价　　　　　　　　　　RMB 863 360
借：外币买卖——汇卖价　　　　　　　　　　HKD 757 732.14
　贷：活期存款——某外商投资企业户　　　　　HKD 757 732.14

2. 现钞与现汇之间的套汇。

【例9】　某外商投资企业交存美元现钞 10 000，该款项系出售样品款，已经外汇管理部门批准兑换成美元现汇入该公司美元现汇活期户。银行按美元钞买价买入美元现钞，按美元汇卖价卖出美元现汇。当天的人民币外汇牌价是：美元现汇卖出价为 1∶8.653 7，美元现钞买入价是 1∶8.612 5。会计分录为：

借：现金　　　　　　　　　　　　　　　　　USD 10 000
　贷：外币买卖——钞买价　　　　　　　　　　USD 10 000
借：外币买卖——钞买价　　　　　　　　　　RMB 86 125
　贷：外币买卖——汇卖价　　　　　　　　　　RMB 86 125
借：外币买卖——汇卖价　　　　　　　　　　USD 9 952.39
　贷：活期存款——某外商投资企业户　　　　　USD 9 952.39

第三节　外汇存款业务的核算

一、外汇存款业务概述

外汇存款是银行外汇资金的主要来源之一。外汇存款业务是银行经营的一种主要业务，它是指单位或个人将其所持有的外汇资金存入银行，并于以后随时或约定期限支取的一种业务。外汇存款的资金来源包括：国外汇入汇款、自由兑换外币、外币票据等。

为了加强外汇资金的管理和外汇存款的核算，必须将外汇存款按一定的标准进行分类，常见的分类方法有：

1. 按存款对象，可分为单位外汇存款和个人外汇存款两种，其中个人是指外籍人员、侨胞和国内居民。

2. 按币种，外汇存款可分为美元、港币、英镑、日元、欧元等十来种外币存款，其他可自由兑换的外币存入，可按存入日的外汇牌价套算成上述币种存入。

3. 按存款的期限，外汇存款可分为定期（储蓄）存款和活期（储蓄）存款两种，其中定期存款的存期有 3 个月、半年、1 年和 2 年四档。

4. 按存入的资金形态,外汇存款可分为现汇户和现钞户两种。单位外汇存款必须为现汇户;个人存款既有现汇户,也有现钞户。

5. 按存取方式,外汇存款可分为支票户和存折户两种。单位外汇存款既有支票户,又有存折户;而多数银行只开办个人外汇存款存折户。

下面,我们从单位外汇存款和个人外汇存款两方面介绍外汇存款的存、取、利息计付等环节的核算。

二、单位外汇存款业务的核算

单位外汇活期存款设支票户和存折户两种。对于支票户存款,存入时用送款单,支取时用支票。存折户存款,存入时用存款凭条,支取时用取款凭条,并将存折一并交与银行办理存取款手续。

单位申请外汇定期存款时,凡从存款单位的外汇活期存款账户转存,或由汇入汇款或其他款项转存的,银行可按单位要求办理开户手续,开给外汇定期存款单;凡单位事前没有开立活期存款账户而办理定期存款的,单位应按照有关开户规定,申请办理开户手续,经银行审查同意后,为其开户,填发外汇定期存款单。单位外汇定期存款应根据有关凭证登记开销户登记簿。

单位活期外汇存款的起存金额为不低于本币 1 000 元的等值外汇;定期存款的起存金额为不低于本币 10 000 元的等值外汇。单位外汇存款的使用范围包括:(1)可汇往境内外;(2)可按现汇买入价兑换本币;(3)可转入其他账户;(4)根据需要,经银行同意后按规定换取少量外币现金;(5)可购买旅行支票。

单位外汇存款的会计核算主要包括存入、支取、计息的会计处理。

(一)存入时的会计处理

1. 以外币现钞存入。单位外汇活期或定期存款一般为现汇账户,存入时应按存入日的现钞买入价和同种货币现汇卖出价折算入账。

【例 10】 某单位持现钞 10 000 港币存入活期存款账户。当天港币钞买价为 HKD100 = RMB 103.58,港币汇卖价为 HKD100 = RMB 106.76,其会计分录为:

借:现金 HKD10 000
　　贷:外币买卖——钞买价 HKD10 000
借:外币买卖——钞买价 RMB 10 358
　　贷:外币买卖——汇卖价 RMB 10 358
借:外币买卖——汇卖价 HKD 9 702.14
　　贷:外汇活期存款——某单位户 HKD 9 702.14

2. 直接以国外收汇或国内转汇存入。以国外收汇或国内转汇存入时,银行根据收到的 SWIFT 报文和转账收款通知,审核编制收款凭证一式两联,将收款凭证第一联通知存款单位,第二联作贷记凭证据以记账。

如存款单位以汇入原币存入，其会计分录为：
借：汇入汇款或有关科目（外币）
　　贷：外汇活（定）期存款——××户（外币）
如汇入币种与存入币种不同时，则按当天外汇汇价折算入账，其会计分录为：
借：汇入汇款或有关科目（外币）
　　贷：外币买卖——汇买价（外币）
借：外币买卖——汇买价（本币）
　　贷：外币买卖——汇卖价（本币）
借：外币买卖——汇卖价（外币）
　　贷：外汇活（定）期存款——××户（外币）
如境内机构转汇存入，其会计分录为：
借：全国联行外汇往来（外币）
　　贷：外汇活（定）期存款——××户（外币）

（二）支取时的会计处理

1. 从现汇账户支取原币现钞时，经银行做汇买钞卖套汇后，支取原币现钞，其会计分录为：
借：外汇活期存款——××户（外币）
　　贷：外币买卖——汇买价（外币）
借：外币买卖——汇买价（本币）
　　贷：外币买卖——钞卖价（本币）
借：外币买卖——钞卖价（外币）
　　贷：现金（外币）

外汇定期存款到期或提前支取时，不得直接提取现金，只能转入活期存款后从活期存款中支取。

2. 以原币汇往国外或国内异地时，其会计分录为：
借：外汇活期存款——××户（外币）
　　贷：汇出汇款或全国联行外汇往来等有关科目（外币）

凡汇款应按规定的收费标准收取本币或等值外汇手续费。

3. 支取货币与原存款货币不同时，经银行做汇买汇卖套汇后办理，其会计分录为：
借：外汇活期存款——××户（外币）
　　贷：外币买卖——汇买价（外币）
借：外币买卖——汇买价（本币）
　　贷：外币买卖——汇卖价（本币）
借：外币买卖——汇卖价（外币）
　　贷：汇出汇款或全国联行外汇往来等有关科目（外币）

4. 从活期存款账户转存定期存款。银行办理转存业务时，凭存款单位开立的转账支票办理，其会计分录为：

借：外汇活期存款——××户（外币）
　　贷：外汇定期存款——××户（外币）

5. 从定期存款账户转存活期存款。定期存款到期或提前支取办理转存活期时，存款单位应向银行提交外汇定期存款单、进账单及有关证明文件。银行计付利息后连同本金一并办理转存，其会计分录为：

借：外汇定期存款——××户（外币）
　　应付利息（外币）
　　利息支出——定期存款利息支出户（外币）
　　贷：外汇活期存款——××户

(三) 利息的计算与会计处理

1. 计息方法。

(1) 单位外汇活期存款利息，采用余额表按季计息。每季末 20 日为结息日，结息后以原币入账。季末 21 日至当月月末的利息并入下季计算。清户的利息按实存金额及天数计算。

(2) 单位外汇定期存款利息，按整年整月计息，不足 1 年或 1 月的零头天数折算成日息计算。

2. 利息的会计处理。

(1) 单位外汇活期存款结息，其会计分录为：

借：利息支出——活期存款利息支出户（外币）
　　贷：外汇活期存款——××户（外币）

(2) 单位外汇定期存款在结息日计算应付利息，其会计分录为：

借：利息支出——定期存款利息支出户（外币）
　　贷：应付利息（外币）

(3) 单位外汇定期存款到期时，由存款单位凭存单、预留签章或其他约定方式向银行支取本息时，先将定期存款转作活期存款，会计分录的编制请参照存款支取中相关内容。

三、个人外汇存款的核算

个人外汇存款的对象为个人，凡居住在国外或港澳台地区的外国人、外籍华人、华侨、港澳台同胞、短期来华旅游者、居住在中国境内的驻华使领馆外交官、驻华代表机构外籍人员、外国专家学者、海员、留学生、实习生等外国人士，以及按国家规定允许将外汇留存的居住在国内的中国人，均可以本人的名义在银行开立乙种外汇存款账户。丙种外汇存款的对象为中国境内的居民，包括归侨、侨眷和港澳台同胞的亲属。

外汇存款按存取期限方式的不同，可分为定期存款和活期存款两种。活期存款为存折户，可随时存取。定期存款为记名式存单，可分为 1 个月、3 个月、半年、1 年和 2 年等多种档数，采取一次存入，整存整取。

个人外汇存款的存款账户按存入的资金形态，分为现汇户和现钞户两种。现汇户是指由港澳及国外汇入的外汇或携入的外币票据转存存款的账户；现钞户是指存款人从港澳及国外携入或持有可自由兑换的外币现钞存款的账户。银行可根据存款人存入的资金形态及存款人的要求，开立现汇账户或现钞账户。

活期存款的起存金额为不低于人民币 20 元的等值外汇；定期存款的起存金额为不低于人民币 50 元的等值外汇。

个人外汇存款的申请人开立定期或活期外币储蓄存款账户时，应填写存款凭条，提供身份证明，并应书面约定存取方式。如书面约定凭印鉴支取，需预留印鉴。由港澳及国外直接汇款转存时，应附开户内容，约定存单或存折的处理办法和取款手续，银行按约定要求办理。

个人外汇存款的存款人支取外币储蓄存款，须凭存折、存单、预留印鉴或书面约定的支取方式办理支取。支取时，需填写取款凭条。外币定期储蓄存款为记名式存单，到期支取；如提前支取，需凭存款人身份证或有关单位的证明办理。外币储蓄存款可约定自动转存。

（一）存入时的会计处理

1. 存款人将外币现钞存入现钞户，其会计分录为：

借：现金（外币）
　　贷：个人外汇活（定）期存款——××户（外币）

2. 以外币现钞存入现汇户，其会计分录为：

借：现金（外币）
　　贷：外币买卖——钞买价（外币）
借：外币买卖——钞买价（人民币）
　　贷：外币买卖——汇卖价（人民币）
借：外币买卖——汇卖价（外币）
　　贷：个人外汇活（定）期存款——××户（外币）

3. 以转账方式存入，其会计分录为：

借：存放港澳及国外同业（外币）
　　（或汇入汇款）
　　贷：个人外汇活（定）期存款——××户（外币）

（二）支取时的会计处理

个人外汇存款既可能是现钞户，也可能是现汇户。个人外汇存款的支取包括从活期外汇存款现钞户中支取现钞、汇出汇款或转存异地，从外汇活期存款现汇户中支取现钞、汇出汇款或转存异地；从定期外汇存款现钞户中支取现钞、汇出汇款或转存异地，从定期存款现汇户中支取现钞、汇出汇款或转存异地等情况。涉及现钞、现汇相互转化以及存入提取的币种不一的情形，需要通过"外币买卖"科目进行中转。活期存款的提取不涉及利息的计提问题，定期存款的提取则需要考虑已经计提的利息和应当补计的利息。上述情况限于篇幅不可能一一讲解，我们在此仅介绍如下几种情形的会计处理：

1. 从个人外币活期存款现钞账户中支取外币现钞，其会计分录为：

借：个人外汇活期存款——××户（外币）

　贷：现金（外币）

若支取的外币现钞与开户币种不同时，则会计分录为：

借：个人外汇活期存款——××户（甲外币）

　贷：外币买卖——钞买价（甲外币）

借：外币买卖——钞买价（人民币）

　贷：外币买卖——钞卖价（人民币）

借：外币买卖——钞卖价（乙外币）

　贷：现金（乙外币）

2. 从个人外币定期存款现钞账户中支取外币现钞时，计算应付存款利息，办理转账，其会计分录为：

借：个人外汇定期存款——××户（外币）

　　应付利息（外币，已提取部分）

　　利息支出——定期储蓄存款利息支出户（外币，不足部分）

　贷：现金（外币）

3. 以个人外汇存款现汇户汇往国外或转汇国内异地。

（1）办理个人外汇活期存款现汇户的汇出汇款时，其会计分录为：

借：个人外汇活期存款——××户（外币）

　贷：汇出汇款（外币）

　　　（在汇往国内异地时，则为"全国联行外汇往来"）

办理个人外汇活期存款现钞户的汇出汇款时，需要通过"外币买卖"科目进行核算。

（2）办理个人外汇定期存款现汇户的汇出汇款时，其会计分录为：

借：个人外汇定期存款——××户（外币）

　　应付利息（外币，已提取部分）

　　利息支出——定期储蓄存款利息支出户（外币，不足部分）

　贷：汇出汇款（外币）等

下面，我们对个人外汇存款的存入和支取综合举例如下：

【例11】 客户王二持外汇管理部门的批准证明，从其活期存款美元外汇账户支取 200 英镑的等值美元，申请用信汇方式汇往伦敦牛津大学交学费。客户按有关要求办妥汇款手续，交银行审核无误后，办理汇出汇款。当天美元汇买价为 USD100＝RMB 827.71，英镑汇卖价为 GBP100 ＝RMB 1 188.73。

200 英镑的等值美元为：$200 \times \frac{1\,188.73}{100} \times \frac{100}{827.71} \approx 287.23$（USD）

其会计分录为：

借：个人外汇活期存款——王二户　　　　　　　　USD 287.23
　　贷：外币买卖——汇买价　　　　　　　　　　USD 287.23
借：外币买卖——汇买价　　　　　　　　　　　　RMB 2 377.46
　　贷：外币买卖——汇卖价　　　　　　　　　　RMB 2 377.46
借：外币买卖——汇卖价　　　　　　　　　　　　GBP 200
　　贷：汇出汇款　　　　　　　　　　　　　　　GBP 200

（三）利息的计算与会计处理

1. 个人外汇活期存款利息的核算。个人外汇活期存款的结息日为每年 6 月 30 日，全年按实际天数计算，以结息日挂牌活期储蓄存款利率计付利息，其会计分录为：

借：利息支出——活期储蓄存款利息支出户（外币）
　　贷：个人外汇活期存款——××户（外币）

储户要求销户时，应随时结清利息，其会计分录为：

借：个人外汇活期存款——××户（外币）
　　利息支出——活期储蓄存款利息支出户（外币）
　　贷：现金（外币）

2. 个人外汇定期存款利息的核算。个人外汇定期存款采取到期取本付息方法。遇利率调整，仍按存入日利率计算利息；存款到期续存，按续存日利率计息；存入时未办理约定自动转存手续的，过期部分按支取日的外币活期储蓄存款利率计息；如提前支取，提前支取部分，按支取日外币活期储蓄存款利率计算，未提前支取部分，仍按原起息日、原利率计算。

个人外汇定期存款到期时，由存款人凭存单、印鉴向银行支取本息，其会计分录为：

借：个人外汇定期存款——××户（外币）
　　应付利息（外币，已提取部分）
　　利息支出——定期储蓄存款利息支出户（外币，不足部分）
　　贷：现金（外币）

第四节 外汇贷款业务的核算

一、外汇贷款业务概述

外汇贷款也称外汇放款，是银行外汇资金的主要运用形式。它是银行将外汇资金贷给具备贷款条件、需要外汇用款、能直接或间接创造外汇收入，并具有偿还能力的企业单位，以其外汇收入归还的一种贷款。外汇贷款对于支持生产和流通、扩大进出口贸易、提高创汇能力、增加国家外汇收入、加速我国市场经济的发展，具有重要意义。

外汇贷款的种类繁多，按不同的标准，可以划分为不同的类型。

1. 按外汇贷款期限的不同，外汇贷款可分为短期外汇贷款和中长期外汇贷款。

（1）短期外汇贷款。即指期限在1年以内（含1年）的外汇贷款。打包贷款、进出口押汇和票据融资是短期外汇贷款的特殊形式。

（2）中长期外汇贷款。即指期限在1年（不含1年）以上的外汇贷款。

2. 按外汇贷款利率形式的不同，可分为浮动利率贷款、固定利率贷款和优惠利率贷款。

3. 按外汇贷款发放方式的不同，可分为信用贷款、担保贷款和抵押贷款。

商业银行办理外汇贷款业务，必须遵循如下规定：(1) 应凭国家外汇管理局核发的有关开户文件办理外汇贷款账户的开立，并于贷款使用完毕或借款合同规定的偿还期限届满时办理撤销手续。(2) 外汇贷款的期限一般不超过5年；打包贷款和进出口押汇一般不超过3个月；票据融资期限自票据贴现之日起至票据到期日止，最长不得超过6个月。(3) 外汇贷款利率按现行的贷款利率政策执行。(4) 外汇贷款必须纳入统一的授信管理，对未授信的借款人一律不得发放和使用外汇贷款。(5) 外汇贷款必须专款专用，严格按用款计划和规定用途发放和使用。(6) 进口信用证和对外担保统一纳入信贷管理，按贷款管理的要求进行审批。(7) 外汇贷款过期仍不归还，银行应按规定加收贷款逾期利息。

在本节，我们主要介绍现汇贷款、买方信贷外汇贷款、进出口押汇、打包贷款和银团贷款及其会计核算。

二、现汇贷款的核算

现汇贷款是指企业根据业务需要采用信用证、托收或汇款等结算方式，在国际市场上采购适用商品，向银行申请的额度内外汇贷款或单笔外汇贷款。贷款到期，借款单位以外汇收入或其他外汇来源偿还本息。

办理现汇贷款时，借款人与银行应订立借款合同，开立外汇贷款专户及还本付息专户,并应在贷款额度范围内使用贷款,贷款货币由借款人选择,贷款期限根据业务需要而定,贷款利息以原币收取。

现汇贷款的核算主要包括贷款发放、计收利息、到期偿还三个环节。在核算中主要通过"短期外汇贷款"科目核算。该科目属资产类科目,用于核算银行经办1年以内外汇贷款的发放和收回,借方反映贷款的发放和利息转入本金,贷方反映贷款到期收回。余额反映在借方,表明贷款尚未到期。

（一）发放贷款的核算

借款单位使用现汇贷款时,应向银行填具借款申请书,经银行审批同意后,与银行订立借款契约,并据以开立外汇贷款账户。银行放款时,使用"短期外汇贷款"科目核算,按借款单位不同分设账户。银行放款时,应区别不同情况办理发放手续。

1. 贷款直接转入借款单位的外汇存款账户时,会计分录为：

借：短期外汇贷款——××户（外币）
　贷：外汇活期存款——××户（外币）

若借款单位需要以非贷款货币对外付款,其会计分录为：

借：短期外汇贷款——××户（贷款外币）
　贷：外币买卖——汇买价（贷款外币）
借：外币买卖——汇买价（本币）
　贷：外币买卖——汇卖价（本币）
借：外币买卖——汇卖价（付款外币）
　贷：外汇活期存款——××户（付款外币）

2. 当贷款单位使用贷款对外付汇时,会计分录为：

借：外汇活期存款——××户（付款外币）
　贷：存放港澳及国外同业或有关科目（付款外币）

（二）现汇贷款的计息及核算

外汇贷款的利率可以根据合同规定,采用浮动利率、固定利率和优惠利率。现汇贷款的计息天数,按公历实际天数,算头不算尾。现汇贷款根据合同规定,按季或按月结息,即每季末月20日或每月20日为规定结息日。结息时,应分别根据不同的贷款利率,算出结息期内合计应收利息,由银行填制"外汇贷款结息凭证"办理转账。结息期计收的利息,应区别不同情况进行处理。

1. 借款单位以外汇存款偿还利息,其会计分录为：

借：外汇活期存款——××户（外币）
　贷：利息收入——××贷款利息收入户（外币）

2. 将利息转为贷款本金,其会计分录为：

借：短期外汇贷款——××户（外币）

贷：利息收入——××贷款利息收入户（外币）

3. 借款单位不能主动偿还正常或逾期贷款利息，还本付息专户无足够余额时，其会计分录为：

借：应收利息（外币）
　　贷：利息收入——××贷款利息收入户（外币）

借款单位付息时，其会计分录为：

借：外汇活期存款——××户（外币）
　　贷：应收利息（外币）

（三）现汇贷款偿还的核算

借款单位使用现汇贷款，必须按期偿还，也可以提前偿还或分批偿还。借款单位在归还贷款时，应填制还款凭证交付银行，经银行核对无误后，连同应收利息办理转账。收回贷款时，应将最后一个结息日至还款日尚未计收的利息与本金一并收回。收回贷款时应区分不同情况进行处理。

1. 借款单位用外汇存款偿还贷款本息，其会计分录为：

借：外汇活期存款——××户（外币）
　　贷：短期外汇贷款——××户（外币）
　　　　利息收入——现汇贷款利息收入户（外币）

2. 借款单位经批准用本币买汇偿还贷款本息，其会计分录为：

借：活期存款——××户（本币）
　　贷：外币买卖——汇卖价（本币）
借：外币买卖——汇卖价（外币）
　　贷：短期外汇贷款——××户（外币）
　　　　利息收入——现汇贷款利息收入户（外币）

3. 借款单位用非原贷款外币存款偿还，其会计分录为：

借：外汇活期存款——××户（还款外币）
　　贷：外币买卖——汇买价（还款外币）
借：外币买卖——汇买价（本币）
　　贷：外币买卖——汇卖价（本币）
借：外币买卖——汇卖价（贷款外币）
　　贷：短期外汇贷款——××户（贷款外币）
　　　　利息收入——现汇贷款利息收入户（贷款外币）

现在，我们对现汇贷款的会计处理综合举例如下：

【例12】 某企业2002年3月18日，向银行借入港币贷款 HKD 1 000 000，期限3个月，按固定利率6%计息。银行按季计算利息，每季末20日为结息日。

3月18日贷款发放时银行的会计分录为：

借：短期外汇贷款——××户　　　　　　　　　　　　HKD 1 000 000
　　贷：外汇活期存款——××户　　　　　　　　　　　HKD 1 000 000
3月20日银行计算上述外汇贷款的利息：
贷款利息＝本金×实际贷款天数×年利率÷360
　　　　＝HKD 1 000 000×3×6%÷360
　　　　＝HKD 500
会计分录为：
借：外汇活期存款——××户
　　（或其他科目）　　　　　　　　　　　　　　　　　HKD 500
　　贷：利息收入——现汇贷款利息收入　　　　　　　　HKD 500
6月18日贷款到期时，首先计算外汇贷款的应计利息，从3月21至6月17日（算头不算尾，6月18日不计息）共89天。
贷款利息＝HKD 1 000 000×89×6%÷360≈HKD 14 833.33
会计分录为：
借：外汇活期存款——××户
　　（或其他科目）　　　　　　　　　　　　　　　　　HKD 1 014 833.33
　　贷：短期外汇贷款——××户　　　　　　　　　　　HKD 1 000 000
　　　　利息收入——外汇贷款利息收入　　　　　　　　HKD 14 833.33

三、买方信贷外汇贷款的核算

（一）买方信贷外汇贷款概述

买方信贷是出口国银行直接向买方或买方银行提供的贷款，用于向出口国购买技术和设备，解决买方一时难以筹集巨额资金的困难。买方信贷外汇贷款，期限较长，利率较低。

买方信贷分为出口买方信贷和进口买方信贷。目前我国银行办理的主要是进口买方信贷，即进口国银行从出口国银行取得并按需要转贷给国内借款单位使用的信贷，称为进口买方信贷。这是我国利用外资的重要形式。

买方信贷外汇贷款必须经出口国政府批准，签订贸易合同和贷款合同，用于购买或支付出口国的货物、技术或劳务，贷款金额不得超过贸易合同金额的85%，其余15%由进口商以现汇支付定金，支付定金后才能使用贷款，分期按等份金额每半年还本付息一次。

目前，我国买方信贷项下向国外银行的借款，是由各商业银行总行集中开户，并由总行负责偿还借款的本息。各地分行对使用贷款的单位发放买方信贷外汇贷款，由有关分行开户，并由分行负责按期收回贷款的本息。

买方信贷应包括对外签订协议、支付定金、使用贷款和收回贷款本息四个环节。核算中主要使用以下两个科目：(1)"买方信贷外汇贷款"科目，用于核算出口国银行向进口商或进口国银行提供的长期外汇贷款的发放和收回。该科目属资产类科目，借方反映贷款的发放，贷方反映贷款的到期偿还，余额反映在借方，表明贷款尚未到期。(2)"借入买方信贷款"科目，专门用于核算获得买方信贷后借入款项的数额及到期偿还的情况，它是与"买方信贷外汇贷款"相对应的科目。该科目属负债类科目，贷方反映借入款项情况，借方反映借入款项到期归还情况，余额在贷方，反映借入但尚未归还的款项。

下面我们按照买方信贷的业务流程，介绍商业银行买方信贷外汇贷款的核算。

(二) 买方信贷外汇贷款的核算

1. 对外签订协议。银行总行根据国家的有关法规、政策与计划，统一对外谈判，签订买方信贷总协议，并通知各分行和有关部门。总协议下每个项目的具体信贷协议，可按贸易合同逐笔申请的贷款，可由总行对外谈判签订，也可由总行授权分行谈判签订。分协议签订后，均由总行使用"买方信贷用款限额"表外科目核算，并登记"买方信贷用款限额登记簿"，其会计分录为：

收：买方信贷用款限额（外币）

在使用贷款时，按使用金额随时逐笔转销此表外科目，其会计分录为：

付：买方信贷用款限额（外币）

2. 支付定金的核算。根据买方信贷运作的惯例，使用买方信贷外汇贷款前，一般要先付一定比例的定金。

(1) 若借款单位直接用外汇支付定金，其会计分录为：

借：外汇活期存款——××户（外币）
　　贷：存放港澳及国外同业或有关科目（外币）

(2) 若借款单位用本币购买外汇支付定金，其会计分录为：

借：活期存款——××户（本币）
　　贷：外币买卖——汇卖价（本币）

借：外币买卖——汇卖价（外币）
　　贷：存放港澳及国外同业或有关科目（外币）

(3) 若借款单位向银行申请现汇贷款支付定金，其会计分录为：

借：短期外汇贷款——××户（外币）
　　贷：存放港澳及国外同业或有关科目（外币）

3. 使用贷款的核算。使用买方信贷对外付款有两种情况：

(1) 若进口单位与总行在同地，由总行直接发放贷款，其会计分录为：

借：买方信贷外汇贷款——××户（外币）
　　贷：借入买方信贷款——××户（外币）

同时冲销表外科目用款限额。

(2) 若进口单位与总行在异地，由分行发放外汇贷款，其会计分录为：
借：买方信贷外汇贷款——××户（外币）
　　贷：全国联行外汇往来（外币）
总行收到分行发来报单后进行账务处理，其会计分录为：
借：全国联行外汇往来（外币）
　　贷：借入买方信贷款——××户（外币）
同时冲销表外科目用款限额。

4. 收回贷款本息的核算。贷款到期，由银行按照借款契约规定计算借款利息，并如期收回贷款本息。

(1) 由总行负责偿还本息的核算，其会计分录为：
借：利息支出——买方信贷外汇贷款利息支出户（外币）
　　贷：存放港澳及国外同业或有关科目（外币）
总行偿还本金，其会计分录为：
借：借入买方信贷款——××户（外币）
　　贷：存放港澳及国外同业或有关科目（外币）

(2) 单位偿还本息的核算。若进口单位取得了买方信贷外汇贷款，则在贷款到期时，银行应按时向借款单位收回本息。

若借款单位在总行开户以本币结汇偿还本息，其会计分录为：
借：活期存款——××户（本币）
　　贷：外币买卖——汇卖价（本币）
借：外币买卖——汇卖价（外币）
　　贷：买方信贷外汇贷款——××户（外币）
　　　　利息收入——买方信贷外汇贷款利息收入户（外币）

若借款单位以外汇偿还，其会计分录为：
借：外汇活期存款——××户（外币）
　　贷：买方信贷外汇贷款——××户（外币）
　　　　利息收入——买方信贷外汇贷款利息收入户（外币）

如借款单位在分行开户，则通过"全国联行外汇往来"科目进行核算。

下面，我们对商业银行买方信贷外汇贷款的核算举例如下：

【例13】　　某外贸公司进口医疗成套设备，贷款100 000美元，由某国出口方银行提供买方信贷美元85 000元。根据买方信贷核算的若干环节，经办银行及总行的会计核算如下：

(1) 对外签订买方信贷协议，其会计分录为：
收：买方信贷用款限额　　　　　　　　　　　　　　　　　　USD 85 000

(2) 协议与贸易生效后，经办行发放短期外汇贷款 USD 5 000（贷款额5%），其会计分录为：

借：短期外汇贷款——某外贸公司户　　　　　　　　　　USD 5 000
　　贷：全国联行外汇往来　　　　　　　　　　　　　　USD 5 000

总行收到某经办行发放贷款报单办理转账，其会计分录为：

借：全国联行外汇往来　　　　　　　　　　　　　　　　USD 5 000
　　贷：港澳及国外同业存款——某出口方银行户　　　　USD 5 000

（3）根据外贸公司申请，经办行向国外贷款行开出即期信用证，金额USD 95 000。其中开证金额USD 85 000以买方信贷支付，另外USD 10 000待单到国内，审单相符后支付现汇，其会计分录为：

借：应收开出信用证　　　　　　　　　　　　　　　　　USD 95 000
　　贷：开出信用证　　　　　　　　　　　　　　　　　USD 95 000

（4）收到全套单据，经审核相符，现汇支付部分由经办行发放短期外汇贷款解决；经办行将现汇及买方信贷款一并划总行办理对外付汇，其会计分录为：

借：短期外汇贷款——某外贸公司户　　　　　　　　　　USD 10 000
　　买方信贷外汇贷款　　　　　　　　　　　　　　　　USD 85 000
　　贷：全国联行外汇往来　　　　　　　　　　　　　　USD 95 000
借：开出信用证　　　　　　　　　　　　　　　　　　　USD 95 000
　　贷：应收开出信用证　　　　　　　　　　　　　　　USD 95 000

总行收到经办行划来报单，办理转账支付手续，其会计分录为：

借：全国联行外汇往来　　　　　　　　　　　　　　　　USD 95 000
　　贷：港澳及国外同业存款——某国外代理行户　　　　USD 10 000
　　　　借入买方信贷款　　　　　　　　　　　　　　　USD 85 000
同时，付：买方信贷用款限额　　　　　　　　　　　　　USD 85 000

（5）设该笔买方信贷款期限5年，固定利率8.4%，按贷款年限每半年等分还本付息一次。还本付息时，经办行从外贸公司本币账户支款还贷，利息划收总行，设还贷当日美元汇卖价为USD100＝RMB 829.06，其会计分录为：

借：活期存款——某外贸公司户　　　　　　　　　　　　RMB 103 027.29
　　贷：外币买卖——汇卖价　　　　　　　　　　　　　RMB 103 027.29
借：外币买卖——汇卖价　　　　　　　　　　　　　　　USD 12 427
　　贷：全国联行外汇往来　　　　　　　　　　　　　　USD 3 927
　　　　买方信贷外汇贷款　　　　　　　　　　　　　　USD 8 500

总行收到利息划收报单后转账，其会计分录为：

借：全国联行外汇往来　　　　　　　　　　　　　　　　USD 3 927
　　贷：利息收入——买方信贷外汇贷款利息收入户　　　USD 3 927

（6）总行每次偿还国外贷款本息，其会计分录为：

借：借入买方信贷 USD 8 500
　　利息支出——买方信贷外汇贷款利息支出户 USD 3 927
　　贷：存放港澳及国外同业或有关科目 USD 12 427

四、进出口押汇的核算

(一) 进口押汇

进口押汇是指进口商以进口货物物权作抵押，向银行申请的短期资金融通。依结算方式的不同，进口押汇可分为信用证项下进口押汇和进口托收项下进口押汇两种。银行必须按信贷资产风险管理原则实施风险控制，有关贷款金额应控制在进口押汇总授信额度之内，并要求借款人所提供的单据做到单单、单证相符。

无论是信用证项下还是托收项下银行提供的进口押汇，均是在银行收到有关单据，根据进口商的押汇申请，先行垫款对外支付，转而向进口商办理付款赎单手续的过程。因此，进口押汇的会计核算主要包括叙做进口押汇和收回押汇垫款两个环节。在核算中主要通过"进口押汇"科目核算。该科目属资产类科目，用于核算进口方银行向进口商提供信用证项下或进口托收项下进口押汇的发放和收回，借方反映贷款的发放，贷方反映贷款的收回。余额反映在借方，表明尚未收回的贷款。

1. 叙做进口押汇的核算。进口商申请进口押汇时，必须填制进口押汇申请书，并提供信托收据、贸易合同和其他有关资料。经银行审核同意，办理进口押汇对外付款手续，其会计分录为：

借：进口押汇——××户（外币）
　　贷：存放港澳及国外同业或有关科目（外币）

2. 偿还押汇本息的核算。进口商向银行偿还进口押汇本息，赎取单据时，银行应抽出保管的有关凭证，并冲销卡片账，计算并扣除自进口押汇日起至进口商赎单还款日止的利息，其会计分录为：

借：外汇活期存款——××户（外币）
　　贷：进口押汇——××户（外币）
　　　　利息收入——押汇利息收入户（外币）

其中：进口押汇利息=押汇金额×押汇天数×日利率

(二) 出口押汇

出口押汇是指出口商将全套出口单据提交议付行，由该行买入单据并按票面金额扣除自议付日到预计收汇日止的利息及有关手续费，将净款预先付给出口商的一种出口融资方式。根据结算方式的不同，出口押汇可分为信用证项下出口押汇及托收项下出口押汇。出口押汇是银行预先垫款买入一笔尚未收妥的外汇，有一定的收汇风险。因此，应确保押汇项下单据做到单证、单单完全相符；开证行、付款行资信良好，且所处国家政局、经济稳定，外汇充裕；收汇条件合理，不受限制。

出口押汇主要包括叙做出口押汇和收回押汇垫款两个环节的核算。在核算中通过"出口押汇"科目反映。该科目属资产类科目，用于核算出口方银行向出口商提供信用证项下或出口托收项下出口押汇款项的发放和收回，借方反映贷款的发放，贷方反映贷款的收回。余额反映在借方，表明尚未收回的贷款。

1. 叙做出口押汇的核算。

银行在叙做出口押汇时，出口单位需填制"出口押汇申请书"，并与押汇银行签订"出口押汇总质权书"，明确双方的权利和义务。银行经审核同意后，从押汇之日起算，加上开证行或付款行合理工作日，加邮程时间，加票据期限，计算押汇垫款利息，办理出口押汇手续，其会计分录为：

借：出口押汇——××户（外币）
　　贷：利息收入——押汇利息收入户（外币）
　　　　外币买卖——汇买价（外币）
借：外币买卖——汇买价（本币）
　　贷：活期存款——××户（本币）

出口押汇的利率，按同档次流动资金贷款利率执行。

出口押汇利息＝票面金额×估计收到票款所需日数×年利率÷360

出口押汇贷款的实际入账金额＝票据金额－押汇利息－预扣国外银行费用－本行费用

2. 收款偿还押汇的核算。押汇银行收到国外联行或代理行寄来贷方报单时并收回出口押汇款项时，会计分录为：

借：存放港澳及国外同业或有关科目（外币）
　　贷：营业收入——港澳及国外银行费用收入户（外币）
　　　　出口押汇——××户（外币）

五、打包贷款的核算

打包贷款是银行以国外开来的有效信用证为抵押，对我国出口单位提供的一种短期融资业务。打包贷款属本币流动资金贷款，主要用于解决出口商出口商品打包装箱的资金缺口。银行应视实际情况发放，贷款金额不得超过信用证总金额的等值本币，贷款期限从贷款之日起至该信用证项下贷款收妥或办理出口押汇日止，原则上不超过3个月，贷款利率按照本币同档次流动资金贷款利率执行。

打包贷款可通过"打包贷款"科目核算。该科目属资产类科目，用于核算出口方银行向出口商提供的，以信用证正本为抵押的出口前期融资性本币短期贷款的发放和收回。借方反映贷款的发放，贷方反映贷款的收回。余额反映在借方，表明尚未收回的贷款。

（一）打包贷款发放的核算

申请打包贷款的单位必须向银行提交打包放款申请书、外贸合同及国外银行开来的信用证正本等有关文件，与银行签订打包放款合同，经银行核准，发放贷款并记入当事人有关账户，其会计分录为：

借：打包贷款——××户（本币）
　　贷：活期存款——××户（本币）

（二）打包贷款本息偿还的核算

偿还打包贷款本息时，银行原则上从打包放款受益人的出口议付货款中主动扣还，也可以受益人存款归还，应视还款的具体情况，作不同的账务处理。

1. 以出口押汇归还打包贷款本息，其会计分录为：

借：出口押汇——××户（外币）
　　贷：外币买卖——汇买价（外币）
借：外币买卖——汇买价（本币）
　　贷：打包贷款——××户（本币）
　　　　利息收入——打包贷款利息收入户（本币）
　　　　活期存款——××户（本币，剩余部分）

2. 以存款归还打包贷款本息，其会计分录为：

借：活期存款——××户（本币）
　　贷：打包贷款——××户（本币）
　　　　利息收入——打包贷款利息收入户（本币）

六、银团贷款的核算

银团贷款是由一家银行牵头，组织若干家银行联合向借款人发放的大额贷款。由于银团贷款是由多家银行组成的，资金实力雄厚，能够提供巨额信贷资金，借款单位可以获得较长期的、稳定的大额借款从事建设。

借款单位申请银团贷款时，应取得国家外汇管理局的批准文件，经银行审查符合贷款条件后，借款单位与贷款银团签订银团贷款协议及其附件。

办理银团贷款业务，可根据不同情况，采用下列几种做法：（1）本行作为牵头行、代理人，并且参加一部分贷款；（2）本行作为代理人，但不参加贷款；（3）本行只作参加行，参加一部分贷款。

银团贷款中，参与行的会计处理比较简单，可比照一般贷款核算手续处理。下面，我们主要介绍牵头行或代理行，分发放、计收利息与费用和偿还本息三个环节的会计核算。

（一）发放银团贷款时的核算

借款单位根据银团贷款协议规定使用贷款时，应向代理行递交"提款转入借款单位存款账户的申请"。牵头行（代理行）在收到各参加行拨来贷款份额时，其会计分录为：

借：存放同业款项——××银行户（外币）
　　或其他有关科目（外币）
　贷：同业存放款项——各参加行户（外币）

牵头行（代理行）在向借款单位发放贷款时，其会计分录为：

借：外汇长期贷款——××贷款户（外币）
　　或其他有关科目（外币）
　贷：外汇活期存款——××存款户（外币）
　　或其他有关科目（外币）

借款单位户与参加行户的差额即为本行参加的贷款部分。

(二) 银团贷款计收利息和费用的核算

银团贷款应根据贷款协议规定计收利息和费用，由代理行收妥后即转拨各参加行。

1. 借款单位以现汇支付，除本行应得部分外，应同时将款项分别拨付各参加行。

借：活期存款——××存款户（外币）
　　或其他有关科目（外币）
　贷：利息收入（本行应得部分）（外币）
　　　存放同业款项——各参加行户（外币）

2. 借款单位以外汇额度配成现汇支付，除本行应得部分外，同时将款项分别拨付并通知参加行。

借：活期存款——××存款户（人民币）
　　或其他有关科目（人民币）
　贷：外汇买卖——汇卖价（人民币）
借：外汇买卖——汇卖价（外币）
　贷：利息收入（本行应得部分）（外币）
　　　存放同业款项——各参加行户（外币）
　　　或其他有关科目（外币）

(三) 偿还银团贷款的核算

银团贷款到期，借款单位如期偿还贷款时，牵头行（代理行）应于款项收妥后，即转拨各参加行。

1. 借款单位以现汇偿还时，会计分录为：

借：活期存款——××存款户（外币）
　　或其他有关科目（外币）

    贷：外汇长期贷款——××贷款户（各银行自己参加的部分）（外币）
        存放同业款项——各参加行户（外币）
        或其他有关科目（外币）
 2. 借款单位以人民币购买外汇偿还时，会计分录为：
    借：活期存款——××存款户（人民币）
        或其他有关科目（人民币）
      贷：外汇买卖——汇卖价（人民币）
    借：外汇买卖——汇卖价（外币）
      贷：外汇长期贷款——××贷款户（本行参加部分）（外币）
        存放同业款项——各参加行户（外币）
        或其他有关科目（外币）
 3. 将收回贷款分别拨还各参加行时，会计分录为：
    借：存放同业款项——各参加行户（外币）
        或其他有关科目（外币）
      贷：同业存放款项——各参加行户（外币）
        或其他有关科目（外币）

第五节　国际汇兑业务的核算

一、国际汇兑概述

国际汇兑是银行利用汇票和其他信用工具，通过联行或同业相互间款项的划拨代替现金运送，以清算处理在不同国家或地区间的买卖双方债权债务或款项授受的一种结算方法，也是完成国际结算的主要方式。作为国际间通用的结算方式，国际汇兑是银行办理外汇业务的主要内容之一，其核算处理原则与国内汇兑相同，但因涉及两国间不同货币，因此，在具体做法上有所区别。

国际汇兑结算方法常见的有两种：（1）汇出法，也称顺汇。它是由汇款人通过银行将款项汇给国外收款人或债权人以清偿债务的方式，在银行业务中表现为汇款方式，多用于非贸易收支结算。（2）出票法，也称逆汇。它是由收款人向汇款人签发汇票，委托银行代为收款的结算方式，在银行业务中多表现为托收方式和信用证方式，并常用于贸易收支结算。本节将围绕汇款业务进行介绍。

银行办理汇出国外汇款业务，一律通过"汇出汇款"科目核算；办理汇入汇款业务，通过"汇入汇款"科目核算；签发旅行信用证，通过"开出旅行信用证"科目核算。

二、汇出国外汇款

汇出国外汇款，是银行接受汇款人的委托，以电汇、信汇、票汇的方式，将款项汇往国外收款人开户行的汇款方式，接受汇款人委托，汇出款项的银行称为汇出行。汇出国外汇款，通常有电汇、信汇、票汇、旅行信用证和旅行支票等五种形式。银行对汇出国外汇款业务主要通过"汇出汇款"科目进行核算。该科目属负债类科目，用于反映银行办理汇出汇款业务的情况。

下面，我们分别用下列三种情况介绍汇出国外汇款的核算。

（一）以电汇、信汇、票汇方式汇出汇款的核算

电汇是银行应汇款人申请，用电报或电传等形式，委托付款行解付汇款。信汇是汇出行根据汇款人的申请，将汇款金额、收款人姓名和详细地址、汇款人姓名和地址，以及汇款用途和附言等签具"信汇委托书"，以邮汇方式寄交汇入行，汇入行凭信汇委托书通知收款人，并解付汇款的一种汇款方式。票汇是汇出行按照汇款人的申请，将汇款金额开立以汇入行为付款行的汇票，交由汇款人寄交收款人或自己携带出境，凭票到付款行领取汇款的一种方式。以上三种方式各有利弊。汇款人可以根据实际需要，灵活选用。银行对三种方式的处理程序基本相似。图10-1是信汇方式下的汇出汇款业务流程图：

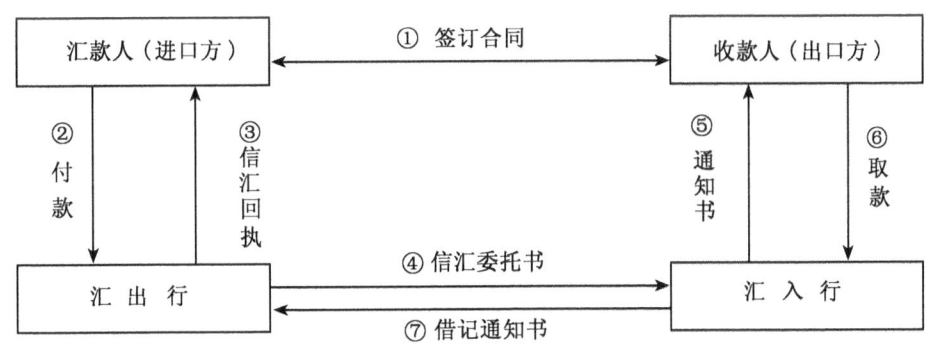

图10-1 信汇业务流程图

1. 受理汇出汇款的核算。汇款人要求汇款时，应向银行提出申请，填制汇款申请书，并在申请汇款时，需按有关汇出汇款的管理规定提供相关部门核准文件。经银行审核后，结合不同的汇款方式，计算业务手续费，填制不同的汇款凭证，办理汇出汇款手续。

（1）若汇款人以外币存款汇出，其会计分录为：

借：外汇活期存款——××户（外币）

贷：汇出汇款（外币）
借：现金或外汇活期存款——××户（本币）
贷：手续费收入——结算手续费收入户（本币）
（2）若汇款人以本币购汇汇出，其会计分录为：
借：活期存款——××户（本币）
贷：手续费收入——结算手续费收入户（本币）
　　外币买卖——汇卖价（本币）
借：外币买卖——汇卖价（外币）
贷：汇出汇款（外币）

2. 汇款解付后的核算。国外银行解付汇款后，将已解付汇款的借记报单寄回汇出行。汇出行在接到国外联行或代理行的借记报单时，即凭报单销账，其会计分录为：

借：汇出汇款（外币）
贷：存放港澳及国外同业或有关科目（外币）

【例14】 某包装进出口公司通过银行信汇给美国某商人美元1 000元，汇费费率为1‰。汇费最低起点为人民币20元。设当天美元汇卖价为USD100 = RMB 829.06，其会计分录为：

借：活期存款——某包装公司　　　　　　　　　　　RMB 82 926
　　贷：手续费收入——结算手续费收入户　　　　　　 RMB 20
　　　　外币买卖——汇卖价　　　　　　　　　　　　RMB 82 906
借：外币买卖——汇卖价　　　　　　　　　　　　　 USD 1 000
　　贷：汇出汇款　　　　　　　　　　　　　　　　　USD 1 000

一周后，银行收到国外某代理行付讫借方报单，办理转账，其会计分录为：

借：汇出汇款　　　　　　　　　　　　　　　　　　USD 1 000
　　贷：存放港澳及国外同业或有关科目——××代理行户　USD1 000

（二）旅行信用证

旅行信用证是汇出国外汇款的一种。旅游者委托银行签发旅行信用证，可凭信用证在国外指定的信用证付款银行，在规定限额内陆续提取现款支用。汇款单位或汇款人申请签发旅行信用证时，应填具"汇款申请书"及预留签章样本的"印鉴证明书"，说明取款地点、金额等项，经审核同意后，银行凭以填制旅行信用证。旅行信用证一式三联套写，由"旅行信用证正本"、"旅行信用证副本"、"旅行信用证存根"组成。经银行签发后，正本交汇款人持有，向国外指定银行凭以支取，信用证副本寄交付款银行，以便付款银行凭以付款。

旅行信用证通过"开出旅行信用证"科目核算，会计分录可参照汇出国外汇款办理，但在分录中将"汇出汇款"科目改为"开出旅行信用证"科目。开出旅行信用证的银行费率标准与汇出汇款相同。

（三）旅行支票

旅行支票是银行为便利旅行者而发行的一种不指定国外付款银行，持票人可向任何银行要求兑换的票据。旅行支票是汇出国外汇款的一种，常用于旅游业务。旅行支票一般是由汇款银行签发定额支票，由汇款人向汇款银行购买，以便旅行者在旅行中使用的一种支付工具，其取款手续较旅行信用证简便。由于发行旅行支票的银行要在世界各国中都有很高的信誉，故目前我国银行尚未发行国外付款的旅行支票，而是代为出售国外银行委托的外币旅行支票。外币旅行支票，是由国外银行签发，委托我国银行发售，以便我出国人员携带出国，可备随时在国外支付旅费之用，属汇出汇款性质。

三、国外汇入汇款

国外汇入汇款是银行根据与国外联行、代理行约定，凭国外联行、代理行发出的电报或信汇委托书代为解付的汇款。国外汇入汇款常为汇入我国机关、企事业单位等的贸易或非贸易项下的款项，以及汇入个人和其他团体机构的非贸易汇款，包括华侨汇款，来华外宾、侨民、外交人员汇款等。出口贸易业务中的汇入款项，多为预收货款、来料加工费和罚金等。

国外汇入汇款也有电汇、信汇和票汇之分。对于国外汇入汇款，银行应根据有关的协定和代理合约，一般应以先收妥款项后解付为原则，即必须在接到国外汇款行款项或可以立即借记汇款行账户的通知后办理解付，以免汇款发生变化而使银行被迫垫款。

银行对国外汇入汇款业务主要通过"汇入汇款"科目进行核算。该科目属负债类科目，用于反映银行办理汇入汇款业务的情况。凡汇入行受理和解付汇入汇款资金时，用本科目核算。国外汇入待解付的款项，贷记本科目，银行将款项解付给收款人时，借记本科目。本科目余额应反映在贷方。国外汇入汇款科目应按收款单位或个人逐笔登记明细账。

下面，我们分别用电、信汇和票汇介绍国外汇入汇款的会计处理。

（一）以电汇和信汇方式汇入汇款的核算

银行收到汇出行的电报或信汇委托书正本时，应先验对密押及印鉴，经审核无误后，填制汇款收据一式五联，包括汇入汇款通知书、正副本收据、传票和卡片账等，并通知收款单位或收款人凭以领取汇款。

1. 凡与汇出行直接开立账户往来或集中开户分散记账的分行，收到汇款资金头寸时，其会计分录为：

借：存放港澳及国外同业或有关科目（外币）
　　贷：汇入汇款（外币）

解付汇款时，通过"外币买卖"科目办理结汇，其会计分录为：
　　借：汇入汇款（外币）
　　　　贷：外币买卖——汇买价（外币）
　　借：外币买卖——汇买价（本币）
　　　　贷：活期存款——××户（本币）
如果汇款直接以外币转入有关单位或个人的外汇存款账户时，其会计分录为：
　　借：汇入汇款（外币）
　　　　贷：外汇活期存款——××户（外币）

2. 对不实行分散记账的各汇入行或汇入行在总行开立现汇账户的，汇入行收到汇款头寸时，应通过"全国联行外汇往来"科目，运用存放港澳及国外同业等报单上划总行，其会计分录为：
　　借：全国联行外汇往来（外币）
　　　　贷：汇入汇款（外币）
总行收到上划报单，会计分录为：
　　借：存放港澳及国外同业或有关科目（外币）
　　　　贷：全国联行外汇往来（外币）
汇款解付的核算同上。

【例15】　　某银行收到香港汇丰银行代东洋航运公司电汇我外轮代理公司港口费用 USD 9 000，授权借记该行在我总行开立的账户。

（1）经办行收到汇款通知时，其会计分录为：
　　借：全国联行外汇往来　　　　　　　　　　　　　　USD 9 000
　　　　贷：汇入汇款　　　　　　　　　　　　　　　　USD 9 000
总行收到上划报单，会计分录为：
　　借：港澳及国外同业存款——香港汇丰银行户　　　　USD 9 000
　　　　贷：全国联行外汇往来　　　　　　　　　　　　USD 9 000

（2）汇款解付，入收款人原币账户时，其会计分录为：
　　借：汇入汇款　　　　　　　　　　　　　　　　　　USD 9 000
　　　　贷：外汇活期存款——某外轮代理公司户　　　　USD 9 000

（二）以票汇方式汇入汇款的核算

银行收到汇款行寄来的以本行为付款行的票汇通知书后，经核对印鉴、密押及各项内容无误后，即凭以记入"汇入汇款"科目。当持票人持已背书的汇票来行取款时，经验对印鉴、密押、有效期、付款金额各项内容无误，并与票汇通知书核对相符后，办理结汇，其会计分录为：
　　借：存放港澳及国外同业或有关科目（外币）
　　　　贷：汇入汇款（外币）

借：汇入汇款（外币）
　　贷：外币买卖——汇买价（外币）
借：外币买卖——汇买价（本币）
　　贷：活期存款——××户（本币）
如果汇款直接以外币转入有关单位或个人的外汇存款账户时，其会计分录为：
借：汇入汇款（外币）
　　贷：外汇活期存款——××户（外币）

第六节　外汇结算业务的核算

银行外汇结算可分为对外贸易结算和非贸易结算两大类，而贸易结算又分为进口业务结算和出口业务结算。在进口和出口业务的结算中，又可按结算方式的不同，分为信用证、托收和汇款等结算方式。其中汇款方式我们在国际汇兑中已有详细论述，本节我们主要介绍信用证项下和托收项下的进出口业务外汇结算以及与之紧密相关的联行外汇往来。

一、出口业务中的外汇结算及其核算

（一）信用证下出口业务的核算

信用证（Letter of Credit，简称 L/C）是开证银行根据开证申请人（进口商）的要求向受益人开立一定金额，在一定期限内凭议付行寄来规定的单据而付款或承兑汇票的书面承诺。信用证以银行信用为基础，是国际贸易结算中使用最广泛的结算方式。

根据不同的标准，信用证可分类如下：（1）根据信用证是否附有货运单据，可以分为跟单信用证（Documentary L/C）和光票信用证（Clean L/C）；（2）根据付款的时间，可以分为即期信用证（Sight L/C）和远期信用证（Usance L/C）；（3）根据开证行的责任，可分为可撤销信用证（Revocable L/C）和不可撤销信用证（Irrevocable L/C）；（4）根据信用证是否有第三者保兑，可分为保兑信用证（Confirmed L/C）和不保兑信用证（Unconfirmed L/C）。目前，国际贸易结算中主要使用跟单不可撤销信用证。

信用证业务涉及四个基本当事人，即开证申请人（进口商）、开证行、受证行和受益人（出口商）。四个基本当事人的关系可以用图 10-2 的信用证业务流程图中反映出来。

信用证项下出口业务的核算可分为信用证的受理和通知、交单议付和收结汇三个环节。

1. 受理和通知环节的核算。

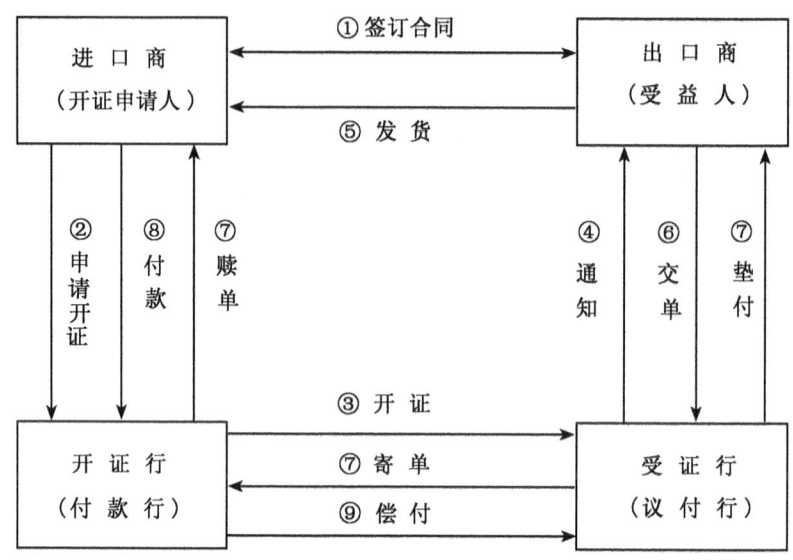

图 10-2 信用证业务流程

银行接到国外开来的信用证时,首先应对开证银行的资信、资金实力、进口商的偿付能力和保证条款等进行全面审查,并明确表示信用证能否接受或如何修改。

信用证经审核无误后,即编制信用证通知流水号,并将信用证正本及时通知出口单位,以便其备货出运。同时,根据信用证副本编制"国外开来保证凭信"记录卡,并依据各联不同的作用分别处理。该过程虽未发生资金收付,但已在银行与进出口商之间形成了一种潜在的权责关系,为明确责任,应进行表外科目记录,即:

收:国外开来保证凭信(外币)

银行办理信用证通知后,应将信用证副本及"国外开来保证凭信"记录卡存根联归档严格保管,以后有关修改和使用情况,均需随时记录,以便查考。有关信用证的修改、转证所引起的金额增减,应随时通过"国外开来保证凭信"表外科目进行增减核算,并力求做到完整、准确。

"国外开来保证凭信"表外科目,是用以核算港澳及国外联行及国外代理行开来委托国内银行通知各信用证受益人的保证凭信。该科目余额反映了一定时期银行经办出口结算业务的具体情况,是银行匡算待收外汇资金的依据,也是监督出口商及时备货出运的手段。

如国外银行在开证时已预先汇入信用证项下部分或全部保证金,授权出口方银行在议付单据后进行扣抵,则应在信用证留底及其他有关单证上详细记录,并通过"存入保证金"科目进行核算,其会计分录为:

借：存放港澳及国外同业或有关科目（外币）
　　贷：存入保证金（外币）
出口商按信用证规定备妥出口单证，向银行交单议付时，即可使用保证金办理结汇，多退少补。

2. 交单议付环节的核算。

国外开证银行履行信用证的付款责任，是以信用证规定的条款为依据，以单证相符、单单相符为前提的。出口单位如同意接受国外开来的信用证，必须严格按照信用证规定条款办理，备妥一切单证，按期运出商品。银行议付信用证时，应认真审核出口单位交来的单据，以保证顺利收汇。

银行接受出口单位送来办理议付的信用证和单据，经审核无误后，在信用证上批注议付日期及运输方式，并填制"出口寄单议付通知书"，销记表外科目，即"付：国外开来保证凭信（外币）"。"出口寄单议付通知书"是银行出口收汇的索偿证书，也是出口收汇和结汇的主要业务凭证，其会计分录为：

借：应收信用证出口款项（外币）
　　贷：代收信用证出口款项（外币）

"应收信用证出口款项"是资产类科目。凡出口单位交来远（即）期信用证项下出口单证，经议付行议付寄单时，用此科目核算，它反映议付行对国外付款银行所拥有的收取出口款项的权益。"代收信用证出口款项"是负债类科目。凡议付行议付远（即）期信用证项下出口单证时，用此科目核算，它反映议付行对出口单位所负代收出口款项的责任。上述两个科目为对转科目。

3. 出口收结汇的核算。

出口收结汇是银行办理出口信用证业务的最后环节，是议付行在议付单据或代为收妥出口款项后，按当日银行挂牌汇率，买入外汇，同时折算成相应的本币支付给出口单位的结算过程。通常银行审核单据无误后，根据信用证规定的偿付方式、寄单办法和单据种类等不同情况，进行寄单索汇。经开证银行审单相符，对外支付并与进口商办理付款赎单。出口方议付行在接到港澳及国外银行付款入账的"已贷记"或"请借记"通知书后，即办理出口结汇手续，其会计分录为：

借：代收信用证出口款项（外币）
　　贷：应收信用证出口款项（外币）
借：存放港澳及国外同业或有关科目（外币）
　　贷：外汇活期存款——××户（外币）

如该出口商仅有本币账户，应按当日汇价折成本币结汇入账，其会计分录为：

借：存放港澳及国外同业或有关科目（外币）
　　贷：营业收入——港澳及国外银行费用收入户（外币）
　　　　外币买卖——汇买价（外币）

借：外币买卖——汇买价（本币）
　　贷：活期存款——××户（本币）

下面，我们对信用证下出口业务的外汇结算综合举例如下。

【例16】　某分行2002年3月10日接到香港某联行开来即期信用证一份，购买服装，受益人为服装进出口公司，信用证金额为港币35 000元；4月6日公司将全套单据向该分行办理议付，单证相符；4月15日，分行收到香港某联行的贷记报单，办理结汇转账。设当天港币的买入价为HKD100＝RMB 105.96，其会计分录为：

（1）3月10日收到信用证时：

收：港澳及国外开来保证凭信　　　　　　　　　　　　HKD 35 000

（2）4月6日寄单索汇时，先销记表外科目：

付：港澳及国外开来保证凭信　　　　　　　　　　　　HKD 35 000

然后编制会计分录为：

借：应收信用证出口款项　　　　　　　　　　　　　　HKD 35 000
　　贷：代收信用证出口款项　　　　　　　　　　　　HKD 35 000

（3）4月15日收汇结汇的核算：

借：代收信用证出口款项　　　　　　　　　　　　　　HKD 35 000
　　贷：应收信用证出口款项　　　　　　　　　　　　HKD 35 000
借：港澳及国外联行往来　　　　　　　　　　　　　　HKD 35 000
　　贷：外币买卖——汇买价　　　　　　　　　　　　HKD 35 000
借：外币买卖——汇买价　　　　　　　　　　　　　　RMB 37 086
　　贷：活期存款——××户　　　　　　　　　　　　RMB 37 086

（二）出口托收业务的核算

出口托收（Collection）结算方式，是出口商根据买卖双方签订的贸易合同规定，在货物运出后，将有关货运单据交给银行，由银行委托国外银行向进口商收取货款的一种结算方式。托收可分为光票托收和跟单托收两种。光票托收（Clean Collection）是指用不附有商业单据的金融单据（汇票、本票、支票或其他收款凭证）进行的托收。跟单托收（Documentary Collection）是采用附有商业单据（如货运单据）的汇票进行的托收。本节我们主要介绍跟单托收项下出口业务的核算。跟单托收业务流程可用图10-3表示如下：

下面，我们分交单和收妥结汇两个环节介绍托收项下出口业务的核算。

1. 交单的处理和核算。

出口商委托银行代收货款时，应备妥出口托收单据，填具"无证出口托收申请书"，连同出口单据一并送交银行办理托收。在托收申请书上应由申请人注明收款方式、交单条件和其他有关收款事项。银行审单后，根据申请书的要求，填制

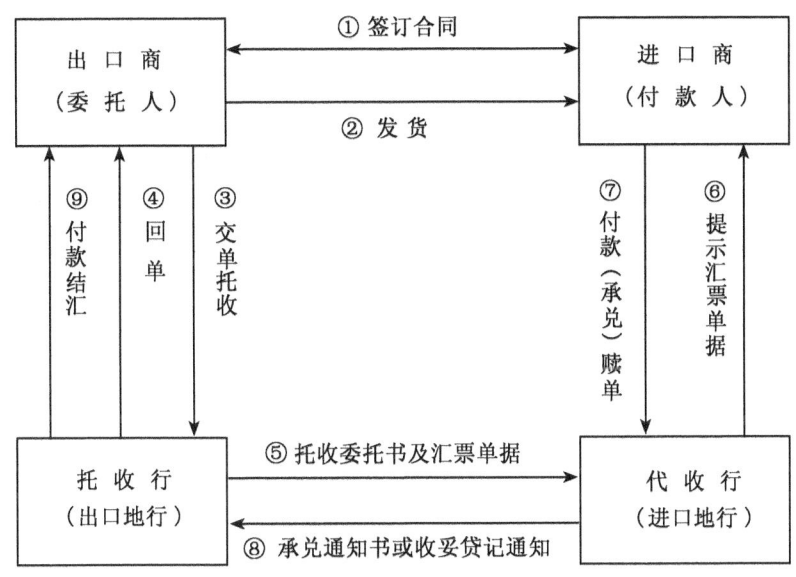

图 10-3 跟单托收业务流程图

"出口托收委托书",注明货款收妥后的处理办法,连同有关单据寄交国外代收银行委托收款。

银行在寄出托收委托书有关单据时,为表示代表物权的单据已经寄出而货款尚未收妥,应通过"应收出口托收款项"和"代收出口托收款项"对转科目进行核算,其中:"应收出口托收款项"属资产类科目,反映托收银行对外所拥有的收取票款的权益;"代收出口托收款项"属负债类科目,反映托收银行对出口单位所负的责任,其会计分录为:

借:应收出口托收款项(外币)
　　贷:代收出口托收款项(外币)

2. 收妥结汇的核算。

出口托收款项一律实行收妥结汇制。国内托收银行接到国外代收银行收妥货款的报单或授权通知书后,与出口单位办理结汇,其会计分录为:

借:代收出口托收款项(外币)
　　贷:应收出口托收款项(外币)
借:存放港澳及国外同业或有关科目(外币)
　　贷:外币买卖——汇买价(外币)
借:外币买卖——汇买价(本币)
　　贷:活期存款——××户(本币)

如出口托收遇到国外拒付时，应核销上述对转科目。

二、进口业务中外汇结算及其核算

（一）信用证项下进口业务的核算

进口信用证结算是银行根据进口商申请开证的要求，向国外出口商（受益人）开立一定金额、在一定期限内按规定条件保证付款的信用证，凭国外寄来的按照信用证条款所规定的单据，对国外付款，并向进口商办理结汇的一种结算方式。

进口信用证结算业务，主要包括开立信用证、修改信用证，以及审单与付款等三个环节。银行开立信用证时要通过"应收开出信用证"与"应付开出信用证"两个科目进行核算，以反映银行开立信用证后与有关当事人的责任关系。

1. 开立信用证的核算。

进口单位和国外出口商签订贸易合同后，按照合同规定条件，填具"开立信用证申请书"，并连同有关批件、证明一同交银行申请开立信用证。银行接到开证申请书及相关文件，经审核同意后，根据开证申请人的自身情况，酌情收取保证金，并选择信誉高、资本实力雄厚和经营能力强的国外银行作为代理行，签发信用证。信用证采用套写格式，一式数份。第一联为正本，其余各联均为副本。第一联、第二联通过国外联行或代理行转交国外出口商，第三联由开证行作信用证额度统计卡，第四联、第五联交进口单位，通知进口单位信用证已签发，其他数联作为凭证及信用证留底账卡等。

随着信用证的签发，银行对外承担了第一付款责任。不论即期还是远期信用证，银行均对此办理相应的转账，其会计分录为：

借：应收开出信用证（外币）
　　贷：应付开出信用证（外币）

凡开证行接受开证申请人的申请而对外签发信用证后，必须通过"应收开出信用证"和"应付开出信用证"对转科目核算。"应收开出信用证"属资产类科目，反映开证行对开证申请人拥有收取信用证所表明款项的权益；"应付开出信用证"属负债类科目，反映开证行对受益人承担了保证付款的责任。

2. 修改信用证的核算。

信用证开出后，如因情况变化，进口单位提出修改信用证，银行应予同意，但需经审核。经审核同意修改后的增减金额，应通过上述"应收开出信用证"和"应付开出信用证"科目调整，并在信用证留底账卡上加以批注。

如应增加信用证金额，其会计分录为：

借：应收开出信用证（外币，增加额）
　　贷：应付开出信用证（外币，增加额）

如应减少信用证金额，其会计分录为：

借：应付开出信用证（外币，减少额）
　　贷：应收开出信用证（外币，减少额）

3. 审单与付款的核算。

银行收到国外议付行寄来的单据后，应立即通知进口单位，经审核确认付款后，由银行按信用证条款规定，办理付款或承兑，并对进口单位办理结汇。信用证付款方式，有即期付款和远期付款两种。

（1）即期付款信用证。即期付款信用证支付方式，又分为单到国内审单付款、国外审单主动借记、国外审单电报索汇等数种。在这里，我们主要介绍国内审单付款的情形。

国内审单付款即银行接到国外代理行寄来单据后，立即送交进口单位审核，并约定进口单位应于3日内通知银行对外结汇付款或提出拒付理由办理拒付。银行在进口单位确认付款后，即对国外发出付款通知，同时，对进口单位办理结汇转账手续，其会计分录为：

借：活期存款——××户（本币）
　　贷：外币买卖——汇卖价（本币）
借：外币买卖——汇卖价（外币）
　　贷：存放港澳及国外同业或有关科目（外币）

同时，转销对转科目，其会计分录为：

借：应付开出信用证（外币）
　　贷：应收开出信用证（外币）

（2）远期付款信用证。远期付款信用证是为进口单位提供远期付款的便利，由开证行对出口商提供的一种银行担保，保证出口商提交远期跟单汇票时，在单单、单证一致的情况下，银行给予承兑，并在信用证到期时付款。远期付款信用证分两个阶段进行，即承兑和到期付款。

第一，承兑。开证行收到远期信用证项下进口单据后，将单据连同"进口信用证单据通知书"送交进口单位确认到期付款。进口单位确认到期付款后，银行即办理远期汇票的承兑手续，并将已承兑汇票或承兑通知书寄国外议付行。汇票一经承兑，即反映承兑行对国外议付行承担到期付款的责任，也反映承兑行对进口单位拥有的权益，对此，应办理承兑时的核算，其会计分录为：

借：应收承兑汇票（外币，到期值）
　　贷：应付承兑汇票（外币，到期值）
借：应付开出信用证（外币，开证金额）
　　贷：应收开出信用证（外币，开证金额）

凡进口单位办理远期信用证项下进口业务，委托银行对外结算，汇票已经由银行承兑，应通过"应收承兑汇票"和"应付承兑汇票"对转科目进行核算。"应收承兑汇票"是资产类科目,反映承兑行对进口单位所拥有的权益;"应付承兑汇票"是负债类科目,反映承兑行对议付行承担到期付款的责任。

第二,到期付汇。在远期汇票承兑到期时,开证行即办理对国外付款和对进口单位结汇扣款手续,其会计分录为:

借:应付承兑汇票(外币,到期值)
　　贷:应收承兑汇票(外币,到期值)

其余对外付款对内扣款的手续及分录与即期相同。

【例17】 C分行受AT进口公司委托,于2002年3月5日向美国美洲银行开出不可撤销的远期信用证USD30 000,开证条款规定"承兑后60天付款"。3月15日,经有关方面同意,信用证减少金额USD5 000。开证行收到单据经审核相符,送该公司确认到期付款。开证行于4月5日承兑远期汇票,并对议付行寄发"已承兑通知书",通知到期日全额付款。承兑到期,银行对公司办理结汇,对外付汇。设支付日当天美元汇卖价为USD100=RMB 829.06。

3月5日开立信用证,其会计分录为:

借:应收开出信用证	USD30 000
贷:应付开出信用证	USD 30 000

3月15日修改信用证,其会计分录为:

借:应付开出信用证	USD 5 000
贷:应收开出信用证	USD 5 000

4月5日承兑远期信用证,其会计分录为:

借:应收承兑汇票	USD 25 000
贷:应付承兑汇票	USD 25 000
借:应付开出信用证	USD 25 000
贷:应收开出信用证	USD 25 000

6月5日到期付款,办理结汇,对外付款,其会计分录为:

借:活期存款——AT公司户	RMB 207 265
贷:外币买卖——汇卖价	RMB 207 265
借:外币买卖——汇卖价	USD 25 000
贷:存放港澳及国外同业——美洲银行户	USD 25 000
借:应付承兑汇票	USD 25 000
贷:应收承兑汇票	USD 25 000

(二)进口代收业务的核算

进口代收结算方式是指国外出口商贸易合同规定,不通过开立信用证,在货物发运后委托出口的银行寄单,通过进口地银行向进口商收取货款的一种结算方式。

1. 国外寄来进口代收单据的处理。

银行收到国外寄来的进口代收单据后,应将单据编列顺序号,并编制"进口代收单据通知书",将汇票和单据连同进口代收通知书送进口单位审核,请其确认付款。同时,填制有关凭证,进行账务处理,其会计分录为:

借:应收进口代收款项(外币)
　　贷:应付进口代收款项(外币)

凡代收银行收到进口代收单据,接受托收行委托代为向付款人收取款项时,必须通过"应收进口代收款项"和"应付进口代收款项"对转科目核算。"应收进口代收款项"属资产类科目,反映代收行对付款人拥有收取托收款项的权益;"应付进口代收款项"属负债类科目,反映代收行对委托人承担了付款的责任。

2. 进口单位确认付款。

进口单位审核同意承付后,将承付确认书交给银行,通知银行办理结汇并对外付款。远期汇票经进口单位承兑后通知国外委托行,待汇票到期日按即期付款手续处理,其会计分录为:

借:活期存款——××户(本币)
　　贷:外币买卖——汇卖价(本币)
借:外币买卖——汇卖价(外币)
　　贷:存放港澳及国外同业或有关科目(外币)

同时转销对转科目:

借:应付进口代收款项(外币)
　　贷:应收进口代收款项(外币)

如进口单位不同意承付,应提出拒付理由书,连同单据退还银行,由银行转告国外委托行。如提出部分拒付,在取得国外委托行同意后,按实际付款金额办理付款手续,并按部分付款的金额进行相应的转账。拒付时也应转销对转科目。

三、联行外汇往来业务的核算

外汇银行在办理外汇业务时,不可避免地要发生行与行之间的资金往来,由此而产生的资金收付、划转、清算的账务处理,称为联行外汇往来。在实际业务中,我国各商业银行对联行外汇往来业务的处理有些不同。如农业银行采用总行外汇清算中心的形式来划转、清算系统内外汇资金,中国银行采用外汇联行往来形式划转、清算系统内外汇资金,主要划分为国内中行间、国内中行与国外中行间、国内中行与国外代理间三个层次。虽然各行的具体处理不同,但基本原理是相通的。本节,我们以中国银行的做法为主进行介绍,其他商业银行的做法可以比照处理。

(一)全国联行外汇往来业务

全国联行外汇往来是银行国内总、分、支行之间的外汇资金账务往来,是银行办理外汇资金划转和异地外汇结算的重要工具,也是银行外汇资金清算的重要内容之一。

全国联行外汇往来一般采用总行集中监督制度,即将账户划分为往户和来户两个系统,由两个关系行直接往来,通过划款报单进行核算。发报行填制报单和全国联行外汇往来报告表,随附报单销账联,寄报总行。由总行凭发报行、收报行寄送的报单销账联集中对账,并进行管理和监督。

凡有全国联行行号的总、分、支行之间办理外汇结算和资金划拨往来,通过总行监督清算的外汇资金往来均使用"全国联行外汇往来"科目核算。全国联行往来的基本凭证为联行报单,报单为六联式,由发报行填写。报单第一、二、三联连同附件寄收报行,余联留存。第四联为发报行销账联,由发报行随全国联行外汇往来报告表寄总行,第五联作发报行卡片账,第六联由发报行代"全国联行外汇往来"科目传票。收报行收到报单第一、二、三联及附件后,以第一联代"全国联行外汇往来"科目传票,第二联作为收报行卡片账,第三联为收报行销账联,转账后随全国联行往来报告表寄总行。

每日营业终了,各行应根据当日自己填制留存的第四联报单及发报行寄来的第三联报单分别按币种、借贷方进行整理,并填制全国联行外汇往来报告表一式两份,一份随报单第三、四联寄总行,一份留底。总行对各行寄来的全国联行外汇往来报告表及报单第三、四联审查核对无误后,加盖日期戳记,办理逐笔销账,对超过一般处理日期未销讫的销账联,应填制未达查询书及时查询处理。

【例18】 收报行E分行收到发报行F分行电划贷方报单,计USD 10 000,则F行的会计分录为:

借:有关科目 USD 10 000
 贷:全国联行外汇往来 USD 10 000

E行的会计分录为:

借:全国联行外汇往来 USD 10 000
 贷:有关科目 USD 10 000

(二)港澳及国外联行往来业务

港澳及国外联行往来是国内分、支行和国外银行(包括港澳地区)间的外汇资金往来账户。它是国内外联行间办理外汇结算和外汇资金调拨的重要工具。凡是与国外联行包括港澳地区开立账户并且一切业务往来通过该账户进行收付时,国内银行用"港澳及国外联行往来"账户核算,港澳及国外联行使用"联行往来"账户核算。

港澳及国外联行往来,如开立外汇人民币账户,应以国外联行为申请开立行(开户行),国内联行为接受开立行(账户行);对于以港币、英镑、美元等可自由兑换货币账户的开户,则以国内联行为开户行,国外联行为账户行。开户时,双方都以对方行名立户。开户后,相互寄发报单,直接往来。港澳及国外联行往来报单均为一式两联，一联寄对方行，一联作为传票凭以记账。接受开户行填制报单时，应注明"已借记"或"已贷记"字样；开户行在填制报单时，应注明"请借记"或"请贷记"字样以示区别。定期对账时，由账户行寄送对账单，开户行核对销账，并按期向账户行填发对账回单，表示认可。

1. 开户行的账务处理。

【例19】 G行从DU公司的"活期存款"科目项下扣款HKD 1 000，通过港澳及国外联行H分行（G行的账户行），支付给某港商，则G行寄发"请借记"报单，其会计分录为：

借：活期存款——DU公司户　　　　　　　　　　　　HKD 1 000
　　贷：港澳及国外联行往来——H行　　　　　　　　　IIKD 1 000

2. 账户行的账务处理。

【例20】 国内G行收到港澳及国外联行H行的"请贷记"报单RMB 2 000，付款单位为国内BU公司，则G行的会计分录为：

借：活期存款——BU公司户　　　　　　　　　　　　RMB 2 000
　　贷：港澳及国外联行往来——H行　　　　　　　　　RMB 2 000

（三）港澳及国外代理行往来业务

国外代理行往来业务是指国内银行与为其代理国际金融业务的外国银行之间的资金往来。国外代理行往来业务的开展，主要为了适应不断增长的国际结算业务的需要。国内银行的总行有选择地与外国银行互订契约，在国外银行开立账户或由国外银行在我方总行开立账户，用于办理相互间的外汇资金账务往来。目前，国外代理行往来主要使用"存放港澳及国外同业"、"港澳及国外同业存款"、"港澳及国外协定银行往来"三个科目进行核算。

1. 存放港澳及国外同业。本科目核算我国银行存放在国外的款项，属资产类科目。本科目存入时记借方，支用时记贷方，余额在借方，表示我国银行存放在国外代理行的现汇款项的结余数。在"存放港澳及国外同业"科目下，按国外代理分行分设账户。具体核算分为：

（1）总行集中记账。国内分、支行需要通过此账户收付款项时，应通过"全国联行外汇往来"账户，逐笔划转账项，由总行办理记账业务。

（2）分散记账。这是为了解决总行账务过分集中，减少总分行之间账务划拨而采用的方法。对业务量大的分行，经总行同意，可采用此法。按此方法，分行收到账户行借、贷记报单后，即凭以转账，直接借、贷记"存放港澳及国外同业"科目，无须逐笔通过"全国联行外汇往来"科目划拨。账页一般每五天寄总行一次，业务量大的分行每日寄总行。分散记账的各分行每日扣除允许留用的账面余额后，将外汇资金划拨总行，而不足部分则向总行领用。

（3）开立分户记账。以上的分散记账制尽管简化了账务过程，但对于业务量大的分行而言，仍过于烦琐，于是便产生了分户账制。按此方法，经总行同意，分行直接在国外账户开立分户，每日资金往来通过分户账转账。分行收到账户行拨转头寸通知书后，凭以转账并通过全国联行外汇往来拨转总行户。

【例21】 J分行代UV公司通过国外代理行美洲银行旧金山分行向美商收取货款USD 60 000。若J分行所在银行系统采用总行集中记账，则其收到代理行"已贷记"报单时，以原币转入UV公司美元账户，同时上划总行，其会计分录为：

借：全国联行外汇往来——总行户　　　　　　　　　USD 60 000
　　贷：活期存款——UV公司　　　　　　　　　　　USD 60 000

若J分行采用分户记账制，则其会计分录为：

借：存放港澳及国外同业——旧金山行户　　　　　　USD 60 000
　　贷：活期存款——UV公司　　　　　　　　　　　USD 60 000

2. 港澳及国外同业存款。港澳及国外同业存款是指银行接受国外代理行的外汇款项存放和往来业务。"港澳及国外同业存款"科目属负债类科目。国外代理行存入时记贷方，支取时记借方，余额在贷方，表示国外银行存入我国银行的结存数。

"港澳及国外同业存款"科目按国外银行分设账户，其开户与记账由总行统一掌握。国内联行如与国外银行在总行开立的账户发生收付款项时，应通知总行，由总行逐笔通过"全国联行外汇往来"账户划转。国内联行应按月或按旬向对方行寄送对账单，核对双方账户。年终，对"港澳及国外同业存款"账户，不论是存款还是透支，均应按规定利率计息，并及时通知对方行。

【例22】 国外代理行N行在我国K分行的总行开立"港澳及国外同业存款"美元户。N行对K行发来"请借记"通知书，金额为USD 110 000，要求汇交华达公司。K行解付后，上划总行。K行的会计分录为：

借：全国联行外汇往来——总行户　　　　　　　　　USD 110 000
　　贷：外汇活期存款——华达公司　　　　　　　　　USD 110 000

3. 国外协定银行往来。国外协定银行往来是指缔约国双方银行根据双方政府签订的贸易和支付协定或贸易议定书所开立的双边或单边清算货币账户，办理协定项下贸易和非贸易账务处理和资金结算的业务。对协定项下的日常一切往来款项均可通过建立的清算货币账户办理，会计核算使用"港澳及国外协定银行往来"科目。本科目主要核算政府间签订的贸易或支付协定项下或贸易议定书项下的协定记账结算的内容，属资产负债类共同科目。本科目使用记账外汇，不能自由支付使用，不能转给第三国使用，只能用于双边结算。

关键名词

(1) 外汇
(2) 汇率
(3) 外汇业务
(4) 外汇分账制
(5) 外汇统账制
(6) 外汇买卖
(7) 外汇存款
(8) 外汇贷款
(9) 现汇贷款
(10) 买方信贷
(11) 进口押汇
(12) 出口押汇
(13) 打包贷款
(14) 银团贷款
(15) 国际汇兑
(16) 信用证
(17) 全国联行外汇往来
(18) 港澳及国外联行往来
(19) 国外代理行往来

复习思考题

(1) 外汇业务和外币业务有何区别？
(2) 与本币业务相比，外汇业务有哪些特点？
(3) 外汇分账制和外汇统账制各有什么优缺点？
(4) 如何理解"外币买卖"科目的重要性？
(5) 单位外汇存款和个人外汇存款在管理上有何不同？
(6) 商业银行应如何加强外汇贷款的管理？
(7) 试述信用证的业务流程及其结算的主要环节。
(8) 试述我国联行外汇清算的基本情况。

第十一章 对外投资业务

对外投资是指商业银行为通过分配来增加财富，或为了谋求其他利益，而将资产让渡给其他单位所获得的另一项资产。对外投资可以按照投资期限、投资性质、投资内容进行分类。短期投资的日常核算包括短期投资的取得、损益确认、处置和期末计价的核算，长期股权投资应根据对被投资单位的影响关系采用成本法或权益法进行核算。长期债权投资包括长期债权取得、溢价或折价摊销以及债券出售与到期兑付的核算。

第一节 对外投资业务概述

一、对外投资的分类

商业银行在经营活动过程中，一方面应灵活安排资金使用，组织好本单位的各项业务活动，不断提高自身的经济效益；同时，还应把握时机进行多种多样的对外投资活动，使商业银行拥有的资金发挥更大的作用，取得更好的经济效益。

对外投资是指商业银行为通过分配来增加财富，或为谋求其他利益，而将资产让渡给其他单位所获得的另一项资产。商业银行的对外投资是以现金、实物和无形资产等对外进行直接投资，或以购买股票、债券等方式向其他单位进行投资。对外投资可以作如下分类：

1. 按投资期限分类。商业银行投资按投资期限的长短可以分为短期投资和长期投资。（1）短期投资是指能够随时变现并且持有时间不准备超过1年（含1年）的债券投资等，投资对象主要是有价证券及不超过1年的其他投资。（2）长期投资是指短期投资以外的投资，包括持有时间准备超过1年（不含1年）的各种股权性质的投资、不能变现或不准备随时变现的债券、其他债权投资和其他长期投资。

2. 按投资性质分类。商业银行投资按投资性质可以分为债权性投资、权益性投资和混合性投资。（1）债权性投资是指商业银行通过投资获得债权，从而与被投资单位之间形成了一种债权债务关系。（2）权益性投资是指为获得另一单位的权益或净资产所进行的投资。（3）混合性投资是指具有债权性和权益性双重性质的投资，比如购买可转换公司债券和优先股股票等。

3. 按投资内容分类。商业银行投资按投资内容可以分为实物性资产投资、货币性资产投资和无形资产投资。（1）实物性资产投资是指用固定资产等实物所进行的投资。（2）货币性资产投资是指用货币进行的投资。（3）无形资产投资是指用无形资产的所有权或使用权作价所进行的投资。

二、对外投资核算的主要内容

对外投资核算的主要内容是遵循一般会计原则的要求，反映投资的形成、损益的确认、投资的转让和投资收回以及投资的期末价值。

1. 初始投资成本的确定。投资的初始成本是指取得投资时所付出的全部代价，包括买价和其他相关费用。在以特殊的方式取得投资时，可以按照有关制度规定的合理的方法确定投资成本。

2. 投资的期末计价。投资的期末计价主要解决报告期期末投资以什么价值在资产负债表上揭示的问题。根据历史成本原则，投资在资产负债表上应按账面余额反映。

3. 投资损益的确认。投资收益主要来自于三个方面：一是收到的从被投资单位分配来的利息或股利、利润；二是对投资的账面价值进行后续调整产生的差额；三是投资收回或转让时投资账面价值与取得收入之间的差额。

第二节 短期投资的核算

一、短期投资的日常核算

商业银行短期投资的核算，应通过设置的"短期投资"账户进行。该账户可以根据投资的种类开设"股票投资"、"债券投资"等明细分类账户，分别反映各具体投资项目的形成、回收和结余情况。

（一）短期投资的取得

商业银行的短期投资一般按取得成本入账。所谓取得成本，是指进行短期投资时所支付的全部价款，包括买价、经纪人佣金、税金、手续费等附加费用。但短期投资的计价，应从所支付的全部价款中扣除已经宣告但尚未实际收到的现金股利和已到付息期但尚未领取的利息，这部分现金股利和利息应作为应收款项单独核算。

【例1】 某商业银行从证券市场上购入股票进行投资，购入价格200 000元，支付证券公司手续费500元，股票中含有已宣告但尚未付出的现金股利2 000元。购买股票的价款及手续费以银行存款付讫。企业准备将该股票随时变现，会计分录为：

借：短期投资——股票投资	198 500
贷：应收股利	2 000
银行存款	200 500

【例2】 购入某企业发行的一年期债券，面值共50 000元，年利率12%。以银行存款付清购买价格，会计分录为：

| 借：短期投资——债券投资 | 50 000 |
| 贷：银行存款 | 50 000 |

(二) 短期投资的损益确认

短期投资损益按以下情况确认：（1）短期投资的利息和现金股利，应于实际收到时，冲减投资的账面价值，但已计入"应收利息"、"应收股利"的除外。取得短期投资时已宣告发放而未领取的股利或已到付息期而未领取的利息，在短期投资持有期间领取的，应冲减"应收股利"或"应收利息"。（2）期末按成本与市价孰低规则计量后，发生的短期投资跌价损失计入投资收益。（3）处置短期投资时，应当将短期投资的账面价值与实际取得价款的差额，确认为当期投资损益。

【例3】 某商业银行原购买的债券已到期，收回投资成本50 000元及债券利息6 000元，已全部收存银行，会计分录为：

借：银行存款	56 000
贷：短期投资——债券投资	50 000
投资收益	6 000

【例4】 原购买的股票含有已宣告但尚未支付的现金股利3 000元，现已收存银行，会计分录为：

| 借：银行存款 | 3 000 |
| 贷：应收股利 | 3 000 |

(三) 短期投资的处置

短期投资的处置，主要指短期投资出售、转让以及到期收回债券本息等情况。出售或转让投资时，收取的价款与该项投资账面价值的差额计入当期损益。

【例5】 某商业银行原购入股票的买价及相关费用为200 500元，其中含有已宣告但尚未收到的现金股利2 000元。在持有期间由于股票跌价已计提跌价准备10 000元。现将该股票出售，取得转让收入210 000元收存银行。该业务的会计分录为：

借：银行存款	210 000
短期投资跌价准备	10 000
贷：短期投资——股票投资	198 500
应收股利	2 000
投资收益	19 500

【例6】 某商业银行曾3次购买大华公司的股票,购买股份及取得成本为:1 000股,取得成本11 000元;1 500股,取得成本15 000元;2 000股,取得成本19 000元。现以每股11元的价格售出2 500股,款项已如数收存银行。

取得收入=11×2 500=27 500(元)

股票的加权平均成本=$\frac{11\ 000+15\ 000+19\ 000}{1\ 000+1\ 500+2\ 000}$=10(元/股)

售出股票的总成本=10×2 500=25 000(元)

投资收益=27 500-25 000=2 500(元)

会计分录为:

借:银行存款   27 500
 贷:短期投资——股票投资   25 000
   投资收益   2 500

二、短期投资的期末计价

短期投资的期末计价,是在编制资产负债表时对所购入的有价证券采用一定的方法确定其价格。一般来说,短期投资的投资对象必须具有公开的市场,随时可以转让或出售而变现,同时不需要支付重大的销售费用。对短期投资进行期末计价,可以采用不同的计价方法。国际上通常采用的方法主要有历史成本法、市价法、成本与市价孰低法3种。我国现行制度规定,金融企业应当在期末时对短期投资按成本与市价孰低法计价。

(一)历史成本法

历史成本法是将短期投资按原始成本作为账面价值反映在资产负债上的方法。例如前述例6中购入大华公司的股票还有2 000股没有卖出,原始成本为20 000元(10×2000=20 000),目前市价为22 000元(11×2 000=22 000),在编制资产负债表时只能按历史成本20 000元填列,不论市价的上涨或下跌。

按历史成本法计价,符合历史成本原则,实务操作简便,也可以避免由于短期投资期末计价而产生的对投资未实现损益的歪曲性调节问题。但是,如果有价证券的市场价格波动较大以及短期投资占流动资产的比重较大时,按历史成本法计价编制的会计报表可能会影响财务状况和经营成果的真实性。因此,历史成本法适用于有价证券市价变动幅度较小,短期投资占流动资产比重较小,或者是有价证券的市价不容易确定时的各种情况。

(二)市价法

市价法是将短期投资按照目前市场价格反映在期末的资产负债表上的方法。市价法的支持者认为,由于短期投资极易变现,在有价证券的市价发生变化时实际上已实现利得或损失,而不必等到投资真正出售时才确认。但观点不同者却认为,由于市价经常波动,无规律可循,市价法必然会造成各期收益的不正常波动,且不符合稳健性原则要求，所以在实践中并没有广泛应用。

（三）成本与市价孰低法

成本与市价孰低法是将短期投资以原始成本和市价两者相比的较低价格为基准而反映在资产负债表上的方法。若成本低于市价，仍按成本计价；若市价低于成本，则按市价计价。采用这种方法可以使会计报表反映的信息符合稳健性原则的要求，并较为真实地反映短期投资的目前价值，便于管理者通过投资市场的行情和市价对证券投资报酬率进行分析而做出正确的投资决策。

采用成本与市价孰低法计价时，可根据商业银行的具体情况分别采用按投资总体、投资类别或单项投资计算并确定计提的跌价损失准备；如果某项短期投资比重较大（如占整个短期投资10%及以上），应按单项投资为基础计算并确定计提的跌价损失准备。若以所有短期投资项目为基础比较总成本与总市价，市价低于总成本的部分应计入当期损益，并设立"投资跌价损失准备"账户，将短期投资的账面价值在会计报表中调整为总市价。这种方法称为备抵法，无论市价如何变动，在账户中都不调整"短期投资"的原始记录。

"投资跌价损失准备"账户是"短期投资"的抵减账户。该账户的贷方，登记有价证券总市价低于总成本的差额，借方登记总市价回升时转入"投资收益"账户的数额；期末余额在贷方，表示期末有价证券总市价低于总成本的差额。在资产负债表中，"投资跌价损失准备"作为"短期投资"的减项列示。

【例7】 某商业银行拥有甲公司和乙公司的股票，其成本与市价的有关资料如表11-1所示。

表11-1　　　　　　　　有价证券成本与市价比较表　　　　　　　　单位：元

股票种类	成　本	市　价	差　额
甲公司	96 000	84 000	12 000
乙公司	66 000	69 600	(3 600)
合　计	162 000	153 600	8 400

由表11-1的资料可以看出，银行拥有股票的总成本为162 000元，总市价为153 600元，后者低于前者，期末短期投资应按市价153 600元计价。市价低于成本的差额8 400元计入"投资跌价损失准备"账户，会计分录为：

借：投资收益　　　　　　　　　　　　　　　　　　　　　　　8 400
　　贷：投资跌价损失准备　　　　　　　　　　　　　　　　　　8 400

商业银行短期投资的总市价上升到与其总成本持平或者高于总成本时，对先前已累计提取的投资跌价损失准备金，可以全部抵消。但是，抵冲数额不得超过已提取的数额，市价上升高于成本的投资收益待收回投资时才予以确认。"投资跌价损失准备"账户结平后,期末资产负债表的"短期投资"项目仍以总成本列示,同时可以用括号或附注的方式标明其现行市价,以便报表使用者正确理解短期投资的真实价值。

成本与市价孰低法有三个方面的优点:第一,符合谨慎性原则,在会计核算时考虑投资风险,合理反映可能发生的损失,可以使会计信息更为稳健。同时,以市价与成本中的较低者确定短期投资的期末价值,可以反映由于市价变动给商业银行造成的损失。第二,使资产的计量比较客观。有价证券是现金的后备来源,市价下跌表明不能将原投资额如数转换为现金,可能会影响未来的现金流入量,因此必须提供有关的会计信息,供报表使用者决策时参考。第三,符合权责发生制原则。短期投资因市价下跌发生的损失,能够及时计入发生跌价的会计期间,而不推迟到短期投资出售时再确认。

成本与市价孰低法的缺点是,只将市价低于成本的部分确认为损失,对于市价高于成本的部分,并不确认为收益,造成了会计理论上的不统一。

第三节 长期投资的核算

一、长期股权投资的核算

(一) 长期股权投资入账价值的确定

长期股权投资,是指商业银行购入被投资单位的股票,或以其他形式控制或影响被投资单位经营和财务决策的投资。长期股权投资应按取得成本入账,取得方式不同,入账价值的确定也有一定的差异。

1. 支付现金取得长期股权投资。以支付现金取得长期股权投资时,按实际支付的全部价款作为初始投资成本入账,其中包括支付的税金、手续费等相关费用。实际支付价款中含有已宣告而未领取的现金股利时,应按实际支付的全部价款扣除已宣告而尚未领取的现金股利后的差额作为初始投资成本。已宣告而尚未领取的现金股利作为应收股利单独入账,不列入初始投资成本,也不作为投资收益。

2. 以非现金资产方式换入的长期股权投资。以非现金资产方式换入的长期股权投资,按换出资产的账面价值加上应支付的相关费用,作为初始投资成本。涉及补价的,应按以下规定确定换入的长期股权投资的初始投资成本:(1) 收到补价时,按换出资产账面价值加上应确认的收益和应支付的相关税费,减去补价后的余额,作为初始投资成本;(2) 支付补价时,按换出资产账面价值加上应支付的相关税费和补价,作为初始投资成本。

(二) 长期股权投资核算方法的选择

长期股权投资的核算方法有成本法和权益法两种。投资者采用哪种方法进行核算，取决于投资者对被投资者的控制和影响关系。投资者对被投资者的关系可以分为四种类型，即控制、共同控制、重大影响、无影响的关系。

控制是指有权决定另一个单位的财务和经营决策，并能够从该单位的经营活动中获取利益。通常情况下，商业银行的投资占被投资单位有表决权资本50%以上，或者投资不足50%但却有实质性控制权的，表明对被投资者具有控制能力。

共同控制是指按照合同约定对某项经济活动所具有的控制。我国《投资准则》所指的共同控制，仅指共同控制实体，不包括共同控制经营、共同控制财产等。共同控制实体，是指由两个或多个企业共同投资建立的实体，该被投资单位的财务和经营政策必须由投资双方或若干方共同决定。

重大影响是指对另一个单位的财务和经营政策有参与决策的权利，但并不决定这些政策。当商业银行直接拥有被投资单位20%至50%的表决权资本时，一般认为对被投资单位具有重大影响。

无影响是指商业银行对被投资单位的财务政策和经营决策无控制、无共同控制且无重大影响的股权投资。

商业银行对被投资单位无影响的股权投资采用成本法核算，对具有控制、共同控制、重大影响的股权投资采用权益法核算。

(三) 长期股权投资核算的成本法

1. 成本法的概念。

成本法是指按投资成本计价的方法。采用成本法时，长期股权投资以取得时的成本计价，一般不调整"长期股权投资"科目的账面价值。只有当投资方追加投资、收回投资或股票市价发生重大持久性下跌且短期内不可能回升时，才对发生的跌价损失予以确认，调整长期股权投资科目。在投资持有期内，账面数额不因被投资单位权益的增加或减少而变动，始终反映其原始投资成本。股权持有期内应于被投资单位宣告发放现金股利或利润时，确认投资收益。商业银行确认投资收益仅限于所获得的被投资单位在接受投资后产生的累计净利润的分配额，所获得的被投资单位宣告发放的现金股利或利润超过上述数额的部分，作为投资成本的收回，冲减投资的账面价值。

2. 成本法的核算方法。

(1) 投资或追加投资的确认。商业银行在初始投资或追加投资时，应按初始投资或追加投资时的投资成本增加长期股权投资的账面价值。即按照实际支付价款借记"长期股权投资"科目，贷记"银行存款"等科目；如果实际支付的价款中包含已宣告但未发放的股利，应按实际支付的价款扣除已宣告但未发放的股利后的余额，借记"长期股权投资"科目，按应收股利数额借记"应收股利"科目，按实际支付的价款，贷记"银行存款"科目。实际收到被投资单位发放的股利时，按实际收到的股利数额，借记"银行存款"科目，贷记"应收股利"科目。

【例8】 民生银行2002年年初购入乙公司的普通股股票,投资比例为18%,购买价格为15 000元,其中含有已宣告分配但尚未支付的现金股利2 000元,另外支付税金、手续费等附加费用1 000元。购买时的会计分录为:

借:长期股权投资——股票投资	14 000
应收股利	2 000
贷:银行存款	16 000

收到现金股利时,会计分录为:

借:银行存款	2 000
贷:应收股利	2 000

(2)投资收益的确认。商业银行在股权持有期内应于被投资单位宣告分派利润或现金股利时确认投资收益。但确认的投资收益仅限于所获得的被投资单位在接受投资后产生的累计净利润的分配额,所获得的被投资单位宣告分派的现金股利或利润超过被投资单位在接受投资后产生的累计净利润的部分,作为投资成本的收回,冲减投资的账面价值。在具体处理时,投资年度与投资以后年度处理方法不同。

第一,投资当年及次年的处理。

一般情况下,受资公司每年分派一次利润或股利。按照《中华人民共和国公司法》的要求,公司每年分派利润或股利均在上半年。如果商业银行的投资是在下半年取得的,一般不涉及股利分配问题。如果投资是在上半年取得的,并分得利润或股利,此时的利润或股利是投资前被投资单位实现利润的分配,一般不应作为商业银行的当期投资收益,而是作为投资成本的收回。因为在投资当年分得的利润或现金股利,多数已包含在股票的买价中了,由于买价中包含利润或现金股利,就等于加大了投资成本,所以,待收到利润或现金股利时,就要冲减投资成本。

如果商业银行投资次年分得利润或现金股利,其中有一部分可能是来自投资后被投资单位的盈余分配,有一部分则是投资前被投资单位实现利润的分配,在计算时能够分清投资前和投资后被投资单位实现的净利润时,应加以区分,并进行不同的会计处理。如果不能分清,可以按下面公式确认投资收益。

商业银行投资年度应享有的投资收益 = 投资当年被投资单位每股收益×商业银行所持股份×当年投资持有月份÷12

或:商业银行投资年度应享有的投资收益 = 投资当年被投资单位净收益×商业银行所持股份比例×当年投资持有月份÷12

应冲减投资成本的金额 = 被投资单位分派的利润或股利×商业银行的持股比例 - 商业银行投资当年应享有的投资收益

【例9】 招商银行2001年4月2日购入甲公司股票60 000股,每股价格13元,另支付相关税费3 500元。甲公司2001年5月20日宣告分配2000年度的现金股利,每股0.24元。有关会计处理为:

确定投资成本：

投资成本 = 60 000×13 + 3 500 = 783 500（元）

购入时的会计分录为：

借：长期股权投资——股票投资　　　　　　　　　　　　783 500
　　贷：银行存款　　　　　　　　　　　　　　　　　　　　783 500

甲公司分配现金股利时的会计分录为：

借：应收股利　　　　　　　　　　　　　　　　　　　　　14 400
　　贷：长期股权投资——股票投资　　　　　　　　　　　　14 400

【例10】　上例中的甲公司于2002年4月28日宣告以3月1日为基准日，分派2001年度现金股利每股2.50元。甲公司2001年度每股收益2元。招商银行的会计处理如下：

投资年度应享有的投资收益 = 2×60 000×9÷12 = 90 000（元）

应冲减投资成本的金额 = 2.5×60 000−90 000 = 60 000（元）

会计分录为：

借：应收股利——甲公司　　　　　　　　　　　　　　　150 000
　　贷：长期股权投资——股票投资　　　　　　　　　　　　60 000
　　　　投资收益　　　　　　　　　　　　　　　　　　　　90 000

第二，以后年度的会计处理。

《金融企业会计制度》规定，金融企业确认的投资收益仅限于所获得的被投资单位在接受投资后产生的累计净利润的分配额，所获得的被投资单位宣告分派的现金股利或利润超过被投资单位在接受投资后产生的累计净利润的部分，作为清算股利，冲减投资的账面成本。有关计算公式如下：

商业银行某年度应冲减投资成本的金额＝（投资后至本年末止被投资单位累计分派的利润或现金股利−投资后至上年末止被投资单位累计实现的净利润）×商业银行持股比例−商业银行已冲减的投资成本

商业银行某年度应确认的投资收益＝商业银行当年获得的利润或现金股利−应冲减投资成本的金额

（四）长期股权投资核算的权益法

1. 权益法的概念。

权益法是指投资最初以投资成本计价，以后根据投资企业享有被投资单位所有者权益份额的变动对投资的账面价值进行调整的方法。采用权益法核算长期股权投资时，长期股权投资的账面价值随着被投资单位所有者权益的变动而变动，包括被投资单位实现净利润、净亏损及其他所有者权益的变动。

采用权益法核算时，"长期股权投资"账户的期末余额反映的是拥有被投资单位所有者权益的份额，而不是长期投资成本。这是因为，当商业银行因投资而控制被投资单位的经营、财务决策,特别是利润分配政策时,将对被投资单位产生重大的影响或绝对控制。实质上,商业银行与被投资单位已经成为同一经济实体,或有重要联系,特别是当商业银行操纵被投资单位利润分配政策时,被投资单位所分配的利润可能不完全代表股权投资的真正收益,此时采用权益法核算才能保证会计报表的客观性。

2. 权益法的核算方法。

(1) 初始投资或增加投资确认。商业银行进行股票投资时,按照实际支付的价款,借记"长期股权投资"科目,贷记"银行存款"科目;如果实际支付的价款中包含已宣告但尚未发放的股利,则应按投资的实际成本,借记"长期股权投资"科目,按应收的股利,借记"应收股利"科目,按实际支付的价款,贷记"银行存款"等科目。

(2) 股权投资差额的核算。股权投资差额是指采用权益法核算长期股权投资时,投资成本与享有被投资单位所有者权益份额的差额。这里的所有者权益是指属于有表决权资本应享有的部分。

在进行会计处理时,股权投资差额作为投资成本的调整项目,当投资成本高于应享有被投资单位所有者权益份额的差额时,应相应调减投资成本;当投资成本低于享有被投资单位所有者权益份额的差额时,应相应调增投资成本。调整后,投资成本应等于按持股比例计算的享有被投资单位所有者权益的份额。在投资时,投资成本加减股权投资差额应等于投资时发生的全部支出。计算公式为:

股权投资差额 = 投资成本 − 投资时被投资单位所有者权益×投资持股比例

股权投资差额应按一定的期限平均摊销,计入当期损益。股权投资差额的摊销期限,按以下办法确定:合同规定了投资期限的,按投资期限摊销;没有规定投资期限的,初始投资成本超过应享有被投资单位所有者权益份额之间的差额,按不低于10年(含10年)的期限摊销;初始成本低于应享有被投资单位所有者权益份额之间的差额,按不低于10年(含10年)的期限摊销。

【例11】 某商业银行于2002年1月8日以680万元购入甲公司的普通股股票,占甲公司有表决权资本50%的比例。投资时,甲公司的所有者权益共计1 300万元。相关的计算和账务处理如下:

商业银行应享有的所有者权益份额 = 1 300×50% = 650(万元)

股权投资差额 = 680 − 650 = 30(万元)

会计分录为:

借:长期股权投资——股票投资　　　　　　　　　　　　　6 500 000
　　长期股权投资——股权投资差额　　　　　　　　　　　　300 000
　　贷:银行存款　　　　　　　　　　　　　　　　　　　6 800 000

【例12】 如果上例的股权投资差额按10年摊销,2002年应摊销3万元,会计分录为：

借：投资收益——股权投资差额摊销　　　　　　　　　　　　30 000
　　贷：长期股权投资——股权投资差额　　　　　　　　　　　　30 000

（3）被投资单位实现净损益的核算。采用权益法核算时，被投资单位当年实现的净利润或发生的净亏损均影响所有者权益变动，因此，商业银行也应随之调整长期股权投资的账面价值，在长期股权投资科目下设置"损益调整"科目核算。

第一，被投资单位当年实现净利润而影响所有者权益变动，商业银行应按所持表决权资本比例计算应享有的份额，增加长期股权投资的账面价值，同时确认为投资收益。应编制的会计分录是借记"长期股权投资"科目，贷记"投资收益"科目。当被投资单位宣告分派利润或现金股利时，由于这部分净资产已包含在商业银行应享有被投资单位的净资产份额中，因此应冲减长期股权投资账户。应编制的会计分录是借记"应收股利"科目，贷记"长期股权投资"科目。

第二，被投资单位当年发生净亏损而影响所有者权益变动，商业银行应按所持有表决权资本的比例计算应分担的份额，减少长期股权投资的账面价值，并确认为当期投资损失。应编制的会计分录是借记"投资收益"科目，贷记"长期股权投资——股票投资（损益调整）"科目。商业银行确认被投资单位发生的净亏损，以投资账面价值减至零为限，这里的投资账面价值是指该项股权投资的账面余额减去该项投资已计提的减值准备，股权投资的账面余额包括投资成本、股权投资差额等。如果以后各期被投资单位实现净利润，商业银行应在计算的收益分享额超过未确认的亏损分担额以后，按超过未确认的亏损分担额的金额，恢复投资的账面价值。

【例13】　甲银行是乙银行的子公司，乙银行的投资占甲银行股份的60%，甲银行2000年实现净利润1 000 000元，按甲公司章程规定，以净利润的5%计提职工奖励及福利基金。乙银行的会计处理为：

乙银行应享有的投资收益 = 1 000 000×（1 - 5%）×60% = 570 000（元）
会计分录为：

借：长期股权投资——损益调整　　　　　　　　　　　　　　570 000
　　贷：投资收益——股权投资收益　　　　　　　　　　　　　　570 000

（4）被投资单位除净损益外的其他所有者权益变动的处理。

第一，被投资单位由于其他原因引起所有者权益变动，商业银行也应当按所持有表决权资本比例，计算应享有或分担的份额，同时调整长期股权投资账面价值。这些原因主要包括：资产评估增值、接受捐赠实物资产价值、外币折算差额等。应编制的会计分录是借记"长期股权投资——股票投资（股权投资准备）"或"长期股权投资——其他股权投资（股权投资准备）"科目，贷记"资本公积——股权投资准备"科目。

第二，被投资单位宣告分派利润或股利时，由于商业银行已包含应享有被投资单位的净资产份额，而被投资单位分派利润或股利必然使其净资产减少，因此，商业银行按持股比例计算的所分得利润或现金股利，应冲减长期股权投资的账面价值。编制的会计分录为借记"应收股利"科目，贷记"长期股权投资——股票投资（损益调整）"科目。

第三，商业银行投资后，因被投资单位由于各种原因而调整前期留存收益的，商业银行也应该按照相关期间的持股比例计算留存收益和股权投资差额，如果被投资单位调整前期资本公积的，商业银行也应该视具体情况分别处理。

(5) 被投资单位发生仅影响所有者权益结构变化，不影响所有者权益总额变化的情况时，商业银行不需要调整其长期股权投资账户。

二、长期债权投资的核算

(一) 长期债权投资的概念和分类

长期债权投资是指商业银行购入的在1年内（不含1年）不能变现或不准备随时变现的债券和其他债权投资。

长期债权投资可以分为以下若干类别：(1) 按长期债权投资的形式，可以分为债券投资和其他债权投资。(2) 按长期债权投资的债券类别，可以分为国家债券投资、金融债券投资和金融企业债券投资。(3) 按长期债权投资债券的还本付息方式，可以分为一次还本付息债券投资和分期付息债券投资。目前我国绝大多数债券属于一次还本付息债券。

长期债权投资核算一般要设置"长期债权投资"总账科目，总账科目下应设置债券投资和其他债权投资两个一级明细科目。在债券投资下设置面值、溢折价和应计利息三个二级明细科目，在其他债权投资科目下设置本金和应计利息两个二级明细科目。

(二) 长期债权投资取得的核算

1. 购入债券的核算。

长期债权投资在取得时，应按取得时的实际成本作为初始投资成本。长期债权投资的取得方式主要有现金购入、债转股和非现金资产换入等方式。商业银行以债转股和用非现金资产取得债权投资的核算，可以参照长期股权投资取得时的核算方法。本书主要说明以现金购入方式取得长期债权投资的核算。

商业银行购入的长期债券按实际支付的价款扣除已经到期而尚未领取的债券利息，如果发生的税金、手续费等相关费用直接计入当期损益的，还要扣除相关费用后，作为投资成本；投资成本扣除相关费用及尚未到期的债券利息，与债券面值的差额作为债券溢价或折价处理。

《金融企业会计制度》规定，金融企业进行债券投资支付的税金和手续费如果较小，可以直接计入当期财务费用；如果金额较大，可以在"长期债权投资"科目下设置"债券费用"明细科目单独反映，并在债券持有期内于确认相关利息收入时摊销，计入当期损益。

由于债券的发行价格有平价、溢价和折价三种，所以商业银行购入长期债券也存在按面值购入、溢价购入和折价购入三种。

（1）按面值购入债券的核算。按面值购入债券是指商业银行按照债券票面标明的金额购入债券。按面值购入债券时，应按债券票面金额借记"长期债权投资——债券投资"科目，按实际支付的经纪人佣金、手续费等附加费用金额，金额较小时，借记"财务费用"科目；金额较大时，借记"长期债权投资——债券投资（债券费用）"科目，按实际支付的全部价款，贷记"银行存款"等科目。

【例14】某商业银行2000年7月1日用银行存款购入甲公司一次还本付息1999年6月30日发行的为期三年的债券100张，每张面值1 000元，票面利率10%，市场利率10%，支付金额110 000元，并以现金支付经纪人佣金300元。会计处理如下：

债券面值 = 1 000×100 = 100 000（元）

债券应计利息 = 100 000×10% = 10 000（元）

会计分录为：

借：长期债权投资——债券投资（面值）	100 000
——债券投资（应计利息）	10 000
财务费用	300
贷：银行存款	110 000
现金	300

（2）溢价购入债券的核算。溢价购入债券是指商业银行以高于债券面值的价值购入债券。产生溢价的原因是债券票面利率高于当时市场利率。商业银行溢价购入债券时，应当以债券面值作为债权投资成本入账。借记"长期债权投资——债券投资"科目；按实际支付的经纪人佣金、手续费等附加费用金额，金额较小时，借记"财务费用"科目；金额较大时，借记"长期债权投资——债券投资（债券费用）"科目，按实际支付的全部价款，贷记"银行存款"等科目；按其差额借记"长期债权投资——债券投资（溢折价）"科目。

【例15】乙银行于1998年7月1日用银行存款购入甲公司1998年6月30日发行的为期三年的一次还本付息债券，总面值100 000元，票面利率12%，实际利率10%，支付价款106 000元，会计分录为：

借：长期债权投资——债券投资（面值）	100 000
——债券投资（溢折价）	6 000
贷：银行存款	106 000

（3）折价购入债券的核算。折价购入债券是指商业银行以低于债券面值的价格购入债券。产生折价的原因是债券票面利率低于当时市场利率。商业银行折价购入债券时，应当以债券面值作为债权投资成本入账。借记"长期债权投资——债券投资（面值）"科目；按实际支付的经纪人佣金、手续费等附加费用金额，金额较小时，借记"财务费用"科目；金额较大时，借记"长期债权投资——债券投资（债券费用）"科目，按实际支付的全部价款，贷记"银行存款"等科目；按其差额贷记"长期债权投资——债券投资（溢折价）"科目。

【例16】 招商银行于1999年7月1日用银行存款购入乙公司1999年6月30日发行的为期三年的一次还本付息债券，总面值150 000元，票面利率8%，实际利率10%，支付价款140 000元，会计分录为：

借：长期债权投资——债券投资（面值）　　　　　　　150 000
　　贷：长期债权投资——债券投资（溢折价）　　　　　10 000
　　　　银行存款　　　　　　　　　　　　　　　　　140 000

2. 债券利息和债券溢折价摊销的核算。

（1）债券利息的核算。长期债权投资应按期计提利息，利息需按票面利率和票面价值计算，并计入当期损益，若为溢价或折价购入的债券，计入投资收益的利息应减去当期摊销的溢价或加上当期摊销的折价。购入到期还本付息债券时，按期计提的利息，借记"长期债权投资——债券投资（应计利息）"，贷记"投资收益——债券投资收益"；如果购入的是分期付息到期一次还本债券，按期计提利息时，借记"应收利息——应收债券投资利息"，贷记"投资收益——债权投资收益"，收到利息时，借记"银行存款"，贷记"应收利息——应收债券投资利息"。

【例17】 根据例题14的资料，商业银行于2000年年底计提下半年实现的利息收入5 000元，会计分录为：

借：长期债权投资——债券投资（应计利息）　　　　　　5 000
　　贷：投资收益——债券投资收益　　　　　　　　　　5 000

（2）债券溢价、折价摊销的核算。商业银行购入的长期债券，应在债券发行期内按期计提利息时摊销。摊销的方法有：直线摊销法和实际利率法两种。直线摊销法是将债券的溢价或折价平均摊入各个会计期间的方法。实际利率法是以债券发行时的市场利率乘以期初账面价值作为实际投资收益，以实际投资收益减去按债面值和债券利率计算的票面收益之后的差额，作为溢价或折价摊销额的一种方法。

【例18】 根据例题15的资料，乙银行采用直线摊销法摊销溢折价。1998年年末的有关账务处理如下：

应计利息 = 100 000×12%×6÷12 = 6 000（元）

摊销溢价 = 6 000÷36×6 = 1 000（元）

会计分录为：

借：长期债权投资——债券投资（应计利息）	6 000
贷：长期债权投资——债券投资（溢折价）	1 000
投资收益——债券投资收益	5 000

（三）长期债权投资的出售及到期兑付的核算

1. 长期债权投资的出售。

商业银行购入的长期债券，在其存续期内可能由于资金周转的需要等原因而将债券出售或转让。转让债券时应按实际收到的价款与该项投资账面价值的差额，计入投资收益。

【例19】 根据例题15、18的资料，乙银行由于资金周转的需要，1999年1月10日将购入的面值为100 000元的债券通过证券公司以112 000元的价格转让，会计分录为：

借：银行存款	112 000
贷：长期债权投资——债券投资（面值）	100 000
长期债权投资——债券投资（溢折价）	5 000
长期债权投资——债券投资（应计利息）	6 000
投资收益——债券投资收益	1 000

2. 长期债权投资的到期兑付。

商业银行购入的长期债权到期时，如果是一次还本付息债券，被投资单位要支付本金和利息。作为长期投资而购入的债券，无论是在起息日购入，还是发行期之后购入；无论是溢价购入，还是折价购入；无论采用直线法还是采用实际利率法摊销其溢价或折价，债券到期日的账面价值都会等于债券的面值。商业银行在债券到期日收回本金和利息时，按收到的全部价款借记"银行存款"账户，按收回的本金和应计利息分别贷记"长期债权投资——债券投资"、"长期债权投资——应计利息"或"应收利息"账户。由于溢价或折价摊销，各期实现的收益已按权责发生制原则计入各期损益，因而在收回投资时一般不涉及"投资收益"账户。

【例20】 根据例题14的资料，商业银行2000年7月1日购买的债券已到期，现收回本金和利息，会计分录为：

借：银行存款	130 000
贷：长期债权投资——债券投资（面值）	100 000
长期债权投资——债券投资（应计利息）	30 000

三、长期投资的期末计价

会计期末，商业银行应对长期投资按账面价值与可收回金额孰低计量。如果长期投资有市价，可收回金额就以市价计算；如果没有市价，就按被投资单位的财务状况对未来可收回投资金额的影响来确定。当长期投资的可收回金额低于账面价值时，一般要计提长期投资减值准备。

长期投资减值准备应当按单项计提。具体的核算方法为：

第一，发生长期投资价值下跌并予以确认时，按确认的金额，借记"投资收益——计提的长期投资减值准备"科目，贷记"长期投资减值准备"科目。

第二，如果发生减值的长期投资在到期收回或处置前价值回升，应冲减已计提的减值损失，并转回所回升的价值。按回升的价值，借记"长期投资减值准备"科目，贷记"投资收益——计提的长期投资减值准备"科目。

第三，如果长期投资到期收回或处置时账面价值仍未恢复到初始成本，应按长期投资的账面余额，贷记"长期股权投资"或"长期债权投资"科目；按已计提的投资减值准备，借记"长期投资减值准备"科目。

【例21】 某商业银行1999年1月购买B公司普通股200 000股，每股12元，共计2 400 000元。从1999年下半年开始，因B公司经营不善，股票价格持续下跌。1999年年末商业银行确认每股账面价值损失1.80元，会计分录为：

借：投资收益——计提长期投资减值准备　　　　　　　360 000
　　贷：长期投资减值准备　　　　　　　　　　　　　　360 000

关键名词

（1）短期投资　　　　（2）长期投资
（3）长期股权投资　　（4）长期债权投资
（5）成本与市价孰低法　（6）成本法
（7）权益法

复习思考题

（1）什么是对外投资？对外投资怎样分类？
（2）短期投资的期末计价方法有哪几种？各有什么优缺点？
（3）什么是长期股权投资核算的成本法、权益法？二者有何联系和区别？
（4）什么是长期债券的溢价和折价？为什么会出现溢价或折价发行债券？
（5）直线摊销法，实际利率法在对溢价、折价摊销时，计算方法和账务处理有何不同？
（6）怎样进行长期投资减值准备的核算？

第十二章 固定资产、无形资产和其他资产

固定资产是指金融企业为生产商品、提供劳务、出租或经营管理而持有的，且使用年限在一年以上，单位价值较高的有形资产。按照不同的分类标准可以将固定资产分为若干类别。固定资产由于取得方式不同，计价及其核算方法也不完全相同。固定资产折旧方法有平均年限法、工作量法、双倍余额递减法和年数总和法。无形资产主要包括专利权、非专利技术等。无形资产采用直线法进行价值摊销。其他资产包括长期待摊费用、存出资本保证金、抵债资产和应收席位费等。本章主要介绍固定资产、无形资产的概念、分类、计价、账务处理方法等。本章主要以商业银行为例说明固定资产、无形资产和其他资产的核算。

第一节 固定资产核算概述

一、固定资产的概念和特征

固定资产是指商业银行为生产商品、提供劳务、出租或经营管理而持有的，且使用年限超过 1 年，单位价值较高的有形资产。

商业银行的固定资产应同时具有下列特征：（1）为生产商品、提供劳务、出租或经营管理而持有；（2）使用期限在 1 年以上；（3）单位价值较高。一般情况下，劳动资料比劳动对象的单位价值都要高，凡达到国家规定价值标准的，都应列作固定资产进行核算。有些劳动资料虽具有固定资产的其他特征，但由于价值较低，应列作流动资产进行管理与核算。

二、固定资产的分类

商业银行的固定资产种类繁多，规格不同，而且用途也有很大差别。为了加强固定资产的管理，正确组织固定资产的核算，应该采用适当的标准对固定资产进行科学地分类。

1. 按经济用途分类，固定资产可以分为经营用固定资产和非经营用固定资产。经营用固定资产是指直接服务于商业银行业务经营活动过程的各种固定资产，如业务经营使用的房屋、建筑物、机器、机械、器具、工具等固定资产；非经营用固

定资产是指不直接服务于商业银行业务经营活动过程的各种固定资产，如职工食堂、宿舍等使用的房屋和设备。

2. 按使用情况分类，固定资产可以分为使用中固定资产、未使用固定资产和不需用固定资产。使用中固定资产是指正在使用的业务经营性和非业务经营性固定资产。由于大修理等原因暂停使用的固定资产，以及经营性出租给其他单位和内部备作替换使用的固定资产也属于使用中的固定资产；未使用固定资产是指已购建完工尚未交付使用的新增固定资产以及因进行扩建、改建等暂停使用的固定资产；不需用固定资产是指本企业多余或不适用，需要调配处理的固定资产。

3. 按所有权分类，固定资产可以分为自有固定资产和租入固定资产。自有固定资产是指产权属于本企业的固定资产；租入固定资产是指融资性租入的固定资产，在租赁期内，应视同自有固定资产进行管理，但经营性租入的固定资产不作为自有固定资产进行管理。对于经营性租出的固定资产，仍作为本企业固定资产进行管理。

4. 综合分类。在实际工作中，对商业银行的固定资产，通常是按经济用途和使用情况以及会计核算必须提供的某些特殊资料进行综合分类的。一般可分为经营用固定资产、非经营用固定资产、未使用固定资产、不需用固定资产、租出固定资产、土地（是指过去已经估价单独入账的土地）、融资租入固定资产。

第二节　固定资产增加和减少的核算

一、固定资产的计价

商业银行的固定资产来源渠道较多，记账价格比较复杂。为了保证固定资产核算的统一性，应该按照国家统一规定进行计价。

购置的不需要经过建造过程即可使用的固定资产，按实际支付的买价、包装费、运输费、安装成本以及交纳的有关税金等作为入账价值。如果以一笔款项购入多项没有单独标价的固定资产，按各项固定资产公允价值的比例对总成本进行分配，分别确定各项固定资产的入账价值。

自行建造的固定资产，按建造该项资产达到预定可使用状态前所发生的全部支出作为入账价值。

融资租入的固定资产，按租赁开始日租赁资产的原账面价值与最低租赁付款额的现值两者中较低者作为入账价值。

在原有固定资产的基础上进行改建、扩建（包括技术改造、更新改造等）而增加的固定资产，按固定资产的原账面价值，加上由于改建、扩建而使该项资产达到预定可使用状态前所发生的全部支出，减去改建、扩建过程中发生的变价收入作为入账价值。

接受债务人以非现金资产抵偿债务方式而取得的固定资产,按应收债权的账面价值加上应支付的相关税费作为入账价值。如果收到补价的,按应收债权的账面价值减去补价,加上应支付的相关税费作为入账价值;支付补价的,按应收债权的账面价值加上支付的补价和应支付的相关税费作为入账价值。

接受捐赠的固定资产,应按以下规定确定入账价值:(1)捐赠方提供了有关凭据的,按凭据上标明的金额加上支付的相关税费作为入账价值。(2)捐赠方没有提供有关凭据的,按如下顺序确定入账价值:同类或类似固定资产存在活跃市场的,按同类或类似固定资产市场价格估计的金额加上应支付的相关税费作为入账价值;同类或类似固定资产不存在活跃市场的,按接受捐赠固定资产的预计未来现金流量作为入账价值。(3)如果受赠的是旧的固定资产,应按照上述方法确认的价值减去按该项资产的新旧程度估计的价值损耗后的余额作为入账价值。

盘盈的固定资产,按以下规定确定入账价值:同类或类似固定资产存在活跃市场的,按同类或类似固定资产市场价格减去按该项资产的新旧程度估计的价值损耗后的余额作为入账价值;同类或类似固定资产不存在活跃市场的,按该项固定资产的预计未来现金流量作为入账价值。

经批准无偿调入的固定资产,按调出单位的账面价值加上发生的运输费、安装费等相关费用作为入账价值。

商业银行为建造固定资产取得借款而发生的利息、折价或溢价摊销和辅助费用,以及因外币借款而发生的汇兑差额,如果符合予以资本化的条件,应于适当期间计入固定资产的成本。为取得固定资产而交纳的契税、耕地占用税、车辆购置税等相关税费,也应构成固定资产成本。

二、固定资产增加和减少的核算

固定资产的核算,既要适应加强管理的需要,又要简化事务工作。会计部门和财产管理或使用部门应各设一套账目。会计部门设置"固定资产"、"累计折旧"等总账账户,并按固定资产的类别设置二级账户。会计部门的账簿,只记金额,不记数量,仅对固定资产增减变动的价值进行控制。财产管理或使用部门,按固定资产的类别分品种设置明细账进行明细分类核算,并按照使用单位设置固定资产登记簿或登记卡,在登记簿或登记卡上只记录实物数量,不记录金额。财会部门、财产管理部门、财产使用部门,应定期进行账账、账卡、账实核对。

下面举例说明固定资产增加和减少的会计核算:

【例1】 某交通银行购入电子计算机若干台,买价50 000元,增值税8 500元,运杂费150元,包装费100元,所有款项均以转账支票付讫,会计分录为:

借:固定资产   58 750

贷：银行存款　　　　　　　　　　　　　　　　　　　　　　　　58 750

【例2】　某交通银行购入需要安装的设备一套，买价200 000元，增值税34 000元，运杂费1 200元，包装费800元，安装调试费2 000元，所有款项均已通过银行存款支付。

（1）买入时，会计分录为：
借：在建工程　　　　　　　　　　　　　　　　　　　　　　　　236 000
　　贷：银行存款　　　　　　　　　　　　　　　　　　　　　　　　236 000
（2）安装调试时，会计分录为：
借：在建工程　　　　　　　　　　　　　　　　　　　　　　　　2 000
　　贷：银行存款　　　　　　　　　　　　　　　　　　　　　　　　2 000
（3）安装调试完毕交付使用时，会计分录为：
借：固定资产　　　　　　　　　　　　　　　　　　　　　　　　238 000
　　贷：在建工程　　　　　　　　　　　　　　　　　　　　　　　　238 000

【例3】　某工商银行通过融资手段租入大华租赁公司的不需要安装的机器设备一台，协议标明价款250 000元，运输保险费7 500元，每月租金5 000元。有关的账务处理为：

（1）固定资产交付使用时，会计分录为：
借：固定资产——融资租入固定资产　　　　　　　　　　　　　　257 500
　　贷：长期应付款——大华租赁公司　　　　　　　　　　　　　　　257 500
（2）按月支付租金时，会计分录为：
借：长期应付款——大华公司　　　　　　　　　　　　　　　　　5 000
　　贷：银行存款　　　　　　　　　　　　　　　　　　　　　　　　5 000
（3）租赁到期时，该设备产权转移给工商银行，会计分录为：
借：固定资产——经营用固定资产　　　　　　　　　　　　　　　257 500
　　贷：固定资产——融资租入固定资产　　　　　　　　　　　　　　257 500

【例4】　某商业银行对外投资转出设备一套，原价275 000元，累计折旧45 000元，已计提的固定资产减值准备8 000元，双方认可的评估确认价210 000元，会计分录为：

借：长期股权投资　　　　　　　　　　　　　　　　　　　　　　210 000
　　固定资产减值准备　　　　　　　　　　　　　　　　　　　　8 000
　　累计折旧　　　　　　　　　　　　　　　　　　　　　　　　45 000
　　资本公积　　　　　　　　　　　　　　　　　　　　　　　　12 000
　　贷：固定资产　　　　　　　　　　　　　　　　　　　　　　　　275 000

【例5】　某商业银行拥有小汽车一辆，原价380 000元，已计提折旧50 000元，因发生交通事故而报废，收回过失人和保险公司赔偿款220 000元，材料变卖收入 40 000 元。有关的账务处理为：

(1) 小汽车报废时，会计分录为：

借：固定资产清理　　　　　　　　　　　　　　　　　330 000
　　累计折旧　　　　　　　　　　　　　　　　　　　 50 000
　　贷：固定资产　　　　　　　　　　　　　　　　　　　　　380 000

(2) 收回过失人和保险公司赔偿款和材料变卖收入时，会计分录为：

借：银行存款　　　　　　　　　　　　　　　　　　　260 000
　　贷：固定资产清理　　　　　　　　　　　　　　　　　　 260 000

(3) 结转固定资产清理净损益时，会计分录为：

借：营业外支出——非常损失　　　　　　　　　　　　 70 000
　　贷：固定资产清理　　　　　　　　　　　　　　　　　　　70 000

第三节　固定资产折旧

一、折旧的概念

在商业银行的经营活动过程中，固定资产虽然自始至终保持着原有的实物形态，但固定资产的价值却随着时间的推移而逐渐降低直至消逝。随着固定资产的使用而逐渐转移到经营费用中的这部分价值就称为折旧。

固定资产折旧的过程实质上就是固定资产在使用过程中价值的转移过程。折旧并不是对固定资产价值转移的准确计价，而只是按照系统且合理的方法将固定资产的价值进行分摊，以反映收入与费用相配比的要求。所以，折旧是资产成本的分摊程序而不是计价程序。

固定资产的价值降低是由有形损耗和无形损耗造成的。有形损耗是指固定资产在使用过程中由于磨损和自然力的影响而减少的价值，如机器的磨损、房屋被风雨侵蚀而减少的价值；无形损耗是指由于技术进步和劳动生产率的提高而造成的现有固定资产的贬值，如由于出现新的高效设备而导致旧设备的经济寿命下降而必须提前予以报废。

二、影响折旧的主要因素

固定资产折旧就是在固定资产的预计使用年限内按照系统且合理的方法对固定资产原值扣除其预计净残值后的余额进行摊销。所以，计提折旧时应考虑以下主要因素：

原值：指固定资产的原始入账价值，它是计提折旧的基础。

预计可使用年限：在预计固定资产的使用年限时，既要考虑有形损耗又要考虑无形损耗,必须根据固定资产的质量、预计使用方式及科技进步等因素来预计其使用寿命。绝大部分的固定资产折旧是以年或月为估计单位,也有以产量或工作量等为估计单位的。

预计净残值:指企业事先测算的在固定资产使用期满时的残值收入减去清理费用后的余额。固定资产的预计可使用年限和预计净残值一般由公司的会计政策决定,在确定预计净残值时还要注意扣除清理费用。在实际工作中,为避免主观因素影响对净残值的预计以及保持统一性,现行制度规定固定资产净残值率即净残值与固定资产原值的比率在3%~5%之间,个别企业需要超过上述比例时,须报经主管财政机关批准。

三、固定资产折旧的计提范围

商业银行一般按月计提折旧,当月增加的固定资产当月不计提折旧,从下月起开始计提。当月减少的固定资产当月仍计提折旧,从下月起停止计提。计提折旧的范围是:房屋、建筑物、机器设备、运输工具等,不管是否在用,都应计提折旧;季节性停用和大修理停用的固定资产应视同在用固定资产计提折旧;以经营租赁方式租出和融资租入的固定资产应计提折旧。已提足折旧而继续使用的固定资产和未提足折旧而提前报废的固定资产不再计提折旧。

四、固定资产折旧的计提方法

商业银行应根据固定资产的性质、消耗方式并结合环境等因素选择合理的固定资产折旧方法,不同的折旧方法决定了在使用年限内由成本负担的固定资产使用费的高低。目前在会计实务中采用的折旧方法主要有:直线法、工作量法、双倍余额递减法和年数总和法。

(一) 直线法

直线法是将固定资产的价值在预计可使用年限内平均分摊到各期的折旧方法,又称"平均年限法",是目前会计实务界最常用的方法。计算公式如下:

$$年折旧额 = \frac{固定资产原值 - 预计净残值}{预计可使用年限}$$

$$年折旧率 = 年折旧额 \div 固定资产原值$$

【例6】 中国某商业银行的一家支行于2001年12月购入自动提款机数台,买价及有关手续费用共计600 000元,2002年开始使用,预计净残值30 000元,预计可使用5年。各年折旧额计算如下:

年折旧额 = (600 000 - 30 000) ÷ 5 = 114 000 (元)

直线法的优点是简便易行,尤其适用于不受季节影响、各期使用程度较为均衡的固定资产。但固定资产的服务效用在不同期间发挥的程度可能不同,对于一项设备来说,投入使用的前期和中期发挥的效用较大,后期则每况愈下,所需的修理、保养费用势必逐渐增加。所以各期计提相等的折旧费用并不合理,难以实现收入和费用的真正配比,固定资产的使用成本也并不均衡。

(二) 工作量法

工作量法是根据固定资产的应计折旧额和预计可完成的实际工作量来计算每单位工作量的应计折旧额的方法。这种方法一般使用于各月使用不均衡的专业设备。计算公式如下:

$$单位工作量折旧额 = \frac{固定资产原值 - 预计净残值}{预计使用年限内完成的总工作量}$$

$$年折旧额 = 年工作量 \times 单位工作量折旧额$$

(三) 双倍余额递减法

双倍余额递减法是在不考虑固定资产残值的情况下,根据期初账面净值和一定的折旧率计算当期折旧额的方法。实务中,双倍余额递减法的折旧率往往是采用直线法计算的折旧率的两倍,故称双倍余额递减法。计算公式如下:

$$年折旧率 = 2 \div 预计可使用年限$$

$$年折旧额 = 年初账面净值 \times 年折旧率$$

$$月折旧额 = 年折旧额 \div 12$$

【例7】 应用例6的资料,双倍余额递减法下的年折旧率为40%,各年折旧额计算见表12-1所示。

表12-1　　　　　　　　　　　　**折旧计算表**　　　　　　　　　　　　单位:元

年　份	年初账面净值	年折旧率	年折旧额
1	600 000	40%	240 000
2	360 000	40%	144 000
3	216 000	40%	86 400
4	129 600		49 800
5	79 800		49 800

在采用双倍余额递减法时,若在某一会计年度按双倍余额递减法计算的折旧额小于按直线法计算的折旧额,应改为直线法计提折旧。我国会计制度规定,采用双倍余额递减法计提折旧时,在固定资产使用寿命的最后两年内,将扣除预计残值后的固定资产净值平均摊销。

（四）年数总和法

年数总和法是将固定资产原值减去残值后的净额按逐年递减的折旧率计算折旧额的方法。计算公式如下：

$$年折旧率 = \frac{预计使用年限 - 已使用年限}{预计使用年限 \times (1 + 预计使用年限) \div 2}$$

$$月折旧率 = 年折旧率 \div 12$$

$$月折旧额 = (固定资产原值 - 预计净残值) \times 月折旧率$$

【例8】 中国某商业银行的一家支行于2001年12月购入奥迪轿车一辆，买价及有关手续费用共计600 000元，2002年开始使用，预计净残值30 000元，预计可使用5年。各年折旧额计算如表12-2。

表12-2　　　　　　　　　　折旧计算表　　　　　　　　　单位：元

年份	折旧基础	年折旧率	年折旧额
1	570 000	5/15	190 000
2	570 000	4/15	152 000
3	570 000	3/15	114 000
4	570 000	2/15	76 000
5	570 000	1/15	38 000

双倍余额递减法和年数总和法都属于加速折旧法。采用加速折旧法的理论依据在于，使用固定资产的成本包括了折旧费用和维修费用。在固定资产的使用早期其提供的效用较高，所需的维修费用较少，在晚期则相反。为使各年负担的费用较协调，在维修费用较少时负担较多的折旧费用，维修费用较多时则负担较少的折旧费用。采用加速折旧法更符合资产的服务效用与费用配比的关联性，且能递延企业所得税的纳税期间，使企业获得一定的财务利益，也有利于企业积极进行设备的更新改造。

五、固定资产折旧的会计处理

商业银行按一定的方法计算出应计提的折旧后，应借记"营业费用"账户，贷记"累计折旧"账户。

【例9】 某商业银行2002年11月应计折旧费的有关资料如表12-3所示：

表12-3　　　　　　　　　固定资产折旧计算表　　　　　　　　　单位：元

类别	上月计提折旧	上月增加			上月减少			本月应计提折旧
		原值	折旧率	折旧额	原值	折旧率	折旧额	
房屋及建筑物	3 552							3 552
机器设备	1 800	6 000	0.8%	48				1 848
运输工具	1 920	12 000	1.6%	192	5 000	1.6%	80	2 032
其他设备	800							800
合计	8 072	18 000		240	5 000		80	8 232

计提折旧的会计分录为：
借：营业费用　　　　　　　　　　　　　　　　　　　　　　　　8 232
　　贷：累计折旧　　　　　　　　　　　　　　　　　　　　　　　8 232

第四节　无形资产的核算

一、无形资产的定义和特征

无形资产是指商业银行为生产商品、提供劳务、出租给他人或因管理目的而持有的没有实物形态的非货币性长期资产。

无形资产具有如下特征：(1) 不具有实物形态；(2) 为企业长期使用；(3) 提供的未来经济利益具有不确定性；(4) 属于非货币性长期资产。

二、无形资产的内容与分类

(一) 无形资产的内容

无形资产主要包括专利权、非专利技术、著作权、商标权、土地使用权、特许经营权及商誉等。

专利权是指专利注册机构授予发明者或持有者在一定的期限内独家使用和转让其专有技术或其他发明创造的权利。

非专利技术是指专有技术，它是在生产过程中已采用的、不为别人所知的、不享受法律保护的各种技术。

著作权亦称之为版权，它主要是指著作人及其出版社独家享有的经国家有关部门批准的出版发行其著作的专有权利。

商标权是指商标注册人享有的专门在某类商品或产品上使用特定的名称或图案的权利。

土地使用权是指国家准许某一企业在一定时期内对国有土地享有开发、利用及经营的权利。《中华人民共和国土地管理法》明确规定,中华人民共和国实行土地的社会主义公有制,任何单位和个人都不得侵占、买卖或者以其他形式非法转让。

特许经营权又称专营权。主要有两种形式:一种是由国家政府机构授权,准许特定企业使用公共财产或在某一地区享有经营某种特许业务的权利;另一种是指一个企业按照双方签订的合同要求,永久地或有限期地授予另一个企业特殊的权利。

商誉是指一个企业由于其地理位置优越、产品质量可靠、拥有各种专有人才以及商业信誉好等原因而获得的超额收益的能力。它只有在企业或公司之间发生并购时,才进行核算。

(二)无形资产的分类

无形资产按照取得方式不同可以分为外部取得的无形资产和内部自创的无形资产。外部取得的无形资产包括外购无形资产、投资者投入无形资产、接受捐赠无形资产、通过非货币性交易换取的无形资产、通过并购取得的无形资产;内部自创的无形资产主要是指企业通过自行研究和开发取得的无形资产。

无形资产按照是否可以辨认分为可辨认无形资产和不可辨认无形资产。可辨认无形资产是指该项资产可以单独对外出租、出售、交换、投资,而不需要处置在同一业务活动中的其他资产,主要包括专利权、非专利技术、著作权、商标权及土地使用权等;不可辨认无形资产是指无法单独对外出租、出售、交换、投资的无形资产,一般只包括商誉。但商业银行的自创商誉,以及未满足无形资产确认条件的其他项目不能作为无形资产确认。

三、无形资产的计价

商业银行取得无形资产的来源不同,发生的实际成本也不同。取得无形资产时,必须按照取得时发生的实际成本入账。

商业银行购入无形资产时,应按照实际支付的价值(包括买价和相关费用等)入账。对于商业银行一揽子购入的资产中所包含的无形资产,其成本应按照该无形资产和其他资产的公允价值相对比例来确定。

商业银行收到投资者作为投资投入的无形资产时,按照投资各方确认的价值作为实际成本入账。对于首次发行股票而接受投资者投入的无形资产,则按照该项无形资产在投资方的账面价值作为实际成本入账。

接受捐赠的无形资产,应按照以下规定确定其实际成本:(1)捐赠方提供了有关凭据的,按凭据上标明的金额加上应支付的相关税费,作为实际成本。(2)

捐赠方没有提供有关凭据的，按如下顺序确定其实际成本：同类或类似无形资产存在活跃市场的，按同类或类似无形资产的市场价格估计的金额，加上应支付的相关税费作为实际成本；同类或类似无形资产不存在活跃市场的，按接受捐赠无形资产的预计未来现金流量现值，作为实际成本。接受捐赠时，无形资产价值扣除未来出售时应交纳的所得税后的余额作为资本公积。

自行开发并按照法律程序申请取得的无形资产，按依法取得时发生的注册费、聘请律师费等费用，作为无形资产的实际成本。在研究与开发过程中发生的材料费用、直接参与开发人员的工资及福利费、开发过程中发生的租金、借款费用等，直接计入当期损益。对于已经计入各期费用的研究与开发费用，在该项无形资产获得成功并依法申请取得权利时，不得再将原已计入费用的研究与开发费用资本化。

四、无形资产增加和减少的核算

商业银行应设置"无形资产"账户，用于核算专利权、非专利技术、著作权、商标权、土地使用权等各种无形资产的价值。该账户的借方登记以不同方式取得的无形资产的成本，贷方登记无形资产的摊销和转出的成本，期末借方余额反映尚未摊销的无形资产价值。该账户应按无形资产的类别设置明细账进行明细分类核算。

商业银行除发生无形资产增加的业务以外，还会发生相关的无形资产减少业务，包括无形资产的转销、转让及出租等。无形资产转销是对预期不能为商业银行带来经济利益的某项无形资产的注销。无形资产转让是指无形资产所有权的转让。无形资产出租是为取得租金收入而将无形资产的使用权转让。下面举例说明无形资产增加和减少业务的核算：

【例10】 某商业银行购入一项特许经营权，价款为 50 000 元，支付手续费等费用 1 000 元，会计分录为：

借：无形资产——特许经营权　　　　　　　　　　　51 000
　　贷：银行存款　　　　　　　　　　　　　　　　　　51 000

【例11】 某公司以面积为 40 000 平方米的土地使用权作为投入资金，与商业银行组建成合资企业，经营期 20 年，当地政府规定该土地使用的费用标准为每年 12 元/m^2，假定折现率是 10%。

土地使用权成本 = 每年支付的土地使用费 × 年金现值系数
　　　　　　　　= 12×40 000×8.514
　　　　　　　　= 40 867 200（元）

会计分录为：

借：无形资产——土地使用权　　　　　　　　　　　40 867 200
　　贷：实收资本　　　　　　　　　　　　　　　　　　40 867 200

【例12】 某商业银行接受 A 计算机研究所捐赠的一套计算机辅助设计软件，

该软件系 A 研究所向外购入，其捐赠凭条上注明 100 万元，会计分录为：

借：无形资产——计算机软件　　　　　　　　　　1 000 000
　　贷：资本公积　　　　　　　　　　　　　　　　　670 000
　　　　递延税款　　　　　　　　　　　　　　　　　330 000

【例13】　某银行在年末检查一项非专利技术的盈利能力时发现，该技术已被同类的新技术所代替。该项非专利技术的账面价值为 180 000 元，已计提的减值准备为 30 000 元。现决定将该技术注销，会计分录为：

借：营业外支出　　　　　　　　　　　　　　　　　150 000
　　无形资产减值准备　　　　　　　　　　　　　　　 30 000
　　贷：无形资产——非专利技术　　　　　　　　　　180 000

【例14】　中国建设银行某分行将一项无形资产出售，取得收入 60 000 元，应交营业税 3 000 元。该项无形资产的账面摊余价值 40 000 元，其中已计提减值准备 4 000 元，会计分录为：

借：银行存款　　　　　　　　　　　　　　　　　　 60 000
　　无形资产减值准备　　　　　　　　　　　　　　　　4 000
　　贷：无形资产　　　　　　　　　　　　　　　　　 40 000
　　　　应交税金——应交营业税　　　　　　　　　　　3 000
　　　　营业外收入　　　　　　　　　　　　　　　　 21 000

五、无形资产摊销的核算

无形资产是商业银行的一项投资，应采用一定的方法将其价值摊入各期营业费用。无形资产取得以后，其成本是确定的，问题是采用什么具体计算方法和按多少年限进行摊销。

无形资产的摊销方法有很多种，但为了简化会计核算，加强会计信息的可比性，我国金融企业会计制度规定采用直线法对无形资产进行摊销。

无形资产的摊销年限可以按以下原则予以确定：合同规定受益年限但法律没有规定有效年限的，摊销期不应超过合同规定的受益年限；合同没有规定受益年限但法律规定有效年限的，摊销期不应超过法律规定的有效年限；合同规定了受益年限，法律也规定了有效年限的，摊销期不应超过受益年限和有效年限两者之中的较短者；合同没有规定受益年限，法律也没有规定有效年限的，摊销期不应超过 10 年。

无形资产的摊销年限一经确定，不得随意变更。若因经济环境发生变化确实需要变更的，应作为会计估计变更处理，并在会计报表中予以披露。

【例15】　某商业银行的一项专利权原价为 720 000 元，预计有效年限与法定有效年限均为 10 年。有关的账务处理方法为：

$$每月摊销额 = \frac{720\,000}{10 \times 12} = 6\,000 \text{ （元）}$$

月末摊销该项无形资产价值时的会计分录为：

借：经营费用——无形资产摊销　　　　　　　　　　　　6 000
　　贷：无形资产——专利权　　　　　　　　　　　　　　6 000

六、无形资产的期末计价

到期末时，商业银行的无形资产应按照账面价值与可收回金额孰低计量。当可收回金额低于账面价值时，以两者的差额计提无形资产减值准备。

当发生下列一项或若干项情况时，应当计提无形资产减值准备：某项无形资产已被其他新技术等所替代，其为商业银行创造经济利益的能力受到重大不利影响；某项无形资产的市价在当期大幅度下跌，在剩余摊销年限内预期不会恢复；其他足以表明该项无形资产的账面价值已超过可收回金额的情形。如果已计提减值准备的无形资产价值恢复，应在已计提减值准备的金额范围内转回。

计提无形资产减值准备时，借记"营业外支出"账户，贷记"无形资产减值准备"账户。如果已计提减值准备的无形资产价值恢复，则编制相反的会计分录。

【例16】 2000年末，某商业银行一项无形资产的账面价值为80 000元，经测算目前市价为60 000元，预计在剩余摊销年限内价值不会恢复，会计分录为：

借：营业外支出——计提无形资产减值准备　　　　　　20 000
　　贷：无形资产减值准备　　　　　　　　　　　　　　20 000

第五节　其他资产的核算

商业银行的其他资产是指除流动资产、长期资产、固定资产和无形资产以外的资产，如长期待摊费用、存出资本保证金、抵债资产和应收席位费等。

一、长期待摊费用的核算

长期待摊费用是指商业银行已经支出的摊销期限在1年以上（不含1年）的各项费用，包括租入固定资产的改良支出以及采用待摊方式发生的大修理费用等。应当由本期负担的借款利息、租金等，不得作为长期待摊费用处理。

长期待摊费用应当单独核算，在费用项目的受益期限内分期平均摊销。对于租入固定资产发生的改良支出，应当在租赁期限与租赁资产尚可使用年限两者孰短的期限内平均摊销；而采用待摊方式发生的大修理费用，应当在下一次大修理前平均摊销；其他长期待摊费用应当在受益期内平均摊销。

对于股份有限公司委托其他单位发行股票支付的手续费或佣金等相关费用，减去股票发行冻结期间的利息收入后的余额,应从发行股票的溢价中抵消,当不够抵消时,若金额较小的,直接计入当期损益;若金额较大的,可作为长期待摊费用,在不超过2年的期限内平均摊销,直接计入损益。

除购建固定资产以外,所有筹建期间发生的费用,先在长期待摊费用中归集,待商业银行开始经营当月起一次计入开始经营当月的损益。

长期待摊费用的账务处理方法为:发生长期待摊费用时,借记"长期待摊费用"账户,贷记"银行存款"等账户;摊销长期待摊费用时,借记"营业费用"账户,贷记"长期待摊费用"账户;当长期待摊费用不能使以后会计期间受益时,应将摊余价值全部转入当期损益,编制的会计分录与摊销长期待摊费用相同。

二、存出资本保证金的核算

存出资本保证金是指商业银行从事保险业务按照规定比例缴存的、用于清算时清偿债务的保证金。存出资本保证金应于金融企业成立后按照注册资本的20%提取,在实际发生时,按照实际发生额入账。

存出资本保证金的账务处理方法为:提取存出资本保证金时,借记"其他货币资金——存出资本保证金"账户,贷记"银行存款"账户;实际支付时,借记"××借款"账户,贷记"其他货币资金——存出资本保证金"账户。

三、抵债资产的核算

抵债资产是指商业银行收到债务人以非现金资产抵偿债务而取得的资产。取得抵债资产时,按照实际抵债部分的贷款本金和已确认的利息作为抵债资产的入账价值。待处理抵债资产应当单独核算。

取得抵债资产时,借记"待处理抵债资产"账户,贷记"××贷款"、"应收利息"账户。

处置抵债资产时,如果取得的处置收入大于抵债资产的账面价值,其差额计入营业外收入,会计分录为:借记"银行存款"账户,贷记"待处理抵债资产"、"营业外收入"账户;如果取得的处置收入小于抵债资产的账面价值,其差额计入营业外支出,会计分录为:借记"银行存款"、"营业外支出"账户,贷记"待处理抵债资产"账户。

抵债资产保管过程中发生的费用直接计入营业外支出,会计分录为:借记"营业外支出"账户,贷记"银行存款"账户;抵债资产处置过程中发生的费用,从处置收入中扣减,会计分录为:借记"营业外收入"账户,贷记"银行存款"账户。

四、应收席位费的核算

应收席位费是指商业银行向法定交易场所支付的交易席位费用。交易席位费应按照实际支付的金额入账,并按照 10 年的期限平均摊销。支付交易席位费时,借记"应收席位费"账户,贷记"银行存款"账户;摊销交易席位费时,借记"营业费用"账户,贷记"应收席位费"账户。

关键名词

(1) 固定资产　　　(2) 折旧
(3) 直线法　　　　(4) 工作量法
(5) 双倍余额递减法　(6) 年限总和法
(7) 无形资产

复习思考题

(1) 固定资产的增加和减少怎样核算?
(2) 试比较年限总和法与双倍余额递减法的异同。
(3) 固定资产加速折旧法的理论依据是什么?
(4) 商业银行取得无形资产怎样核算?
(5) 无形资产的摊销怎样核算?
(6) 固定资产减值准备和无形资产减值准备怎样核算?

第十三章 所有者权益

资本在银行业经营中发挥着重要的作用,所以银行会计中对于这一部分的核算应当给予相当的重视。本章主要介绍银行的所有者权益,包括实收资本(或股本)、资本公积、盈余公积、未分配利润以及准备金等项目的有关规定及其具体核算方法。

第一节 所有者权益概述

资产负债表上列在"负债"后的项目是"所有者权益"。根据公认会计原则,所有者权益就是资本。资本在银行经营中发挥着异常重要的作用:(1)它提供了一种初始资金,使银行可以弥补初始成本;(2)它向社会表明对于银行资产负债表的负面冲击将首先由股东来承担,是银行维持偿债能力的缓冲器;(3)它向潜在的贷款人保证,银行能够履行其义务,为银行利用金融市场解决短期流动性需求提供保障。这使得资本管理在银行风险管理中处于十分重要的地位,银行总是力图将风险控制在资本能够抵偿的范围内。

一、所有者权益的概念及内容

所有者权益,是指所有者在企业资产中享有的经济利益,其金额为资产减去负债后的余额。

根据《金融会计制度》的规定,金融企业的所有者权益,主要包括实收资本(或股本)、资本公积、盈余公积和未分配利润。从事存贷款业务的金融企业计提的一般准备、从事保险业务的金融企业计提的总准备金、从事证券业务的金融企业计提的一般风险准备,以及从事信托业务的金融企业计提的信托赔偿准备也是所有者权益的组成部分。

从事存贷款业务的金融企业需要按一定比例从净利润中提取一般风险准备;从事保险业务的金融企业需要按规定从净利润中提取风险总准备金;从事证券业务的金融企业需要按规定从净利润中提取用于弥补亏损的风险准备;从事信托业务的金融企业需要按规定从净利润中提取用于赔偿信托业务损失的风险准备。上述各种准备金也是所有者权益的组成部分。

二、所有者权益与负债的区别

金融企业的全部资产来自于两个渠道：一是负债，二是所有者投入。因此，债权人和所有者在企业资产上都拥有要求权，但二者有所不同，主要体现在以下几个方面：

1. 负债是企业承担的债务，是债权人对企业资产的索偿权，债权人有权到期收取本金和利息；所有者权益则是企业的投资者对企业净资产的所有权，即企业资产扣除负债后的剩余资产分配权。企业清算时，债权人对企业资产的索偿权列在投资者之前。

2. 债权人与企业之间的关系表现为债权债务关系，债权人没有参与企业经营管理的权利；而投资者则有法定参与管理企业或委托他人管理企业的权利，即拥有企业的内部决策权。

3. 债权人的负债有规定的偿还期限，债务人在规定的时间内必须还本并按规定的利率支付利息；所有者投资在企业经营期间无需偿还，投资人一旦以资本的形式投入资金后，除依法转让其投入的资本外，在经营期间不得以任何方式抽回。

4. 债权人不能参与企业的利润分配，但按照约定获得一定的利息收益，收益较稳定，风险较小；而投资人可以按投资比例获得利润分配权，收益大小取决于企业经营成果的好坏，若企业发生亏损时，投资者则应分担损失，因此，风险较大。

三、所有者权益的分类

金融企业的所有者权益是指金融企业所有者对金融企业资产享有的经济利益。数量上，它等于金融企业全部资产减去全部负债后的余额，它包括金融企业投资人对金融企业投入的实收资本或股本，以及形成的资本公积、盈余公积、未分配利润等。它充分表明金融企业的产权关系。一般而言，实收资本和资本公积是由所有者直接投入的，如所有者的投入资本、资本溢价等；而盈余公积是从金融企业税后利润中提取的。因此，盈余公积和未分配利润又被称为留存收益。

（一）实收资本

实收资本是指金融企业投资者实际投入银行经营活动的各项资产物资。这部分是所有者初始投资的财产，具体包括：国家投资、其他单位投资、社会个人投资和外商投资等。我国目前实行的是注册资本制度，也即投资者出资达到法定注册资本的要求是企业设立的先决条件，而且，会计核算中的实收资本即为法定资本，应当与注册资本相一致，企业不得擅自改变注册资本数额或抽逃资金。当企业的实收资本比原来的注册资本增减数额超过20%时，应持资金使用证明或者验资证明，向原登记机关申请变更登记。擅自改变注册资本或者抽逃资金的要受到工商行政管理部门的处罚。

(二) 资本公积

资本公积是指金融企业在经营过程中由于投资者或他人投入到企业，所有权属于投资者，并且金额上超过法定资本部分的资本或资产。资本公积从形成来源上看，它不是由企业实现的利润转化而来的，从本质上讲应属于投入资本的范畴，因此，它与留存收益有根本区别，因为后者是由企业实现的利润转化而来的。基于此，在核算资本公积时，关键的一点是要将其与收益项目区分。与此同时，资本公积又与实收资本有所不同，实收资本一般是投资者投入的，为谋求价值增值的原始投资，而且属于法定资本，与企业的注册资本一致，因此，实收资本无论是在来源上还是在金额上，都有比较严格的限制；资本公积在金额上没有严格的限制，而且在来源上相对比较多样，它可以来源于投资者的额外投入，也可以来源于其他企业或个人的投入，如接受捐赠的资产等。

(三) 盈余公积

盈余公积是指金融企业从税后利润中提取的并形成的公积金，它实际上是对企业当期实现的净利润向投资者分配的一种限制。根据其用途的不同，可分为公益金和一般盈余公积金两类。公益金是专门用于企业职工集体福利设施的支出，如购建职工宿舍、托儿所、理发室等方面的支出。一般盈余公积分为法定盈余公积和任意盈余公积，两者的区别在于法定盈余公积是按照有关法律和行政规章提取，而任意盈余公积是由金融企业自行决定的。

(四) 未分配利润

未分配利润是指金融企业留待以后年度分配的利润或待分配的利润。从数量上说，未分配利润是期初未分配利润，加上本期实现的税后利润，减去各种盈余公积和利润分配后的余额。未分配利润有两层含义：一是留待以后年度处理的利润，二是未指定特定用途的利润。如果未分配利润出现负数，就表明年末有未弥补亏损，应该由以后年度的利润或盈余公积来弥补。

通过对所有者权益种类的划分，可以清晰的反映金融企业资本金的结构：投资者投入金融企业的初始资金，是金融企业经营的原动力，是金融企业发展生存的基础；资本公积是在原始投资基础上连带产生的，它与原始投资共同形成金融企业经营的运作资金；盈余公积和未分配利润，是金融企业在经营过程中的资本增值，也称滋生资本式积累资本。在所有者权益中，投入资本的大小，反映了金融企业所有者对金融企业权利的大小。而资本增值的多少，则从根本上反映出金融企业经营期间经营状况的好坏。资本增值与投入资本相比，表明金融企业在经营期间的经济效益高低和经营水平的高低，表明金融企业是否具有竞争力。

除此之外，对所有者权益的划分，还可以对利润分配、公积金的使用等构成限制，比如实收资本和资本公积一般不能用作利润分配，资本公积中的"接受捐赠非现金资产准备"、"股权投资准备"等不能直接用于转增资本等。

第二节　投入资本的核算

一、实收资本的核算

（一）金融企业实收资本数额的一般规定

1. 商业银行的规定。中国人民银行对设立商业银行提出了最低的资本限额的要求。其内容如下：（1）设立银行的最低资本金的要求。设有分支机构的全国性银行的最低实收资本金为20亿元人民币；不设立分支机构的全国性银行的最低实收资本金为10亿元人民币；区域性银行的最低实收资本金为8亿元人民币；合作银行的最低实收资本金为5亿元人民币。（2）对外资银行的最低资本金要求。在经济特区设立的外资银行总行或中外合资银行的注册资本不得少于8 000万元人民币等值外汇，实收资本不得低于注册资本的50%；在经济特区设立的外资银行分行必须持有其总行拨给的不少于4 000万元人民币等值外汇的营运资金。所有的银行设立时，其实收资本都要按照中国人民银行的规定办理相关手续。

2. 证券公司的规定。《中华人民共和国证券法》规定证券公司申请开业，必须具备国家规定的与其经营和服务规模相适应的资金数额，并规定各类证券公司注册资本的最低数额为：综合类证券公司为人民币5亿元，经纪类证券公司为人民币5 000万元。

3. 保险公司的规定。《中华人民共和国保险法》规定保险公司申请开业，其注册资本的最低限额为2亿元人民币，而且必须为实缴货币资本。金融监督管理部门根据保险公司业务范围、经营规模，可以调整其注册资本的最低限额，但是，不得低于《中华人民共和国保险法》规定的限额。

4. 信托投资公司的规定。《信托投资公司管理办法》第十四条规定，信托投资公司的注册资本不得低于人民币3亿元。经营外汇业务的信托投资公司其注册资本中应包括不少于等值1 500万美元的外汇。中国人民银行根据信托投资公司行业发展的需要，可以增加设立信托投资公司的注册资本最低限额。

（二）实收资本的内容

1. 国有商业银行的实收资本按照投资主体可以分为国家资本金、法人资本金、个人资本金和外商资本金：（1）国家投资是有权代表国家投资的政府部门或者机构以国有资产投入企业形成的资本金；（2）单位投资是其他法人单位以其依法可以支配的资产投入企业形成的资本金；（3）个人投资是社会个人或者银行内部职工以个人合法财产投入企业形成的资本金；（4）外商投资是外国投资者以及我国香港、澳门和台湾地区投资者投入的资本金。

2. 在股份有限公司组织形式下的商业银行中，投入资本就是股权。按照股份制企业的做法，把股权分为国家股、法人股、个人股和外资股。

实收资本按投入的资产不同分为货币投资、实物投资、证券投资和无形资产投资等。货币投资，是指银行接受投资者以货币资金形式进行投资的资本；实物投资是指银行收到投资者以房屋、设备等实物资产的投资；证券投资是银行收到投资者以其拥有的各种有价证券投入的资本；无形资产是银行收到投资者以其拥有的土地使用权、商标权、专利权等无形资产投入的资本。

(三) 实收资本的核算

为了反映投资者实收资本的情况，应设置"实收资本"或"股本"科目。该账户属于所有者权益类账户，用于核算银行实际收到投资者投入的资本。投资者可以用现金进行投资，也可以用现金以外的其他有形资产进行投资。账户的贷方登记银行实际收到投资者投入的资本、按法定程序结转的资本公积、盈余公积转增资本的增加数；账户的借方一般不作记录，只在银行破产清理时借记减少数；余额反映在贷方，表示银行实际拥有的资本金总额。投资者投入的资本，在企业经营期间，除依法转让外，一般不得抽回。该账户需按投资人情况进行明细核算。

1. 非股份有限公司组织形式下商业银行实收资本的核算。非股份有限公司组织形式下商业银行在我国一般是指国有商业银行，其实收资本在"实收资本"科目下进行核算。

(1) 现金、银行存款投入资本的核算。

国家、企业、外商、个人以人民币现金或银行存款进行投资时，以实际收到或者存入银行的金额作为实收资本入账。实际收到或者存入银行的金额超过其在企业注册资本中所占份额的部分，计入资本公积。如果投资者用现金投资，则借记"现金"；如果投资者在本银行开有账户，并从其账户中拨款投资，则借记该投资者的"活期存款"账户；如果投资者在与本银行同一系统的其他银行开户，则借记"存放联行款项"；如果投资者在与本银行不是同一系统的银行开户，则借记"存放同业款项"；如果是中央银行拨入资金，则借记"存放中央银行款项"。会计分录为：

借：现金
　　活期存款
　　存放联行款项
　　存放同业款项
　　存放中央银行款项等科目
　贷：实收资本——国家投资
　　　　　　——其他单位投资
　　　　　　——个人投资
　　资本公积——资本溢价

【例1】 A银行收到中央银行拨入的资金400 000元，作为投资进行转账。其会计分录如下：

借：存放中央银行准备金——存中央银行存款　　　　　　400 000
　　贷：实收资本——国家投资　　　　　　　　　　　　　　400 000

(2) 实物投入资本的核算。

银行收到投资人以实物形态的投资时，需按照评估确认的价值或合同、协议约定的价值记账。当收到投资人投入的房屋、机器设备等固定资产时，应按投资人账面原价借记"固定资产"，按评估确认的价值贷记"实收资本"。若账面原价大于评估确认价值，其差额贷记"累计折旧"；若评估确认价值高于投资人的账面原价，则应按评估确认的价值借记"固定资产"科目，贷记"实收资本"科目。若投资人投入的是商品、材料以及各种物资时，应按评估确认价值或约定的价值，借记"材料"等有关科目，贷记"实收资本"科目。

【例2】 A银行收到国家投入的房屋1栋，价值3 000 000元。其会计分录如下：

借：固定资产　　　　　　　　　　　　　　　　　　　　3 000 000
　　贷：实收资本——国家投资　　　　　　　　　　　　　　3 000 000

(3) 无形资产投入资本的核算。

投资人投入无形资产，应按评估确认价值或协议约定的价值记账。首次发行股票而接受投资者投入的无形资产，应按无形资产在投资方的账面价值入账。其会计分录如下：

借：无形资产
　　贷：实收资本

(4) 外币投入资本的核算。

以外币投资时，除记录外币账簿外，资产账户还应按当日国家外汇牌价折合成人民币记账。根据合同协议约定，在外币折合成人民币记账时，若产生了汇率折算差额，记入"资本公积"账户。

投资者投入的外币，合同没有约定汇率的，按收到出资额当日的汇率折合人民币金额。其会计分录如下：

借：现金等科目（外币）
　　贷：实收资本——××户（实收数）

合同约定汇率的，按合同约定的汇率折算，因汇率不同产生的折算差额，作为资本公积进行账务处理。其会计分录如下：

借：现金等科目（外币）（收到外币当日的汇率折合的人民币金额）
　　资本公积——外币资本折算差额
　　贷：实收资本——××户（合同约定汇率折合人民币的金额）
　　　　资本公积——外币资本折算差额

2. 股份有限公司组织形式下商业银行股本的核算。股份有限公司组织形式下商业银行一般是指国有银行以外的其他采用股份有限公司组织形式的商业银行以及一些已经上市的股份制商业银行,其股本在"股本"科目下核算。股份制银行与非股份制银行相比,最大的特点是其资本被划分为等额股份,并通过发行股票的方式来筹集资本。

(1) 股份制银行的股本应当在核定的股本总额及核定的股份总额的范围内发行股票或由股东出资取得。当企业实际收到现金等资产时,其会计分录如下:

借:现金、活期存款等科目(实际收到数)
  贷:股本(股票面值和核定的股份总额的乘积计算的金额)
    资本公积——股本溢价

(2) 港澳及国外上市公司以及在境内发行外资股的上市公司,收到股款时,其会计分录如下:

借:活期存款等科目(收到股款当日的汇率折合的人民币金额)
  贷:股本(确定的人民币股票面值和核定的股份总额的乘积计算的金额)
    资本公积——股本溢价

3. 实收资本(或股本)变动的核算。金融企业资本(或股本)除下列情况外,不得随意变动:①符合增资条件,并经有关部门批准增资的,在实际取得股东的出资时,登记入账。②金融企业按法定程序报经批准减少注册资本的,在实际返还投资时登记入账;采用收购本企业股票方式减资的,在实际购入本企业股票时,登记入账。

(1) 实收资本(或股本)增加的核算。

银行增加资本的途径主要有四条:

第一,资本公积转为实收资本,此时借记"资本公积",贷记"实收资本(或股本)";

第二,盈余公积转为实收资本,此时借记"盈余公积",贷记"实收资本(或股本)";

第三,所有者投入,企业在收到投资者投入的资金时,借记"活期存款"等有关资产等科目,贷记"实收资本(或股本)";

第四,银行发行的可转换债券,按规定转为股本时,可转换债券持有人可将其持有的债券转换为股票,股份制银行应该按转换的股票面值作为股本入账,此时借记"应付债券"等科目,贷记"股本"(股票的面值和转换的股数的乘积)、"现金"(实际支付的不可转换成股票的部分)和"资本公积"等科目。

【例3】 B银行为股份制银行,以前已经发行面值1 000元的可转换债券100张。按契约规定,投资者以210元的转换价格转换成普通股470股,股票面值200元,另外不可转换部分价值为16 300元,以现金支付,转换时有10 000元的溢价尚未摊销，并已形成应计利息 5 000 元，其会计分录为：

借：应付债券——债券面值	100 000
应付债券——债券溢价	10 000
应付债券——应计利息	5 000
贷：股本——普通股	94 000
现金	16 300
资本公积	4 700

银行增加资本是有条件的，不能随意变动资本。一般企业增加股本，只要通过股东会议（但必须经过代表 2/3 以上表决权的股东同意），并修改公司章程即可。

股份制银行增加股本应符合以下条件：①前一次发行的股份已经募足，并间隔一年以上；②最近三年连续盈利，并可向股东支付股利；③最近三年内，财务会计文件无虚假记载；④预期利润率可达同期银行存款利率；⑤经股东会议决议，同意并修改公司章程。

（2）实收资本（或股本）减少的核算。

银行的实收资本不能随意减少，股东在存续期内不能抽回投资。资本减少应符合的条件是：①企业（包括一般金融企业和股份制金融企业）减资，应事先通知所有债权人，债权人无异议方允许减资；②经股东会决议同意，并经有关部门批准；③企业减资后的注册资本不得低于法定注册资本的最低限额。

银行实收资本减少的原因主要有两种：一是资本过剩；二是企业发生重大亏损，短期内无力弥补而需要减少实收资本。企业因资本过剩而减资，一般要发还股款。其会计分录为：

借：实收资本（或股本）
　贷：活期存款等科目

股份制银行由于采用的是发行股票的方式筹集资本，发还股款时，则要收购发行的股票。发行股票的价格可能与股票的面值不同，收回股票的价格也可能与发行价格不同，会计核算比较复杂。由于股本科目是按股票的面值登记的，收购本企业的股票时，也应按面值注销股本。超出面值付出的价格，可区别情况处理：若收购的股票属于溢价发行的，首先冲销溢价收入（资本公积），不足部分，凡提有盈余公积的，冲销盈余公积；如盈余公积仍不足以被收购款冲销的，冲销未分配利润。凡属按面值发行的，直接冲销盈余公积和未分配利润。

银行应当将因减资而注销股份、发放股款，以及因减资需要更新股票的变动情况，在股本账户的明细账及有关备查簿中详细记录。股东按规定转让其出资的，银行应当于有关的转让手续办理完毕时，将出让方所转让的出资额在资本（或股本）账户的有关明细账户及各备查登记簿中转为受让方。

二、资本公积的核算

资本公积是金融企业在非经营过程中发生的资产增值，属所有者权益，核算该项目时，设置"资本公积"账户，借方登记资本公积的减少额，贷方登记资本公积的增加额，余额在贷方表示资本公积的实有数。

资本公积按其形成的原因分为：资本（或股本）溢价、接受捐赠资产、拨款转入、股权投资准备、外币资本折算下差额、法定财产重估增值、关联交易差价等。

（一）资本溢价

资本溢价是由企业投资者投入的资金超过了其在注册资本中的份额形成的，那么为什么投资者会多投入资金呢？一般是因为：

1. 补偿原投资者在企业资本公积和留存利益中享有的权益。在新投资者加入之前，企业的所有者权益中除了原始投资——实收资本之外，还有在企业创立后的经营过程中实现的利润留存于企业所形成的留存收益，甚至还有可能存在接受他人捐赠资产等原因所形成的资本公积。显然，留存收益和资本公积也属于所有者权益，但其未转入实收资本。然而，新投资者一旦加入，则将与原投资者共享这一部分权益。为了补偿原投资者的权益损失，就要求新投资者付出大于原投资者的出资额，才能获得与原投资者相同的投资比例。

2. 补偿企业未确认的自创商誉。企业从创立、筹建、运行到开拓市场、构造企业的管理体系等，都会在无形中增加企业的商誉，进而增加企业的财富。但是在现行会计制度下，出于会计计量上的不确定性和会计稳健性原则的考虑，企业不能够确认其自创商誉，因此，在企业的所有者权益中，并没有体现因自创商誉而使企业所有者财富增加的部分。然而，如果新投资者加入企业，将毫无疑问地会分享到自创商誉的益处，鉴于自创商誉在创造过程中需要大量的付出，而这些付出又都是原投资者所承担的，因此根据"谁投资，谁受益"的原则，自创商誉的收益权应该归属于原投资者。如今新投资者要加入企业，分享其收益权，那么，就必须付出更多的投入资本，以补偿原投资者在自创商誉收益权方面的损失。在这种情况下，新投资者投入的资本，也会超过其按投资比例在实收资本中所拥有的部分，从而产生资本公积。

3. 其他原因。除了以上两个原因之外，新投资者为了获得对企业的控制权、为了获得行业准入、为了得到政策扶持等原因，也会导致其投入资本高于其在实收资本中按其投资比例所享有的份额部分。

对于资本溢价的核算是，对于新投资者投入的资本按其获得的投资比例记入"实收资本"账户，实际投资超出部分记入"资本公积"账户。

（二）股本溢价

由于股东按其持有的股份享有权利和承担义务，为了反映和便于计算其股份与企业全部股本的比例，企业股本总额应按股票的面值与股份总数的乘积计算。国家规定股本应与注册资本一致。因此，在面值发行的情况下，金融企业发行股票取得的价款，全部记入"股本"账户。在溢价发行的情况下，股票面值部分记入"股本"账户，取得价款超出面值的溢价部分记入"资本公积"账户。对于委托证券商代理发行股票而支付的手续费、佣金等，应从溢价发行收入中扣除，金融企业应按扣除手续费、佣金后的数额登记"资本公积"账户。在面值发行的情况下应将发行的全部收入记入"股本"账户，支付的发行费用作为递延资产处理。

【例4】 B银行为股份制银行，其以发行股票的方式来筹集资金，委托从事证券业务的某金融企业代理发行普通股2亿股，每股面值1元，与受托单位约定，按发行收入的1%收取手续费，从收取的发行收入中扣除。

（1）若按面值发行，会计分录如下：

借：存放中央银行款项　　　　　　　　　　　　　198 000 000
　　递延资产　　　　　　　　　　　　　　　　　　2 000 000
　贷：股本　　　　　　　　　　　　　　　　　　　　　　　200 000 000

（2）若按每股1.1元发行，会计分录如下：

借：存放中央银行款项　　　　　　　　　　　　　217 800 000
　贷：股本　　　　　　　　　　　　　　　　　　　　　　　200 000 000
　　　资本公积——股本溢价　　　　　　　　　　　　　　17 800 000

（三）接受捐赠资产

捐赠人捐赠资产也是一种投资行为。但是捐赠人的投入不会因此而具有对企业资产提出要求的权利，也不会因此而负有什么责任。因此捐赠者不是企业的所有者，其投资不应记作"实收资本"。但是其毕竟是对企业的一种投入行为，其结果也会造成所有者权益的增加，按规定金融企业接受的捐赠应该记入"资本公积"科目。其具体又分为接受现金捐赠形成的资本公积和接受非现金捐赠而形成的资本公积。

根据我国税法的规定，纳税人接受捐赠的实物资产，在捐赠时不计入企业的应纳税所得额。企业出售该资产或进行清算时，若出售或清算的价格低于接受捐赠时的实物价格，则应以接受实物价格计入应纳税所得额；若出售或清算价格高于接受捐赠时的实物资产价格，应以出售收入扣除清理费用后的余额计入应纳税所得额。因此，在对企业接受非现金资产捐赠进行会计处理时，尽管在捐赠时不需要缴纳所得税，但考虑到在出售或清算时，需要缴纳所得税，所以，为了避免虚增企业的净资产，公允反映企业财务状况尤其是负债状况，在接受捐赠的非现金资产计入资本公积时，需要从其价值中扣除未来应交的所得税，在具体核算时计入"递延税款"。

（四）资产重估增值

金融企业的各项财产物资应按实际成本计价，但在物价变动时，又不排除财产重新估价的可能。法定财产重估增值，作为资本公积处理。

对于金融企业资产进行重估的基本要求如下：

1. 企业应以历史成本作为会计核算的一般原则，并在历史成本的基础上编制财务报表，在实物资本保全的要求下，对企业资产重估的范围一般限制于固定资产和长期投资。

2. 资产的价值确认方法，应由合格的注册会计师确定，有时也可用物价指数或参照现行价格等办法。

3. 引起资产账面净值的增加，通常作为增加股东权益处理；当资产重估引起资产账面净值减少，通常作为损失记入损益科目。如果资产评估的减值与过去重估价的增值有关，且重估价增值已记入股东权益账户，应将以后评估发生的减值记入股东权益冲销，冲销后仍有未冲销的减值，应记入损益科目。如果资产评估的增值与过去已记入损益科目的减值有关，应将其增值记入损益，记入损益的增值以过去已经记入损益的减值为限，超过部分仍应记入股东权益。

4. 清理被重估的资产或收回长期投资时，重估溢价部分应转入留存收益或收益科目。

5. 由于资产重估影响缴纳所得税，在企业申报纳税时应予以调整。

在具体核算时，评估价比原有价值增值部分，借记有关资产账户，贷记"资本公积"；如果评估价小于原值，则作相反分录。

（五）外币资本折算差额

外币资本折算差额是指金融企业实际收到外币投资时，由于汇率变动而发生的资本折算差额。以外币投资时，除记录外币账外，资产账户还应按当日国家外汇牌价折合成人民币记账。根据合同协议约定，在外币折合成人民币记账时，若产生了资本汇率折算差额，记入"资本公积"账户。具体的会计核算方法在前面讲到的实收资本核算中"以外币投资"一项中已经介绍过，这里就不赘述了。

（六）股权投资准备的核算

在金融企业长期股权投资采用权益法核算时，长期股权投资账面余额应随着被投资企业所有者权益的变动而变动，所以，当被投资者因接受捐赠、增资扩股等原因增加资本公积时，其所有者权益便得到了相应的增加。这样，企业就应按其在被投资企业中的注册资本所占的比例相应调增资本公积。考虑到被投资企业在接受捐赠非现金资产等存在价值不确定问题，投资企业本身所持股权的价值同样存在不确定问题。所以，金融企业在调增该部分资本公积时，应首先将其记入股权投资准备，然后待投资企业处理该部分股权时，将原记入股权投资准备的部分记入其他资本公积中，此时，该部分资本公积才能用于转增资本。

在被投资企业因接受捐赠或增资扩股等原因增加资本公积时，金融企业按其在被投资企业注册资本所占比例计算其应享有的份额，会计分录为：

借:长期股权投资——股票投资(股权投资准备)
    或长期股权投资——其他股权投资(股权投资准备)
  贷:资本公积——股权投资准备

当金融企业处置其所持股权时,再按原记入股权投资准备的部分作会计分录:

借:资本公积——股权投资准备
  贷:资本公积——其他资本公积

(七)拨款转入

拨款转入是指金融企业收到国家拨入的专门用于技术改造、技术研究等的拨款项目完成后,按规定转入资本公积的部分。在具体账务处理上,在上述拨款项目完成时,对于形成的各项资产的部分,应按实际成本,借记"固定资产"等科目,贷记有关科目;同时,应借记"专项应付款"科目,贷记"资本公积——拨款转入"科目。

(八)关联交易差价

财政部在《关联方之间出售资产等有关会计处理问题暂行规定》中明确指出,上市公司与关联方之间的交易如果没有确凿证据表明交易价格是公允的,对显失公允的交易价格部分,一律不得确认为当期利润,应当作为资本公积处理,在"资本公积"科目下单设"关联交易差价"明细科目进行核算,这部分差价不得用于转增资本和弥补亏损。

第三节 留存收益的核算

留存收益是指企业从历年实现的利润中提取或形成的留存于企业的内部积累。它的作用在于:一方面可以满足企业维持或扩大经营活动的资金需要,保持或提高企业的获利能力;另一方面可以保证企业有足够的资金补偿以后年度可能出现的亏损,也保证债权人的权益。它主要包括盈余公积和未分配利润两类。以下内容将分述之。

一、盈余公积

(一)盈余公积的分类和用途

盈余公积是为了保证金融企业持续经营,维护债权人利益,改善职工福利和生活条件而提取的留存收益,具体包括以下内容:

1. 法定盈余公积,是指金融企业按照规定的比例从净利润中提取的盈余公积。它一般按照税后利润的10%来提取。当法定盈余公积累计金额达到企业注册资本的50%以上时,可以不再提取。法定盈余公积可转增资本金,但转增资本金后,法定盈余公积不得低于注册资本的20%。

2. 任意盈余公积,是指金融企业经股东大会或类似机构批准按照规定的比例从净利润中提取的盈余公积。

3. 法定公益金,是指金融企业按照规定的比例从净利润中提取的用于职工集体福利设施的公益金。法定公益金用于职工集体福利时,应当将其转入任意盈余公积。

金融企业的盈余公积可以用于弥补亏损、转增资本(或股本)。符合规定条件的金融企业,也可以用盈余公积分派现金股利。

(二) 盈余公积的核算

1. 提取盈余公积的核算。按规定标准提取盈余公积时,其会计分录如下:

借:利润分配——提取法定盈余公积户
　　　　　　——提取法定公益金户
　　　　　　——提取任意盈余公积户
　　贷:盈余公积——法定盈余公积户
　　　　　　　——法定公益金户
　　　　　　　——任意盈余公积户

2. 盈余公积派送新股的核算。经股东大会或类似机构批准。用盈余公积派送新股,其会计分录如下:

借:盈余公积
　　贷:股本(股票面值和派送新股股份总数的乘积)
　　　　资本公积——股本溢价(派送金额与派送面值总额的差额)

3. 盈余公积分配现金股利或利润的核算。经股东大会或类似机构批准,用盈余公积分配现金股利或利润,其会计分录如下:

借:盈余公积
　　贷:应付股利

4. 盈余公积分配股票股利或转增资本的核算。股票经股东大会或类似机构批准,用盈余公积分配股利或转增资本,其会计分录如下:

借:盈余公积
　　贷:实收资本(或股本)

5. 盈余公积补亏的核算。用盈余公积弥补亏损时,其会计分录如下:

借:盈余公积
　　贷:利润分配——其他转入

6. 用公益金购建固定资产的核算。用公益金购建固定资产,在购建过程中,以在建工程科目核算,交付使用时,在建工程科目转入固定资产科目。同时将公益金转为任意盈余公积,其会计分录如下:

借:盈余公积——公益金户

贷：盈余公积——任意盈余公积户

【例5】　B银行以1 500 000元公益金购建一栋宿舍，已交付使用。其会计分录为：

　　借：固定资产　　　　　　　　　　　　　　　　　　　　　1 500 000
　　　　贷：现金等科目　　　　　　　　　　　　　　　　　　　　　1 500 000
　　同时记：
　　借：盈余公积——法定公益金户　　　　　　　　　　　　　1 500 000
　　　　贷：盈余公积——任意盈余公积户　　　　　　　　　　　　1 500 000

核算盈余公积时应注意以下两项：

1. 分清盈余公积占用形态与其用途的界限。盈余公积，并不是指其占用形态，有其专门用途也不可以抽走或挪用。无论用于补亏，还是用于增资，只不过是股东权益的内部相互转换，并不影响其总额。至于结存的盈余公积数额，可用于购置固定资产，也可用于购置流动资产，均无须转账，也无须在盈余公积账内注明其已占用的形态。

2. 分清公益金和一般盈余公积的界限。企业实现的净利润是股东权益，应由股东使用。但为了保证职工集体福利基金，国家又统一规定，各企业须从净利润中划出一部分专门用于福利设施支出，即公益金。当使用这一部分资金按规定用途购建职工宿舍等，在固定资产交付使用后，应从"法定公益金"明细账户转入一般盈余公积。但待处置原有公益金购置的固定资产时，仍应将其原始支出从一般盈余公积转回公益金。一般而言，盈余公积本身是具有特定用途的留存收益。

二、未分配利润

未分配利润是金融企业税后净利润的一种留存收益形式。它由两个方面的概念形成：一是这部分留存收益还未分给企业的投资者，二是这部分留存收益还未指明一定的用途。未分配利润属所有者权益。当年未分配完的利润可以留待以后年度再分配。金融企业在"利润分配"科目下设"未分配利润"明细科目进行核算。

1. 结转本年利润。年度终了，金融企业将本年实现的税后利润（或亏损）总额，从"本年利润"科目转入"利润分配"科目。其会计分录如下：

　　借：本年利润
　　　　贷：利润分配——未分配利润

如为亏损，则作相反会计分录。

同时，将"利润分配"其他明细科目的余额转入"未分配利润"明细科目。会计分录为：

　　借：利润分配——未分配利润
　　　　贷：利润分配——其他明细科目

结转后，本明细科目贷方余额为历年来积累的未分配利润，借方余额为历年未弥补的亏损。

2. 调整以前年度的利润。金融企业在年度终了后，发现以前年度需要调整的会计事项，如果涉及以前年度损益，应通过"未分配利润"明细账户调整，而不得增减本年利润。

调整增加的上年利润或减少上年的亏损，其调整分录为：

借：有关科目
　　贷：利润分配——未分配利润

调整减少的上年利润或增加上年的亏损，其调整分录为：

借：利润分配——未分配利润
　　贷：有关科目

第四节　金融企业所有者权益其他项目的核算

一、从事存贷款业务的金融企业一般准备金的核算

《金融企业会计制度》第一百零一条规定，从事存贷款业务的金融企业，按规定提取的一般准备金，也应作为利润分配处理。

为了核算从事存贷款业务的金融企业按规定从税后利润中提取的准备金，应设"一般准备金"科目。该科目贷方登记提取的总准备金，借方登记总准备金按规定使用的情况，期末贷方余额反映一般准备金结余。

提取一般准备金时，会计分录为：

借：利润分配——提取一般准备金
　　贷：一般准备金

按规定使用时，会计分录为：

借：一般准备金
　　贷：现金等科目

二、从事保险业务的金融企业总准备金的核算

《金融企业会计制度》第一百零一条规定，从事保险业务的金融企业，应按本年实现净利润的一定比例提取总准备金，用于巨灾风险的补偿，不得用于分红、转增资本。

为了核算从事保险业务的金融企业按规定从税后利润中提取的准备金，应设置"总准备金"科目。该科目贷方登记提取的总准备金，借方登记总准备金按规定使用情况，期末贷方余额反映总准备金结余。

提取总准备金时，会计分录为：
借：利润分配——提取总准备金
　　贷：总准备金
按规定使用时，会计分录为：
借：总准备金
　　贷：银行存款等科目

三、从事证券业务的金融企业一般风险准备金的核算

《金融企业会计制度》第一百零一条规定，从事证券业务的金融企业，应按本年实现净利润的一定比例提取一般风险准备金，用于弥补亏损，不得用于分红、转增资本。

从事证券业务的金融企业应设置"一般风险准备"科目来核算一般风险准备金的提取、使用情况，期末贷方余额反映提取的风险准备结余。

提取风险准备时，其会计分录为：
借：利润分配——提取一般风险准备
　　贷：一般风险准备金
按规定使用时，会计分录为：
借：一般风险准备金
　　贷：利润分配——一般风险准备转入

四、从事信托投资业务的金融企业信托赔偿准备金的核算

《金融企业会计制度》第一百零一条规定，从事信托投资业务的金融企业，应按本年实现净利润的一定比例提取信托赔偿准备金，用于弥补亏损，不得用于分红、转增资本。

《信托投资公司管理办法》第五十一条规定，从事信托投资业务的金融企业每年应当从税后利润提取5%，作为信托赔偿准备金，但该信托赔偿准备金累计总额达到公司注册资本的20%时，可以不再提取。从事信托投资业务的金融企业信托赔偿准备金只能存放于国有商业银行或购买国债。

提取信托赔偿准备金，其会计分录为：
借：利润分配——提取信托赔偿准备
　　贷：信托赔偿准备
按规定使用时，会计分录为：
借：信托赔偿准备
　　贷：利润分配——信托赔偿准备转入

关键名词

(1) 实收资本　　　(2) 资本公积
(3) 盈余公积　　　(4) 未分配利润

复习思考题

(1) 所有者权益与负债这两种资产来源的区别是什么？

(2) 金融企业与其他一般企业在所有者权益会计核算方面有哪些相同点和不同点？

第十四章 损益业务

利润是任何盈利性组织的经营成果和目标。加强利润的核算有着重要意义。收入和费用都有不同的内容。把收入和费用的各损益明细科目都转入本年利润项目,从而结算出本年的利润总额。通过应付税款法或纳税影响会计法核算交纳所得税后的净利润加上年初未分配利润(或减去年初未弥补亏损)后形成可供分配利润,再根据国家有关规定,按照一定顺序进行分配。分配结束后的期末未分配利润形成下年年初的未分配利润或未弥补亏损。

美国管理学家彼得·德鲁克曾经说,利润对公司来说就如氧气对人类一样,如果没有氧气,你就玩完了。在市场经济条件下,追求利润最大化已成为企业经营的主要目标之一。金融企业也是企业,有它的稳定收入来源和成本支出,所以对收入和费用的计量与核算,从而掌握企业的经营绩效和成果,做出相关的决策,也是金融企业管理的重要内容。本章基于银行的损益业务说明金融企业的损益核算。

第一节 损益业务核算概述

一、损益业务核算的涵义

损益,即损失或收益。任何一个企业都是通过获得收入补偿为此而发生的费用,以获得利润的,即:

收入-费用=利润

作为银行,收入有不同的来源:从贷款和办理票据贴现中获取利息收入;从利用现金、无形资产、实物等对外投资中获取投资收益;在办理各项中间业务时取得手续费收入。成本和费用的发生也有不同的原因:向存款单位和个人筹集资金所发生的利息支出;与中央银行、联行或同业银行相互拆借资金而发生支出;在委托其他企事业单位和个人办理金融业务时发生的手续费支出等。所以,一切影响银行收入和费用的业务便构成了银行损益业务核算的范畴。

二、损益业务核算的重要性

(一)有助于评价银行的经营效益,加强内部经营管理

银行(除了中央银行)也是一种以盈利为目的的企业组织,利润也是其生存

和发展的条件。所以,加强损益业务的核算,客观地评价银行的经营效益和经营效果,能够为银行制定经营目标和改进经营策略提供有力的指导依据。因为,银行利润是收入减去成本费用后的余额,只有稳健经营,才能持续地创造收入;同时也要求银行对人力、财力、物力进行合理配置,建立良好的内部管理制度,控制成本费用。这样才能获得更大的经济效益。

(二) 能正确的处理经济利益关系

准确的收入、费用和利润的核算,为计提税金、利润分配等提供了可靠的依据。处理好国家、员工、股东的经济利益关系,调动各方的积极性,这对银行的持续经营和稳定发展有着重要的意义。

(三) 能够及时地掌握资金运动情况

虽然银行核算以权责发生制为基础,但由于银行业务不同于一般企业,其业务具有特殊性,收入和支出通过计提和预提的情况并不特别多,这意味着对收入、费用的全面及时核算,就大致掌握了现金的流动情况,从而能够提供资金周转速度、资金运用效率等方面的信息,有利于决策者的决策。

三、损益业务核算的基本要求

(一) 对收入核算的要求

对收入要按不同的来源分别核算。由于各项财务收入在内容上和纳税上存在着差别,例如我国现行税法规定,对于金融企业,"金融企业往来收入"暂不纳入交纳营业税的计税依据,也就不交纳城市维护建设税和教育费附加。因此,站在银行角度,准确核算收入来源,可以达到税收筹划的目的,而对于国家来说,又必须防止银行人为地减少某项收入或转移收入等来达到逃税的目的。

(二) 对费用核算的要求

1. 划分资本性支出与收益性支出。所谓资本性支出,就是一笔支出的效益及于几个会计期间(或几个营业周期)。凡支出的效益仅在本会计期间(或一个营业周期)的,应当作收益性支出。如果银行在会计核算工作中没有正确划分资本性支出与收益性支出,将原本计入资本性支出的计入了收益性支出,就会低估资产和当期收益;将原本计入收益性支出的计入资本性支出,就会高估资产和当期收益。所有这一切,都不利于信息使用者正确地理解银行的财务状况和经营成果,不利于会计信息使用者的决策。

2. 严格区分银行费用支出和营业外支出的界限。银行在从事经营活动中发生的与业务经营有关的支出,才能作为费用支出计入各期成本;与业务经营活动无直接关系的各项支出,如固定资产出售损失、出纳短款等,应当作为营业外支出,计入各期损益。

3. 银行成本核算要遵循一致性原则。银行成本核算的程序、范畴及科目(包括明细科目)的设置等一旦确定就应当在一个时期内稳定实施,不能朝令夕改,使得会计信息保持可比性。当核算方法有必要进行更改时,必须在会计报告中明示。

(三) 贯彻权责发生制原则和配比原则

金融企业的会计核算要以权责发生制为基础。凡是当期已实现的收入和已经发生或应当负担的费用,不论款项是否收付,都应当作为当期的收入和费用。凡是不属于当期的收入和费用,即使款项已经在当期收付,也不应作为当期的收入和费用。对于同一会计期间的各项收入与其相关的成本费用,应当在同一会计期间内确认。

第二节 收入的核算

一、收入核算概述

收入,是指企业在销售商品、提供劳务及让渡资产使用权等日常活动中所形成的经济利益的总流入。收入的确认必须满足两个基本条件:一是与交易相关的经济利益能够流入企业;二是与交易相关收入金额能够可靠的计量。对于银行,按照财务收入与经营活动的关系,将其分为营业收入、投资收益和营业外收入。

营业收入是指与银行经营活动密切相关的、在经营中有所耗费而获得的收入。按其来源来划分,可分为利息收入、手续费收入、金融企业往来收入、贴现利息收入、汇兑收益和其他营业收入。

投资收益是指银行通过对外进行短期或长期投资时,按照合同或协议的规定,从受资方分回的利润、股利和利息收入等。

营业外收入是指与银行经营活动无直接关系的各项收入,如固定资产清理收益、出纳长款等。

二、收入的核算

(一) 营业收入的核算

为了贯彻《金融企业会计制度》的要求,核算和监督银行营业收入的增减变动情况,分别设置"利息收入"、"手续费收入"、"金融企业往来收入"、"汇兑收益"和"其他营业收入"等科目,并在科目下设置明细科目,进行分类核算。

1. 利息收入的核算。

利息收入是银行营业收入中的重要内容之一,在银行的整个营业收入中占有极大的比重,它是指银行向外部单位或个人发放各种贷款而按规定收取的利息及办理各种贴现(票据或证券)业务预扣的贴现利息收入。但不包括为第三方代发贷款获得的利息收入以及同其他金融企业和中央银行、同业拆借所获得的利息收入。

"利息收入"是损益类科目,其贷方反映到期实现的或到期应收而未收的利息;期末结转利润时,借记本科目,贷记"本年利润"科目,余额反映在贷方,期末结转利润后,本科目无余额。其明细科目设置可根据短期与中长期贷款、担保贷款、贴现等分别设置。

(1) 收到当期利息的核算。

收到当期利息时,会计分录为:

借:××存款——××户
　　贷:利息收入——利息收入明细科目

(2) 计提应收利息的核算。

根据权责发生制,凡属于银行本期应收取的利息,应确认收入的实现,并按季度计提,计入当期损益。各项贷款,无论是定期结息,还是利随本清,除了有特殊规定外,一般是以每季度末月的20日为应收利息的计提日。其会计分录如下:

借:应收利息
　　贷:利息收入——利息收入的明细科目

实际收到利息时,会计分录为:

借:××存款——××户
　　贷:应收利息

(3) 欠息的核算。

当收息日仍然收不回利息时,应按规定在表外科目反映如下:

收:应收未收利息——××借款人户

另外,欠息还应按原贷款利率按季度计算复利,列表外科目核算,并发给欠息单位复利通知单。计提复利的会计分录与计提应收利息相同,表外科目也与欠息的核算相同。

收回未收贷款利息及复利时,会计分录如下:

借:××存款——××户
　　贷:应收利息(已计提的利息)
　　　　利息收入——利息收入明细科目(未计提部分)

同时,销记表外科目:

付:应收未收利息——××借款人户

2001年发布的《金融企业会计制度》规定,发放贷款到期(含展期,下同)90天后尚未收回的,其应计利息停止计入当期的利息收入,纳入表外核算;已计提的贷款应收利息,在贷款到期90天后仍未收回的,或在应收利息逾期90天仍未收回的,冲减原已计入损益的利息收入,转作表外核算,其会计分录如下:

借：利息收入——利息收入明细科目
   贷：应收利息

同时，列入表外科目核算：

收：应收未收利息——××借款人户

已核销呆账贷款中的利息收入，以后又收回时，根据有关凭证办理转账，其分录如下：

借：应收利息
   贷：贷款损失准备

同时，做会计分录：

借：××存款——××户
   贷：应收利息

2. 金融企业往来收入的核算。

金融企业往来收入是指银行在经营业务过程中，与中央银行、其他商业银行、其他金融机构之间以及与系统内联行之间由于资金往来而取得的利息收入、存贷利差补贴收入及辖内各分支银行按规定上缴的管理费收入等。

为了专门核算该项目，设置"金融企业往来收入"科目，该科目为损益类科目。发生金融企业往来收入时，借记有关科目，贷记本科目；期末结转利润后，本科目无余额。其明细科目往来单位的性质设置"中央银行往来利息收入"、"同业往来利息收入"、"缴存存款利息收入"、"联行往来利息收入"、"其他利息收入"等。

根据权责发生制的要求，按季度结息或计提利息，其会计分录为：

借：应收利息
   贷：金融企业往来收入——明细科目

实际收到利息时，其会计分录为：

借：存放中央银行款项或其他相关科目
   贷：应收利息

3. 汇兑损益的核算。

汇兑损益是银行在经营外汇买卖、外币兑换以及结售汇业务过程中，有效利用利率、汇率变动而取得的收益。发生了汇兑收益，以"外币买卖"和"汇兑收益"科目核算，其会计分录为：

借：外币买卖（本币或外币）
   贷：汇兑收益（本币或外币）

4. 手续费收入的核算。

手续费收入是指银行在办理各项中间业务时收取的手续费收入，包括："结算手续费收入"、"委托业务及代理业务手续费收入"、"代兑付债券手续费收入"、

"其他手续费收入"等。

银行收取手续费的时间可定期也可逐笔向有关单位和个人收取。发生手续费收入时，其会计分录为：

借：现金或××存款——××户
　贷：手续费收入——明细科目

5. 其他营业收入的核算。

其他营业收入是指银行除了经营存款、贷款、中间业务、投资、外汇买卖、代理业务和金融企业往来业务以外的其他营业收入，如代保管费收入、咨询服务收入、无形资产转让收入等。

"其他营业收入"科目核算反映其他营业收入的增减变动情况，它属于损益类科目，发生其他营业收入时，借记相关科目，贷记本科目。其明细科目设置根据收入来源设置为"咨询费收入"、"租赁收入"、"无形资产转让收入"、"其他服务收入"等。发生其他营业收入时，会计分录为：

借：现金或其他相关科目
　贷：其他营业收入——明细科目

（二）投资收益的核算

投资收益是银行在相关法规允许的范围内，通过购买有价证券或以现金、实物、无形资产对外投资所获得的收益，如从受资方分回的利润、股利和利息等。投资收益的核算请读者参阅第十一章中的相关内容，这里不再赘述。

（三）营业外收入的核算

营业外收入是银行经营业务以外的各项收入，主要包括：固定资产盘盈、处置固定资产净收益、出纳长款、罚款收入、教育费附加返还收入等。营业外收入应单独核算，并在利润表中反映。

"营业外收入"科目专门用于核算营业外收入的增减变动情况，属于损益类科目，可以根据收入的来源分别设置。发生营业外收入时，会计分录为：

借：固定资产清理或相关科目
　贷：营业外收入——明细科目

第三节　费用的核算

银行在其业务经营过程中，必然要耗费一定的人力、物力、财力，发生一定的费用支出。凡是在业务经营中发生的与业务经营有关的支出，应当作为银行的业务经营费用，计入银行的成本。与银行的业务经营无关的支出，如出售固定资产净损失、盘亏损失等，不能作为银行的成本，而应计入营业外支出。

一、费用概述

"费用"有广义和狭义之分。广义的费用泛指银行各种日常活动发生的所有耗费,狭义的费用仅指与本期营业收入相配比的那部分耗费。在本节中,费用是广义的,指银行在经营业务的过程中发生的全部耗费,但不包括为第三方和客户垫支的款项。根据其支出是否计入成本可分为三大类,即成本、营业税金及附加、营业外支出。而成本又可分为营业成本与营业费用。

银行的营业成本,是指在业务经营过程中发生的与业务经营有关的支出,包括利息支出、金融企业往来支出、手续费支出、汇兑损失、其他营业支出等项目。

银行的营业费用,是指在业务经营及管理工作中发生的各项费用,包括固定资产折旧、业务宣传费、业务招待费、邮电费、印刷费、差旅费、无形资产摊销、广告费、房产税、车船使用税、印花税、职工工资等项目。金融企业支付给职工的工资,应当根据规定的工资标准等资料,计算职工工资,计入成本费用,而且按规定给予职工的各种工资性质的补贴,也应计入各工资项目。

营业税金及附加主要核算应由经营收入负担的各种税金,包括营业税、城市维护建设税、教育费附加等。根据税法规定,银行作为经营货币信用的特殊企业,也应当向国家税务机关缴纳营业税和其他税款。

营业外支出是指与银行业务经营无直接关系的各项支出。

二、费用的核算

(一) 营业成本的核算

1. 利息支出的核算。

利息支出是银行向单位、个人等以负债形式筹集资金所支付给债权人的报酬。利息支出必须按国家规定的适用利率分档次计算。银行按权责发生制原则预提应付利息。

银行在确定本期应承担的利息金额后,做如下会计分录:

借:利息支出——明细科目
　　贷:应付利息或现金等

2. 金融企业往来支出的核算。

金融企业往来支出是指银行系统内、银行相互之间及与中央银行之间、同业及其他金融机构之间因资金往来而发生的利息支出。金融企业往来支出是银行支出的重要组成部分,其多少直接影响损益的变动,所以要加强该项目的核算与管理。

"金融企业往来支出"用来核算金融企业往来支出的增减变动情况,该科目为损益类科目,其明细科目根据支出的对象分别设置为"向中央银行借款利息支出"、"同业间存放贷款利息支出"、"联行往来利息支出"等。发生金融企业往来支出时，借记本科目，贷记存放中央银行款项或应付利息等。其会计分录为：

　　借：金融企业往来支出——明细科目
　　　　贷：应付利息或存放中央银行款项等

3. 手续费支出的核算。

手续费支出是指银行支付给其他单位代办业务的费用。如储蓄代办手续费支出、结算手续费支出及其他手续费支出。对代办业务的手续费和结算业务手续费，必须按规定标准计算后支付。

银行设置"手续费支出"科目用来核算手续费支出，其为损益类科目，其明细科目设置"代办储蓄手续费支出"、"结算手续费支出"及"代办其他业务手续费支出"等。发生该支出时，借记本科目，贷记有关科目。其会计分录为：

　　借：手续费支出——明细科目
　　　　贷：现金或存放中央银行存款

4. 汇兑损失的核算。

汇兑损失是银行进行外汇买卖、外币兑换以及结售汇等业务而发生的各种损失。发生了汇兑损失，同汇兑收益一样，用"外币买卖"和"汇兑损失"对转，其会计分录为：

　　借：汇兑损失——明细科目（本币或外币）
　　　　贷：外币买卖（本币或外币）

5. 其他营业支出的核算。

其他营业支出是除了利息支出、金融企业往来支出、手续费支出、汇兑损失、营业费用以外的其他支出。包括提取的贷款损失准备、短期投资跌价准备、长期投资减值准备等。

设置"其他营业支出"科目来核算并反映其他营业支出的增减变动情况，其明细科目可设置为"贷款损失准备"、"短期投资跌价准备"、"长期投资减值准备"等。发生其他营业支出时，其会计分录为：

　　借：其他营业支出——明细科目
　　　　贷：现金或贷款损失准备等有关科目

(二) 营业费用的核算

营业费用是银行在业务经营及管理工作中发生的各项费用。营业费用有关账户的支出，除了按有关规定先提后用外，其他一切据实列支，不得预提。银行对需要摊销和预提的费用，应根据权责发生制原则，结合自身的情况而确定。待摊费用的摊销期一般不超过一年。预提费用当年能结清的，年终决算不留余额；需跨年度使用的，应在决算中予以说明。营业费用项目较多，而且繁杂，在会计核算中，应加强对其核算与管理。

银行设置"营业费用"来反映营业费用的增减变动情况，该科目为损益类科目,其明细科目可根据费用性质设置为"业务宣传费"、"业务招待费"、"业务管理费"等。发生各项费用时,借记本科目,贷记"现金"、"应付税金"、"应付工资"等有关科目。在营业费用核算中,由于业务宣传费及业务招待费有一些特殊规定,故在此做详细阐述。

1. 业务宣传费。

客户是企业的上帝,也同样是银行的上帝。客户越多,资金流动量就越大,获取的收入就越多,为了吸引更多的客户,必须对银行提供的服务进行宣传,如设置宣传栏,印发宣传资料等。但根据成本效益原则,加强宣传所增加的支出不能多于因此而带来的收益,故必须对业务宣传费实行比例控制,即宣传费用不得超过银行营业收入的2‰,这里的营业收入指扣除金融企业往来收入的余额,其计算公式为:

业务宣传费最高限额 = (营业收入 - 金融企业往来收入) ×2‰

实际发生业务宣传费用时,会计分录如下:

借:营业费用——业务宣传费

  贷:现金

2. 业务招待费。

业务招待费是银行为业务经营而发生的合理业务交际费用。为了防止把过度的业务招待开支计入成本来抵减利润和税收,新的财务制度规定,业务招待费实行分档次比例控制:全年营业收入(扣除金融企业往来收入,下同)在1 500万元以内的,不超过5‰;全年营业收入超过1 500万元,不足5 000万元的,不超过该部分的3‰;全年营业收入超过5 000万元,不足1亿元的,不超过该部分的2‰;全年营业收入超过1亿元,不超过该部分的1‰。具体计算公式为:

业务招待费最高限额 = (营业收入 - 金融企业往来收入) ×控制比例

实际发生业务招待费时,会计分录如下:

借:营业费用——业务招待费

  贷:现金

(三) 营业税金及附加的核算

营业税金及附加是银行根据税法的规定,按使用的税率和费率计算交纳的各种税收和附加费。它是由银行的营业收入负担的税金,包括营业税、城市维护建设税、教育费附加。

营业税是国家对以盈利为目的的企业单位或个人就其营业额而征收的一种税。这里的营业额,是指纳税人提供应税劳务、转让无形资产和销售不动产向对方收取的全部价款和价外费用。对于银行来说,就是"营业收入"科目的总额。目前税法规定,暂不对金融企业往来收入征收营业税,对地方商业银行转贷用于清偿农村合作基金会债务的专项贷款利息收入免征营业税。营业税按照规定的税率计算交纳。营业税的税率是这样规定的：金融保险企业统一执行8%的税率。从2001年起，每年下调一个百分点，分3年将金融保险业的税率从8%降低到5%。自2001年10月1日起，对农村信用社减按5%的税率征收营业税。营业税的计算公式如下：

应纳营业税＝（营业收入–金融企业往来收入）×营业税率

城市维护建设税属于特定目的税，是国家为了加强城市的维护建设，扩大和稳定城市维护建设资金的来源而采取的一项税收措施。城市维护建设税对交纳增值税、消费税、营业税（简称"三税"）的个人和单位就其实际交纳的"三税"税额为依据而征收。银行以交纳的营业税为课税对象，交纳城建税。城建税按纳税人所在地的不同，设置了三档差别比例税率，即：（1）纳税人所在地在市区的，税率为7%；（2）纳税人所在地在县城、镇的，税率为5%；（3）纳税人所在地不在市区、县城及镇的，税率为1%。

其计算公式如下：

城市维护建设税＝应纳营业税额×适用税率

教育费附加是国家为了加快发展地方教育事业，扩大地方教育经费的来源而征收的一个税种。教育费附加以银行实际交纳营业税额的2%计算交纳。计算公式如下：

教育费附加＝应纳营业税额×2%

银行设置"营业税金及附加"科目来核算营业税金及附加的增减变动情况。该科目属于损益类科目，其明细科目设置为"营业税"、"城市维护建设税"和"教育费附加"。

计提应纳税金及附加时，其会计分录为：

借：营业税金及附加——明细科目
　贷：应交税金——应交营业税或应交城市维护建设税
　　　其他应付款——应交教育费附加

（四）营业外支出的核算

营业外支出是与银行经营业务无直接关系的各项支出。包括固定资产盘亏、处置固定资产净损失、罚没支出、捐赠支出、非常损失等。要严格划分营业外支出与成本支出的界限，不得将营业外支出列作成本支出。营业外支出应当独立核算，并在利润表中反映。

银行设置"营业外支出"反映其增减变动情况，该科目为损益类科目，其明细科目根据支出的原因设置为"出纳短款"、"罚没支出"、"固定资产盘亏、报废、毁坏和出售的净损失"等。发生营业外支出时，会计分录如下：

借：营业外支出——明细科目
　贷：现金或固定资产清理等有关科目

第四节 利润及利润分配的核算

一、利润

（一）利润的概念及其构成

利润是指银行在一定会计期间的经营成果，是在一定时期的全部收入与全部支出相抵后的差额。如果收支相抵后的差额为正，则表示盈利；反之则为亏损。银行作为独立的经济实体，应当以自己的经营收入抵补其支出，并且实现盈利。对利润进行核算，可以及时反映银行在一定会计期间的经营业绩和获利能力，反映银行投入产出效率。

根据 2002 年 1 月《金融企业会计制度》的规定，利润包括营业利润、利润总额和净利润。

1. 营业利润，指营业收入减去营业成本和营业费用后再加上投资净收益的净额。

2. 利润总额，指营业利润减去营业税金及附加，加上营业外收入减去营业外支出后的净额。

3. 资产损失，指银行按规定提取（或转回）的贷款损失和其他各项资产损失。

4. 扣除资产损失后的利润总额，指利润总额减去（或加上）提取（或转回）的资产损失的净额。

5. 所得税，指银行应计入当期损益的所得税费用。

6. 净利润，指扣除资产损失后利润总额减去所得税后的净额。

综合以上的描述，计算银行利润的步骤如下：

第一步，营业利润=营业收入-营业成本-营业费用+投资净收益

第二步，利润总额=营业利润-营业税金及附加+营业外收入-营业外支出

第三步，净利润=（利润总额-资产损失）×（1-所得税税率）

（二）利润的结转与核算

为了反映银行利润的形成及构成，银行设置损益类科目"本年利润"。期末时，将各损益类科目转入"本年利润"，以此结算出本年是盈利还是亏损。年度终了，将"本年利润"结转至"利润分配"，之后，该科目无余额。其会计分录：

借：利息收入

　　金融企业往来收入

　　手续费收入

　　汇兑收益

　　投资收益

其他营业收入
　　　营业外收入
　　贷：本年利润
　借：本年利润
　　贷：利息支出
　　　金融企业往来支出
　　　手续费支出
　　　营业费用
　　　营业税金及附加
　　　其他营业支出
　　　汇兑损失
　　　营业外支出
　　　所得税等
若这样结算出的"本年利润"余额在贷方，则表示盈利，若在借方，则为亏损。

期末，转入利润分配时，若为盈利，则会计分录为：
　借：本年利润
　　贷：利润分配——未分配利润
若为亏损，则以相反的方向记账。

二、利润分配

(一) 利润分配政策

银行对于各期实现的利润总额，应当按照税法、财务制度的规定，依据一定的程序进行分配。按规定，银行可以利用年度实现的税前利润弥补以前年度的亏损，但连续弥补的期限不超过5年。对于已连续5年弥补亏损尚不足的，5年后改用税后利润弥补。交纳所得税后的利润即形成了本期实现的净利润。

当期实现的净利润加上年初未分配利润（或减去年初未弥补亏损）和其他转入后的余额，为可供分配的利润。其分配的优先次序为：

1. 提取法定盈余公积和法定公益金。提取法定盈余公积和法定公益金的相关规定请读者查阅第十三章的有关内容。

2. 提取各项准备金和基金。《金融企业会计制度》第一百零一条规定，从事存贷款业务的金融企业，按规定提取的一般准备金也作利润分配处理。这里的银行一般准备金在前面已做过阐述，不在此赘述。

3. 股东大会同意以后，也可以提取任意盈余公积。

4. 向投资者分配利润。根据普通股和优先股的差别，先对优先股进行分配，然后对普通股进行分配。这里对普通股的利润分配既可以以现金形式也可以以股票的形式来转增资本。

(二) 利润分配的核算

银行实现的利润和利润分配应当分别核算,利润构成及利润分配各项目应当设置明细科目进行明细核算。金融企业提取的法定盈余公积、法定公益金、分配的优先股股利,以及年初未分配利润(或未弥补亏损)、期末未分配利润(或未弥补亏损)等,均应在利润分配表中分别列项予以说明反映。

利润分配的账务处理如下:

1. 提取法定盈余公积及法定公益金及其任意盈余公积,会计分录为:

借:利润分配——提取盈余公积
　　贷:盈余公积——法定盈余公积
　　　　　　　　——法定公益金
　　　　　　　　——任意盈余公积

2. 用盈余公积补亏时,会计分录为:

借:盈余公积
　　贷:利润分配——盈余公积补亏

3. 提取一般准备金时,会计分录为:

借:利润分配——提取一般准备金
　　贷:一般准备金

4. 分配投资者利润时,会计分录为:

借:利润分配——应付优先股股利
　　　　　　——应付普通股股利
　　贷:应付利润

5. 按规定顺序把利润进行分配后把"利润分配"各明细科目全部转入"未分配利润"中,其会计分录为:

借:利润分配——未分配利润
　　贷:利润分配——提取法定盈余公积
　　　　　　　　——提取法定公益金
　　　　　　　　——提取任意盈余公积
　　　　　　　　——应付优先股股利
　　　　　　　　——应付普通股股利
　　　　　　　　——提取一般准备金

同时,把其他转入未分配利润,会计分录为:

借:利润分配——其他转入
　　贷:利润分配——未分配利润

"利润分配"各明细账户结转后,只有"未分配利润"有余额,其他的均已结平。"未分配利润"余额若在贷方,则为留存收益,作为下年初的未分配利润;若在借方,则为下年初的未弥补亏损。

关键名词

(1) 收入 　　　　(2) 费用
(3) 利润

复习思考题

(1) 为什么在核算业务招待费及业务宣传费时,要以扣减金融企业往来收入后的营业收入作为核算标准?

(2) 提取法定盈余公积和公益金时,为什么不把年初未分配利润加入本年税后利润一起计提?

第十五章 年度决算

年度决算是对银行全年工作的总结和综合反映,本章首先讨论年度决算的意义,年度决算工作的要求,以及为了高质量完成年度决算工作应遵循的基本程序。然后,对年度决算前的准备工作和年度决算日的工作进行详细阐述。最后,本章将介绍年度决算报表的内容和业务状况报告表的格式与编制方法。

根据会计核算假设中的会计分期假设,为了及时向会计主体的各相关当事人提供有关企业财务状况、经营成果和现金流量的信息,将一个企业持续经营的生产经营活动划分为一个个连续的、长短相同的期间。银行的会计核算也应当划分会计期间,分为年度、季度和月份。凡独立核算的各级银行,在每年终了时必须办理年度决算,作为对全年的总结,不作为独立核算单位的银行,则通过并账或并表方式,由其管辖行负责合并办理年度决算。各独立核算单位决算完毕后,要逐级汇总至上级行,最后由总行汇总,办理全行的汇总年度决算。依照规定,我国银行的会计年度与自然年度相同,自1月1日至12月31日止,每年年末日为年度决算日。

第一节 年度决算概述

一、年度决算的意义

年度决算是指在每个会计年度终了,对银行全年的会计核算资料进行归纳、整理、核实,以检查本行全年贯彻执行各项财务制度及国家方针政策的情况,并通过编制年度决算报表全面反映一年来的业务活动情况和财务收支成果。及时、准确地做好年度决算工作,对于分析了解银行全年业务活动情况和经营成果,对于考核计划执行情况,总结工作经验,改进和提高银行经营管理水平,有效发挥银行的职能作用,提高会计工作质量,都具有重要意义。

(一)通过年度决算,可以检查银行年度内执行国家方针、政策的情况

中国人民银行作为中央银行,执行货币政策,控制信贷规模、货币发行以及外汇储备、黄金储备等。这些有关宏观调控的执行情况,主要是由人民银行会计核算反映,而信贷收支活动是全国各地各家银行经办的,信贷规模(贷款限额)是否超过,须根据全国各地区的银行汇总反映的当年贷款增量,与下达的指标进行考核

比较。因此，通过系统整理的年度核算资料，可以检查银行贯彻执行国家方针、政策的情况。

（二）通过年度决算，可以考核银行经营效益，促进银行提高经营管理水平

银行的年度决算，是在日常会计凭证和账簿记录的基础上，运用核实、整理、归纳等方法，把会计核算资料变成具有内在联系的年度综合指标体系，然后通过报表形式和必要的文字说明反映出来的。年度决算是运用会计核算资料对银行一年来的业务活动情况和经营成果进行的总结。根据年度决算，可以了解银行经营活动的全貌，掌握银行资产、负债及所有者权益的状况，分析资金的运用效果。通过业务经营，争取更好的效益，这是一般企业的共同目标，商业银行作为企业的一种，也不例外，只不过它是一种特殊的企业，它经营的商品是货币资金。银行会计对各项财务收支（包括利息收支、业务费用、手续费收支、提存各项准备金及折旧等）进行日常核算监督，而年终决算可以汇总反映银行全年的经营成果，考核其经营效益，对出现经营亏损、呆账等问题，检查分析原因，总结经验，吸取教训，及时采取措施，促进银行改善经营管理水平。

（三）做好年度决算工作，有助于为国家宏观调控部门提供有用信息，据以制订政策

银行是国民经济的综合部门，它面向全社会的企事业单位和职工居民，是社会货币资金收支和信用活动的枢纽。银行通过年度决算，可以帮助国家有关部门掌握货币、信贷及资金活动的增减变化情况，了解国民经济各部门的资金投入、运用和周转情况，以及货币发行量，信贷规模总额，外汇及黄金增减、结余等情况，并分析变化的原因和考核执行的结果，为宏观调控，制订货币政策提供重要的金融、经济信息。

（四）做好年度决算工作，有助于提高银行自身的会计工作质量

银行在办理年度决算过程中，要对全年业务活动和财务活动进行一次全面的核实和整理。核实，包括银行与各开户单位对账，以及银行内部账据核对、账实核对、账账核对、账款核对和利息核对等。整理是指根据核实结果，发现差异，查明原因，进行调整，使会计记录与实际相一致。然后根据核实、整理的资料，编制数字真实和内容完整的年度决算报表，并使账表一致。通过核实、整理和总结检查，发现日常会计核算中存在的问题，明确以后需要努力的方向，可以进一步提高会计工作的质量。

二、年度决算期

根据会计核算中的持续经营假设，在可以预见的未来一个企业将要按当前的规模和状态持续经营下去。要最终确定企业的经营成果，只能等到该企业在若干年后歇业的时候核算一次盈亏。但是，企业内外各相关当事人要求及时得到有关信息，

为此，就要将持续不断的经营活动划分为多个相等的期间，分期核算和反映。银行也必须确定一个年度决算期，进行年度决算，总结全年业务活动情况，从而向银行内外各方及时提供其财务状况、经营成果和现金流量的信息，这对于国家加强金融宏观调控，以及提高银行自身经营管理水平都具有重要意义。

根据现行会计制度的规定，独立核算的银行以每年12月31日为年度决算日，无论这一天是否节假日，银行都应照常上班进行年度决算，而且不得提前或拖后，以保证提供的会计信息的及时性。

三、年度决算的要求

年度决算是金融机构一项全局性的工作，涉及面广，工作量大，对于业务复杂多样的金融企业更是如此，因此，为了圆满、顺利地完成年度决算工作，应遵循以下要求：

（一）年度决算前进行周密计划，年度决算时，坚持集中领导、各方密切配合的原则

银行的年度决算，是银行的一项综合性工作，因此在决算前应召开会议，对年度决算工作做出缜密的计划安排，明确每个人应做什么工作，"凡事预则立，不预则废"，有了一个周密的计划，年度决算工作就有了一个好的开端。

银行的年度决算是对全年工作的总结，涉及面广，它不仅与会计部门有关，还与计划、信贷、行政等其它职能部门有关，仅仅靠会计部门唱"独角戏"，是难以完成这一工作的。因此，银行的年度决算必须由行长集中统一领导，会计部门牵头，各职能部门密切配合进行。

（二）坚持会计资料的真实性、准确性和可靠性

会计核算的数字和资料必须能够真实、准确地反映银行业务和财务活动，提供虚假、错误的数字和资料，必然会导致虚假的年度决算报表，从而对相关信息使用者的经济决策产生误导。

（三）坚持会计报表编制的完整性、及时性和统一性

会计报表是年度决算的最终成果，必须按照财政部和中国人民银行统一规定的要求进行编制。无论是全国统一规定的会计报表，还是银行内部规定的会计报表，都要真实、完整、及时地编报，不得任意取舍，不得漏填、漏报，而且必须在规定时间内编制完成，及时报送。

四、年度决算的程序及内容

年度决算日为12月31日，但决算工作不是仅年末一天就能完成的，年度决算工作大体上可分为两个阶段进行：

(一) 年度决算前的准备工作

决算工作的大部分内容，是在决算日之前进行的，年度决算准备工作一般从每年第四季度开始，主要包括：全面核对内外账务、清理资金、盘点财产实物、核实损益、调整账务、试算平衡等。

(二) 年度决算日的工作

每年12月31日是金融机构实行年度决算的日子，其主要工作包括：组织年末日账务入当年账、检查各项库存、计算外汇买卖损益、结转本年利润、进行新旧账簿的结转、编制财务会计报告等。

第二节 年度决算的准备工作

由于年度决算工作工作量大，质量要求高，因此银行一般在每年第四季度开始后即着手进行年度决算的准备工作。由总行颁发的关于当年决算工作的通知以文件形式下达各行，通知将提出当年决算的要求，并说明在当年决算中应注意的事项和相应的处理原则。各分行则应根据总行通知精神，结合辖内具体情况，提出年度决算的具体要求，组织和督促辖内各附属机构，正确及时地办理年度决算。基层银行按照上级主管部门的指示精神，应着重做好以下各项准备工作：

一、清理资金

(一) 清理久悬款项

银行的各项活期存款，包括个人储蓄和单位存款，由于各种原因，某些存款户长期不发生收付活动（如一年以上没有收付往来），即视为"久悬户"。对这类存款户要逐户清理，查清原因，主动与有关部门联系，妥善处理，及时办理并户和销户手续。

(二) 清理贷款资金

到期未还贷款或已经展期但仍未归还的贷款，按规定应转入"逾期贷款"科目，但也可能存在平时由于疏漏而未转的情况，对于这种情况应及时做出处理。另外根据《金融企业会计制度》的规定，金融企业发放的贷款，应按期计提利息并确认收入。发放贷款到期（含展期）90天后仍未收回的，其应计利息停止计入当期利息收入，纳入表外核算；已计提的贷款应收利息，在贷款到期90天后仍未收回的，或在应收利息逾期90天后仍未收到的，冲减原已计入损益的利息收入，转作表外核算。因此，为了保证银行会计报表中利息收入的真实性、合规性，年终决算前，应对贷款账户进行审查，如发现应转未转的，应查明原因并转入"逾期贷款"科目，计提的利息收入，该冲回的应冲回。

会计部门应与信贷部门密切配合，力求将一部分逾期贷款催收回来，对确实无法收回的呆滞贷款，应按上级行有关规定办理。

（三）清理结算资金

银行的结算资金是由于办理商品交易、劳务供应、资金划拨引起的。年度决算前，应对发出的或代收的委托收款、托收承付、商业汇票、应解汇款等结算资金进行全面清理。对于各种结算资金，该划出的款项要及时划出，应收回的要积极催收。各项汇入款项包括电汇、信汇应解汇款，年末前应查询、清理，对逾期两个月以上的应解汇款，应办理退汇手续。

（四）清理内部资金

内部资金是指银行暂收暂付款及其它过渡性款项，主要包括其他应收款、其他应付款、待摊费用等，对这些内部资金要逐项进行清理，该收回的收回，该上交的上交，该转销的转销，该摊销的摊销，力争在决算前尽可能地压缩内部资金的占用。

二、盘点财产物资

为保证账实相符，确保银行财产的完整，年终前财会部门及有关业务部门应对固定资产、库存物资、库存现金、重要空白凭证、各种发行和已兑付的债券、银行购买的各种证券以及设备和器具等实物进行彻底清查，并与有关表内、表外会计科目余额进行核对，对有账无物或有物无账的，都要及时查明原因，按规定程序调整账面金额，做到账账、账卡、账实相符，确保资产安全完整。房屋、车船、计算机网络系统等设备和其他固定资产如与账面不一致，查核时可考虑以下因素：

1. 有的房屋建筑物无固定资产账面记录，可能是尚未从"在建工程"转入"固定资产"科目，也可能是以抵押物还贷，尚未办理手续入账的；

2. 计算机网络系统等设备有物无账的，应检查是否是通过融资租赁租入，而未记入固定资产账簿中；

3. 车辆缺少，有账无物的，检查是否报废或更新。

此外，有些器具、物品不列入资产科目，如受托代保管物品、经营租赁方式租入的资产等，这些资产在账外备查登记簿中反映。

三、核对和调整账务

（一）全面核查会计科目的运用情况

会计科目是各项业务分类的依据，只有正确运用，才能通过会计记录正确、真实地反映银行业务活动和财务收支状况，为相关信息使用者制定决策提供切实、有用的信息。因此，在年度决算前，应对当年会计科目的使用进行检查，若发现科目运用不当，应立即改正。

(二) 全面核对内外账务

年度决算前，要对所有的账、簿、卡、据进行一次全面检查和核对，切实做到账账、账款、账据、账实、账表、内外账务的相符。

1. 账账核对相符。按照会计核算的勾稽关系，各科目总账与明细账以及卡片账、登记簿等，发生额、余额都要做到账账、账卡之间相符。如发现不符，应立即查明原因并解决。

2. 账款核对相符。现金日记账余额与库存现金应核对相符。这项工作不仅在年度决算前要做，在平时每日营业终了也应做。核对时应按各类券别逐捆查对，对于经办外汇业务的行处，还应将各类外币库存逐一核对相符，若发现多缺，应查明原因，并按规定程序进行调整，做到账款相符。

3. 账据核对相符。每一张会计凭证（传票）不是随意填制的，它必须有足够的证据来支持，否则会导致不真实的会计报表数字，这些证据具体来说就是原始单证，账据相符，这是会计核算的基本要求，决算前可做重点检查或抽样检查。主要是对各项费用开支、基本建设、暂收、暂付款项，以及其他有关科目的原始单证与会计凭证进行审验核对，要求与账簿记载相一致。同时，审阅核查凭证种类的使用是否正确，填写的基本内容是否正确完整，支持证据是否足够，大小写金额是否一致，有无涂改以及有关人员的印章是否具备，审批人员是否具有足够的权限。

4. 账实核对相符。账实核对，一般在年末前一两个月开始进行。根据账面记录对各项财产实物逐一核对，大宗印刷品和低值易耗品，可做重点检查或抽查。盘点过程中发现的溢缺，应查明原因，若属正常损耗短缺，可列单报批核销。库存重要空白单证（成本、成捆的）应逐项盘点，与登记簿余额核对，如发现不符，应调查原因，不能随意调整转销。

5. 账表核对相符。银行的会计报表是根据有关账簿记录的数据编制的。在一般情况下，账表的数据应是相符的。但有时可能因冲改错账，中途科目变更等因素，发生账表脱节，出现金额不一致的情况。在决算前，应核实确认各项报表与账簿的数据，特别应注意以往月份的报表未变，而账簿上有所变动从而发生脱节遗漏的现象。

(三) 全面核对往来账户

年终前，银行与客户以及同业和联行往来之间的账务要核对一致，这是决算的一项重要任务。它不仅确保内外双方账务在年底前相符，而且通过对账确认银行的存贷款、资产、负债数额。

1. 年终前，银行应向各企业、单位发送对账单，收回对账单后，仔细检查对方单位在回单上注明的未达金额，发现不符的，应与对方联系查明。为了确保银行与企业、单位对账的质量，防止有的单位未经核对，就在回单上盖章寄回的现象，银行可派员到对方单位进行面对面的对账，未达金额可通过"调节表"调整。对于财务制度不够健全,往来账务积压和错账较多的单位可采取这种"上门对账"的方式。

2. 年终前认真核对"系统内上存款项"、"系统内款项存放",由管辖行向辖属行签开对账单,办理对账工作。有在途资金的,应查清每笔资金在途情况,查明原因后及时调整。

3. 年终前"辖内往来"各账户要进行核对,如有不符款项应认真查询,查明原因后,由差错一方按规定进行账务调整。往来双方的"辖内往来"科目余额必须核对一致。

4. 做好"清算资金往来"账户与"清算中心(组)明细对账表"的核对,年度终了日,会计部门应根据清算中心送交的"清算信息收(发)日报表",将汇差资金清算完毕,结平"清算资金往来"、"待汇出电子汇划款项"科目余额。

5. 认真做好在中央银行各种存款户的对账工作,及时取回副本账页,逐笔进行勾对,年终日余额双方必须核对一致。

四、核实财务收支及损益

年度决算前,银行要按照财务制度和会计制度要求,对营业收支和其他财务收支进行核实,对于发现的差错,及时进行更正。

(一)认真核实各项收入

1. 各项业务收入,包括利息收入、金融机构往来利息收入、代办和委托的手续费收入、其他营业收入都要按权责发生制的核算原则进行核算,并在决算报表中如实、全面反映。利息收入是业务收入的主要部分,决算时,对于利息收入还应进行复查,检查利率使用、积数计算、利息计算是否正确。

2. 认真清收金融企业往来利息收入,对存放同业和拆出资金,要按有关规定及时收回利息,对拆借资金拖欠的利息,年终必须全面清理收回。

3. 信用卡业务取得的各项收入,包括透支利息收入、手续费收入等要如实反映,实行收支两条线,不得将工本费等直接冲减收入。

4. 固定资产盘盈、出售固定资产净收益、教育费附加返还款、罚款收入、出纳长款收入以及因债权人的特殊原因确实无法支付的应付款项等收入,都应作为营业外收入如实反映,不得隐瞒、漏报,更不得作为小金库开支。

(二)认真核实各项支出

1. 应付利息、呆账准备金、坏账准备金必须按照规定提取和使用。(1)凡未到期的单位定期存款和储蓄定期存款,应按国家规定的适用利率按季分档次计提应付利息,计入成本。实际支付的定期存款利息,冲减应付利息,不足部分直接在成本中支付。(2)应核实呆账准备金和坏账准备金的数额是否提足,全年应计提数是否准确;经批准本年核销的呆账损失和应收利息坏账损失,是否已从准备金科目中冲销，如批准手续完备、单证齐全的，一般都应在年内转账处理完毕。

2. 认真核实各项费用开支，凡不属于本年的有关费用均不得以预提、待摊的名义调节费用支出；检查费用支出是否突破指标或控制的规模；核实应经有关主管部门审批的手续是否齐备。

3. 营业外支出必须按照国家有关规定列报，具体项目要有详细的文字说明。各种罚款、滞纳金、违约金等计入营业外支出，但没收的财产损失、违法经营罚款和违反税法支付的滞纳金、罚款以及企业赞助、非公益救济性捐款等，应作纳税调整。

五、试算平衡

试算平衡表是内部试算账务平衡的辅助报表，是编制资产负债表的工作底稿，也为编制年度"业务状况报告表"打好基础并做好准备。为了保证决算工作顺利进行，确保报表准确无误，每年12月份必须组织一次报表试算平衡，也就是检验从年初到11月底止，总账各科目的累计发生额与11个月的月计表发生额加计的合计数是否相符。按理说，在一般情况下，每月的月计表是根据总账当月月末的累计发生额和借贷方余额编制的，两者应一致，但有时却出现不一致的情况，有可能是事后不合规冲改账表，造成账表数字脱节，或因期中部分科目撤并，结转处理不当，发生账表不一致。当然也有可能存在其他原因，总之，如果不平衡，应查明原因，以求平衡。

1. 本表根据总账和有关明细账户数字编制。

期初余额：指报告期期初余额，按总账科目余额抄列。元月份期初余额为上年度结转数，元月以后的期初余额为上月末余额。

本期发生额：指报告期内各科目借、贷发生额，月份试算平衡表按总账科目"月计"数填列。

期末余额：指报告期期末金额，按总账科目余额填列。

2. 试算平衡表的基本平衡关系。

期初余额借方（贷方）±本期发生额借方±本期发生额贷方＝期末余额借方（贷方）

期初余额借方合计＝期初余额贷方合计

本期发生额借方合计＝本期发生额贷方合计

期末余额借方合计＝期末余额贷方合计

第三节　年度决算的主要内容

每年12月31日为银行的年度决算日，按规定该日即使是节假日，也不更改调整。决算日（12月31日）是年度最后一个核算工作日，必须将当日发生的业务全部入账，并核对账务，结转损益，办理新旧账务的结转等，主要工作如下：

一、组织当日业务全部入账，全面核对账务

12月31日银行照常营业，这一天发生的所有账务应于当日全部入账。收到的联行报单或同城交换的票据，一定要当日处理完毕。当日受理的电汇、信汇的汇出汇款和解付的联行汇票，应通过全国联行往来和分行辖内往来全部划收（付）对方行。需通过人民银行转汇的大额汇款，应按时办妥转汇手续。在营业时间内收到的联行来账，应于当日全部入账，应解汇款应在规定时间内发出通知。当日现金收、付，各类外币收、付及非营业时间收款（营业终了后的延长收款），均全部纳入当日账。中国人民银行与商业银行之间有关业务的划拨凭证，应纳入当日账内，保证双方各账户的存、欠余额一致。决算日各项业务凭证的核算处理要及时并互相衔接，营业终了后应轧平当日全部账务。为了顺利轧平账务，可采取分段轧账的方法。

当日业务全部入账后，应对全年账务进行一次核对，将各科目总账与明细账进行全面核对，做到账账相符，以确保年度决算报表数字的准确性。

二、检查各项库存

（一）年终查库的对象

年终查库的对象主要有：人民币现金、各类外币、金银等贵金属、债券等有价证券，未发行的定额存单、空白存单等重要空白凭证以及其他代保管有价值品。年终由行长、稽核人员和会计主管等在管库员陪同下，对以上物品的实存数进行检查和核对，确保实存数与账面、登记簿上的记录相一致。

（二）年终查库的日期

年终查库工作量大，不宜在决算日进行，查库日期须有随机性，既不能固定日期，也不能事先告知，一般在12月间，抽一天傍晚营业终了后进行。

检查核对相符，应在有关库存簿和登记簿上签名或盖章；如发现不符的，应在查库记录中记载，并查明原因。对发现巨额款项短缺的，应立即报告有关部门，采取相应措施。

三、计算外汇买卖损益

年终决算日，应将各种外汇买卖账户上的外币余额，一律按决算当日公布的外汇牌价折算成人民币，并与外币买卖账户上的人民币余额进行比较，其差额为本年度外汇买卖损益，计入相关损益类账户。

四、结转本年损益

年终决算日营业终了,应将各损益类账户的最后余额,分别结转至本年利润账户,以计算本年损益。其中:收入类科目应从其借方转入本年利润的贷方,费用类科目应从其贷方转入本年利润的借方。结转后,损益类科目各账户应无余额。若本年利润科目的余额在贷方,则为全年净利润;若本年利润科目的余额在借方,则为全年净亏损。有关收入、费用的结转分录参见第十四章的相关内容。

五、办理新旧账目的结转

各基层行、处在决算日全部账务核对相符和结出全年损益后,还应办理新旧账簿的结转,结束旧账,建立新账。

(一) 总账的结转

总账每年更换一次,结转总账时,有的科目要合并后结转,有的科目要轧差后结转,有的科目要转入另一科目,因此要求总账的结转一律通过"会计科目结转对照表"(如表15-1所示)办理。

"会计科目结转对照表"分左右两方:左方填旧年度会计科目及余额,右方填新年度会计科目及余额,新旧年度借贷方余额合计应分别相等。根据该表登记新年度总账,登账日为1月1日。"摘要"栏填写"上年结转"字样。

表15-1 **会计科目结转对照表**

20×1年12月31日			20×2年12月31日		
旧科目名称	借方余额	贷方余额	新科目名称	借方余额	贷方余额
合　计			合　计		

(二) 明细账的结转

银行的各种明细账,除规定可以继续沿用外(包括卡片账、登记簿等),均应更新账页。各科目明细账余额之和,应与新年度总账相应科目余额一致。

1. 一般分户账页的结转。银行凡按余额结转的甲、乙、丙种格式的一般分户账的结转,应在旧账页的最后一行余额下加盖"结转下年"戳记,将本年余额过入新账页,并在新账"摘要"栏填入"上年结转"字样,日期为1月1日。

2. 销账式账页的结转。对逐笔记入,逐笔销账的丁种账页,应逐笔结转,即在旧账页未销各笔的销账日期栏内,加盖"结转下年"戳记,将未销各笔过入新账页,并结出余额,在新账"摘要"栏加盖"上年结转"戳记,新账页的记账日期写新年度的 1 月 1 日。

第四节 年度决算报表的编制

决算报表的编制是银行年度决算工作的重要组成部分,应在决算日或新年度开始后的最短期间内进行,并按规定时间逐级审核汇总上报。银行的年度决算报表主要有业务状况报告表、资产负债表、损益表、现金流量表及其附表等。本章只介绍业务状况报告表,资产负债表、损益表、现金流量表在第十六章中详细介绍。

一、业务状况报告表的概念和作用

业务状况报告表是年度会计报表中的主要报表,它反映银行全年的业务状况和结果,说明银行在办理业务中的资金是从哪里来的,又是怎样运用的,体现年度信贷计划的执行结果,为检查银行贯彻执行方针、政策的情况提供数据资料。

二、业务状况报告表的结构

业务状况报告表,按照其结构来看,可以分为表首、表身和签证三大部分,其样式如表 15-2 所示。

表 15-2　　　　　　　　　　**业务状况报告表**
年度决算　　　　　　　　　年　　月　　日编制　　　　　　共　　页第　　页

科目代号	科目名称	上年末余额		本年发生额		本年末余额	
		借方	贷方	借方	贷方	借方	贷方

行长　　　　　会计　　　　　　　　出纳　　　　　复核　　　　　制表

1. 表首部分包括报表名称、决算年度、编报银行、编报日期、报表页数和页次等项。

2. 表身部分是业务状况报告表的核心,由科目代号、科目名称、上年末余额、本年发生额和本年末余额各栏组成。

3. 签证部分要求编审报表的有关人员在相应栏内签名或盖章,以明确各自责任,只有经各经办人员分别签名或盖章后,报表编制才算全部完成。

三、业务状况报告表的编制

业务状况报告表是根据决算日结转损益以后的各科目总账编制的。报表中各科目的金额数字,可根据各科目总账的上年末余额,本年发生额和本年末余额直接填列。各科目上年末余额,必须与上一年业务状况报告表的数字衔接;各科目上年末余额加减本年发生额,必须与本年末余额一致。当年新增的科目,应无上年末余额。本年已停止使用的科目,应无本年末余额。损益类科目只填发生额,应无余额。互相对应的科目,其有关数字必须相等;表上各栏借贷双方合计数,应各自平衡,如发现错误,应立即查明改正。

关键名词

(1) 年度决算 　　　　(2) 年度决算日
(3) 年度决算程序 　　(4) 年度决算报表
(5) 业务状况报告表

复习思考题

(1) 什么是年度决算?年度决算有什么意义?
(2) 年度决算工作有哪些要求?
(3) 年度决算的步骤是怎样的?
(4) 年度决算的准备工作包括哪些?
(5) 年度决算日工作的主要内容是什么?
(6) 年度决算报表包括哪些?
(7) 业务状况报告表的格式和内容是怎样的?

第十六章 商业银行会计报表的编制和分析

本章介绍商业银行会计报表的作用及其分类，并阐述会计报表编制的要求；说明商业银行资产负债表、损益表和现金流量表的作用、格式、编制方法以及相应附表的内容及编制方法；阐述商业银行会计报表分析的目的，说明会计报表分析的常用方法，讲解不同的会计报表指标体系。

第一节 商业银行会计报表概述

一、商业银行会计报表的意义和作用

商业银行的经营目标是参与市场竞争，实现利润最大化。作为经营货币、授受信用的金融企业，要增强竞争能力，就必须加强经济核算，加强经营管理。而要加强管理，就必须对企业经营的全过程进行监督和控制，财务报表正是实现这一目标的重要工具。

商业银行会计报表是根据商业银行日常会计核算资料，按照一定的格式和科学指标体系，定期编制的综合反映商业银行某一特定日期的资产、负债和所有者权益状况，以及某一特定时期的经营成果和现金流动情况的书面文件。

商业银行会计报表的作用主要反映在以下几个方面：

（一）它是国家宏观经济管理部门加强和改善宏观金融管理的重要依据

商业银行会计报表综合反映了银行信贷业务活动及其信贷计划的执行进度和结果。国家宏观经济主管部门可利用银行提供的财务报表，考核国民经济总体的运行情况，据此以制定出宏观调控的政策。

（二）它是投资者进行投资决策的重要依据

通过阅读和分析会计报表，有利于投资者了解银行的财务状况，分析银行的偿债能力和盈利能力，监督银行的经营管理，保护自身的合法权益。

（三）它有利于银行加强自身的管理以及预测银行的未来趋势

会计报表所提供的各项信息，有利于银行管理者考核和分析财务成本计划或预算的完成情况，通过不同期间相关指标的对比，可以为银行未来的经营计划和方针、决策提供正确的依据，从而达到加强和改善自身经营管理的目的。

（四）它具有平衡账户，检查与监督日常核算的作用

编制会计报表的过程，就是对日常的会计核算资料系统地归纳、整理的过程。通过会计报表的编制，可以检查监督日常会计核算的正确性、完整性。

二、商业银行会计报表的种类

根据《金融企业会计制度》规定，金融企业向外提供的会计报表包括：资产负债表、利润表、现金流量表、利润分配表、所有者权益变动表、分部报表、信托资产管理会计报表以及其他有关附表。而商业银行内部报表，则可由各行根据自身实际情况，自行规定。

会计报表按不同的标准，可划分为不同的种类。通过对会计报表按不同标准进行分类，可以了解各种会计报表的不同功能。商业银行的会计报表一般可分为以下几类：

（一）按会计报表所反映的经济内容划分，可划分为财务状况报表和经营成果报表

1. 财务状况报表。它是总括反映商业银行经营过程中财务状况的会计报表。如资产负债表，它是反映商业银行在某一特定时日全部资产、负债和所有者权益的会计报表。

2. 经营成果报表。它是反映商业银行在一定时期的经营过程中收入、费用和财务成果的会计报表，如利润表。

（二）按会计报表所反映的资金运动形态划分，可划分为静态报表和动态报表

1. 静态会计报表。它是指综合反映银行在某一时刻，资金变化处于相对静止状态的报表，如资产负债表。

3. 动态会计报表。它是反映银行在某一时期内，资金增减变化的报表，如损益表，现金流量表。

（三）按会计报表编制的时间划分，可划分为年度会计报表、季度会计报表和月度会计报表

1. 年度会计报表，简称"年报"。它是全面反映银行全年的经营成果、财务状况及其现金流量情况的会计报表，是年度经济活动的总结性报表，每年年底编制一次。如年末资产负债表、年度利润表。年报要求的会计报表种类和反映的信息最为完整齐全，以便能全面地反映全年的经营活动。

2. 季度会计报表，简称"季报"。它是反映商业银行某一季度的经营成果、财务状况及其变动情况的会计报表，每季编制一次。季报在会计信息的详细程度方面，是介于月报和年报之间的报表。

3. 月度会计报表，简称"月报"。它是反映银行本月份经营成果和财务状况的会计报表，每月编制一次，它只包括几个主要的会计报表，如资产负债表、损益

表等。

（四）按会计报表的服务对象划分，可划分为外部会计报表和内部会计报表

1. 外部会计报表。它是指商业银行按统一的规定和要求编制的定期向外报送和发布的会计报表。这种报表主要是向外界报告和公告某一阶段和时期的财务数据信息和资料的报表。对外会计报表的种类、格式、指标内容、编报时间，必须严格执行国家有关制度的统一规定。

2. 内部会计报表。它是指商业银行为了适应内部经营管理需要而编制的会计报表。对内会计报表是单纯为了银行内部管理服务的会计报表，不需要统一规定的格式和统一的指标体系。

（五）按会计报表的主从关系划分，可划分为主要会计报表和附表

1. 主要会计报表。它是反映商业银行经营活动的最基本的会计报表，如资产负债表、损益表和现金流量表。

2. 附表。它是对主要会计报表的某些项目进行详细说明的会计报表，如利润分配表、所有者权益变动表、分部报表等。

三、商业银行编制会计报表的要求

为了真实、正确地反映银行的财务状况和经营活动成果，保证财务报告所提供的信息能够满足使用者的需要，使其能清楚地了解商业银行的财务状况、经营业绩和财务状况的变动情况，会计报表的编制必须按照一定的程序、方法和统一的要求进行编制。商业银行编制会计报表应符合以下几项要求：

（一）数据真实可靠

会计报表的编制必须以调查、核实后的账簿记录作为依据，以保证账证相符、账账相符、账实相符。在此基础上，据以编制会计报表，才能做到账表相符、内外账务相符，保证财务报告所提供的信息的真实、正确。

（二）内容全面完整

对会计制度规定的应该报送的各种会计报表，应当按照规定的格式和内容编制齐全，不得缺编或漏报。在编报的报表中，凡要求填报的指标和项目，也不得漏填漏列或任意取舍。

（三）编制报送及时

为了使会计信息使用者及时利用会计信息做出正确的决策，商业银行必须在规定的期限内编制和报送会计报表，以避免时过境迁，失去会计信息的应有效用。根据2001年版《金融企业会计制度》规定：月度财务会计报表应当于月度终了后6天内对外提供；年度财务会计报表应当于年度终了后4个月内对外提供。

第二节 商业银行的资产负债表

一、商业银行资产负债表的作用

资产负债表是反映银行在某一特定时点财务状况的静态会计报表，它揭示了银行的基本财务状况，反映了银行资本和资产及负债的规模、结构以及资产流动性、安全性等情况。它是按照"资产=负债+所有者权益"的会计恒等式，依照一定的分类标准和次序编制而成的。

作为特殊企业的商业银行，也必须编制资产负债表。作为反映财务状况的基本报表，资产负债表在财务报表体系中具有举足轻重的地位，它可向使用者传送十分有用的信息。资产负债表的作用主要体现在以下几个方面：

（一）有助于分析银行资产结构，反映其资产质量的总体状况

资产负债表能够反映银行各项资产的增减变化，以及各项目之间的相互关系，并依据流动性不同的各资产所占的比例来评价其总资产质量的水平高低。

（二）有助于分析银行贷款质量，揭示其内在风险

资产负债表可以揭示银行资产、负债和所有者权益的构成是否合理，考核各项资金计划的执行结果，提供分析银行的偿还能力和财务前景的资料。

（三）有助于评价银行的经营业绩，预测银行的发展趋势

不同时期的资产负债表的相同项目的横向对比，相同时期资产负债不同项目的纵向对比，可以表明商业银行财务状况的发展趋势。

二、商业银行资产负债表格式

资产负债表有两种基本格式，即报告式和账户式。

（一）报告式资产负债表

又称垂直式资产负债表，它使用的是"资产-负债=所有者权益"的会计平衡公式。它是将资产负债项目，自上而下排列，首先列示出资产的数额，然后列示负债，最后列示所有者权益的情况。

（二）账户式资产负债表

又称平衡式资产负债表。即资产负债表分为左方和右方，左方列示资产各项目，右方列示负债和所有者权益各项目。我国银行资产负债表采用账户式格式，反映资产、负债和所有者权益三者之间的关系。

商业银行账户式资产负债表的格式如表16-1所示。

表 16-1　　　　　　　　　　　　资产负债表的格式
资 产 负 债 表

编制单位：　　　　　　　　　　　　年　月　日　　　　　　　　　　　　　单位：元

资　　产	行次	年初数	期末数	负债及所有者权益	行次	年初数	期末数
流动资产：				流动负债：			
现金及银行存款	1			短期存款	46		
贵金属	2			短期储蓄存款	47		
存放中央银行款项	3			财政性存款	48		
存放同业款项	4			向中央银行借款	49		
存放联行款项	5			同业存放款项	50		
拆放同业	6			联行存放款项	51		
拆放金融性公司	7			同业拆入	52		
短期贷款	8			金融性公司拆入	53		
应收进出口押汇	9			存入短期保证金	54		
应收账款	10			应解汇款	55		
减：坏账准备	11			汇出汇款	56		
其他应收款	12			委托存款	57		
贴现	13			应付代理证券款项	58		
短期投资	14			卖出回购证券款	59		
委托贷款及委托投资	15			应付账款	60		
自营证券	16			其他应付款	61		
代理证券	17			应付工资	62		
买入返售证券	18			应付福利费	63		
待处理流动资产净损失	19			应交税金	64		
一年内到期的长期债券投资	20			应付利润	65		
流动资产合计	21			预提费用	66		
长期资产：				发行短期债券	67		
中长期贷款	22			一年内到期的长期负债	68		
逾期贷款	23			其他流动负债	69		
减：贷款呆账准备	24			流动负债合计	70		
应收租赁款	25			长期负债：			
减：未收租赁收益	26			长期存款	71		
应收转租赁款	27			长期储蓄存款	72		
租赁资产	28			存入长期保证金	73		
减：待转租赁资产	29			应付转租赁租金	74		
经营租赁资产	30			发行长期债券	75		
减：经营租赁资产折旧	31			长期借款	76		

续表

资产	行次	年初数	期末数	负债及所有者权益	行次	年初数	期末数
长期投资	32			长期应付款	77		
减：投资风险准备	33			其他长期负债	78		
固定资产原值	34			其中：住房周转金	79		
减：累计折旧	35			长期负债合计	80		
固定资产净值	36			负债合计	81		
固定资产清理	37			所有者权益：			
在建工程	38			实收资本	82		
待处理固定资产净损失	39			资本公积	83		
长期资产合计	40			盈余公积	84		
无形、递延及其他资产：				其中：公益金	85		
无形资产	41			未分配利润	86		
递延资产	42			所有者权益合计	87		
其他资产	43						
其他资产合计	44						
资产总计	45			负债及所有者权益总计	88		

补充资料：代保管证券（面值）_____万元；抵押品_____万元。

会计主管： 　　　　　复核： 　　　　　制表：

三、商业银行资产负债表的编制

资产负债表反映的是商业银行在某一特定时点财务状况的报表，它是一份静态报表，是以资产账户，负债账户和所有者权益账户的期末余额为主要依据，按月编制。

（一）商业银行资产负债表的内容

商业银行资产负债表的核心内容由资产、负债和所有者权益构成。

1. 商业银行资产负债表中资产分为三大类：（1）流动资产，包括银行的现金及银行存款、贵金属、存放款项、拆放同业、短期贷款、应收进出口押汇、应收账款、其他应收款、贴现、短期投资、待处理流动资产净损失、以及当年到期收回的长期投资等；（2）长期投资，包括中长期贷款、逾期贷款、长期投资、固定投资、在建工程、待处理固定资产净损失等；（3）无形资产、递延资产及其他资产。

2. 银行资产负债表中负债分为三大类：（1）流动负债，包括短期存款、短期储蓄存款、向中央银行借款、同业存放借款、联行存放款项、同业拆入、应解汇款、应付账款、应付工资、应付利润、应交税金、预提费用、当年到期偿还的长期负债等；(2) 长期负债，包括长期存款、长期储蓄存款、存入保证金、发行长期债券、长期借款等；(3) 其他负债。

3. 银行资产负债表中的所有者权益分为四大类：(1) 实收资本；(2) 资本公积；(3) 盈余公积；(4) 未分配利润。

(二) 商业银行资产负债表的编制

资产负债表是根据银行总分类账的期末余额编制的。根据"表从账出"的原则，编制资产负债表时，应当以总分类账或以与其相关的明细账的期末余额为依据。有的根据有关账户的期末余额直接填列，有的则需根据相关账户的期末余额经分析、调整、计算后填列。

银行的资产负债表各项目的填列方法如下：

1. "现金及银行存款"项目，根据"现金"和"银行存款"科目的期末余额填列，以反映银行库存现金的情况。

2. "贵金属"项目，根据"贵金属"科目的期末余额填列，以反映银行在国家允许的范围内买入的黄金、白银贵重金属。

3. "存放中央银行款项"项目，根据"存放中央银行款项"的期末余额填列，以反映银行按规定存入中央银行的往来款项和各项准备金存放。

4. "存放同业款项"项目，根据"存放同业款项"科目期末余额填列，它反映了银行与同业之间由于资金往来业务而存放于同业的资金。

5. "存放联行款项"项目，此项目反映银行联行之间资金往来而存放于联行的款项。"存放联行款项"项目根据"存放联行款项"科目和"联行存放款项"科目互相对转后的差额进行反映。两科目对转后，如果为"存放联行款项"科目的借方余额，则填列本项目；如果为"联行存放款项"科目的贷方余额，则填列"联行存放款项"项目。

6. "拆放同业"项目，根据"拆放同业"科目的期末余额填列，它反映了银行与其他金融企业之间进行的资金拆借业务。

7. "短期贷款"项目，根据"短期贷款"科目的有关明细科目的期末余额填列，以此反映银行对外贷出的期限在一年以内的各种款项，包括各种短期贷款。

8. "应收进出口押汇"项目，根据"应收进出口押汇"科目的期末余额填列，反映银行开展进出口押汇业务而发生的应收押汇款项。

9. "应收账款"项目，根据"应收利息"和"应收手续费"等科目的期末余额填列，它反映银行因经营业务而发生的各种应收款项。

10. "坏账准备"项目，根据"坏账准备"科目的期末余额填列，反映银行按规定提取的尚未转销的坏账准备。

11. "其他应收款"项目，根据"其他应收款"科目的期末余额填列，反映银行对其他单位和个人的应收及暂付的款项。

12. "贴现"项目，根据"贴现"科目的期末余额填列，其中银行再贴现的票据，应从本科目中予以扣除。

13. "短期投资"项目，根据"短期投资"科目的期末余额填列。

14. "待处理流动资产净损失"项目，根据"待处理流动资产净损溢"科目的期末余额填列，如为净溢余，则本项目用"—"号表示。它反映了银行在清查财产和经营中，查明尚待处理的各种材料物资和有价证券等流动资产的盘亏和毁损减盘盈后的净损失。

15. "一年内到期的长期投资"项目，根据一年内到期的"长期投资"科目的"债券投资"明细科目的期末余额分析填列，反映银行长期投资中，将于一年内到期的债券投资部分。

16. "中长期贷款"项目，根据"中长期贷款"科目或"信托贷款"科目有关明细科目的期末余额计算填列，反映银行对外发放的一年期（含一年）以上的贷款。

17. "逾期贷款"项目，根据"逾期贷款"科目或"信托贷款"科目有关明细科目的期末余额计算填列，反映银行对外发放的到期后或展期后尚未收回贷款。

18. "贷款呆账准备"项目，根据"贷款呆账准备"科目的期末余额填列，反映银行根据银行贷款期初余额的一定比例提取的呆账准备。

19. "长期投资"项目，根据"长期投资"科目的期末余额扣除一年内到期的长期债券投资后的数额填列，反映银行不准备在一年内变现的投资。

20. "投资风险准备"项目，根据"投资风险准备"科目的期末余额填列。

21. "固定资产原值"、"累计折旧"、"固定资产净值"项目，前两项项目分别根据其对应的科目的期末余额填列，"固定资产净值"项目应根据前两项的数额计算填列。

22. "固定资产清理"项目，根据"固定资产清理"科目的期末借方余额填列，如为贷方余额应以"—"填列。它反映银行因出售、报废、毁损等原因，转入清理但尚未清理完毕的固定资产的净值，以及固定资产清理过程中所发生的清理费用和变现收入等各项金额的差额。

23. "在建工程"项目，根据"在建工程"科目的期末余额填列，反映银行期末各项未完成工程的实际支出和尚未使用的工程物资的实际成本。

24. "无形资产"项目，根据"无形资产"科目的期末余额填列，反映银行各项无形资产的原价在扣除摊销后的净值。

25. "递延资产"项目，根据"递延资产"科目的期末余额填列，反映银行尚未摊销的开办费、租入固定资产改良及大修理支出以及摊销期限在一年以上的其他待摊费用。

26. "其他资产"项目，根据有关科目的期末余额填列，反映银行除上述资产以外的其他资产。

27．"短期存款"项目，根据"活期存款"、"定期存款"、"信托存款"科目的有关明细科目的期末余额计算填列，它反映银行接受企事业单位的一年期以下的各种存款。

28．"短期储蓄存款"项目，根据"活期储蓄存款"和"定期储蓄存款"科目的期末余额填列，反映银行接受居民个人的一年期以下的各种储蓄存款。

29．"财政性存款"项目，根据"财政性存款"科目的期末余额填列。

30．"向中央银行借款"项目，根据"向中央银行借款"科目的期末余额填列，反映银行从中央银行借入的款项。

31．"同业存放款项"项目，根据"同业存放款项"科目的期末余额填列，反映银行与同业进行资金往来而发生的同业存放于本银行的款项。

32．"联行存放款项"项目，根据期末"联行存放款项"科目和"存放联行款项"科目往来互相对转后的差额进行反映。两科目对转后，如为"联行存放款项"科目的贷方余额，填列本项目；如为"存放联行款项"科目的借方余额，填列"存放联行款项"项目。本项目应根据"联行存放款项"科目的期末余额分析计算填列。

33．"同业拆入"项目，根据"同业拆入"科目的期末余额填列，以反映银行从其他金融企业借入的短期资金。

34．"应解汇款"项目，根据"应解汇款"科目的期末余额填列，反映银行进行汇款业务时收到的待解的款项以及外地采购单位或个人临时存款。

35．"汇出汇款"项目，根据"汇出汇款"科目的期末余额填列，反映银行接受企事业单位或个人的委托汇往外地的款项。

36．"应付账款"项目，根据"应付利息"或"应付账款"科目的期末余额填列，反映银行各种应付的账款。

37．"其他应付款"和"应付工资"项目，此两项分别根据其对应科目的期末的余额填列，分别反映银行各种应付的账款、其他应付及暂收的款项和应付未付的工资。

38．"应付福利费"项目，根据"应付福利费"科目的期末余额填列。

39．"应交税金"和"应付利润"项目，分别根据"应交税金"和"应付利润"项目的期末余额填列，分别反映银行的应交未交的各种税金和应付投资者的利润。

40．"预提费用"项目，根据"预提费用"科目的期末余额填列，反映银行从成本中预先提取但尚未支付的费用。

41．"发行短期债券"项目，根据"发行短期债券"科目的有关明细科目的期末余额填列，反映银行发行的尚未偿还的各种一年期以内的债券本金。

42．"一年到期的长期负债"项目，本项目根据期末余额分析填列。

43. "长期存款"项目,根据"定期存款"科目的有关明细科目或"信托存款"科目的期末余额填列,反映银行接受企事业单位的一年期以上的长期存款。

44. "长期储蓄存款"项目,根据"定期储蓄存款"科目的有关明细科目的期末余额填列,反映银行接受居民个人的一年期以上的储蓄存款。

45. "保证金"项目,根据"保证金"或"租赁保证金"科目的期末余额填列,反映银行向客户收取的各种保证金。

46. "发行长期债券"项目,根据"发行长期债券"科目的有关明细科目的期末余额填列,反映银行发行的尚未偿还的各种一年期(含一年)以上的债券本金。

47. "长期借款"项目,根据"长期借款"科目的期末余额填列,反映银行向银行及金融机构借入尚未归还的一年期以上的款项。

48. "长期应付款"项目,根据"长期应付款"科目的期末余额填列,反映银行除长期借款和发行债券以外的长期应付款项。

49. "实收资本"项目,根据"实收资本"科目及各明细科目的期末余额分析填列,反映银行实际收到的资本的总额。

50. "资本公积"和"盈余公积"项目,根据"资本公积"和"盈余公积"科目的期末余额填列,分别反映银行的资本公积和盈余公积的期末余额。

51. "未分配利润"项目,根据"本年利润"和"利润分配"科目的余额计算填列,如未弥补的亏损应在本项目内用"—"号表示。

四、商业银行资产负债表的附注

会计报表附注是为了帮助报表使用者理解会计报表的内容而对报表的有关项目所做的解释。它可以提高会计信息的可比性、增进会计信息的可理解性、促进会计信息充分披露,从而提高会计信息的质量,有利于报表使用者做出正确的决策。

商业银行的资产负债表的附注主要包括以下几类事项:

(一)重要会计政策和会计估计的说明

1. 说明贷款的种类和范围:具体说明划分短期贷款和中长期贷款的标准,确认逾期贷款、呆滞贷款和呆账账款的方法,并说明如何按照行业和地区划分贷款的具体组成。

2. 说明计提贷款损失准备范围的方法。根据个别款项的实际情况认定的准备,应说明认定的依据,如根据借款人还款能力、财务状况、抵押担保充分性等的评价。

3. 说明收入确认的原则。

4. 对于外汇交易交易合约、货币和利率套期等衍生金融工具,应说明其计价方法。

5. 说明会计年度、记账基础和计价原则、外币业务折算方法、现金等价物的确定标准、合并报表编制方法、坏账核算方法、存货核算方法、长期投资核算方法、固定资产核算方法、无形资产计价及摊销政策、长期待摊费用摊销政策、借款费用的会计处理方法、应付债券的核算方法等。

(二) 或有事项和资产负债表日后事项

1. 银行应披露或有负债及影响：已贴现商业承兑汇票形成的或有负债；未决诉讼、仲裁形成的或有负债；为其它单位提供债务担保形成的或有负债；其他或有负债。

2. 对资产负债表日后事项的说明：银行应说明股票和债券的发行、对一个金融企业的巨额投资、自然灾害导致的资产损失以及外汇汇率发生较大变动等非调整事项的内容，估计对财务状况、经营成果的影响，如无法做出估计，应说明其原因。

(三) 重要资产转让及其出售

资产是银行从事经营活动的物质基础。如银行转让、出售重要资产，势必会影响其今后的发展及盈利能力，为使投资者、债权人及时了解其资产变动情况，客观上要求商业银行要提供重要资产的转让及出售情况的信息。

(四) 关联方交易总量及重大关联方交易的情况

1. 在存在控制关系的情况下，关联方如为金融企业时，不论他们之间有无交易，都应说明如下事项：金融企业经济性质或类型、名称、法定代表人、注册地、注册资本及其变化；金融企业的主营业务；所持股份或权益及其变化。

2. 在银行与关联方发生交易的情况下，要说明关联方关系的性质、交易类型及其交易要素。

3. 对于关联方交易价格的确定如果高于或低于一般交易价格的，应说明价格的公允性。

(五) 表上重要项目的明细资料

1. 分类列示存放中央银行款项，披露计算依据。
2. 按存放境内、境外同业披露存放同业款项。
3. 按拆放境内、港澳及国外同业披露拆放同业款项。
4. 按贷款性质（如信用、保证、抵押、质押等）披露短期贷款。
5. 按性质（如国债、金融债券回购）披露回购证券。
6. 按信用贷款、保证贷款、抵押贷款、质押贷款分别披露不同期限的中长期贷款。
7. 按信用贷款、保证贷款、抵押贷款、质押贷款分别披露贷款的期初数和期末数。
8. 按贷款风险分类的结果披露贷款的期初数和期末数。

9. 披露贷款损失准备的期初、本期计提、本期转回、本期核销、期末数。

10. 披露发行的短期债券名称、面值、发行日期、到期日、发行金额。

11. 按承销方式披露代发行证券款的期初数、本期承购数、本期支付发行人数和期末数。

12. 按债券种类披露代兑付债券款的期初数、本期收到兑付资金、本期已兑付债券、本期抵扣手续费收入和期末数。

第三节 商业银行的损益表

一、商业银行损益表的作用

损益表又称利润表，是反映企业在一定期间的经营成果及其形成情况的会计报表，它是根据"收入－费用＝损益"的会计方程式编制的。商业银行的利润表可用来反映银行在一定会计期间内实现的营业收入以及与收入相配比的成本费用等情况，并计算出银行的利润总额或亏损总额，用以考核银行利润计划的完成情况，分析银行利润增减变动的原因。它的作用主要表现在以下几方面：

（一）评价银行经营业绩、考核管理效能

利润表可以反映银行在一定会计期间内实现的收入以及与其相配比的成本费用情况，据此以作为评价银行经营业绩、考核管理效能的主要依据。

（二）分析银行利用现有资源的赢利能力、预测未来的经营情况

通过相同时期有关项目的比较，可以了解银行的相对获利能力；通过不同时期相同项目的横向对比，可以了解银行收入实现、成本耗费和利润取得的发展趋势。

（三）为税务部门征税提供基本依据

税务部门确定商业银行的纳税额，将以商业银行的损益表为基本依据。

（四）为商业银行管理人员编制预算，进行经营决策提供依据

商业银行的内部管理人员需要利用损益表来综合反映该银行的经营状况，并将其作为编制预算、进行经营决策的重要依据。

二、商业银行损益表的格式

损益表有两种格式，即单步式损益表和多步式损益式。

（一）单步式损益表

单步式损益表是将本期所有的收入项目加在一起，然后将所有的费用支出项目加在一起，最后用全部收入减去全部支出，通过一次计算求出银行的利润或亏损的总额。按这种方法编制损益表，不便于了解损益的具体构成，既无法判断营业性收益与非营业性收益对损益的影响，也无法判断主要经营业务收益与次要经营业务收

益对实现利润的影响。因此，会计制度规定，企业编制的损益表为多步式损益表。

（二）多步式损益表

多步式损益表是将利润的计算分解为多个步骤，以反映收入与费用之间的内在联系。这样编制有利于分析银行的经营情况和预测其未来的盈利能力。

我国会计制度规定商业银行采用多步式损益表格式，银行的净利润的计算，分为三个步骤：（1）用营业收入减去营业支出和营业税金及附加，求出营业利润；（2）用营业利润加上营业外收支净额，求出银行的利润或亏损总额；（3）用利润总额减去所得税后得到净利润。

多步式损益表的格式如表 16-2 所示：

表 16-2　　　　　　　　　　损益表的格式

损 益 表

编制单位：　　　　　　　　　年　　月　　　　　　　　　　　单位：元

项　　目	行次	本 期 数	本年累计数
一、营业收入	1		
利息收入	2		
金融企业往来收入	3		
手续费收入	4		
投资收益	5		
证券销售差价收入	6		
证券发行差价收入	7		
租赁收益	8		
汇兑收益	9		
其他营业收入	10		
二、营业支出	11		
利息支出	12		
金融企业往来支出	13		
手续费支出	14		
营业费用	15		
汇兑损失	16		
其他营业支出	17		
三、营业税金及附加	18		
四、营业利润	19		
加：营业外收入	20		
减：营业外支出	21		

续表

项 目	行次	本 期 数	本年累计数
加：以前年度损益调整	22		
五、利润总额	23		
减：所得税	24		
六、净利润	25		

会计主管： 复核： 制表：

三、商业银行损益表的编制

（一）损益表应当根据会计账簿中有关资料按月编制

在编报月报时，损益表中"本期数"栏，反映各项目的本月实际发生数；"本年累计数"栏，反映各项目自年初起至本月止的累计实际发生数。在编制年报时，损益表中的"本期数"一栏应改成"上年数"，"本年累计数"应填列上年全年度累计发生数。

如果上年度损益表的项目名称和内容，同本年度损益表不一致，应对上年度报表项目的名称和数字按本年度的规定进行调整，然后填入本表"上年数"一栏。

（二）商业银行损益表各项目的具体填列方法

1．"营业收入"项目，根据"利息收入"、"金融企业往来收入"、"手续费收入"、"汇兑收益"、"其他营业收入"等项目汇总计算填列。

2．"利息收入"项目，根据"利息收入"科目期末结转利润科目的数额填列。

3．"金融企业往来收入"项目，根据"金融企业往来收入"科目期末结转利润科目的数额填列。

4．"手续费收入"项目，根据"手续费收入"科目期末结转利润科目的数额填列。

5．"投资收益"项目，根据"投资收益"科目期末结转利润科目的数额填列。将"投资收益"项目作为"营业收入"的内容予以反映，是按新版《金融企业会计制度》的要求所做出的调整。

6．"汇兑收益"项目，根据"汇兑收益"科目期末结转利润科目的数额填列。

7．"其他营业收入"项目，根据"其他营业收入"科目期末结转利润科目的数额填列。

8．"营业支出"项目，根据"利息支出"、"金融企业往来支出"、"手续费支出"、"营业费用"、"汇兑损失"、"其他营业支出"等项目汇总计算填列。

9．"利息支出"项目，根据"利息支出"科目期末结转利润科目的数额填列。

10. "金融企业往来支出"项目,根据"金融企业往来支出"科目期末结转利润科目的数额填列。

11. "手续费支出"项目,根据"手续费支出"科目期末结转利润科目的数额填列。

12. "营业费用"项目,根据"营业费用"科目期末结转利润科目的数额填列。

13. "汇兑损失"项目,根据"汇兑损失"科目期末结转利润科目的数额填列。

14. "其他营业支出"项目,根据"其他营业支出"科目期末结转利润科目的数额填列。

15. "营业税金及附加"项目,根据"营业税金及附加"科目期末结转利润科目的数额填列。

16. "营业利润"项目,反映银行当期的经营利润,发生经营亏损也在本项目,用"—"号表示。

17. "营业外收入"项目和"营业外支出"项目,这两个项目根据"营业外收入"和"营业外支出"科目期末结转利润科目的数额填列。营业外收支明细项目,还应在本表补充资料内详细列示。

18. "利润总额"项目,反映银行当期实现的全部利润或亏损总额,如为亏损,则以"—"号在本项目填列。

19. "净利润"项目,反映利润总额减去所得税后的余额。

四、商业银行利润分配表

（一）利润分配表的结构

利润分配表是总括反映银行在一定会计期间对实现利润以及前年度未分配利润的分配或者亏损弥补的会计报表,它是损益表的附表。

利润分配表分为表头和正表两个部分:（1）表头部分,包括报表名称、编制单位、报表时间和金额单位等内容。（2）正表部分,同损益表一样,利润分配表采用自上而下的排列项目的报告式结构,包括净利润、可供分配利润以及未分配利润等内容,表中金额栏分别以"本年实际"栏和"上年实际"栏列示。

利润分配表的格式,如表16-3所示。

（二）商业银行利润分配表的编制

商业银行的利润分配表按年编制,本表中的"本年实际"栏,应根据当年"本年利润"和"利润分配"科目及其所属明细科目的记录分析计算填列。"上年实际"栏根据上年"利润分配表"填列。如果上年度报表项目的名称与本年度该表的项目名称和内容不一致,则应对上年度报表项目的名称和数字按本年度的规定进行调整,填入"本年实际"栏内。利润分配表各项目的内容和填列方法如下:

表 16-3　　　　　　　　　　　利润分配表的格式

利　润　分　配　表

编制单位：　　　　　　　　　　　　年　　　　　　　　　　　　单位：元

项　　目	行次	本 年 实 际	上 年 实 际
一、净利润	1		
加：年初未分配利润	2		
二、可供分配的利润	3		
加：盈余公积补亏	4		
减：提取盈余公积	5		
应付利润	6		
三、未分配利润	7		

会计主管：　　　　　　　　复核：　　　　　　　制表：

1. "净利润"项目，反映商业银行全年实现的净利润，如果为亏损，则以"—"号在本项目内填列。本项目根据"利润分配——未分配利润"科目贷方的合计数填列（如为亏损，借贷方向相反）。该项目数额与损益表中的"净利润"项目的"本年累计数"相一致。

2. "年初未分配利润"项目，反映商业银行上年年末未分配的利润，如果为亏损，则以"—"号在本项目内填列。本项目根据"利润分配——未分配利润"明细科目的年初余额填列，并与上年利润分配表中的"未分配利润"项目的"本年实际数"一致。

3. "可供分配利润"项目，根据本表"净利润"和"年初未分配利润"项目计算填列。

4. "盈余公积补亏"项目，反映商业银行用盈余公积弥补的亏损，本项目根据"利润分配——盈余公积补亏"科目期末转入"未分配利润"明细科目的数额填列。

5. "提取盈余公积"项目，反映商业银行在有利润可供分配的基础上，按规定提取的盈余公积，本项目根据"利润分配——提取盈余公积"明细科目期末转入"未分配利润"明细科目的数额填列。

6. "应付利润"项目，反映商业银行应付给投资者的利润，本项目根据"利润分配——应付利润"明细科目期末结转至"未分配利润"明细科目的数额填列。

7. "未分配利润"项目，反映实现的利润，在扣除上述各项目后的剩余部分。如果累计未分配的利润为负数，则表明是未弥补的亏损。该项目的数额，应与"利润分配"科目的年终结账后余额相符。

第四节 商业银行的现金流量表

一、商业银行现金流量表的作用

现金流量表，又称现金流动表，是反映商业银行在一定会计期间（月、季、年）现金和现金等价物流入和流出的报表。它是通过揭示银行现金流量的信息，以使投资人、债权人和其他报表使用人对银行的偿债能力、融资能力做出评判，并据此预测未来的现金流量。

商业银行的现金流量表具有以下几个方面的作用：

（一）评价商业银行的支付能力、偿债能力和资金周转能力

通过对现金流量表的分析，可以掌握商业银行经营活动、投资活动和筹资活动产生的现金流量，了解商业银行现金流转的效率和效果，了解商业银行的现金是否能够偿还到期债务，支付股利、利息以及投资等情况。

（二）预测商业银行未来的现金流量

通过现金流量表所反映的商业银行过去一定时期的现金流量以及其他经营指标，可以预测商业银行未来的现金流量，为商业银行编制现金流量计划，组织现金调度，合理使用现金创造条件。

（三）分析商业银行利润质量和影响现金流量的因素

在商业银行的损益表中，净利润反映了其经营成果，但其编制基础是权责发生制，它不能反映净利润和现金流量的关系，不能反映企业从经营活动、投资活动、筹资活动取得了多少现金。而现金流量表是按照收付实现制编制的，从而有可能避免了因调整应计项目造成的数据失实。从这个意义上来说，现金流量表有助于分析银行利润的质量。

二、商业银行现金流量表的格式

现金流量表应当按照经营活动、投资活动和筹资活动的现金流量分类分项列示。现金流量表由主表和附表两个部分组成。现金流量表的主表为其基本部分，是采用直接法排列编报的，即通过现金收入和支出的主要类别反映来自商业银行的各项经济活动的现金流量。现金流量表的主表将现金流量分为三个部分：

（一）经营活动产生的现金流量

经营活动是指商业银行除投资活动和筹资活动以外的所有交易和事项。在现金流量表中，经营活动的现金流量应当按照银行经营活动的特点分项列示。

（二）投资活动产生的现金流量

投资活动是指银行长期资产的购建和不包括在现金等价物范围内的投资及其处

置活动。在现金流量表中,投资活动的现金流量应当按照其投资活动的现金流入和现金流出的性质分项列示。

(三) 筹资活动产生的现金流量

筹资活动是指导致企业资本及债务规模和构成发生变化的活动。在现金流量上,筹资活动的现金流量应当按照其筹资活动的现金流入和流出的性质分项列示。

商业银行现金流量表的格式,如表16-4所示:

表16-4　　　　　　　　现金流量表的格式
现 金 流 量 表

编制单位:　　　　　　　　　　　　　　　　　　　　　　　　　单位:元

项　目	年　度	年　度
一、经营活动产生的现金流量		
收回的中长期贷款		
吸收的活期存款净额		
吸收的活期存款以外的其他存款净额		
原到期日超过三个月的:		
同业存放净额		
拆放其他金融机构资金净额		
向中央银行借款及其他金融企业拆入的资金净额		
收取的利息		
收取的手续费		
收回的已于前期核销的贷款		
收回的委托资金净额		
收回的其他与经营活动有关的现金		
现金流入小计		
对外发放的中长期贷款		
对外发放的短期贷款净额		
对外发放的委托贷款净额		
支付的活期存款以外的其他存款本金净额		
存放中央银行准备金及财政存款净额		
原到期日超过三个月的:		
拆放其他金融机构资金净额		
向中央银行借款净额		
支付的利息		
支付的手续费		
支付给职工以及为职工支付的现金		
支付的所得税款		
支付的除所得税以外的其他税费		

续表

项　目	年　度	年　度
支付的其他与经营活动有关的现金		
现金流出小计		
经营活动产生的现金流入净额		
二、投资活动产生的现金流量		
收回投资所收到的现金		
分得股利或利润所收到的现金		
取得债券利息收入所收到的现金		
处置固定资产和其他资产所收到的现金		
出售附属公司及联营公司所收到的现金		
现金流入小计		
购建固定资产和其他资产所支付的现金		
债券投资所支付的现金		
现金流出小计		
投资活动产生的现金流出净额		
三、筹资活动产生的现金流量		
吸收权益性投资所收到的现金		
发行债券所收到的现金		
收到的其他与筹资活动有关的现金		
现金流入小计		
分配股利或利润所支付的现金		
支付的发行长期债券利息		
现金流出小计		
筹资活动产生的现金流出净额		
四、汇率变动对现金的影响额		
五、现金及现金等价物净增加额		
附注：		
1. 将净利润调节为经营活动的现金流量：		
净利润		
加：计提的坏账准备或转销的坏账		
计提的贷款呆账准备		
固定资产折旧		
递延资产、无形资产摊销		
待摊费用的减少		
预提费用的增加		
处置固定资产、无形资产和其他长期资产的损失		
固定资产报废损失		
筹资利息		
投资损失		

续表

项　　目	年　　度	年　　度
贷款的减少		
存款的增加		
存款准备金的减少		
贴现的减少		
进出口押汇的减少		
拆借款项的净增		
经营性应收项目的减少		
经营性应付项目的增加		
其他经营活动产生的现金流量净额		
2. 现金及现金等价物增加情况：		
现金的年末余额		
减：现金的年初余额		
现金等价物的年末余额		
减：现金等价物的年初余额		
现金及现金等价物的净增加额		
3. 不涉及现金收支的投资和筹资活动：		
以固定资产进行投资		
以债权转股权		
接受非现金捐赠		

三、商业银行现金流量表的编制

现金流量表的编制有两种方法：直接法和间接法。

（一）直接法

通过现金收入和现金支出的主要类别直接反映银行经营活动中的现金流量。一般是以利润表中的营业收入为起算点，调整与经营活动有关项目的增减变动，然后计算出经营活动产生的现金流量。我国现金流量表准则要求银行采用直接法报告经营活动的现金流量。

有关现金流量的信息可以通过下列途径之一取得：（1）银行会计记录；（2）根据有关项目对利润表中的营业收入、营业成本及其他项目进行调整。

（二）间接法

以本期净利润为起算点，调整不涉及现金的收入、费用、营业外支出等有关项目的增减变动，计算出经营活动产生的现金流量。

四、商业银行现金流量表的附表

现金流量表的附表即为现金流量表补充资料部分,主要列示银行应在报表附注中披露的内容。现金流量表的附表具体格式以及内容,如表16-4(附表部分)所示。

现金流量表附表主要反映三方面内容:

(一)净利润调节为经营活动的现金流量

商业银行应在附表中,采用间接法通过债权或债务变动、应计及递延项目、投资和筹资现金流量相关的收益或费用项目,将净利润调节为经营活动的现金流量。

(二)现金及现金等价物净增加情况

附表中还需提供"现金及现金等价物净增加额"的信息,通过现金及现金等价物的期末余额与期初余额比较得出。它与现金流量表主表中最后一项"现金与现金等价物净增加额"存在勾稽关系,即金额相等。

(三)不涉及现金收支的投资和筹资活动

该项目主要披露一定期间内影响资产或负债但不形成该期现金收支的所有投资和筹资活动的信息。

第五节　商业银行会计报表分析

一、商业银行会计报表分析的目的

商业银行会计报表分析,是对会计报表所反映的各项数据,有重点、有针对性地逐一加以分析和考察,借以对商业银行的财务状况和经营成果做出正确评价,为进一步改善经营管理、加强银行监督提供准确有效的信息。会计报表分析的目的在于:

1. 评价过去的经营业绩。通过分析财务报表,可以了解商业银行过去年度的盈利能力、投资报酬率以及资金营运情况,便于与银行同业相对比。

2. 衡量目前的财务状况。由于会计报表只能概括地反映银行的财务数据,不能反映其经济含义,通过指标分析,揭示银行财务活动过程中存在的矛盾和问题,为正确评价当前的财务状况提供依据。

3. 预测未来的发展趋势。通过当前财务报表的分析,并与历史资料和同业资料对比,可以预测商业银行未来的报酬和风险,为债权人、投资者和经营者的决策提供帮助。

二、商业银行会计报表分析的方法

商业银行会计报表分析必须依靠数据真实、内容完整的会计报表资料,选择适当的财务技术方法进行加工整理,从而求得必要的财务指标。

常用的商业银行会计报表分析方法有三种:比较分析法、趋势分析法和比率分析法。

(一) 比较分析法

比较分析法是通过编制比较报表,揭示有关财务指标和经营状况的变化及其趋势的方法。根据比较的基点不同,常用的有横向分析法和纵向分析法。

1. 横向分析法。此方法是指对两期或数期的会计报表的相同项目,以基数为基础做出横向百分比比较,计算出每一项目金额的百分比及变动情况,并加以分析。

2. 纵向分析法。此方法是指将同期会计报表的不同项目对总体的关系作为对象进行的对比分析。

比较分析法可以用绝对数进行比较,也可以用相对数进行比较,一般视目的而定。绝对数比较表明差异数,相对数比较表明差异率。

(二) 趋势分析法

趋势分析法是根据银行连续数年的年度会计报表中相同的项目相比较,得出各期有关项目的增减方向和幅度,计算趋势百分比,以分析过去一段时期企业财务状况逐年变动的趋势,并预测银行未来发展趋势的方法。

在进行趋势分析时,确定好基期至关重要。在实务中一般有两种选择:

1. 定比法。以某选定时期为基础,以后各期均以该期作为共同基期,计算出的趋势比率叫定基发展速度,亦称定比。

2. 环比法。以上期为基数,即移动基数,各期分别以前一期作为基期,基期不固定,且顺次移动,计算出的趋势比率叫环比发展速度,亦称环比。

(三) 比率分析法

比率分析法是将会计报表中一个或多个项目与其他项目进行对比,从而揭示会计报表有关项目之间存在的逻辑关系,并以此衡量银行财务状况和经营成果的一种分析方法。

三、商业银行会计报表分析的指标体系

银行会计报表在未经分析之前,只是密集的数据和文字。我们必须将报表及其相关资料经过适当的安排、对比,把看上去复杂的资料转化为有使用价值的信息,并作为选择投资对象或实际经营决策的参考。这就需要建立一套会计报表分析的指标体系,这一套指标体系是分析和解释商业银行会计报表的一项重要工具。

在通常情况下，商业银行会计报表分析指标体系包括以下几个部分：

(一) 流动性比率指标

流动性比率分析的目的，是通过对会计报表相关资产与负债项目的比率计算，来分析银行的流动性状况，为银行的流动性管理提供依据。

1. 存贷款比率。存贷款比率是将银行的贷款总额与存款总额进行对比。其计算公式如下：

$$存贷款比率 = 各项贷款总额 \div 各项存款总额 \times 100\%$$

该比率越高，表明负债对应的贷款资产越多，银行的流动性就越低。为保持银行的流动性，我国中央银行规定，该比率不得超过75%。

2. 中长期贷款比率。中长期贷款比率是银行1年期以上（含1年期）的中长期贷款与1年期以上（含1年期）存款的比例。其计算公式如下：

$$中长期贷款比率 = 中长期贷款总额 \div 一年期以上存款总额 \times 100\%$$

3. 流动性资产对全部存款的比率。该比率反映流动性资金需求和流动性资金供给之间的均衡程度。其计算公式如下：

$$流动性资产对全部贷款的比率 = 流动性资产 \div 全部负债 \times 100\%$$

4. 备付金比率。备付金比率是商业银行在中央银行的各项备付金存款和库存现金与各项存款之比。其计算公式以及我国执行的考核标准如下：

$$人民币备付金比率 = (在央行备付金存款 + 库存现金) \div 各项存款 \times 100\%$$

$$外汇备付金比率 = (外汇存放同业款项 + 库存现汇) \div 各项外汇存款期末余额 \times 100\%$$

这两项比率都要求应不小于5%。

(二) 安全性比率指标

商业银行在经营过程中面临着信贷风险、利率风险、资本风险和投资风险等诸多风险。衡量银行的安全性，主要是看经营面临的风险程度。常用的衡量指标有：资本风险比率、利率风险比率、贷款风险比率。

1. 资本风险比率。一般来说，商业银行的自有资本可以用于弥补资产损失和经营亏损。一般地说，银行资本越充实，其安全性越高。但资本比率过大，其资本盈利比率就越低。因此，商业银行应当保持一个合理的资本量。

资本风险比率就是用来衡量银行资本和资产负债风险预期程度相比是否充足的指标。常见的资本风险比率有：

(1) 资本资产比率。将银行资本与全部资产进行对比，用来反映银行自有资本占总资产的比重和银行承担风险的能力。其计算公式如下：

$$资本资产比率 = 资本总额 \div 资产总额 \times 100\%$$

一般而言，国际上普遍认为此比率的理想范围应在5%~9%之间。

(2) 资本贷款比率。将银行资本与贷款相比，反映银行承担风险的能力。对银行而言，贷款的风险随时存在，银行资本在某种程度上可以用于保护银行免受贷款风险的威胁。其计算公式为：

$$资本贷款比率 = 资本总额 \div 贷款总额 \times 100\%$$

国际上一般认为此比率在15%左右为宜。

（3）资本与加权风险资产比率。根据《巴塞尔协议》[①]，商业银行的资本分为核心资本和附属资本。同时该协定规定按风险加权计算风险资产，将资产分为五类，相应设置了五个风险权数，对表内和表外的资产项目均按其对应风险权数加权。其计算公式如下：

表内风险资产 = 表内资产 × 风险系数

表外风险资产 = 表外资产 × 信用转换系数 × 表内相同性质资产的风险系数

总风险资本比率 = 资本 ÷ 加权风险资产

＝（核心资本＋附属资本）÷（表内风险资产＋表外风险资产）

＝一级资本比率＋二级资本比率

2. 利率风险比率。利率风险是指在市场利率变化时，银行资产收益和价值与负债的成本和价值所发生的不利于银行的变化。利率风险比率的计算公式为：

$$利率风险比率 = 利率敏感性资产 \div 利率敏感性负债$$

评估这种风险的重要指标是利率敏感性资产与利率敏感性负债之比。利率敏感性资产，是指那些在市场利率变化时其利息收入会发生相应变化的资产，如可变利率贷款；利率敏感性负债，是指那些在市场利率变化时其利息支出会发生相应变化的负债，如可变利率存款。

如果银行拥有利率敏感性资产与利率敏感性负债一样多，则此比率等于1或接近于1。当市场利率变化时，负债增加或减少的利息支出可以由资产利息收入的相应增加或减少来抵补或冲销。这样，银行的收益不会因市场利率的变化而受大的影响。

如果此比率大于1，即利率敏感性资产大于利率敏感性负债，市场利率上升时，银行收益将会增加，因为利息收入的增加多于利息支出的增加；而当市场利率下降时，由于利息收入的减少多于利息支出的减少，银行收益就会减低，从而给银行带来风险。

反过来，如果此比率小于1，即利率敏感性资产小于利率敏感性负债，在市场利率上升时，由于利息收入的增加小于利息支出的增加，银行收益将会减少，这时

---

① 作者注：《巴塞尔协议》要求商业银行的核心资本总额的最低比率为50%，附属资本不能超过核心资本，附属资本中长期次级债务不能超过核心资本的50%。同时还规定，从事国际业务的商业银行的总风险资本比率应当达到8%，其中一级资本比率不低于4%，否则表明该银行资本不足，可能会导致经营风险，危及银行安全。

会给银行带来风险；而当市场利率下降时，由于利息支出的减少多于利息收入的减少，银行收益就会增加。

市场利率的变化难以准确预测，银行为减少利率风险，一般都尽量使此比率接近于1。但要做到这一点，需要将较多资产投入短期证券或变利率贷款等形式中，而不是投入长期投资或固定利率贷款中，这就会减少银行的利息收入。

3. 贷款风险比率。贷款质量和分布对银行安全性有很大的影响，对贷款风险的衡量常使用下列指标：

（1）不良贷款率。它是衡量贷款风险的综合指标，其计算公式如下：

$$不良贷款率 = 不良贷款总额 \div 贷款总额 \times 100\%$$

（2）贷款分散化比率。分散贷款可以避免贷款过于集中于某些风险领域而造成贷款风险，贷款分散化比率可以反映银行贷款的风险程度。

我国央行设置的指标，主要从对同一个借款客户贷款余额占资本的比例和对最大十家客户贷款余额占总资本的比率来表示。其评价标准如下：

①对同一个借款客户贷款余额与资本总额之比不大于15%；

②对最大十家客户贷款余额与总资本总额不大于50%。

（3）贷款质量比率。贷款质量比率包括逾期贷款、呆滞贷款以及呆账贷款与各项贷款余额之比。其具体评价标准如下：

①逾期贷款月末平均余额与各项贷款月末平均余额之比不得大于8%；

②呆滞贷款月末平均余额与各项贷款月末平均余额之比不得大于5%；

③呆账贷款月末平均余额与各项贷款月末平均余额之比不得大于2%。

（三）收益性比率指标

收益性比率指标，是在分析利润表项目结构的基础上，反映利润的总体变动情况，以及影响利润变化的因素和这些因素对利润的影响程度，揭示各因素之间的关系，从而掌握利润的变化规律。

1. 银行利润率。利润率是商业银行的利润总额同全部营业收入的比率，反映商业银行全部业务的赢利能力。其计算公式如下：

$$银行利润率 = 利润总额 \div 营业收入 \times 100\%$$

2. 资本金利润率。资本金利润率通过对比商业银行利润总额和全部资本金的关系，来说明商业银行资本的赢利能力。该比率不但反映了资本运用效率的大小，还决定了股东收益的水平，进而对该商业银行股份的走势产生影响。其计算公式如下：

$$资本金利润比率 = 净利润 \div 资本金 \times 100\%$$

3. 资产利润率。资产利润率是指商业银行净利润与平均资产总额的比例。其计算公式如下：

资产利润率＝净利润÷平均资产总额×100%

该比率将商业银行一定时期内的净利润与所运用的资产进行比较，表明了商业银行资产利用的综合效率。该比率越高，表明资产利润率越高，商业银行在增收节支方面的效果越好。

(四) 现金流量比率指标

在现金流量表上，经营活动概括了决定净利润的有关交易和其他事项对现金的影响，经营活动涉及商业银行最基本的方面，也是现金流量比率研究的中心环节。现金流量比率指标包括两个部分：

1. 现金流量充分性比率。现金流量充分性比率是用来衡量一个商业银行能否获得足够的现金以偿还债务、购买资产和支付股利的能力。在连续几个会计期内该比率持续大于1，表明该商业银行有充分的能力来满足这些重要的现金需求。其计算公式如下：

现金流量充分性比率＝一定期间由经营活动产生的现金净流量÷（该期长期债务偿还额+该期投资支出额+该期股利支付额）×100%

2. 现金流量效益性比率。现金流量效益性比率就是将利润表和现金流量表结合起来分析计算得到的一组指标。

（1）现金流量利润率。现金流量利润率表示每1元的经营收入中获得的现金的百分比。其计算公式如下：

现金流量利润率＝经营活动产生的净现金流量÷经营收入×100%

（2）经营指数。经营指数是经营活动产生的现金和从持续经营中获得的利润的比率。这一指标可以用来评估商业银行持续经营产生现金的效率，揭示了商业银行营业利润产生现金的比例。其计算公式如下：

经营指数＝经营活动产生的现金净流量÷从持续经营中获得的利润×100%

关键名词

(1) 商业银行的会计报表　　(2) 商业银行资产负债表
(3) 商业银行损益表　　　　(4) 商业银行现金流量表
(5) 会计报表分析　　　　　(6) 商业银行指标体系

复习思考题

(1) 什么是商业银行的会计报表以及其编制要求？
(2) 什么是商业银行资产负债表？主要包括哪些内容？如何编制？

(3) 简述商业银行损益表的作用及其包括的主要内容。
(4) 简述商业银行现金流量表的作用及其编制方法。
(5) 商业银行会计报表分析的内容和指标有哪些?

第十七章 信托业务

信托,是指委托人基于对受托人的信任,将其财产权委托给受托人,由受托人按委托人的意愿以自己的名义,为受益人的利益或者特定目的,进行管理或者处分的行为。信托资产不属于信托投资公司的自有资产,也不属于信托投资公司对受益人的负债。信托投资公司对不同信托资产来源和运用,应设置相应会计科目进行核算反映,来源类科目应按其类别、委托人等设置明细账,运用类科目应按其类别、使用人和委托人等设置明细账。信托投资公司对信托货币资金应设置专用银行账户予以反映。在日常核算的基础上,信托投资公司应按季或按信托计划约定,定期向委托人或受益人报送其信托资产运用及收益情况表。本章介绍信托的含义和分类;信托资产来源、信托资产运用和信托损益业务的会计核算;以及信托资产管理会计报告的内容与编制方法。

第一节 信托业务概述

一、信托的含义与信托关系人

《中华人民共和国信托法》和《信托投资公司管理办法》规定:"信托,是指委托人基于对受托人的信任,将其财产权委托给受托人,由受托人按委托人的意愿以自己的名义,为受益人的利益或者特定目的,进行管理或者处分的行为。"简单说,信托就是"信"和"托"有机结合构成的一项整体活动,"信"是"托"的基础,没有信任就不可能有委托人对受托人的委托;"托"是"信"的具体内容,没有"托"的具体内容,委托与受托的关系就不会形成。

从委托人的角度考察,信托是为了信托关系中受益人(可以是委托人自己,也可以是委托人指定或符合委托人规定条件的第三者)的利益,由委托人将财产权委托给受托人进行管理或处分的行为;从受托人的角度考察,信托是接受委托人的委托,为了受益人的最大利益,代为管理与处分信托资产的行为。

可见,信托关系的形成必然涉及到三方当事人,即信托关系中的委托人、信托关系中的受托人和信托关系中的受益人。一个完整的信托关系应该具备说明信托关系的文字记载;明确委托人、受托人和受益人的责、权、利及其在信托关系中的地位；明确信托的目的，以便信托关系人各方朝着共同的目标行事。信托目的、信托关系人之间的关系及其责、权、利事项一般记载在信托合同中，比如我国《信托投资公司资金信托业务管理暂行办法》明确规定信托合同应当载明以下事项：（1）信托目的；（2）委托人、受托人的姓名或者名称、住所；（3）受益人姓名或者名称、住所，或者受益人的范围；（4）信托资金的币种和金额；（5）信托期限；（6）信托资金的管理方式和受托人的管理、运用和处分的权限；（7）信托资金管理、运用和处分的具体安排；（8）信托利益的计算，向受益人交付信托利益的时间和方法；（9）信托财产税费的承担，其他费用的核算及支付方法；（10）受托人报酬计算方法，支付期间及方法；（11）信托终止时信托财产的归属及分配方式；（12）信托事务的报告；（13）信托当事人的权利、义务；（14）风险的揭示与承担；（15）信托当事人的违约责任及纠纷解决方式。而且，信托合同还可以载明信托财产的交付，信托资金管理、运用、处分的具体方法，改变方法时受托人的建议和委托人的指示，信托的变更、解除和终止，信托财产的审计或者评估，以及委托人和受托人认为需要载明的其他事项。

委托人是设立信托时信托财产的所有者，是利用信托方式达到特定目的的人。委托人必须拥有作为信托标的物的财产所有权以及具有委托代办经济事务的合法权利，否则就没有权利实施委托；委托人还应是具有完全民事行为能力的自然人、法人或者依法成立的其他组织，否则不具备进行委托的合法资格。

受托人是设立信托时接受委托人的委托，并按照委托人的指示和要求对信托财产进行管理或处分的人。受托人必须具有法律上的行为能力和从事受托活动的行为能力，也就是说未成年人、禁治产人等不能成为受托人，具有行为能力的人还应该具有良好的品行和办理信托业务的专业能力，否则，他们就没法很好地为委托人提供服务。受托人可以是符合要求的自然人或法人。受托人在管理或者处分信托财产时，必须恪尽职守，履行诚实、信用、谨慎、有效管理的义务。

受益人是在信托中享有信托受益权的自然人、法人或者依法成立的其他组织。受益人和委托人可以是同一人，也可以不是同一人。我国法律、法规明确规定受托人可以是受益人，但不得是同一信托的惟一受益人。受益人可能只享受信托财产本身的利益；或只享受信托财产运用收益的利益；也可能同时享受信托财产本身及其信托财产运用收益的利益。

可见，信托的本质就是按照委托人的目的和受益人的利益，由受托人对委托人委托的财产进行管理、处分的行为。委托人的财产一旦委托给受托人，就成为信托财产，委托人就不再拥有对这部分财产的处置权。信托财产是信托行为的标的物，在信托关系中具有极为重要的地位，没有信托财产，委托人无法委托；没有信托财产，受托人没有可供管理、运用的资产，无法为受益人创造利益；没有信托财产，受益人的利益只能是空中楼阁。或者说，没有信托财产就无所谓信托关系。信托财产，是指受托人因承诺信托而取得的财产。受托人因信托财产的管理、运用、处分或者其他情形而取得的财产，也归入信托财产。法律、行政法规禁止流通的财产，不得作为信托财产；法律、行政法规限制流通的财产，依法经有关主管部门批准后，可以作为信托财产。信托财产不属于信托受托人的固有财产，也不属于受托人对受益人的负债。信托财产不纳入受托人的清算财产。信托财产与一般财产具有显著差别，从事信托业务的会计核算必须对信托财产的特点有充分的理解。

二、信托的分类

按照不同的标准，信托业务有不同的分类结果：

1. 按照信托目的的不同，信托可以分为私益信托和公益信托。私益信托是为了委托人或其指定的其他受益人的私人（包括私人性质的组织）利益而设立的信托，一般以谋取经济利益为目的。公益信托是为了公益目的而设立的信托，我国《信托投资公司管理办法》规定，信托投资公司可以按照《中华人民共和国信托法》的规定接受为下列公益目的而设立的公益信托：救济贫困；救助灾民；扶助残疾人；发展教育、科技、文化、艺术、体育事业；发展医疗卫生事业；发展环境保护事业，维护生态环境；发展其他社会公益事业。

2. 按照受益人的不同，信托可以分为自益信托和他益信托。自益信托是委托人为了使自己受益而设立的信托，即委托人与受益人为同一个人。他益信托是委托人为了使他人获益而设立的信托，即委托人和受益人不为同一个人。

3. 按照委托人的不同，信托可以分为个人信托、法人信托和个人与法人兼具的信托。个人信托是个人作为委托人设立的信托，个人信托可以分为生前信托（比如退休金的管理等）和身后信托（比如遗产的管理等）。法人信托是具有法人资格的组织作为委托人设立的信托，比如代发股票、债券等。个人与法人兼具的信托是个人和法人共同作为委托人设立的信托，比如基金的设立与投资。

4. 按照信托所依据的法律性质的不同，信托可以分为民事信托和商事信托。民事信托是以民法为依据建立的信托，民事信托一般与民事事务有关，民事信托的委托人多数为个人。商事信托是以商法为依据建立的信托，商事信托一般与商事事务有关，商事信托的委托人多数为法人。

5. 按照信托的标的物不同，信托可以分为资金信托、财产信托、财产权信托和经济事务信托等。资金信托以货币资金作为信托业务的标的物，比如委托贷款、委托存款、委托投资等。财产信托以财产作为信托业务的标的物，比如动产信托和不动产信托。财产权信托以财产权作为标的物，比如股票、债券的管理权信托。经济事务信托以委托办理某些经济事务为内容，以委托凭证为标的物，比如委托做账、委托办理纳税事务等。

三、信托业务

我国《信托投资公司管理办法》规定："信托业务，是指信托投资公司以营业和收取报酬为目的，以受托人身份承诺信托和处理信托事务的经营行为。"信托业务很多，具有办理信托业务资格的个人与机构可以根据国家法律、法规的规定和自己的能力与特长选择办理信托业务。《信托投资公司管理办法》还明确指出，信托投资公司可以申请经营下列部分或者全部本外币业务：（1）受托经营资金信托业务，即委托人将自己合法拥有的资金，委托信托投资公司按照约定的条件和目的，进行管理、运用和处分；（2）受托经营动产、不动产及其他财产的信托业务，即委托人将自己的动产、不动产以及知识产权等财产、财产权，委托信托投资公司按照约定的条件和目的，进行管理、运用和处分；（3）受托经营法律、行政法规允许从事的投资基金业务，作为投资基金或者基金管理公司的发起人从事投资基金业务；（4）经营企业资产的重组、购并及项目融资、公司理财、财务顾问等中介业务；（5）受托经营国务院有关部门批准的国债、政策性银行债券、企业债券等债券的承销业务；（6）代理财产的管理、运用和处分；（7）代保管业务；（8）信用见证、资信调查及经济咨询业务；（9）以固有财产为他人提供担保；（10）中国人民银行批准的其他业务。信托投资公司在取得信托财产后，可以依照信托文件的规定，采取出租、出售、贷款、投资、同业拆放等方式对其进行管理或处置。

我国目前在实践中开展的信托业务主要有：委托类信托业务，比如委托贷款和委托投资等；狭义的信托类信托业务，比如资金信托、动产和不动产信托、公益信托等，在特殊情况下，还可以受托管理债务、处理破产清算等业务；投资基金类信托业务，即依据法律规定，从事投资基金业务；代理类信托业务，比如代理发行有价证券、代客进行财产保管、代理公司组建等；咨询类信托业务，即接受委托进行信用调查和市场调研等。信托业务中代保管等业务的会计处理较为简单，投资基金在本书中专门用一章进行介绍，因此，本章主要讲述信托投资机构对信托资产的来源、信托资产的运用和信托业务损益的会计核算。

第二节 信托业务的会计核算

一、信托业务会计核算的特点

信托业务的核算要遵循会计核算的一般规定，比如按照权责发生制的标准进行确认，按照历史成本原则、谨慎性原则等进行计量，按照配比的要求确定收益，使用复式借贷记账法记载和加工经济业务，定期编制会计报告等。但是，信托业务的会计核算具有一些独特之处：

1. 信托业务的会计核算对象主要是信托资产，具体内容是信托资产的来源、信托资产的运用、信托损益的确定等。信托资产在委托人委托前由其拥有财产的所有权，一旦确认信托关系，信托资产的处置权就发生了根本的转移，信托关系中的受托人对其拥有法人财产权，但是，这种法人财产权的运用受到委托人委托目的的约束，甚至受到委托人的指定。因此，信托资产不同于信托机构自身的资产。值得注意的是，有些代理、委托业务不需要资产的所有权发生转移，比如委托买进证券业务，受托机构仅仅提供了服务。

2. 信托资产的核算具有他主性。信托资产核算的他主性特点是由信托和信托关系的特点决定的。信托是按照委托人的意愿和要求，为了受益人的利益而管理和处分资产，而不是为了受托人的利益行事。受托人并不直接拥有管理和处分信托资产获得的收益，而仅仅通过提供服务按契约规定获取佣金和报酬。

3. 信托资产的核算表现出相当的独立性。信托资产核算的他主性决定独立性，信托资产核算的独立性具体表现在：信托资产不属于受托公司的自有资产，也不属于受托公司对受益人的负债，也就是说，信托资产与受托人的自有资产在会计核算过程中应该相互独立；同一信托机构管理的不同类别的信托业务，应分别按项目设置信托业务明细账进行核算管理，相互之间不能混淆；信托投资机构终止时，信托资产不属于其清算资产，不纳入清算范围。同样地，委托人也应该将信托资产和其拥有的其他资产分开核算。

4. 信托业务收益分配决定于信托资产运用的实绩性。这一特点是说受益人从信托业务中获得的收益多少一般是不固定的，需视信托资产管理中盈利水平的高低调整。如果没有过错或严重的过失，由于一些不可抗拒的因素引起的亏损也不需要受托人负责，而是由受益人承担。当然，信托机构在管理或者处分信托资产时，必须恪尽职守，履行诚实、信用、谨慎、有效管理的义务。

5. 信托业务报告对象具有特殊性。信托机构在接受委托后，必须按季度或按信托合同的规定定期给委托人或受益人报送其信托资产运用及收益情况表。

二、信托资产来源的会计核算

(一) 信托资产来源的概念与分类

信托资产的来源是指信托机构对信托资产及其管理和处置权的取得，这是信托资产运用的前提条件，是获取信托收益的基础。我国《金融企业会计制度》将信托资产来源分为短期信托资产来源和长期信托资产来源两大类。

短期信托资产来源是指信托投资机构对信托资产拥有的管理或处置权在一年或超过一年的一个营业周期之内的来源。短期信托资产来源包括应付信托账款、代扣代缴税金、待分配信托收益、应付受托人收益及应付其他受益人款项等。

长期信托资产来源是指信托投资机构对信托资产拥有的管理或处置权在一年或

超过一年的一个营业周期以上的来源。长期信托资产来源包括长期资金信托、长期财产信托、长期财产权信托、长期公益信托、长期投资基金信托和长期有价证券信托等。

（二）信托资产来源的会计核算

我国的《金融企业会计制度》规定：信托投资公司对不同信托资产的来源，应设置相应的会计科目进行核算反映，来源类科目还应按其类别、委托人等设置明细账。信托投资公司对信托货币资金应设置专用银行账户予以反映。

1. 资金信托资产来源的会计核算。

我国《信托投资公司资金信托业务管理暂行办法》规定：资金信托业务是指委托人基于对信托投资公司的信任，将自己合法拥有的资金委托给信托投资公司，由信托投资公司按委托人的意愿以自己的名义，为受益人的利益或者特定目的管理、运用和处分的行为。该办法同时指出：除经中国人民银行批准设立的信托投资公司外，任何单位和个人不得经营资金信托业务或者类似业务，但法律、行政法规另有规定的除外。可见，在我国资金信托的受托人一般情况下只能是依法成立的信托投资公司。

《信托投资公司资金信托业务管理暂行办法》明确指出：信托投资公司办理资金信托业务取得的资金不属于信托投资公司的负债；信托投资公司因管理、运用和处分信托资金而形成的资产不属于信托投资公司的资产。信托投资公司对不同的信托，应建立单独的会计账户分别核算；对不同的信托，应在银行分别开设单独的资金账户，在证券交易机构分别开设独立的证券交易与资金结算账户。

信托投资公司为了核算资金信托业务，需要设置"信托货币资金"和"资金信托"两个会计科目反映信托货币资金的来源与归还活动。信托投资公司按契约取得信托货币资金时，借记"信托货币资金"科目，贷记"资金信托"科目；当资金信托合同终止时，信托投资公司向委托人或其指定的受益人返还信托货币资金，这时信托投资公司按照原来收到的信托资金金额借记"资金信托"科目，贷记"信托货币资金"科目。

【例1】 某公司将1亿元人民币的货币资金委托给WB信托投资公司管理，委托管理期限为8个月。

（1）WB信托投资公司根据资金信托合同取得信托货币资金时，会计分录为：

借：信托货币资金　　　　　　　　　　　　　　　　100 000 000
　　贷：资金信托　　　　　　　　　　　　　　　　　　100 000 000

（2）信托合同到期，WB信托投资公司将信托货币资金返还委托人时，会计分录为：

借：资金信托　　　　　　　　　　　　　　　　　　100 000 000
　　贷：信托货币资金　　　　　　　　　　　　　　　100 000 000

2. 财产和财产权信托资产来源的会计核算。

财产和财产权信托是指委托人基于对信托投资公司的信任，将自己合法拥有的动产、不动产以及知识产权等财产、财产权委托给信托投资公司，由信托投资公司按委托人的意愿以自己的名义，为受益人的利益或者特定目的管理、运用和处分的行为。

同样地，信托投资公司办理财产和财产权信托业务取得的资产不属于信托投资公司的负债；信托投资公司因管理、运用和处分信托财产而形成的新增资产也不属于信托投资公司的资产。

信托投资公司为了核算财产和财产权信托业务，需要设置"信托财产"和"财产信托"、"财产权信托"等会计科目反映信托财产和信托财产权的来源及其归还的活动，信托投资公司按契约取得信托财产时，借记"信托财产"等科目，贷记"财产信托"或"财产权信托"等科目；当财产和财产权信托合同终止时，信托投资公司向委托人或其指定的受益人返还信托财产或财产权，这时信托投资公司按照向委托人退回的信托财产或财产权的金额借记"财产信托"或"财产权信托"等科目，贷记"信托财产"等科目。

【例2】 某公司将价值3 000万元的房产委托给WB信托投资公司管理，委托期为5年。

（1）信托投资公司接受委托时的会计分录为：

借：信托财产　　　　　　　　　　　　　　　　　　　30 000 000
　　贷：财产信托　　　　　　　　　　　　　　　　　　　　30 000 000

（2）信托期满信托投资公司将信托财产交还给委托单位时的会计分录为：

借：财产信托
　　贷：信托财产

金额视实际退回信托资产的多少确定。

3. 投资基金信托资产来源的会计核算。

我国《信托投资公司管理办法》规定：信托投资公司可以受托经营法律、行政法规允许从事的投资基金业务，作为投资基金或者基金管理公司的发起人从事投资基金业务。

信托投资公司开展投资基金类信托业务时取得的资产不属于信托投资公司的负债；信托投资公司因管理、运用和处分信托资产而形成的新增资产也不属于信托投资公司的资产，相反还是属于信托资产。

信托投资公司为了反映投资基金类信托业务，需要设置"信托货币资金"和"投资基金信托"等会计科目进行会计核算，投资基金信托还得按投资基金的种类和委托人的不同设立实施明细核算。信托投资公司开展投资基金业务取得委托人委托的货币资金时，借记"信托货币资金"科目，贷记"投资基金信托"科目；信托合同期满终止投资基金信托时，按照信托合同和实际返还给委托人资产，借记"投资基金信托"科目，贷记"信托货币资金"等科目。

【例3】 WB信托投资公司经批准可以从事投资基金业务，从委托人处收到信托财产5亿元人民币，全部为货币资金的形式。WB信托投资公司在收到上述信托财产时的会计分录为：

借：信托货币资金　　　　　　　　　　　　　　　　500 000 000
　　贷：投资基金信托　　　　　　　　　　　　　　　500 000 000

委托期满，向委托人返还货币资金时，根据实际返还的金额做相反的会计分录。

4. 公益信托资产来源的会计核算。

公益信托是为了救济贫困；救助灾民；扶助残疾人；发展教育、科技、文化、艺术、体育事业；发展医疗卫生事业；发展环境保护事业，维护生态环境；发展其他社会公益事业等公益目的而设立的信托。公益信托的信托财产及其收益，不得用于非公益目的。

信托投资公司在从事公益信托业务时应该设置"信托货币资金"、"信托财产"和"公益信托"等会计科目进行会计核算，而且按照信托的类别和不同的委托人进行明细核算。

对于公益信托除了专门运用"公益信托"科目反映委托人的权益，同时也特别强调信托的"公益"性质外，其他方面的会计核算与私益信托的会计处理方法相同。这里不再举例说明。

信托投资公司还可以从事经营企业资产的重组、购并及项目融资、公司理财、财务顾问等中介业务；受托经营国务院有关部门批准的国债、政策性银行债券、企业债券等债券的承销业务；代理财产的管理、运用和处分；代保管业务；信用见证、资信调查及经济咨询业务；以固有财产为他人提供担保；以及中国人民银行批准的其他业务。承销债券等业务的会计处理方法与商业银行对同类业务的处理方法基本一致；有些业务的会计处理方法则比较简单，比如从事资信调查及经济咨询业务，只需要记录咨询收入和相关的咨询业务支出。信托投资公司在开展这些业务时，多数情况下财产的所有权没有发生转移，没有信托资产的来源，与上述形成信托财产的信托业务有着根本区别。

三、信托资产运用的会计核算

（一）信托资产运用的概念与分类

信托资产的运用是指信托机构对接受委托人的委托后形成的信托资产进行管理或处置，以实现委托人的目的，并使受益人获益的行为。我国《金融企业会计制度》将信托资产运用分为短期信托资产运用和长期信托资产运用两大类。

短期信托资产运用是指信托机构将信托资产在一年或超过一年的一个营业周期以内的项目和业务上进行的运用。短期信托资产运用包括信托货币资金、拆出信托资金、短期信托贷款、短期信托投资和短期信托财产等。

长期信托资产运用是指信托机构将信托资产在一年或超过一年的一个营业周期以上的项目和业务上进行的运用。长期信托资产运用包括长期信托贷款、长期信托投资、信托租赁财产等。

(二) 信托资产运用的会计核算

有了信托资产的来源，信托投资公司就必须搞好信托资产的运用，否则无法有效地完成受托责任、实现委托人的目标。信托资产的运用就是信托机构对信托资产的管理和处置活动。我国的《金融企业会计制度》规定：信托投资公司对不同信托资产的运用，应设置相应的会计科目进行核算反映，并按其类别、使用人和委托人等设置明细账。

1. 拆出信托资金的会计核算。

资金拆借是金融企业的货币市场业务之一，是金融机构之间进行的短期的、临时性的、有偿的资金余缺调剂。信托投资公司可以接受委托人的委托对信托资金进行拆出，拆出信托资金是信托投资公司对信托资产进行有效运用的重要业务。在拆出信托资金的过程中，信托投资机构一般会取得一定的利息收入。为了反映拆出信托资金及其所产生的利息收入，信托投资公司应该设立"信托货币资金"、"拆出信托资金"和"拆出信托资金利息收入"等会计科目。拆出信托资金时，借记"拆出信托资金"科目，贷记"信托货币资金"科目，取得拆出资金的利息收入时，借记"信托货币资金"科目，贷记"拆出信托资金利息收入"科目。拆出货币资金还要按拆出资金的单位实行明细核算。

【例4】 WB信托投资公司对W银行拆出信托资金5亿元人民币，拆借期3个月，拆借利率为年息1.5%。

(1) 信托投资公司拆出信托资金时的会计分录为：

借：拆出信托资金　　　　　　　　　　　　　　　　　　500 000 000
　　贷：信托货币资金　　　　　　　　　　　　　　　　　500 000 000

(2) 三个月期满，取得拆出资金的利息收入 1 875 000 (500 000 000×1.5%÷360×90) 元时，会计分录为：

借：信托货币资金　　　　　　　　　　　　　　　　　　1 875 000
　　贷：拆出信托资金利息收入　　　　　　　　　　　　　1 875 000

同时，收入拆出信托资金的本金，会计分录为：

借：信托货币资金　　　　　　　　　　　　　　　　　　500 000 000
　　贷：拆出信托资金　　　　　　　　　　　　　　　　　500 000 000

2. 信托贷款的会计核算。

信托贷款是信托投资公司利用吸收的信托货币资金对合适的客户发放的贷款。一般地，信托贷款选择对象的灵活性比银行贷款选择对象的灵活性要强。按照贷款期限的长短，信托贷款可以分为短期信托贷款和长期信托贷款；按照贷款用途的不同，信托贷款可以分为固定资产信托贷款和流动资产信托贷款。信托贷款发生后，信托投资公司一般会取得一定的贷款利息收入。信托投资公司为了核算信托贷款及其取得贷款利息的业务，需要设立"短期信托贷款"、"长期信托贷款"、"信托货币资金"和"信托贷款利息收入"等会计科目。信托贷款应按贷款人进行明细核算。

【例5】 WB信托投资公司根据借款人的申请，进行严格的审查后，决定给A单位贷款3 000万元，贷款期限为8个月。

（1）信托投资公司贷出款项时，会计分录为：

借：短期信托贷款　　　　　　　　　　　　　　　　　　30 000 000
　　贷：信托货币资金　　　　　　　　　　　　　　　　　30 000 000

（2）每个月或每个季度根据贷款利率计算确定利息后，应对利息收入进行确认，会计分录为：

借：信托货币资金
　　贷：信托贷款利息收入

（3）贷款到期收回本金时的会计分录为：

借：信托货币资金　　　　　　　　　　　　　　　　　　30 000 000
　　贷：短期信托贷款　　　　　　　　　　　　　　　　　30 000 000

3. 信托投资的会计核算。

信托投资是信托投资公司利用吸收的信托货币资金及其他的信托财产，对有价证券进行的间接投资和对其他组织进行的直接投资的行为。按照投资方式的不同，信托投资可以分为直接投资和间接投资；按照投资期限长短的差异，信托投资可以分为短期信托投资和长期信托投资。信托投资以追求投资回报为主要目的。信托投资公司为了核算信托投资及其收益业务，需要设置"短期信托投资"、"长期信托投资"、"信托货币资金"、"信托投资债券利息收入"、"信托投资股利收入"、"信托投资债券差价收入"、"信托投资股票差价收入"和"其他信托股权投资收益"等会计科目。信托投资需要按照投资的类别和接受投资的单位进行明细核算。

（1）信托投资公司进行对外投资时，根据投资的金额和投资的类别做如下会计分录：

借：短期（或长期）信托投资——股票（债券、基金或其他投资）
　　贷：信托货币资金

（2）信托投资公司取得信托投资收入时，根据投资收入的类别做如下会计分录：

借：信托货币资金
　　贷：信托投资股利收入（或信托投资债券利息收入、其他信托股权投资收益等）

（3）信托投资公司收回对外信托投资本金时，应该同时记录投资差价损益，有差价收益的，收益金额记贷方；有差价损失的，损失金额记借方。会计分录为：
借：信托货币资金
　　（信托投资股票、债券或其他差价损失）
　　贷：短期（或长期）信托投资——股票（债券、基金或其他投资）
　　　　信托投资股票、债券或其他差价收入

4. 信托租赁财产的会计核算。

信托租赁就是信托投资公司将吸收的信托资产对外出租的信托。信托投资公司的租赁业务一般属于长期性质的，通过对外出租资产，信托投资公司可以取得租金收入。为了核算信托租赁及其租金收入，信托投资公司应该设置"信托租赁财产"、"信托财产"、"信托货币资金"和"信托租赁收入"等会计科目。信托租赁财产还应该按照租赁财产的类别和承租人的不同进行明细核算。

（1）信托投资公司对外出租资产，开展信托租赁业务时，会计分录为：
借：信托租赁财产
　　贷：信托财产

（2）收到租金时，会计分录为：
借：信托货币资金
　　贷：信托租赁收入

（3）租赁期满，收回租赁财产时，会计分录为：
借：信托财产
　　贷：信托租赁财产

四、信托损益业务的会计核算

（一）信托损益业务核算概述

损益是一个企业或一个项目一定时期的经营成果的集中反映，是收入与费用进行配比的结果。信托损益是信托投资公司等信托机构在一段时期内经营信托业务的成果，是各种信托业务收入与各种信托业务费用进行配比的结果。

信托损益的核算包括信托业务收入、信托业务费用的核算和信托业务损益的确定。

信托业务收入，是指信托企业在运用信托资产和提供劳务等日常活动中所形成的经济利益的总流入。信托企业运用信托资产和提供产品服务取得的收入，应当在以下条件均能满足时予以确认：（1）与交易相关的经济利益能够流入企业；（2）收入的金额能够可靠地计量。

信托业务费用是指信托企业为运用信托资产和提供劳务等日常活动所发生的经济利益的总流出。信托费用的确认与计量应该遵循权责发生制的原则、配比原则、历史成本原则和谨慎性原则的要求。我国的《金融企业会计制度》规定：因办理某项信托业务而发生的费用，可直接归属于该项信托资产的，由该项信托资产承担；不能直接归属于该项信托资产的，由信托投资公司承担。

信托业务损益是当期信托业务收入和信托业务费用相抵后的余额。信托业务产生的损益，在未给受益人和受托人分配之前，应在待分配信托收益中核算。我国《金融企业会计制度》规定：从事信托业务时，有下列情况使受益人或公司受到损失的，应按下列方式处理：（1）属于信托公司违反信托目的、违背管理职责、管理信托事务不当造成信托资产损失的，以信托赔偿准备金赔偿。（2）属于委托人自身原因导致对其信托资产司法查封、冻结，且须以其信托资产对第三人进行补偿的，其补偿额仅以其信托资产（扣除原约定费用和对未到期信托资产进行处置的违约金及相关费用后的资产）为限。

（二）信托损益业务的会计核算

1. 信托业务收入的会计核算。

信托业务不同，信托收入的表现形式略有差异。为了核算各种类型、各项信托业务的收入，信托投资公司需要设置"拆出信托资金利息收入"、"信托贷款利息收入"、"信托投资债券利息收入"、"信托投资股利收入"、"信托投资债券差价收入"、"信托投资股票差价收入"、"其他信托股权投资收益"和"信托租赁收入"等会计科目。取得上述收入时，应做如下会计分录：

借：信托货币资金
　　贷：××信托收入

信托业务收入还应按照委托人和收入项目的不同进行明细核算。

2. 信托业务费用的会计核算。

为了管理信托业务，信托投资公司将发生各种各样的资产耗费。由信托资产承担的各项费用发生时记入"信托管理费用"会计科目。信托管理费用应按委托人和信托管理费用的类别进行明细核算。信托业务管理费用发生时，信托投资公司对信托业务的会计分录为：

借：信托业务管理费用
　　贷：信托货币资金或信托财产等

由信托投资公司自己承担的费用在信托投资公司自身业务中进行反映。信托投资公司由于违反信托目的、违背管理职责、管理信托事务不当造成信托资产损失的，以信托赔偿准备金赔偿。发生赔偿时，信托投资公司自身业务的会计分录为：

借：信托赔偿准备金
　　贷：银行存款

信托投资公司对信托业务的会计分录为：
借：信托货币资金
　　贷：信托业务赔偿金收入

3. 信托损益的会计核算。

为了反映信托业务的经营成果，在信托业务收入和信托业务费用核算的基础上，需要进行信托损益的核算。为了核算信托损益，信托投资公司需要设置"信托损益"会计科目，在会计期末或需要结账时，将相应的信托业务收入和信托管理费用结转其中，结转的会计分录为：

借：拆出信托资金利息收入
　　信托贷款利息收入
　　信托投资债券利息收入
　　信托投资股利收入
　　信托投资债券差价收入
　　信托投资股票差价收入
　　其他信托股权投资收益
　　信托租赁收入
　　贷：信托损益
借：信托损益
　　贷：信托管理费用

由于信托损益按照信托合同的规定，一部分归受托人享有，作为其开展信托业务的报酬，其余部分由受益人享有（可能是委托人，也可能是委托人指定的其他受益人），也就是说，信托收益不能像企业的其他收益一样长期放置于信托企业内不做分配，因此，信托业务产生的收益，在未给受益人和受托人分配之前，应在待分配信托收益中核算，即应将信托损益结转至"待分配信托收益"科目，结转的会计分录如下：

借：信托损益
　　贷：待分配信托收益

第三节　信托业务的报告

一、信托业务会计报告概述

信托投资公司从事信托业务时，应将自身的业务与信托业务分开反映、分开报告。信托业务会计报告是对信托资产来源、信托资产运用和信托业务损益综合状况的集中反映。

我国《金融企业会计制度》规定：信托投资公司要定期编制信托资产管理会计报告。信托资产管理会计报告由信托管理会计报表和会计报表附注组成。对外提供的信托资产管理会计报表包括：信托资产来源、运用表，信托业务利润表及其附表等。信托投资公司应按季或按信托计划约定，定期向委托人或受益人报送其信托资产运用及收益情况表。

二、信托管理会计报表简介

信托管理会计报表，包括信托资产来源与运用表和信托业务损益表。信托管理会计报表是信托业务会计报表体系中的主表。根据需要信托投资公司还应在信托业务会计报表体系中编制各种附表，比如各种信托资产来源明细表、各种信托资金运用明细表、各种信托收入明细表和信托管理费用明细表。

信托资产来源与运用表是对信托投资公司所开展的信托业务中各项信托资产来源与运用情况进行集中、总括反映的报表。该报表分为两大部分，分别反映信托资产的来源与信托资产的运用。信托资产的来源包括短期信托资产来源和长期信托资产来源；信托资产运用也包括短期信托资产运用和长期信托资产运用。因此，信托资产来源与运用表可以采用上下排列信托资产来源与运用的报告式结构；也可以采用左右排列信托资产来源与运用的账户式结构。

根据《金融企业会计制度》中所规定的信托资产来源与运用的内容，信托投资公司可以设计以下框架（如表17-1所示）的报告式信托资产来源与运用表。表中各项目的金额根据相应或相关项目的余额填列。

表 17-1 **信托资产来源与运用表**

编制单位： 年 月 日 单位：元

项　　目	期初数	期末数
信托资产运用项目		
一、短期信托资产运用		
信托货币资金		
拆出信托资金		
短期信托贷款		
短期信托投资		
信托财产		
其他短期信托资产		

续表

项　　目	期初数	期末数
短期信托资产运用合计		
二、长期信托资产运用		
长期信托贷款		
长期信托投资		
信托租赁财产		
其他长期信托资产		
长期信托资产运用合计		
信托资产运用合计		
信托资产来源项目		
三、短期信托资产来源		
应付信托账款		
代扣代缴税金		
待分配信托收益		
应付受托人收益		
应付其他受益人收益		
其他短期信托资产来源		
短期信托资产来源合计		
四、长期信托资产来源		
长期资金信托		
长期财产信托		
长期财产权信托		
长期公益信托		
长期投资基金信托		
长期投资信托		
其他长期信托资产来源		

续表

项　　目	期初数	期末数
长期信托资产来源合计		
信托资产来源合计		

信托业务损益表是信托投资公司对一定时期的信托业务收入、信托业务费用和信托业务损益进行的综合、全面、总括的反映。信托业务损益表可以将各种信托业务收入集中反映，将各种信托业务费用也集中反映，采用单步式损益表形式对损益情况进行报告。根据我国《金融企业会计制度》对各种信托资产运用的规定，信托投资公司可以设计以下框架（如表 17-2 所示）的信托业务损益表。表中各项目的金额根据相应或相关项目的本期发生额填列。

表 17-2　　　　　　　　　　　　信托业务损益表

编制单位：　　　　　　　　　　　年　　月　　　　　　　　　　　单位：元

项　　目	本期数	本年累计数
一、信托业务收入		
拆出信托资金利息收入		
信托贷款利息收入		
信托投资债券利息收入		
信托投资股利收入		
信托投资债券差价收入		
信托投资股票差价收入		
其他信托股权投资收益		
信托租赁收入		
其他信托业务收入		
信托业务收入合计		
二、信托业务费用		

续表

项　目	本期数	本年累计数
信托业务管理费用		
其他信托业务费用		
信托业务费用合计		
三、信托业务损益		

关键名词

(1) 信托　　　　　　　　(2) 信托关系
(3) 信托财产　　　　　　(4) 信托资产的来源
(5) 信托资产的运用　　　(6) 信托损益
(7) 信托资产管理会计报告

复习思考题

(1) 什么是信托？简述委托人、受托人和受益人之间形成的信托关系。
(2) 信托有哪些分类？
(3) 我国基本的信托业务有哪些？
(4) 什么是信托资产？信托资产与一般的资产有何不同？
(5) 信托业务的会计核算有哪些特点？
(6) 什么是信托资产的来源？信托资产的来源有哪些？核算信托资产来源需要设置哪些会计科目？
(7) 什么是信托资产的运用？信托资产的运用有哪些？核算信托资产运用需要设置哪些会计科目？
(8) 什么是信托业务的损益？信托业务损益有何特点？进行信托业务损益核算需要设置哪些会计科目？
(9) 什么是信托资产管理会计报告？该报告包括哪些内容？
(10) 信托资产管理会计报告与企业的一般财务报告有哪些异同点？

第十八章 证券投资基金的会计核算

本章从证券投资基金的概念着手,描述基金的当事人及其关系、基金从不同角度的分类结果,介绍基金资产运作的概念框架;进而详细阐述基金资产、收入和费用的具体会计核算,以及与一般企业会计核算的区别;最后介绍基金财务报告的特点、基金资产负债表、经营业绩表、净值变动表和收益分配表的编制方法。

第一节 证券投资基金概述

一、证券投资基金的概念

"投资基金"作为集合分散资金,是集中投资的一种称谓。在不同的国家和地区,投资基金的概念有不同的提法。比如在英国称为"单位信托基金",美国称为"共同基金",日本、韩国和我国台湾、香港地区则称为"证券投资信托基金"。尽管提法不同,但其实质和内容都是一样的。我国《证券投资基金管理暂行办法》中规定:证券投资基金(以下简称基金)是指一种利益共享、风险共担的集合证券投资方式,即通过发行基金单位,集中投资者的资金,由基金托管人托管,由基金管理人管理和运用资金,从事股票、债券等金融工具投资。

证券投资基金是投资者通过购买基金而间接投资于证券市场的证券投资方式。为了更好地理解和把握该概念,首先要明确以下相关问题:

(一) 证券投资基金的计量标准

证券投资基金的计量单位是基金单位。基金单位是计量基金持有人权益数量、投资基金证券发行数量和交易数量的一种技术标准。其类似于计量股票的"股"。中国目前条件下,每1证券投资基金单位为1元人民币。

(二) 证券投资基金涉及的核心关系人

证券投资基金涉及的核心关系人有:基金管理人、基金托管人和投资人。(1)基金管理人是负责基金的具体投资操作和日常管理的机构,即基金管理公司。其凭借专门的知识与经验,运用所管理基金的资产,按照科学的投资组合原理进行投资决策,以谋求所管理的基金资产不断增值,并使基金持有人获取尽可能多的收益。(2)基金托管人,又称基金保管人,是基金资产的名义持有人与保管人。为了保障广大投资者的利益，防止基金资产被基金管理人任意挪用，基金一般要委托一个基金保管机构，即基金保管人代为管理，一般为基金保管公司。(3) 基金投资人，即基金受益人或基金委托人，又称基金股份或基金受益凭证持有人。基金投资人是基金资产的终极所有者。基金运作流程图（见图18-1）对基金概念核心关系人之间的关系进行了完整的描述。

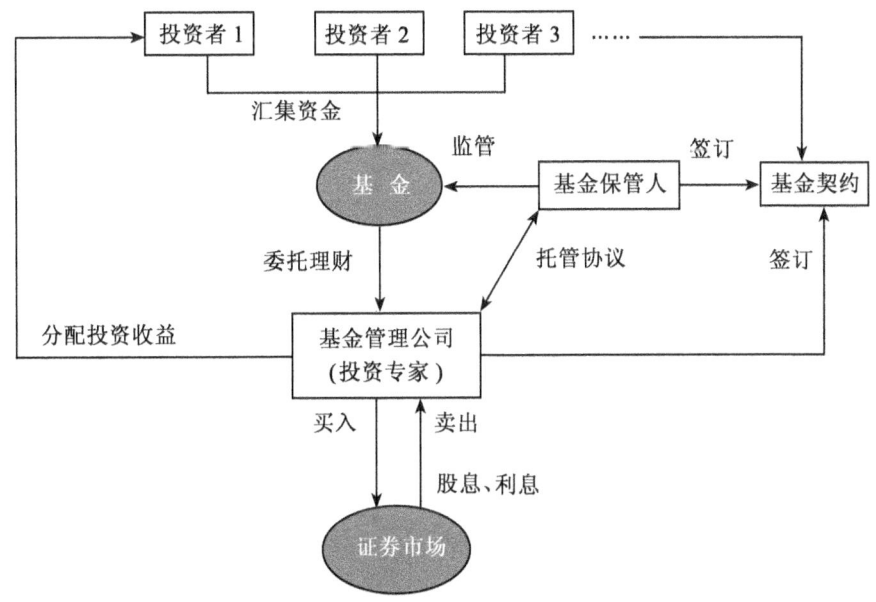

图18-1　证券投资基金运作流程简介图

（三）证券投资基金的运作方式

基金管理人把募集的资金通过基金组织的内在运作方式投资于股票和债券等，从而获得较高的投资收益，并回报投资者。我国《证券投资基金管理暂行办法》规定：证券投资基金投资于股票、债券的比例，不得低于该基金资产总值的80%。

二、证券投资基金的特点

证券投资基金与股票、债券同是证券种类，都具有将社会分散资金集中的融资功能，而基金作为一种证券市场间接的投资方式，相比于股票和证券具有以下显著特点：

（一）权益关系

股票以股东权益为核心，反映的是所有权关系。债券反映的是债权债务关系。而基金同时具有股票和债券的特征，它一方面强调基金持有人拥有资产所有权、收益分配权和剩余资产分配权；另一方面基金有着明确的还本机制。

(二) 资金投向

股票和债券源于经济活动中商业性投资关系，一般情况下，股票资金主要投向实业。而基金则是"股票、债券或其他资产的组合"，其通过股票、债券等金融工具来进行投资，因此，基金是股票、债券等基本证券的派生证券。

(三) 风险水平

股票的直接收益取决于发行公司的经营效益，不确定性强，投资于股票有较大的风险。债券的直接收益取决于债券利率，而债券利率一般是事先确定的，投资风险小。基金则是投资于有价证券，通过更理性的投资组合以降低投资风险，并使收益有可能高于债券。我国《证券投资基金管理暂行办法》规定：1个基金持有1家上市公司的股票，不得超过该基金资产净值的10%。换言之，如果某基金将其80%的资产净值投资于股票的话，它至少应购买8家公司的股票。

三、证券投资基金分类

从不同的角度来划分，证券投资基金有多种类型。理解和把握它们各自的特点对整体建立基金概念，特别是有效地管理基金资金、正确核算基金业务有着重要的意义。以下仅对其主要分类进行介绍。

(一) 按规模是否固定、是否可以自由赎回，基金分为封闭式基金与开放式基金

1. 封闭式基金是指基金的发起人在设立基金时，事先确定发行总额，筹集到这个总额的80%以上时即宣告基金成立，并进行封闭，在封闭期内不再接受新的投资。尽管在封闭的期限内不允许投资者要求退回资金，但是基金可以在二级市场上流通。投资者可以通过市场交易套现。例如在深交所上市的基金开元（代码：4688），1998年设立，发行额为20亿基金单位，存续期限（封闭期）15年。也就是说，基金开元从1998年起运作期限为15年，运作额度为20亿份，在此期限内，投资者不能要求退回资金，基金也不能增加新的份额。我国封闭式基金单位的流通方式采取在证券交易所挂牌上市交易的办法，投资者买卖基金单位都必须通过证券商在二级市场上进行竞价交易。

2. 开放式基金是指基金发行总额不固定，基金单位总数随时增减，投资者可以按基金的报价在基金管理人确定的营业场所申购或者赎回基金单位的一种基金。开放式基金可根据投资者的需求追加发行，也可按投资者的要求赎回。对投资者来说，既可以要求发行机构按基金的现期净资产值扣除手续费后赎回基金，也可再买入基金，增持基金单位份额。例如我国首只开放式基金"华安创新"，首次发行50亿份基金单位，设立时间为2001年，没有存续期。首次发行50亿份的基金单位也会在"开放"后随时发生变动，可能因为投资者赎回而减少，或者因为投资者申购或选择"分红再投资"而增加。我国开放式基金单位的交易采取在基金管理公

司直销网点或代销网点通过申购与赎回的办法进行,投资者申购与赎回都要通过这些网点的柜台、电话或网站实现。

(二)按募集与流通方式,基金可以分为私募基金与公募基金、上市基金与不上市基金

1. 公募基金是指通过投资银行或券商等中介机构向投资大众公开募集来的资金。

2. 私募基金是相对于公募基金而言的,指通过非公开方式向特定机构,如保险公司等直接募集资金,其销售和赎回由基金管理人非公开地与投资者协商进行的基金。

3. 上市基金是指基金单位在证券交易所挂牌交易的证券投资基金。

4. 非上市交易基金是指基金证券不能在证券交易所挂牌交易的证券投资基金。

(三)按组织形式,基金可以分为公司型基金和契约型基金

1. 公司型基金是具有共同投资目标的投资者依据公司法组成以盈利为目的,投资于特定对象(如各种有价证券、货币)的股份制投资公司。实际上,该种基金是证券投资基金公司的股票,投资者购买基金公司的证券后,以基金持有人身份成为基金公司的股东。

2. 契约型基金也称信托型投资基金,是根据一定的信托契约原理,由基金发起人和基金管理人、基金托管人订立基金契约而组建的投资基金。基金管理公司依据法律、法规和基金契约负责基金的经营和管理操作,基金托管人负责保管基金资产,执行管理人的有关指令,办理基金名下的资金往来。投资者通过购买基金单位、享有基金投资收益。

第二节 证券投资基金的会计核算

一、证券投资基金会计核算的特点

相对于一般企业会计来说,基金会计核算具有以下显著特点:

(一)会计主体与会计责任的承担者分离

证券投资基金会计主体是基金会计中比较有特色的一个问题,它既基于传统会计主体概念而产生,又发展了传统会计主体的概念。我国《证券投资基金会计核算办法》对此做出规定:基金管理公司对所管理的基金应当以基金为会计核算主体,独立建账、独立核算,保证不同基金之间在名册登记、账户设置、资金划拨、账簿记录等方面相互独立。

一般来说,会计主体是一个经济组织,它不仅有特定的组织机构和人员,还有独立的法人财产。而基金的会计主体仅仅表现为一项"基金资产",其各项运作和

功能只能由基金契约的各方当事人按照基金契约的约定代为行使。在会计上，仍然以一个"基金资产"为主体独立地计算盈亏和对外编制报表。一般企业的会计主体与会计责任的承担者在形式上是一致的，即企业本身既是会计核算的主体，也是承担会计责任的主体。而对于基金，其会计主体与会计责任的承担者完全分离，即基金是会计主体，基金管理人和保管人分别承担不同的会计责任。

（二）基金单位净值需要估值与公告

基金作为一个独立的会计主体，它与其它会计主体一样，有资产、负债、收入和费用。但作为一个特殊的会计主体，基金资产（主要表现为市场中可流通的各种有价证券的市值总额和银行存款）又有自己独特的表现方式：基金单位净值。基金单位净值是指某一时点上某一基金每一单位实际代表的价值，它是基金单位买卖价格的计算依据，也是衡量一支基金经营业绩的主要指标。基金管理公司应于估值日计算基金净值和基金单位净值，并按国家有关规定予以公告。计算公式如下：

$$基金净值 = 基金资产 - 基金负债$$
$$基金单位净值 = 基金净值 \div 基金单位总份额$$

（三）基金资产通过估值以公允价值计价

由于证券投资基金主要投资于证券市场，其市场价格可适时获得。为满足投资者进行基金投资的信息需求，基金采用公允价格进行资产计价。对此，我们首先考虑资产的组成部分，再确定每一项资产的具体计价方式：

$$总资产 = 现金和银行存款 + 股票价值 + 债券价值 + 其他有价证券价值$$

其中：银行存款、现金虽然也可视为投资的一种形式，但它们是以货币形式存在，货币作为计价尺度，其价值固定，无需进行估值。而就其他几类资产而言，具体规定如下：（1）任何上市流通的有价证券，以其估值日在证券交易所挂牌的市价（平均价或收盘价）估值；估值日无交易的，以最近交易日的市价估值。（2）未上市的股票应区分以下情况处理：配股和增发新股，按估值日在证券交易所挂牌的同一股票的市价估值；首次公开发行的股票，按成本估值。（3）配股权证，从配股除权日起到配股确认日止，按市价高于配股价的差额估值；如果市价低于配股价，不估值。（4）如有确凿证据表明按上述方法进行估值不能客观反映其公允价值，基金管理公司应根据具体情况与基金托管人商定后，按最能反映公允价值的价格估值。（5）如有新增事项，按国家最新规定估值。

值得注意的是，净资产估值与投资估值是有区别的。投资估值是评估投资资产买卖时可能产生的差额，其增减属于资本变动，在直接改变原资产价值的同时，列入未实现资本利得，在实际出售时得以实现。而净资产估值不仅包括投资估值，还包括计算所有应计提的收入和应支付的费用，如银行存款和债券的利息、应付管理费、应付保管费，将它们分别确认为独立的资产或负债的同时，确认为当期收入和当期费用，而不是作为未实现资本利得入账。

二、证券投资基金发行和赎回的核算

(一) 基金发行和赎回的核算原则

基金的发行是指基金管理公司或信托投资机构等在基金发行申请经主管机关批准之后,将基金证券或受益凭证向投资者销售的行为。基金发行环节应区别开放式基金和封闭式基金进行核算。

由于封闭式基金的发行总额已经固定,在基金成立时,实收基金按实际收到的基金发行总额入账,基金发行收入扣除相关费用后的余额作为其他收入处理。与封闭式基金相比,开放式基金核算相对复杂。

开放式基金需区别认购和申购来处理。认购和申购同属于基金的购买(投资)行为,但在具体操作和会计核算中差异较大。认购主要指针对基金网下发行时的购买行为,其交易价格基础为基金面值;而申购则是指投资者基于基金单位资产净值购买开放式基金的份额,其范围较为宽泛,是开放式基金交易的主要形式。由于申购价格建立在基金净值基础之上,并考虑必要的费用,因此,在申购确认日,按照实收基金、未实现利得、未分配收益和损益平准金的余额占基金净值的比例,将确认有效的申购款分割为三部分,分别确认为实收基金、未实现利得和损益平准金的增加或减少。

基金赎回是针对开放式基金而言的,指投资者卖出所持基金份额并收回投资的过程,与申购业务逆向进行处理。

(二) 开放式基金申购、赎回费用及基金价格的确定

1. 申购费。

办理申购业务的机构按规定收取申购费,如在基金申购时收取的,由办理申购业务的机构直接向投资人收取,不纳入基金会计核算范围;如在基金赎回时收取的,待基金投资人赎回时从赎回款中抵扣,在申购时不进行账务处理。按规定,申购费率不得高于5%。申购费用及基金份额计算方法如下:

基金的申购费用为:申购费用=申购金额×申购费率

基金申购的份数为:申购份数=(申购金额-申购费用)/T日基金单位净值

2. 赎回费。

开放式基金按规定收取赎回费,其中基本手续费部分归办理赎回业务的机构所有,尚未支付之前作为应付赎回费入账;赎回费在扣除基本手续费后的余额归基金所有,作为其他收入入账。即借记"应付赎回费",按赎回费和基本手续费的差额贷记"其他收入——赎回费"。按照规定,赎回费率不得高于3%。赎回时费用及投资者所得到的支付金额计算方法如下(假定申购费用与赎回费用由基金申购人与赎回人承担):

基金的赎回金额为:赎回金额=赎回份数×T日基金单位净值

基金的赎回费用为：赎回费用=赎回金额×赎回费率

投资者得到的支付金额为：支付金额=赎回金额-赎回费用

(三) 相关核算科目的设置

1. "未实现利得"科目，核算按照相关制度规定的估值原则以及基金契约和招募说明书载明的估值事项，对资产估值所形成的未实现的利得。

2. "损益平准金"，核算非收益转化而形成的未分配事项，如申购、赎回款中所含有的未分配收益。期末，该科目全部转入"收益分配——未分配收益"，结转后无余额。

(四) 基金发行的账务处理

1. 封闭式基金发行的账务处理。

基金募集发行结束时，按照实际收到的金额，借记"银行存款"，按基金单位发行收入总额，贷记"实收基金"，将其二者差额（扣减发行费用后）贷记"其他收入"。

【例1】 某证券投资基金发行20亿份基金单位，每基金单位发行价格1.01元，支付发行费用1 000万元，则会计分录为：

借：银行存款　　　　　　　　　　　　　　　　　2 010 000 000
　贷：实收基金　　　　　　　　　　　　　　　　　　2 000 000 000
　　　其他收入　　　　　　　　　　　　　　　　　　　　10 000 000

2. 开放式基金发行的账务处理。

(1) 基金认购业务。基金募集发行期结束，按照实际收到的金额，借记"银行存款"，贷记"实收基金"。

【例2】 某开放式基金自2002年7月1日到2002年7月20日向个人投资者和机构投资者同时发售，每份基金单位面值1.00元。认购金额小于1 000万元的认购费率为1%。投资者A以10 000元进行认购，则：

认购费用=认购金额×认购费率=10 000×1%=100（元）

净认购金额=认购金额-认购费用=10 000-100=9 900（元）

认购份数=净认购金额÷基金单位面值=9 900（份）

该业务的会计分录为：

借：银行存款　　　　　　　　　　　　　　　　　　　　9 900
　贷：实收基金　　　　　　　　　　　　　　　　　　　　　9 900

(2) 基金申购业务。基金的交易价格建立在每份基金净值基础上，以基金净值再加上或减去必要的费用，就构成了开放式基金的申购和赎回价格。在尚未收回申购款之前计入应收申购款。按基金申购款，借记"应收申购款"，按基金申购款中含有的实收基金，贷记"实收基金"，按基金申购款中含有的未实现利得，贷记"未实现利得"，按基金申购款中含有的未分配收益，贷记"损益平准金"。

【例3】 接例2,当申购金额小于100万元,申购费率为1.5%。B投资者以10 000元于8月15日进行申购,申购日基金单位净值为1.01元,若每份基金含有0.005元未分配收益。则:

申购费用=申购金额×申购费率=10 000×1.5%=150(元)

申购份数=(申购金额−申购费用)÷T日基金单位净值=9 752份(取整舍去部分所代表的资产计入基金资产)

损益平准金=每份基金所含有未分配收益×申购份数=0.005×9 752=48.76(元)

会计分录为:

借:应收申购款		9 850
贷:实收基金		9 752
未实现利得		49.24
损益平准金		48.76

(五)基金赎回的账务处理

基金赎回确认,按基金赎回款含有的实收基金,借记"实收基金",按赎回款中含有的未分配收益,借记"损益平准金",按赎回款中含有的未实现利得,借记"未实现利得",按应付投资人赎回款,贷记"应付赎回款"。

【例4】 接上例,该基金的赎回费率分为四档,持有期限(日历日)为0~90天,赎回费率为1.0%;持有期限为91~365天,赎回费率为0.5%;持有期限为366~730天,赎回费率为0.25%;持有期限为731天以上,赎回费率为零(不考虑基本赎回费)。

投资者C在持有该基金20天后(T日)申请赎回10 000份基金单位,T日基金单位净值为1.02元。若该日每份基金未分配收益为0.005元,则:

赎回总额=赎回数量×T日基金单位净值=10 000×1.02=10 200(元)

赎回费用=赎回总额×赎回费率=10 200×1.0%=102(元)

赎回金额=赎回总额−赎回费用=10 098(元)

该业务的会计分录为:

借:实收基金	10 000
损益平准金	50
未实现利得	150
贷:应付赎回款	10 098
其他收入——赎回费	102

三、证券投资基金资产的会计核算

(一)基金资产核算的特点

较强的流动性是基金资产区别于一般企业和银行资产的主要特点。证券投资基金资产几乎全部为货币性资产，其中主要分为各种类型的对外投资和往来款项中的债权款，只有很少的存货和固定资产。因此，基金资产的核算内容主要是对股票投资和债券投资的核算。

基金会计要素的确认与计量（包括投资估值）是基金会计与其他会计的另一区别。基金主要的投资对象是证券市场上各种可流通股票和债券，其价值波动频繁，风险性较大。因此，基金资产的计量不适用于历史成本原则，而以公允价值（现行市价）计量：（1）以公允价值计量能充分、实时反映基金的价值及风险，会计信息的相关性强；（2）以公允价值计量基金资产符合国际惯例的要求，国际会计准则《金融工具会计》、美国FASB颁布的SFAS107《金融工具公允价值的披露》和SFAS115《特定债权和权益证券投资的会计处理》都对金融工具采用公允价值计量；（3）证券市场是一个公开、公平、公正的市场，其多种金融工具的现行市价均是熟悉情况的双方自由交易的结果，具有客观性，并且现行市价采用证券市场的收盘价，易于取得。

（二）股票投资的核算

1. 相关概念及科目设置。

理解股票投资核算前，首先把握股票成交日和资金交收日的相关概念。股票成交日即买卖股票行为的发生日；资金交收日指该行为引起的资金应收、应付的计算并汇划、清算的日期。股票投资的核算经常用到"证券清算款"、"清算备付金"和"配股权证"等科目。

（1）"证券清算款"科目核算因买卖证券、回购证券、申购新股、配售股票等业务而发生的、应与证券登记结算机构办理资金清算的款项。

（2）"清算备付金"科目核算为证券交易清算而存入指定证券清算代理机构的款项。

（3）"配股权证"科目核算基金拥有的配股权的估值。

2. 买入股票的核算。

买入股票应于成交日确认为股票投资。按投资成交日应支付的全部价款（包括成交金额和相关费用）入账；在资金交收日，按实际支付的价款与证券登记结算机构进行结算。具体账务处理为：（1）股票成交日，按应该支付的全部价款借记"股票投资"，按应支付的证券清算款，贷记"证券清算款"，按应支付券商的佣金，贷记"应付佣金"。（2）资金清算日，按实际支付的款项，借记"证券清算款"，贷记"清算备付金"。

【例5】 2002年×月×日，基金嘉实以20.00元/股的价格购入中兴电器50 000股，佣金费率为2.5‰。股票成交日的会计分录为：

借：股票投资　　　　　　　　　　　　　　　　　　　1 002 500
　　贷：证券清算款　　　　　　　　　　　　　　　　　1 000 000

应付佣金	2 500

资金清算日的会计分录为：

借：证券清算款	1 000 000
贷：清算备付金	1 000 000

3. 卖出股票的核算。

卖出股票是买入股票的逆向操作。卖出股票应该逐日结转，其成本结转方法采用"移动加权平均法"。股票差价收入在成交日确定，按照股票成交金额与其成本和相关费用的差额入账，具体账务处理为：（1）股票成交日，按应收取的证券清算款，借记"证券清算款"，按结转的股票成本，贷记"股票投资"，按应支付券商的佣金，贷记"应付佣金"，按其差额贷记"股票差价收入"。（2）资金清算日，按实际支付的款项，借记"清算备付金"，贷记"证券清算款"。

【例6】 2002年×月×日，基金嘉实卖出中兴电器120 000股，售出均价为22.30元，该股票成本均价为21.00元，佣金费率为2.5‰，股票成交日的会计分录为：

借：证券清算款	2 676 000
贷：股票投资——中兴电器	2 520 000
应付佣金	6 690
股票差价收入	149 310

资金清算日的会计分录为：

借：清算备付金	2 676 000
贷：证券清算款	2 676 000

4. 股票持有期间的核算。

基金在持有股票期间，作为上市公司的投资主体享有配股权、分红派息权等。

（1）享有配股权的会计处理。基金应将在估值日对股票投资和配股权证进行估值时产生的增值或减值，确认为未实现利得。具体账务处理如下：从配股除权日起到配股确认日止，按市价高于配股价的差额逐日进行估值，借记"配股权证"，贷记"未实现利得"；证券交易所确认配股时，借记"配股权证"，贷记"证券清算款"，同时，将配股权的估值冲减为零，借记"未实现利得"，贷记"配股权证"；资金交收日，实际支付配股款时，借记"证券清算款"，贷记"清算备付金"。放弃配股权的，应将配股权的估值冲减为零，借记"未实现利得"，贷记"配股权证"。

【例7】 大众实业20××年10月17日公布配股说明。对流通股人民币普通股A股每10股配售3股，每股面值1.00元，配股价为6.20元。股权登记日为20××年10月25日，除权基准日为10月28日，配股缴款起止日为20××年10月28日至20××年11月8日。基金嘉实持有大众实业A股100万股。其间大众实业股价波动如下（单位：元）：

日期	10月28日	10月29日	10月30日	10月31日
收盘价	7.02	7.09	7.11	7.15

基金嘉实于 10 月 31 日确认配股。

10 月 28 日的会计分录为：

借：配股权证　　　　　　　　　　　　　　　　　　246 000
　　贷：未实现利得　　　　　　　　　　　　　　　　　　246 000

未实现利得＝（当日股票市价－配股价）×可配股数额＝246 000 元

10 月 29 日的会计分录为：

借：配股权证　　　　　　　　　　　　　　　　　　 21 000
　　贷：未实现利得　　　　　　　　　　　　　　　　　　 21 000

未实现利得＝（当日股票市价－前一日股票市价）×可配股数额＝21 000 元

10 月 30 日的会计分录为：

借：配股权证　　　　　　　　　　　　　　　　　　 6 000
　　贷：未实现利得　　　　　　　　　　　　　　　　　　 6 000

10 月 31 日（确认配股日）的会计分录为：

借：配股权证　　　　　　　　　　　　　　　　　　1 860 000
　　贷：证券清算款　　　　　　　　　　　　　　　　　　1 860 000

同时冲销配股权估值，会计分录为：

借：未实现利得　　　　　　　　　　　　　　　　　2 133 000
　　贷：配股权证　　　　　　　　　　　　　　　　　　　2 133 000

资金交收日的会计分录为：

借：证券清算款　　　　　　　　　　　　　　　　　1 860 000
　　贷：清算备付金　　　　　　　　　　　　　　　　　　1 860 000

若基金嘉实放弃该笔配股认购，则配股权的估值额为该放弃认购日以前对配股权估值的总和。该业务的会计分录为：

借：未实现利得　　　　　　　　　　　　　　　　　 273 000
　　贷：配股权证　　　　　　　　　　　　　　　　　　　 273 000

未实现利得＝（7.11－6.20）×300 000＝273 000（元）

（2）分派股票股利。股票股利是上市公司用增发的股票代替现金派发给股东的股利。一般股票股利不作为收益加以确认。基金在持有期间分派的股票股利，应于除权日根据上市公司股东大会决议公告，按股权登记日持有的股数及送股或转增比例，计算确定增加的股票数量，在"股票投资"账户进行说明，以备未来资产估值。

（3）分配现金股利。基金持有股票分配的现金股利，应在除息日按照上市公司宣告的分红派息比例确认股利实现，借记"应收股利"，贷记"股利收入"；实际收到现金股利时，借记"清算备付金"，贷记"应收股利"。

5. 申购新股的核算。

申购新股应按新股的不同发行方式、不同资金结算方式分别进行账务处理。

（1）通过交易所网上发行的，根据中国证监会《新股配售实施细则》进行申购，申购新股中签时，按确认的中签金额，借记"股票投资"，贷记"证券清算款"；资金交付时借记"证券清算款"，贷记"清算备付金"。

（2）通过网下发行的，按实际预交的申购款，借记"其他应收款"，贷记"银行存款"。申购新股确认日，如果实际确认的申购新股金额小于已经预交的申购款的，按实际确认的申购新股金额，借记"股票投资"，贷记"其他应收款"；收到退回余款，借记"银行存款"，贷记"其他应收款"科目。如果实际确认的申购新股金额大于已经预交的申购款的，按实际确认的申购新股金额，借记"股票投资"，贷记"其他应收款"；补付申购款时，按支付的余额金额，借记"其他应收款"，贷记"银行存款"。

6. 基金资产估值的核算。

基金资产估值的目的是要客观、准确地反映基金资产是否保值增值。每个交易日对基金资产进行估值。在基金资产估值日，对股票投资进行估值时产生的估值增值或减值，应确认为未实现利得。具体账务处理为：如估值增值，按所估价值与上一交易日所估价值的差额，借记"投资估值增值"，贷记"未实现利得"；如为估值减值，做增值反向会计分录。

（三）债券投资的核算

债券是区别于股票投资的又一投资项目，是基金资产的构成主体之一。按照《证券投资基金管理暂行办法》规定，基金投资于债券的比例不得低于基金净值的20%。以下介绍各种债券投资业务的会计核算。

1. 资金流程的特点。

债券分为上市流通债券和非上市流通债券，二者差异主要在于结算资金的流程不同。未上市债券的结算业务一般通过"银行存款"进行；而上市债券则由证券登记结算机构来完成，这时要求基金必须先存放清算备付金于证券经营机构，因此，涉及到上市证券的资金收付时，在确认业务发生后以"证券清算款"记录反映，在资金清算交收时计入"清算备付金"。

2. 买入、卖出业务的账务处理。

这里分别讲解基金通过证券市场买卖上市债券和通过银行间市场买卖非上市债券业务的会计核算。

（1）通过证券交易所买入或卖出上市债券。买入时，若支付的证券清算款中包含尚未领取的利息，则债券投资按成交日应支付的证券清算款扣除应收利息部分入账，借记"债券投资"，借记"应收利息"，按应支付的证券清算款，贷记"证券清算款"。资金交收日，按实际支付的价款与证券登记结算机构进行资金交收，借记"证券清算款"，贷记"清算备付金"。卖出时，比照买入科目进行核算，同时确认债券差价收入。按成交日应该收取的证券清算款，借记"证券清算款"，按应收利息累计金额，贷记"应收利息"，结转债券投资成本，贷记"债券投资"，并确定其三者差额，贷记"债券差价收入"。

（2）通过银行间市场对国债、未上市企业债等债券进行交易。买入非上市债券，按实际支付的价款，借记"债券投资"和"应收利息"（指债券起息日或上次除息日至购买日止的利息），贷记"银行存款"。卖出时结转债券成本，确认"债券差价收入"，即按照实际收到的金额，借记"银行存款"，按已售出债券的成本，贷记"债券投资"，按应收利息额累计金额，贷记"应收利息"，按其三者差额，贷记"债券差价收入"。购入到期还本付息的国债，在持有到期时，按实际收到的本息，借记"银行存款"等，贷记"债券投资"和"应收利息"。购入新发行的国债，根据承购合同规定，按国债面值，借记"债券投资"，贷记"其他应付款"；实际付款时，借记"其他应付款"，贷记"银行存款"。

3. 持有期间分派的债券利息。

基金在持有债券期间，享有因债券投资而实现的利息收入，具体核算业务参看本节"基金收入的会计核算"中债券利息收入部分。

4. 基金持有的债券估值。

基金持有债券估值的账务处理同股票投资估值一样，如估值增值，按所估价值与上一交易日所估价值的差额，借记"投资估值增值"，贷记"未实现利得"；如为估值减值，做增值反向的会计分录。

四、证券投资基金收入的会计核算

对于不同种类的基金，由于其投资目标和投资策略的不同，取得收益的来源和方式也不一样，一般基金投资范围包括股票、债券等，这样收入也有不同的来源。但无论投资何种证券，其收益来源主要有三种途径：资本利得、利息收入和股息收入。

（一）基金收入的分类及其含义

1. 资本利得。

资本利得指买卖证券所得的溢差（或折差，即资本损失）。基金投资于股票或债券的目的是盈利，因此它除获取股利收入和股息收入外，还要尽可能把握证券市场走势，高位抛出股票获取股票差价收入（或高位卖出上市债券赚取债券差价收入），这部分价差就是资本利得。

资本利得分为已实现的资本利得与未实现的资本利得。已实现的资本利得是指基金出售持有的证券或其他资产后获得的买价与卖价之间的正差,而基金持有的尚未卖出的证券虽然因其市场价格上涨而得到升值,在证券卖出前,该部分升值没有真正实现,但从内涵效应来说,它仍使基金的净资产增大,并在投资者买回基金单位或买入基金单位时从基金单位价格上得到体现。这种因市场价格的上涨而使基金资产升值的部分称为未实现资本利得,它也构成基金的投资收益。因此说未实现资本利得是基金收入一个变相的载体,但不直接成为基金收入的构成要素,在收入项下不对其具体反映。

2. 利息收入。

基金在设立时,其章程中一般明确规定开放式基金保存现金的最低比率,以备投资者随时赎回基金份额时付现(开放式)或满足其他资金需要。除此之外,基金还以存款形式存入证券公司一定数额的清算备付金,以完成与证券登记结算机构结算。因此,存款利息收入指基金资金以存款的静态形式存在而从银行获取的利息收入,包括银行存款、清算备付金等各项存款利息。其次,债券利息收入是指基金投资于债券而取得的利息收入。例如政府债券、金融债券、公司债券等。这些债券一般都标明利率,按期支付利息。

3. 股息收入。

除投资债券和存款形式外,大部分的基金都会把资金投放于股市,购买多种股票。上市公司视盈利状况给股东派发股利。基金持有上市公司的股票,作为股东便获得定期的股利。

除上述收入以外的收入,如赎回费扣除基本手续费后的余额、配股手续费返还等均为其他收入。

(二) 基金收入的账务处理

1. 股票差价收入。

股票差价收入确认同于一般企业,即卖出股票日为其确认日,以卖出股票的投资成本和相关费用入账。按照应收取的证券清算款,借记"证券清算款",按结转的股票投资成本,贷记"股票投资",按应付券商的佣金,贷记"应付佣金"。若应收证券清算款大于股票投资成本与佣金费用之和,表明有正差价收入,贷记"股票投资收入";若是小于,表明有负差价收入,应记入借方。股票投资应该按照所投资的股票类别分别设置个股进行明细核算。

2. 债券差价收入。

债券差价收入应按以下情况分别进行处理:(1) 卖出上市债券,应于成交日确认债券差价收入,并按应收取的全部价款与其成本、应收利息和相关费用的差额入账。账务处理为:卖出上市债券时,按成交日应收取的证券清算款,借记"证券清算款",按已计利息,贷记"应收利息",按结转的债券投资成本,贷记"债券投资"，按其差额，贷记或借记"债券差价收入"，具体可参看卖出债券的会计核算。(2) 卖出非上市债券，应于实际收到价款时确认债券差价收入，并按应收取的全部价款与其成本、应收利息的差额入账。卖出非上市债券，按实际收到的金额，借记"银行存款"；按结转的债券投资成本，贷记"债券投资"；按已计利息，贷记"应收利息"；按其差额，贷记或借记"债券差价收入"。债券投资应该按投资的债券类别，分别设置国债、企业债、可转换债券等进行明细核算。卖出非上市债券及利息收入确认的会计处理与上市债券卖出业务的差异在于结算资金流程的不同。

3. 买入返售证券收入。

该收入应在融券期内采用直线法逐日计提，以证券种类等设置明细账，并按计提的金额入账，借记"应收利息"科目，贷记"买入返售证券收入"。

【例8】 20××年10月24日，基金嘉实在国债回购市场购入96国债（6）面值1 000万元（20××年第四季度国债现券与回购业务标准券折算率1.35），共支付金额1 350万元。该交易为7天回购业务品种，手续费率为0.2625‰，当日国债利率为2%。则：

手续费 = 13 500 000×0.2625‰ = 3 543.75（元）
融券期内收入 = 13 500 000×2%×7÷360 = 5 250（元）
每日应计返售证券收入 = （5 250-3543.75）÷7 = 243.75（元）
该业务的会计分录为：

10月24日：
借：应收利息　　　　　　　　　　　　　　　　　243.75
　　贷：买入返售证券收入　　　　　　　　　　　　243.75
（至回购到期日前同此分录）

4. 股利收入。

这里主要指的是现金股利收入。股利收入应于除息日确认，并按上市公司宣告的分红派息比例计算的金额入账。即按照计算得出的金额，借记"应收股利"，贷记"股利收入"。其明细科目设置同股票差价收入，参看基金资产核算股票持有期间的股利分配处理。

5. 债券利息收入。

应在债券实际持有期内逐日计提，并按债券票面价值与票面利率计提的金额入账。即计提金额借记"应收利息"，同此金额贷记"债券利息收入"。其明细科目设置同债券差价收入。

6. 存款利息收入。

存款利息收入应逐日计提，并按本金与适用的利率计提的金额入账。即按照存款产生的利息，借记"应收利息"，贷记"存款利息收入"。注意应分别银行存款、清算备付金存款等设置明细账，进行明细核算。

7. 其他收入。

除上述收入以外的收入，如赎回费扣除基本手续费后的余额、配股手续费返还等均为其他收入。发生的其他收入，按其他收入种类设置明细账，借记有关科目，贷记"其他收入"。

五、证券投资基金费用的会计核算

在基金的发起、发行和日常经营中，要发生各种各样的费用。这些费用均要从基金的收益中扣除，即最终由投资者来承担。同时，这些费用分别是基金经理人、受托人的主要收入来源。

(一) 基金费用分类及其含义

基金的费用主要包括以基金资产支付的运营费用（管理费用、托管费用、其他费用）和由基金投资者直接支付的费用（申购费、赎回费）两类。现从基金主体角度，即以基金资产支付的费用来看，主要费用有：

1. 前期费用。

该费用主要指发行前和发行时产生的全部费用，包括宣传费、招募章程费、申请费等。对于封闭式基金而言，前期费用类似于公司的开办费；而对于开放式基金而言，这不仅包括前期支出，还包括以后营运中发生的销售费用。此类费用在基金发行时直接从溢价部分扣除，抵减其他收入数额。

2. 管理费用。

管理费用即基金管理公司为管理操作基金而收取的费用，是基金管理人的主要收入，以"管理人报酬"科目来反映。管理人一般以基金净资产的一定比率来收取，比率大小与基金规模有关，基金规模越大，比率越低。根据《开放式证券投资基金试点办法》，基金管理费按前一日的基金资产净值的2.5%的年费率逐日计提。计算方法如下：

$$H = E \times 2.5\% \div 当年天数$$

公式中：H 为每日应支付的管理人报酬；

E 为前一日的基金资产净值。

基金管理人的报酬按每日计提，逐日累计至每月最后一个工作日，由基金托管人从基金资产中一次性支付给基金管理人。

3. 保管费用（即基金托管费）。

保管费用是指基金保管公司为保管、处置基金信托资产而从基金收益中计提支付给信托人的费用。一般按托管净资产的一定比率计提，这也是保管公司的主要收入来源。在《开放式证券投资基金试点办法》中规定，基金托管费按前一日的基金资产净值的2.5‰的年费率计提。计算方法如下：

$$H = E \times 2.5‰ \div 当年天数$$

公式中：H 为每日应支付的基金托管费；

E 为前一日的基金资产净值。

基金托管费每日计算，逐日累计至每月最后一个工作日，由基金托管人从基金资产中一次性支取。

4. 运作费用。

除应支付给基金管理公司的管理费用、基金保管公司的保管费用之外，基金还须用基金资产支付证券交易手续费、登记费、会计师费用、召开年会的费用、律师费用、年报及公开说明书等各项杂项费用。这些费用是基金财产在运用过程中所必需的耗费，它们一般按有关规定或当事人的收费标准适时支付。

（二）基金费用的账务处理

1. 管理人报酬。

管理人报酬应按照基金契约和招募说明书规定的方法和标准计提并入账。根据证监基字〔2001〕43 号文《关于证券投资基金业绩报酬有关问题的通知》，基金管理人不再提取业绩报酬。因此，管理人报酬仅含有按前一日的基金资产净值的 2.5% 年费率计提的管理费，计提基金管理费时，借记"管理人报酬"，贷记"应付管理人报酬"；支付基金管理人报酬时，借记"应付管理人报酬"，贷记"银行存款"。

【例9】 基金嘉实应给付基金管理人管理费，按前一日的基金资产净值的 2.5% 的年费率计提。若持有现金的比例超过本基金资产净值的 20%，超出部分不计提基金管理费（前一日的基金资产净值为扣除本基金持有现金比例超过 20% 部分的基金资产净值）。2001 年度会计期间，基金管理人收取的基金管理费金额为 17 677 835.88 元。

该业务会计分录为：

借：管理人报酬   17 677 835.88

  贷：应付管理人报酬   17 677 835.88

2. 基金托管费。

基金托管费应按照基金契约和招募说明书规定的方法和标准计提并入账。计提基金托管费时，借记"基金托管费"，贷记"应付托管费"；支付基金托管费时，借记"应付托管费"，贷记"银行存款"。

【例10】 嘉实基金应给付基金托管人托管费，按前一日的基金资产净值的 2.5‰ 的年费率计提。2001 年度会计期间，基金托管人收取的基金托管费年累计金额为 2 946 305.89 元。

借：管理人报酬   2 946 305.89

  贷：应付管理人报酬   2 946 305.89

3. 卖出回购证券支出。

如前所述的证券回购交易业务，基金作为证券持有方在该业务中充当了资金需求方的角色（融资方）。其业务实质是卖出目前持有的证券，并约定在以后某一时间以某一价格购回的抵押融资业务，该项支出即是融资费用。因此，应在融资期限内采用直线法逐日计提利息支出，借记"卖出回购证券支出"，贷记"应付利息"。核算时应按卖出回购证券的种类等设置明细账，进行明细核算。

【例11】 20××年10月28日，基金嘉实将持有的1 000万元面值的97（4）国债，通过回购业务融资1 300万元。该交易为3天回购业务品种，手续费率为0.1575‰，当日国债利率为2.0%，则：

手续费 = 13 000 000×0.1575‰ = 2 047.50（元）

融券期内支出 = 13 000 000×2%×3÷360 = 2 166.67（元）

每日应计卖出回购证券支出 = （2 166.67+2 047.50）÷3 = 1 404.72（元）

10月28日该业务的会计分录为：

借：卖出回购证券支出　　　　　　　　　　　　　1 404.72
　　贷：应付利息　　　　　　　　　　　　　　　　　1 404.72

（至回购到期日前同此分录）

4. 利息支出。

利息支出是指基金运作过程中，因借入资金而发生的利息支出，如银行借款利息支出。该项支出应按种类设置明细账，并按借款本金与适用的利率在借款期内逐日计提的金额入账。即借记"利息支出"，贷记"应付利息"。

5. 其他费用。

其他费用即上述提到的运作费用，包括上市年费、信息披露费、审计费用。《证券投资基金会计核算办法》规定：发生的其他费用如果影响基金单位净值小数点后第五位的，即发生的其他费用大于基金净值十万分之一，应采用待摊或预提的方法，待摊或预提计入基金损益。发生的其他费用如果不影响基金单位净值小数点后第五位的，即发生的其他费用小于基金净值十万分之一，应于发生时直接计入基金损益。具体账务处理为：（1）发生的其他费用，如不影响估值日基金单位净值小数点后第五位，发生时直接计入基金损益，借记"其他费用"，贷记"银行存款"等。（2）已经发生的其他费用，如影响估值日基金单位净值小数点后第五位，采用待摊方法的，发生时，借记"待摊费用"，贷记"银行存款"；摊销时，借记"其他费用"，贷记"待摊费用"科目；采用预提方法的，预提时，借记"其他费用"，贷记"预提费用"；实际支付费用时，借记"预提费用"，贷记"银行存款"。

【例12】 嘉实基金2000年度信息披露费750 000元，经手费及股东名册查询费15 000元。嘉实基金发行规模为20亿份基金单位，基金单位净值为0.9552元。

计算得出每份基金单位负担的信息披露费为0.000375元（大于基金净值十万分之一），该业务会计分录为：

发生时：
借：待摊费用　　　　　　　　　　　　　　　　　　　750 000
　　贷：银行存款　　　　　　　　　　　　　　　　　　　　750 000
实际摊销时：
借：其他费用　　　　　　　　　　　　　　　　　　　　62 500
　　贷：待摊费用　　　　　　　　　　　　　　　　　　　　62 500
经手费及股东名册查询费 15 000 元不影响基金单位净值小数点后第五位：
借：其他费用　　　　　　　　　　　　　　　　　　　　15 000
　　贷：银行存款　　　　　　　　　　　　　　　　　　　　15 000

六、我国目前基金税收状况

根据 1998 年 8 月 6 日《关于证券投资基金税收问题的通知》及近期经国务院批准，财政部、国家税务总局下发的《关于开放式证券投资基金有关税收问题的通知》，我国针对基金的税收问题规定如下：

1. 营业税。对基金管理人运用基金买卖股票、债券的差价收入，在 2003 年底以前暂免征收营业税。以发行基金方式募集资金不属于营业税的征税范围，不征收营业税。

2. 印花税。基金管理人运用基金买卖股票按照 2‰ 的税率征收印花税。

3. 所得税。对基金取得的股票的股息、红利收入，债券的利息收入，储蓄存款利息收入，由上市公司、发行债券的企业和银行在向基金支付上述收入时代扣代缴 20% 的个人所得税；对基金管理人运用基金买卖股票、债券的差价收入，在 2003 年底前暂免征收企业所得税。

第三节　证券投资基金财务报告的特点

一、证券投资基金财务报告概述

基金作为独立核算的会计主体，必然也应编制独立的财务会计报告以反映基金资源分布、经营业绩及价值变动等情况。我国《金融企业会计制度》第一百五十四条作了相关规定：基金财务会计报告由会计报表和会计报表附注组成。对外提供的会计报表包括：资产负债表、经营业绩表、基金净值变动表及其附表。会计报表附注至少应披露主要会计政策及其变更的影响数、关联方关系及其交易和主要报表项目说明等内容。关联方关系及其交易应披露基金与基金管理人、基金托管人、基金发起人、基金管理公司的股东等关联方在报告期内存在的关系与交易等。

二、证券投资基金财务会计报告的特点

与典型的生产和经营性公司相比，基金财务报告在编制的基本原则和报表构成上都是一致的，其特点主要体现在以下几个方面：

(一) 财务报告信息使用者范围差异

公司财务报告的信息使用者包括现有和潜在的投资者、债权人、职工、业务关联企业、有关政府部门和社会公众等。而基金财务报告的信息使用者包括投资人、基金管理人、基金托管人、政府管理部门和税收部门。

由于基金本身只是一种投资渠道，不从事一般商品经营，因此，不存在因购买产品而对基金产生依赖的客户。我国投资基金按规定也不允许从事银行性质的借贷业务，因而，除了证券交易和费用、收入中少量临时性应收、应付款外，我国基金通常不产生长期性的债务人和债权人。顾客与债权人不构成投资基金财务报告的使用者，这点与一般企业有很大的不同。此外，我国对基金只征收印花税，因此税收部门也不构成财务报告信息的主要使用人，这是目前我国基金财务报告信息使用人与一般公司的又一区别。随着我国对基金税收力度的不断加大，我国的税收部门也将成为投资基金财务报告的重要使用者。

(二) 使用者对财务信息内容要求的差异

基金投资者在取得投资报酬的同时，承担投资的最终风险。由于契约型投资基金的投资者只是基金资产的受益人，对基金管理无权干涉，因此，他们较一般企业的股东对财务信息中有关基金运作合规性的内容披露，要求更为详尽。

在信托契约和基金章程中对基金的投资范围、投资比例、投资估值具体方法、费用项目、金额、收益分配内容和比例等涉及财务活动的内容进行了严格的约束和限定，防止基金管理人做出有损于投资者利益的决策，其作用甚至超过了一般公司的公司章程。因此，基金投资者、基金托管人以及证券业管理机构必然要求作为监督工具的基金财务报告能充分揭示信托契约或基金管理章程中所有有关财务活动条款的遵守情况，这正是基金财务报告使用者对基金财务信息的一项特别要求。因此，在报表披露的会计政策要求更为详尽。此外，投资基金极少承担债务，债权人不构成基金财务报告的主要使用者，由此形成投资基金提供的财务信息中，反映偿债能力的内容重要性大大下降，这也是对基金财务信息要求的一个重要特点。

三、基金财务会计报告的主要内容

我国《证券投资基金会计核算办法》对基金财务会计报告中资产负债表、经营业绩表、基金净值变动表和基金收益分配表等四类报表的格式做了规定。

(一) 资产负债表

1. 资产负债表的格式。

资产负债表是反映一定时期基金资产、负债和持有人权益情况的报表。其原理与一般企业相同,以"资产=负债+所有者权益"的会计恒等式为基础进行设计,分别披露其年初数和期末数。表18-1列示了基金资产负债表的样式。

表18-1　　　　　　　　　　资产负债表　　　　　　　　会证基01表
编报单位：　　　　　　　　　年　月　日　　　　　　　　　单位：元

资　产	年初数	期末数	行次	负债及持有人权益	行次	年初数	期末数
资产：				负债：			
银行存款			1	应付证券清算款	31		
清算备付金			2	应付赎回款	32		
交易保证金			4	应付赎回费	33		
应收证券清算款			6	应付管理人报酬	35		
应收股利			7	应付托管费	36		
应收利息			8	应付佣金	37		
应收申购款			9	应付利息	38		
其他应收款			12	应付收益	39		
股票投资市值			13	未交税金	41		
其中：股票投资成本			14	其他应付款	44		
债券投资市值			15	卖出回购证券款	45		
其中：债券投资成本			16	短期借款	47		
配股权证			19	预提费用	48		
买入返售证券			22	其他负债	51		
待摊费用			23	负债合计	52		
其他资产			29	持有人权益：			
				实收基金	53		
				未实现利得	55		
				未分配收益	58		
				持有人权益合计	59		
资产合计			30	负债及持有人权益合计	60		

附注：基金单位净值　　　元

2. 资产负债表编制方法。

由于业务上的差异，基金资产负债表的项目构成和项目名称与其他金融企业有一定的差异，但编制原理与方法和商业银行的类同，这里不再具体说明。

（二）经营业绩表

1. 经营业绩表的格式。

经营业绩表是反映一定期间内基金业绩情况的报表。本表遵循"基金净收益=收入-费用"的会计公式，再以"未实现利得"调整得出基金经营业绩数额。基金经营业绩表由表首、表体两部分构成。根据列示收入、费用的不同顺序，经营业绩表格式分为单步式和多步式两种。我国采用单步式报表格式。表18-2列示基金经营业绩表的样式。

表 18-2　　　　　　　　　　　　　**经营业绩表**　　　　　　　　会证基02表
编报单位：　　　　　　　　　　　　　年　　月　　　　　　　　　　　　单位：元

项　　目	行次	本月数	本年累计数
一、收入	1		
1. 股票差价收入	2		
2. 债券差价收入	3		
3. 债券利息收入	4		
4. 存款利息收入	5		
5. 股利收入	7		
6. 买入反售证券收入	8		
7. 其他业务收入	11		
二、费用	12		
1. 基金管理人报酬	13		
2. 基金托管费	14		
3. 卖出回购证券支出	16		
4. 利息支出	17		
5. 其他证券	20		
其中：上市年费	21		
信息披露费	22		
审计费用	23		

续表

项　　目	行次	本月数	本年累计数
三、基金净收益	24		
加：未实现利得	27		
四、基金经营业绩	30		

2. 经营业绩表编制方法。

由于业务上的差异，基金经营业绩表的项目构成和项目名称与其他金融企业的利润表有一定的差异，但编制原理与方法却是类同的，这里不再详细说明。

（三）基金净值变动表

1. 基金净值变动表的格式。

基金净值变动表是反映一定时期基金净值变动情况的报表。基金净值变动表由表首、表体两部分构成。表体集中反映基金净值增减变动的原因，主要包括基金经营活动、基金单位交易以及向基金持有人分配收益等产生的基金净值变动数，是净值变动表主要的构成部分。基金净值变动表的格式如表18-3所示。

表 18-3　　　　　　　　　　　　　基金净值变动表　　　　　　　　　　　　会证基03表

编报单位：　　　　　　　　　　　　　　年　　月　　　　　　　　　　　　　　单位：元

项　　目	行次	金额
一、期初基金净值	1	
二、本期经营活动：		
基金净收益	2	
未实现利得	3	
经营活动产生的基金净值变动数	6	
三、本期基金单位交易：		
基金申购款	7	
基金赎回款	8	
基金单位交易产生的基金净值变动数	11	
四、本期向持有人分配收益：		
向基金持有人分配收益产生的基金净值变动数	12	
五、期末基金净值	15	

2. 基金净值变动的原因分析。

基金净值变动表的项目应区分基金净资产变动的类型予以列示，按变动成因可分为以下三类：（1）因基金经营活动引起的变动。这种变动主要分为：投资活动产生的净投资收益或损失以及投资活动的未实现资本利得和损失的增减变动。收益、未实现资本利得的增加或未实现资本损失的减少引起净资产增加；反之，则使净资产减少。（2）因资本交易（即发行、赎回行为）引起的变动。开放型投资基金因卖出基金单位使净资产增加，因赎回基金单位使净资产减少。（3）因收益分配引起的变动。基金在会计期间内向投资者分配收益，必然引起投资基金净资产的减少。

3. 基金净值变动表编制方法及会计科目说明。

本表各项目的填列内容和方法为：（1）"期初基金净值"项目，反映期初基金持有人权益。本项目应根据上期本表"期末基金净值"项目所列金额填列。（2）"基金净收益"项目，反映本期因已实现基金净收益而产生的基金净值的增加。本项目应根据经营业绩表"基金净收益"项目"本年累计数"栏所列金额填列。（3）"未实现利得"项目，反映本期因估值增值或减值而产生的基金净值的变动。本项目应根据"未实现利得"科目本期借、贷方发生额分析计算填列。（4）"经营活动产生的基金净值变动数"项目，根据"基金净收益"与"未实现利得"项目之和填列。（5）"基金申购款"项目，反映本期因基金申购而产生的基金净值的增加。本项目应根据"实收基金"、"未实现利得"、"损益平准金"科目本期发生额分析计算填列。（6）"基金赎回款"项目，反映本期因基金赎回而产生的基金净值的减少。本项目应根据"实收基金"、"未实现利得"、"损益平准金"科目本期发生额以负数填列。（7）"基金单位交易产生的基金净值变动数"项目，根据"基金申购款"与"基金赎回款"项目的数字计算填列。（8）"向基金持有人分配收益产生的基金净值变动数"项目，反映本期内向基金持有人分配基金净收益而产生的基金净值的减少。本项目应根据"收益分配"科目本期发生额以负数填列。

（四）基金收益分配表

1. 基金收益分配表的格式。

基金收益分配表反映基金收益分配情况和期末未分配收益结余情况的报表。基金收益分配表由表首、表体两部分构成。表18-4列示了基金收益分配表的样式。

2. 基金收益分配表的特点。

基金收益分配表的特点主要有：（1）无所得税；（2）无需提取盈余公积；（3）无"股票股利"，基金净收益分配中一般只有现金股利；（4）分配较为彻底，我国《证券投资基金管理暂行办法》规定"基金收益分配应当采用现金形式，每年至少1次。基金收益分配比例不得低于基金收益的90%"。

表 18-4　　　　　　　　　　**基金收益分配表**　　　　会证基 02 表附表 1
编报单位：　　　　　　　　　　年　　月　　　　　　　　　　单位：元

项目	行次	本期数	本年累计数
本期基金净收益	1		
加：期初基金净收益	2		
加：本期损益平准金	5		
可供分配基金净收益	6		
减：本期已分配基金净收益	9		
期末基金净收益	12		

3. 基金收益分配表编制方法及会计科目说明。

本表"本期数"栏各项目，根据"本期收益"科目和"收益分配"科目及所属明细科目的记录分析填列。本表"本年累计数"栏反映各项目自年初起到本期末止的累计实际发生数。根据上期本表本栏数字与本期本表"本期数"栏数字合计数填列。

本表各项目的填列方法为：(1) 本期"基金净收益"项目，反映基金已实现的净收益；如为净亏损以负数填列。本项目数字应与"经营业绩表"中"本年累计数"栏的"基金净收益"项目一致。(2) "期初基金净收益"项目，反映上期末未分配的基金净收益，如为未弥补的亏损以负数填列。本项目数字应与上期本表"本期数"栏的"期末基金净收益"项目一致。(3) "本期损益平准金"项目，反映本期基金申购、赎回款中包含的损益平准金净额。本项目应根据"损益平准金"科目本期借贷方发生额计算填列。(4) "本期已分配基金净收益"项目，反映本期应付给基金持有人的收益。本项目应根据"收益分配"科目本期发生额填列。(5) "期末基金净收益"项目，反映期末未分配的基金净收益。

(五) 基金会计报表附注主要内容

基金投资人作为基金的终极所有者、基金托管人作为基金运作的资金监管者，都不能干涉资金运作，与基金管理人相比享有不对称的信息。基金投资者、基金托管人以及证券管理机构只能通过，也必然要求作为监督工具的基金财务报告能充分揭示基金有关财务活动情况。因此，会计报表附注必须详细揭示报表中相关数据的构成情况以及所采用的会计政策等内容。基金会计报表附注主要包括以下几部分内容：(1) 基金简介；(2) 会计报表编制基础；(3) 主要会计政策；(4) 主要税项；(5) 基金单位总额；(6) 其他收入；(7) 额定扩募费用余额；(8) 收益分配；(9) 重大关联方关系及关联交易；(10) 资产负债表日后事项；(11) 应收账款与应付账款详细数额；(12) 其他应付款详细数额。

关键名词

(1) 证券投资基金
(2) 封闭式基金
(3) 开放式基金
(4) 基金单位净值
(5) 资本利得
(6) 证券回购交易
(7) 基金费用

复习思考题

(1) 比较一般企业会计主体和基金会计主体的差异,分析基金会计主体的形成原因。
(2) 如何针对基金会计主体核算各环节加强会计系统控制?
(3) 分析基金净收益的构成,思考如何压缩基金净收益的人为控制空间?
(4) 分析说明基金财务报表数据间的勾稽关系。

第十九章 保险公司的会计核算

本章依据财产保险与人寿保险包含的内容,分别讲述财产保险业务和人寿保险业务的会计核算,同时简要地介绍了保险公司的会计报表。

第一节 保险公司会计核算概述

保险是投保人依据合同约定,向保险人支付保险费,保险人对合同约定的可能发生的事故造成的财产损失承担赔偿责任,或者当被保险人死亡、伤亡、疾病或者达到合同约定的年龄、期限时承担给付责任的商业行为。从经济角度来说,保险是分摊意外事故损失的一种安排。投保人参加保险,是为了将其不确定的大额损失变成确定的小额支出,即保险费。同时,保险公司可以集中大量同类风险,借助大数法则来正确预见损失发生额,并依据保险标的损失频率制定保险费率,通过向所有被保险人收取保险费建立保险基金,用于补偿少数被保险人遭受的意外事故损失。

一、保险业务的分类

(一)按照保险的对象分类,可以分为财产保险和人身保险

财产保险是指投保人根据合同约定,向保险人交付保险费,保险人按照保险合同的约定,对所承保的财产及其有关利益因自然灾害或意外事故造成的损失承担赔偿责任的保险。财产保险包括物质财产保险、责任保险等。财产保险的保险标的是各种物质财产及其有关的利益,其价值一般都能用货币进行衡量,可以根据保险财产的实际价值和实际损失金额来确定保险金额和损失赔偿额。财产保险承保的风险是自然灾害或意外事故,其损失频率和程度很不规则,保费收入和赔款支出很不稳定,要求其资金必须保持较高的流动性,实务经营上一般采取保留较多的现金,提取巨额风险准备金等措施以备赔付。财产保险多属短期保险,保险期限通常为1年或1年之内,

财产保险按保险价值又可分为定值保险和不定值保险。(1)定值保险,又称"约定价值保险"。保险合同双方当事人事先确定保险标的的价值,并在合同中载明以确定保险金最高限额的财产保险合同。定值保险合同成立后,如发生保险事故,造成财产全部损失时,无论保险标的的实际价值是多少,保险人都应当以合同

约定的保险价值作为计算赔偿金额的依据，而不必对保险标的重新估价。（2）不定值保险，是指保险合同中不列明保险标的的实际价值，只列保险金额作为最高赔偿金额。保险人的赔偿责任依据标的发生损失的实际价值为准，按照保险金额与保险标的实际价值的比例赔偿其损失额。在不定值保险中，一旦保险事故发生，当事人双方根据保险金额和保险价值的相对大小关系，有超额保险、足额保险及不足额保险三种赔偿方式。

人身保险是以人的生命、身体或劳动能力为保险标的，以被保险人的生死、伤害、疾病作为保险事故的保险。人身保险可分为人寿保险（含年金保险）、健康保险和人身意外伤害保险。保险人通过与投保人签订合同，在向投保人收取一定的保险费后，在被保险人因疾病或遭遇意外事故而致伤残或死亡，或保险期满时给付医疗费用或保险金。由于人不能以价值来衡量，因此人身保险和财产保险的区别在于：人身保险不是一种补偿性质的保险，而是一种定额保险。通常情况下，人身保险的保险金额是根据被保险人的需要和缴纳保险费的多少来确定的。人身保险若按人的生命来分，可分为生存保险、死亡保险和生死两全保险；若按人的身体来分，又可分为健康保险和伤害保险。此外，飞机、铁路、轮船上的旅客必须接受的意外伤害强制保险和"社会保险"也属人身保险范围。人身保险承保生存、死亡或残疾等风险，保险事故发生的概率较有规则，保险期限都较长，可达五年、十年、数十年，保费收入和保险金给付较为稳定，对现金准备和再保险的要求较低，其积聚的巨额闲置资金可用于投资。

（二）按业务承保方式分类，可以分为原保险和再保险

原保险是指由保险人与投保人最初达成的保险协议。再保险即"保险的保险"，也叫分保，是保险人把其原保险业务转让给其他保险人的保险方式。最初承保业务的公司叫分出公司或原保险人；接受分出公司分出业务的保险公司叫分入公司或再保险人。双方签订再保险协议，分出公司在分出业务的同时将其收取的原保险费的相应部分支付给再保险人，当保险事故发生时，原保险人先将赔款金额支付给被保险人，然后向再保险人追收相当的赔款。

二、保险公司会计核算的特点

（一）会计期间可以按会计年度，也可以按业务年度确定

保险公司业务实行按会计年度结算损益和按业务年度结算损益两种办法。长期工程险、再保险等业务按业务年度结算损益，而其他各类保险业务按会计年度结算损益。

（二）会计核算基础为权责发生制

保险公司会计核算的基础是权责发生制。保费收入应在以下条件均能满足时予以确认：（1）保险合同成立并承担相应保险责任；（2）与保险合同相关的经济利

益能够流入公司;(3)与保险合同相关的收入和成本能够可靠地计量。保险费用则按照权责发生制原则和配比原则在相关期间予以确认。

(三)会计计量需要运用保险精算技术

保险公司的业务表现为根据保险单(保险合同)向投保人收取保险费,并在合同有效期内承担相应的保险责任。为了保证向保险受益人提供赔偿或给付的义务,在向其支付赔偿或给付以前,保险公司应建立责任准备金。保险公司责任准备金的计算十分复杂,需要运用保险精算技术才能确定。

第二节 保险公司的会计核算

一、保费收入和分保费收入的核算

保费收入是保险公司销售保险产品取得的收入,是保险公司的主要收入项目。缴付保险费是投保人的基本义务,只有在投保人按约定的办法缴付保险费的前提下,保险公司才能承担保险合同所订明的保险责任。分保费收入,是指保险公司分入分保业务所取得的收入。

(一) 财产保险业务的保费收入

1. 保费的计算。

一般情况下,保费的计算需要考虑三个因素,即保险金额、保险费率和保险期限,计算公式是:保费=保险金额×保险费率×保险期限。如果是第三者责任险还要考虑第三者固定保险费,计算公式是:保费=保险金额×保险费率×保险期限+第三者固定保险费。因此,保费数额的多少与保险金额和保险费率的高低成正比。

保险费率,是保险人向被保险人收取的每单位保险金额的保险费,通常都用百分率或千分率来表示。保险费率可分解为纯费率和附加费率两部分。其中纯费率是对应于每单位保险金额的可能损失额。按照纯费率收取的保费即为纯保费,构成赔偿准备金,用于补偿被保险人的保险损失。附加费率对应的是保险公司每单位保险金额的业务开支和预期利润,按附加费率收取的保费即为附加保费。这里所指的业务开支是指营业费用、手续费支出、税金等。因此,保险费率的确定包括纯费率的确定和附加费率的确定两项内容:

(1)纯费率的确定。纯费率的确定,可以从损失概率入手。损失概率是反映未来保额损失的可能性,我们可以利用过去的资料来推断这种可能性的大小。在实务中,通常选择一组适当的历年保额损失率,计算其算术平均值,用以近似代替损失概率,进而确定纯费率。纯费率的具体计算方法读者可以阅读保险方面的书籍,这里不再展开分析。

(2)附加费率的确定。附加费率一般按单位保额所需要的附加费用来确定。

在实务中通常按保险费的一定比例提取附加保费，公式为：附加费率=保险费×按保险费提取附加费的比例÷保险金额。

此外，由于保险险种不同，收取保费的方式不同，保费的计算方法也不完全相同。财产保险业务收取保费的方式主要有两种：一种是按保险合同规定直接向投保人收取保费；另一种是以保户储金利息作为保费。在按保险合同规定直接向投保人收取保费的情况下，保费根据以上公式计算；在以保户储金利息作为保费的情况下，保费是保户储金存入银行或者进行投资产生的利息或取得的投资收益。比如李倪投保3年期家庭财产两全保险，保额100 000元，保险储金每千元24元，共交储金2 400元，如果银行3年期存款利率为4.14%，则年利息收入是99.36（2 400×4.14%）元。因此，年保费为99.36元。

2. 保费收入的账务处理。

保费是在会计部门以业务部门出具的"保费日报表"或"保费收据"作为原始凭证，编制记账凭证后入账。保费收入的账务处理包括取得保费收入和期末结转保费收入两个环节。依据保费收入确认的三个条件确认保费收入时，会计分录为：

借：现金、银行存款、应收保费、预收保费、应收利息等
　　贷：保费收入

期末将"保费收入"科目的余额结转到"本年利润"科目，会计分录为：

借：保费收入
　　贷：本年利润

(二) 人身保险业务的保费收入

1. 保费的计算。

人身保险的保费也是由两部分组成：净保险费和附加保险费。净保险费的计算需要全盘生命表并考虑投资所取得的收益；附加保费主要是用于保险公司的各项业务开支和预期利润。

(1) 保险费率计算的基本假设。保险费率的计算有四个假设：其一，假设保险费在年初缴付，保险金在年末给付；其二，假设在整个保险期内保险公司每年可以取得一个合理的利率；其三，假设死亡人数在年内平均分布；其四，假设一个确定的保险单失效率。事实上，上述四个基本假设都很难成立，比如一般情况下投保人缴付保险费的时间、保险公司给付保险金的时间都不是假设的时间；再如死亡人数在年内平均分布也不现实。假设仅仅为了在可接受条件下便于保险费率计算。

(2) 纯费率的确定。作了上述假设后，一般可以根据给定的死亡率和利率确定纯费率。例如假定利率为3%，从利息表中可以查出20年后1元的现值为0.554元，从生命表（人身保险计算保险费的重要依据）中可以查出30岁的人将生存20年的概率是：8 762 306÷9 480 358=0.924，因此考虑死亡率的1元的现值是：0.554×0.924=0.512（元）。在纯费率计算中，只考虑死亡率和利息两个因素，通

过"利息折扣"和"死亡率折扣",在签发保险单时,使将来净保险费收入的现值等于将来给付保险金的现值。由于假设保险金在年末给付、保险费在年初缴付,所以对保险金的"利息折扣"要比对保险费的"利息折扣"多一年。将来净保险费收入的现值是保险公司的预期价值,将来给付保险金的现值是保险单所有人的预期价值,这个等式表明保险单所有人与保险公司进行的是等价交换。

(3) 附加费率的确定。公平的附加保费制度应该使每个保险单所有人承担保险公司相应业务开支和利润的份额,因此要尽可能按照这个目标确定附加费率。附加费率部分与保险金额有关,部分同每份保险单有关。因此在确定附加费率公式时,要同时考虑这两个因素。附加费率的计算公式与财产保险业务附加费率的计算公式基本相同。

2. 保费收入的账务处理。

人身保险保费收入的核算与财产保险相同,这里不再细述。

(三) 分保费收入

分保费收入的账务处理与保费收入的账务处理类似,保险公司在收到分保分出人发来的分保业务账单时,确认分保费收入,会计分录为:

借:应收分保款
　　贷:分保费收入

"分保费收入"科目的余额也应于期末结转到"本年利润"。

二、责任准备金的核算

保险公司依靠收取的保费建立责任准备金,从而实现对被保险人在保险事故中所受损失的经济补偿。

(一) 未决赔款准备金

未决赔款准备金,是指保险公司对保险事故已发生已报案或已发生未报案而按规定对未决赔款提存的准备金。未决赔款准备金应于期末按估计保险赔款入账。

1. 未决赔款准备金的计算。

(1) 对未决赔案应提存的未决赔款准备金。所谓未决赔案,是指被保险人已提出保险赔款,但保险公司与索赔人就索赔案件是否属于保险责任范围、保险赔款应为多少等事项尚未达成协议的案件。准备金金额有三种估计方法:其一,逐案估计法,即由理赔人员逐一估计每起索赔案件的赔款额,然后记入理赔档案,到一定时间把这些估计的数字汇总,并进行修正,据以提存准备金。这种方法比较简单,但工作量较大,适用于索赔金额确定或索赔金额大小相差悬殊而难以估算平均赔付额的财产保险业务,如火灾保险、信用保险之类。其二,平均值估计法,先根据保险公司的以往损失数据计算出平均值,然后再根据对将来赔付金额变动趋势的预测加以修正,把这一平均值乘以已报告赔案数目就得出未决赔款额。其三,赔付率法，选择一个时期的赔付率来估计某类业务的最终赔付金额，从估计的最终赔付额中扣除已支付的赔款和理赔费用，即为未决赔款额。这种方法简便易行，但假定的赔付率与实际赔付率可能会有较大出入，此时按这种方法计算则不很准确。

（2）对已决未付赔案应提存的已决未付赔款准备金。所谓已决未付赔案，是指索赔案件已经理算完结，应赔金额也已确定，但尚未赔付或尚未支付全部赔款的案件。在这种情况下，赔款准备金只要逐笔计算即可。

（3）对已经发生保险事故但尚未报告的赔案应提存的已发生未报告赔款准备金。此类赔款的估计比较复杂。一般以过去的经验数据为基础，然后根据各种因素的变化进行修正，如出险单位索赔次数、金额、理赔费用的增减、索赔程序的变更等。这种索赔估计需要非常熟悉和精通业务的管理人员准确判断。

由于赔款准备金包括赔款额和理赔费用两部分，因此理论上应把两部分分别提留。在美国，理赔费用准备金约占全部赔款准备金的 5%～20%。

未决赔款准备金的核算内容分为两大类：一类是对已经发生保险事故已报案而按规定提存的赔款准备金；另一类是对已经发生保险事故但尚未报案而按规定提存的准备金。第一类实质就是上述前两项内容；第二类实质就是上述最后一项内容。

2. 未决赔款准备金的账务处理。

未决赔款准备金的账务处理包括提存未决赔款准备金，转回未决赔款准备金和将提存、转回未决赔款准备金结转本年利润三项内容。

期末，保险公司按规定提存未决赔款准备金时，会计分录为：

借：提存未决赔款准备金
　　贷：未决赔款准备金

按规定转回上期提存的未决赔款准备金时，会计分录为：

借：未决赔款准备金
　　贷：转回未决赔款准备金

将"提存未决赔款准备金"科目余额转入"本年利润"科目时，会计分录为：

借：本年利润
　　贷：提存未决赔款准备金

将"转回未决赔款准备金"科目余额转入"本年利润"科目时，会计分录为：

借：转回未决赔款准备金
　　贷：本年利润

期末结转后，"提存未决赔款准备金"和"转回未决赔款准备金"科目应无余额。

（二）未到期责任准备金

未到期责任准备金，是指保险公司对一个期间以内（含一年）的保险业务，为承担未来保险责任而按规定提取的准备金。

1. 未到期责任准备金的计算。

未到期责任准备金的计算有三种方法：年平均估算法、月平均估算法和季平均估算法。

（1）年平均估算法。假定每年中的所有保险单是在365天中逐日均匀开立的，即每天开立的保险单数量及保险金额大体相等，每天收取的保险费数额也差不多，这样，一年的保险单在当年还有50%的有效部分未到期，则应提留有效保险单的50%作为准备金。

（2）月平均估算法。假定一个月内所有承保的保险单是30天内逐日开出的，且保险单数量、保额、保费大体均匀，则对一年期保险单来说，开立保险单的当月末已到期责任为1/24，23/24的保费则是未到期责任准备金。以后每过一个月，已到期责任加上2/24，未到期责任准备金减少2/24，到年末，1月份开出保险单的未到期责任准备金为保费的1/24，2月份开出保险单的未到期责任准备金为保费的3/24，其余类推，到12月份开出保险单的未到期责任准备金为保费的23/24。这种方法比年平均估算法精确，适用于每月内开出保险单份数与保额大致相同而各月之间差异较大的业务。

（3）季平均估算法。假定每一季度中承保的所有保险单是逐日开出的，且每天开出的保险单数量、保险单的保额及保险费大体均匀。这样，每季度末已到期责任为1/8，未到期责任为7/8，然后每过一季，已到期责任加上2/8，未到期责任减少2/8，因此，年末未到期责任准备金的计算公式为：

年末未到期责任准备金=第一季度保费收入×1/8+第二季度保费收入×3/8+第三季度保费收入×5/8+第四季度保费收入×7/8

2. 未到期责任准备金的账务处理。

未到期责任准备金的账务处理包括提取未到期责任准备金，转回未到期责任准备金和将提取、转回的未到期责任准备金结转本年利润三项内容。

期末，保险公司按规定提取未到期责任准备金时，会计分录为：

借：提取未到期责任准备
　　贷：未到期责任准备金

按规定转回上年同期提存的未到期责任准备金时，会计分录为：

借：未到期责任准备金
　　贷：转回未到期责任准备金

将"提存未到期责任准备金"科目余额转入"本年利润"科目时，会计分录为：

借：本年利润
　　贷：提存未到期责任准备金

将"转回未到期责任准备金"科目余额转入"本年利润"科目时，会计分录为：

借：转回未到期责任准备金
    贷：本年利润

期末结转后，"提存未到期责任准备金"和"转回未到期责任准备金"科目应无余额。

(三) 长期险的责任准备金

长期责任准备金是指保险公司对 1 年（不含 1 年）以上的长期财产险业务和再保险业务，为承担未来保险责任而按规定提取的准备金。

1. 长期责任准备金的内容及计算。

由于长期财产险、再保险等业务的保险金额和风险一般较大，根据稳健原则，按业务年度而不是会计年度结算损益，更能真实反映此类保险业务的经营结果。这里的业务年度根据业务性质确定，也就是说，如果长期财产险、再保险等业务的责任期是 2 年，则结算损益年度为 2 年，如果长期财产险、再保险等业务的责任是 5 年，则结算损益年度为 5 年，依此类推。长期责任准备金在未到结算损益年度之前，按业务年度营业收支差额提存，即根据长期财产险、再保险等业务取得的收入扣除相关成本费用后的差额提存。

2. 长期责任准备金的账务处理。

长期责任准备金的账务处理包括提存长期责任准备金，转回长期责任准备金和将提存、转回长期责任准备金结转本年利润三项内容。

期末，保险公司按规定提存长期责任准备金时，会计分录为：

借：提存长期责任准备金
    贷：长期责任准备金

按规定转回上年同期提存的长期责任准备金时，会计分录为：

借：长期责任准备金
    贷：转回长期责任准备金

将"提存长期责任准备金"科目余额转入"本年利润"科目时，会计分录为：

借：本年利润
    贷：提存长期责任准备金

将"转回长期责任准备金"科目余额转入"本年利润"科目时，会计分录为：

借：转回长期责任准备金
    贷：本年利润

期末结转后，"提存长期责任准备金"和"转回长期责任准备金"科目应无余额。

(四) 寿险责任准备金

寿险责任准备金是指保险公司对人寿保险业务为承担未来保险责任而按规定提

存的准备金。

1. 寿险责任准备金的计算。

寿险责任准备金有两种计算方法：一种是过去法，另一种是将来法。

（1）过去法又称已缴保费推算法。此方法的主要计算原理是按收支相等的原则将一张保单加以观察，在保险期间的某一时点均有如下关系：t 年度以前的收入 $+t$ 年度以后的收入 $=t$ 年度以前的支出 $+t$ 年度以后的支出。此式可改写为：t 年度以前的收入 $-t$ 年度以前的支出 $=t$ 年度以后的支出 $-t$ 年度以后的收入。责任准备金就是在时点 t 以后预计支出超过收入的差额。计算公式为：责任准备金 $=$ 以前年度已收纯保费在 t 年度的终值 $-$ 以前年度已付保险金在 t 年度的终值。

（2）将来法又称未缴保费推算法。此方法的主要计算原理是，对于某一时刻，从将来预期支出的现值中减去将来预期的收入的现值所得的金额。因此，在将来法计算下的责任准备金 $=t$ 年度以后未付保险金于 t 年度的现值 $-t$ 年度以后未收纯保费于 t 年度的现值。

过去法和将来法如果采用相同的利率，两者计算结果在理论上是完全一致的。一般来说，责任准备金经过年数越长，计算时采用将来法比过去法较为有利。

2. 寿险责任准备金的账务处理。

寿险责任准备金的账务处理包括提存寿险责任准备金，转回寿险责任准备金和将提存、转回的寿险责任准备金结转本年利润三项内容。

期末，保险公司按规定提存寿险责任准备金时，会计分录为：

借：提存寿险责任准备金
　　贷：寿险责任准备金

按规定转回上年同期提存的寿险责任准备金时，会计分录为：

借：寿险责任准备金
　　贷：转回寿险责任准备金

将"提存寿险责任准备金"科目余额转入"本年利润"科目时，会计分录为：

借：本年利润
　　贷：提存寿险责任准备金

将"转回寿险责任准备金"科目余额转入"本年利润"科目时，会计分录为：

借：转回寿险责任准备金
　　贷：本年利润

期末结转后，"提存寿险责任准备金"和"转回寿险责任准备金"科目应无余额。

（五）长期健康险责任准备金

长期健康险责任准备金，是指保险公司对长期性健康保险业务为承担未来保险责任而按规定提存的准备金。

1. 长期健康险责任准备金的计算。

长期健康险责任准备金的计算方法与寿险责任准备的计算方法相同。

2. 长期健康险责任准备金账务处理。

期末，保险公司按规定提存长期健康险责任准备金时，会计分录为：

借：提存长期健康险责任准备金

　　贷：长期健康险责任准备金

按规定转回上年同期提存的长期健康险责任准备金时，会计分录为：

借：长期健康险责任准备金

　　贷：转回长期健康险责任准备金

将"提存长期健康险责任准备金"科目余额转入"本年利润"科目时，会计分录为：

借：转回长期健康险责任准备金

　　贷：本年利润

期末结转后，"提存长期健康险责任准备金"和"转回长期健康险责任准备金"科目应无余额。

三、赔款支出的核算

(一) 赔款支出

赔款支出是指当发生保险事故时，保险公司所承担的赔款责任并支付的保险金。由于人的身体、生命无法以金钱价值来衡量，人身保险的保险金额通常由合同双方当事人自由约定，保险金的给付则以保险金额为最高限额依约支付。财产保险虽然也有保险的约定，但须以保险价值为限，由于财产保险的目的是发生保险事故时在保险金额范围内补偿保险人的实际损失，因此，从事财产保险的保险公司在支付保险金之前，必须确定所保财产的损失数额，并根据保险金额计算出赔偿数额，据此支付保险赔款。

当发生保险事故时，并不意味着被保险人就能从保险公司得到全部的损失补偿。因为保险公司最后确定保险赔款即赔偿数额不仅要依据保险财产的损失数额，还要依据保险合同中的保险金额，再按照保险赔款方式计算出保险赔款数额。这种主要依据损失数额和保险金额计算赔偿数额的方式即为保险赔款方式。在我国，计算保险赔款数额的方式主要有三种：

1. 第一损失赔偿方式。这种赔偿方式是将保险财产的损失分为两部分，未超过保险金额的损失为第一损失，由保险公司承担赔偿责任；超过保险金额的损失为第二损失，由被保险人自己承担赔偿责任，即保险公司只承担第一损失的赔偿责任，不承担第二损失的赔偿责任。目前，我国家庭财产保险采用这种赔偿方式。在第一损失赔偿方式中，保险公司的赔偿数额只取决于保险金额和损失数额，只要被保险财产的损失数额等于或低于保险金额，不论是否足额投保，不论保险金额与保险财产的实际价值是否相符，保险公司都应在保险金额范围内赔偿其实际损失。

2. 比例赔偿方式。这种赔偿方式又因定值保险和不定值保险而有所不同。定值保险即双方当事人在保险合同中事先确定保险财产的价值，并约定在发生保险事故时，无论保险财产的实际价值是多少，保险公司都应按合同中订明的保险价值计算赔款的保险。不定值保险是双方当事人在保险合同中只事先确定保险金额，保险价值在发生保险事故时按保险财产的实际市价估算的保险。财产保险大多属于不定值保险。比例赔偿方式包括定值比例赔偿方式和不定值比例赔偿方式。定值比例赔偿方式是指按保险财产的实际损失程度计算赔偿数额，多用于货物运输保险，因其投保地与出险地常处于不同地方，而各地货物的市价差别较大，因此采用定值比例赔偿方式对被保险人有利。定值比例赔偿方式的计算公式为：

$$保险赔款数额 = 保险金额 \times 损失程度$$

$$损失程度 = 保险财产损失数额 \div 保险财产受损的市场完好价值 \times 100\%$$

$$保险财产损失数额 = 保险财产受损的市场完好价值 - 未受损财产的价值$$

在定值保险中，保险金额通常是按照保险价值约定的，即保险金额与保险价值相等。在计算保险赔偿数额时，不论受损财产当时的实际价值是多少，均应在保险金额范围内全损全赔，部分损失按损失程度计算赔偿数额。

不定值比例赔偿方式是指按保险金额与保险财产实际价值的比例计算赔偿数额。不定值比例赔偿方式的计算公式为：

$$保险赔偿数额 \div 损失数额 = 保险金额 \div 保险价值$$

$$保险赔偿数额 = 损失数额 \times 保险金额 \div 保险价值$$

在不定值保险中，保险赔款数额不仅取决于保险财产的损失数额，还取决于保险金额和保险财产受损时的市场实际价值（即保险价值）。

3. 限额赔偿方式。即保险公司只在保险财产的损失超过一定限额时才承担赔偿的方式。多用于农作物收成保险。在限额赔偿方式中，限额标准即保险合同所保障的农作物的收获量。农作物收成达到了保障的限额，保险公司不予赔偿；农作物收成未达到限额，则由保险公司赔付其差额，补足保险合同所保障的收获量。

(二) 赔款支出的账务处理

赔款支出的账务处理包括赔款发生和期末结转赔款支出两项内容。

发生赔款支出时，会计分录为：

借：赔款支出
　　贷：银行存款等

期末结转利润时，会计分录为：

借：本年利润
　　贷：赔款支出

四、寿险业务中给付责任的核算

(一) 死伤医疗给付

保险公司根据寿险合同约定,对被保险人因事故永久性全部丧失劳动能力或死亡时的给付称为死亡伤残给付;保险公司对被保险人因保险事故进行医疗时的给付为医疗给付。我国的死伤医疗给付通常采用一次性给付方式。支付死亡、伤残给付保险金时应注意:(1) 有当月保险费未交清的,应从给付保险金中扣回;(2) 有借款本息尚未还清者,应从保险金中扣清借款本息;(3) 有预交保费的,应退还给付后至满期前的预交保费;(4) 因伤残已经给付部分保险金额,由于同一原因在180天内身故,应予扣除,补给保险金的差额部分;180天以外,则可再给付一个保险金额。

死伤医疗给付的账务处理包括死伤医疗发生和期末结转死伤医疗两项内容。发生死伤医疗给付时要考虑是否存在投保人贷款本息未还清和未交保费的情况。发生死伤医疗给付时,会计分录为:

借:死伤医疗给付
　　贷:银行存款等

发生死伤医疗给付时,如有贷款本息未还清者,会计分录为:

借:死伤医疗给付(按应付金额)
　　贷:保户质押贷款(按未收回的保户质押贷款本金)
　　　　利息收入(按欠息数)
　　　　银行存款等(按实际支付的金额)

在保险合同规定的交费宽限期内发生死伤医疗给付时,会计分录为:

借:死伤医疗给付(按应给付金额)
　　贷:利息收入(按投保人未交保费部分)
　　　　利息收入(按欠息数)
　　　　银行存款等(按实际支付的金额)

期末结转利润时,会计分录为:

借:本年利润
　　贷:死伤医疗给付

(二) 满期支付

被保险人生存至保险期满时,保险公司给付的保险金额称作满期给付。我国开办的养老保险,当被保险人达到退休年龄或约定的领取年龄,并且交费期限达到条款规定的年限时,可以办理月领养老金手续。交费期限不足规定年限者,应办理一次性领取养老金手段。支付满期给付时应注意:(1) 当月保险费未交清的,应从给付保险金中扣回;(2) 有借款本息未还清者,应从保险金中扣清借款本息;(3)

有预交保费的，应退还给付后至满期前的预交保费。

满期给付的账务处理包括发生和期末结转满期给付两项内容。

发生满期给付时的账务处理应考虑是否存在投保人贷款本息未还清和未交保费的情况。发生满期给付时，会计分录为：

借：满期给付
　　贷：银行存款等

满期给付时，有贷款本息未还清者，做如下会计分录：

借：满期给付（按应给付金额）
　　贷：保户质押贷款（按未收回的保户质押贷款本金）
　　　　利息收入（按欠息数）
　　　　银行存款等（按实际支付的金额）

在保险合同规定的交费宽限期内，发生满期给付时，会计分录为：

借：满期给付（按应给付金额）
　　贷：利息收入（按投保人未交保费部分）
　　　　利息收入（按欠息数）
　　　　银行存款等（按实际支付的金额）

期末结转利润时，会计分录为：

借：本年利润
　　贷：满期给付

(三) 年金给付

年金给付是指被保险人生存至规定的年龄，保险公司按保险合同约定支付给被保险人的金额。年金给付分为即期给付和延期给付两种情况。即期年金给付是从购买日期后的一个给付间隔期（月、季、半年或年）后开始给付第一次年金，这类保险合同必须用趸缴保费方式购买。个人年金保险的一个基本原则是：在缴清全部年金保险费之后才会给付年金。延期年金是在隔了一定时期后开始给付年金，这个一定时期必须比一个给付间隔期长。延期年金可以用趸缴保费方式购买，也可以用分期缴费方式购买。延期的时间越长，缴付保险费的方式也就越灵活。大多数个人延期年金是用分期缴费方式购买，保险费缴付持续到规定的年金给付开始日期为止，或者到年金受领者在年金给付开始日期之前死亡时为止。支付年金保险时应注意：(1) 借款本息尚未还清者，应从保险金中扣清借款本息；(2) 有预交保费的，应退还给付后至满期前的预交保费。

年金给付的账务处理包括年金给付发生和期末结转年金给付两项内容。发生年金给付时的账务处理应考虑是否存在投保人贷款本息未还清的情况。

发生年金给付时，会计分录为：

借：年金给付
　　贷：银行存款等

年金给付时，有贷款本息未还清者，会计分录为：

借：年金给付（按应给付金额）
　　贷：保户质押贷款（按未收回的保户质押款本金）
　　　　利息收入（按欠息数）
　　　　银行存款等（按实际支付的金额）

期末结转利润时，会计分录为：

借：本年利润
　　贷：年金给付

五、分保费用支出的核算

（一）分保费用的内容及计算

分保费用包括分保业务账单中标明的应由分保接受人负担的手续费、税款及杂项等费用。手续费包括分保手续费（分保佣金）和纯益手续费。

1. 分保手续费（分保佣金）。

分保手续费是指分保分出人支付的手续费（或佣金）中应由分保接受人承担的份额。以合同分保为例，分保手续费的计算方法有两种：（1）单一比例手续费，是指分保手续费按固定百分率计算。例如分保合同规定合同项下的分保手续费按分保费的25%计算。该方法计算简便，为我国普遍采用。（2）梯次手续费，是指根据不同赔付率，制定出不同的分保手续费的标准，旨在鼓励分保分出人加强承保管理。表19-1列示了赔付率和手续费率之间的对应关系。

表 19-1

赔付率	手续费率
65%以上	30%
63%	31%
61%	32%
59%	33%
57%	34%
55%	35%
53%	36%
51%	37%
49%	38%

续表

赔付率	手续费率
47%	39%
45%以下	40%

2. 纯益手续费。

纯益手续费又称盈余手续费,是指分保分出人同意在其取得的利润基础上付给分保接受人一定比例的报酬。对于当年结清合同的纯益手续费账单,在年底合同结束后编制;当年不能结清合同的纯益手续费账单,一般在第二年年底编制,以后每年年底调整一次。纯益手续费的计算公式如下:

纯益手续费=(收入项目合计-支出项目合计)×纯益手续费率

这里的收入项目和支出项目由合同规定。收入项目一般包括分保费收入和准备金利息收入等;支出项目一般包括分保费用支出、分保赔款支出以及相关的其他税费等。

纯益手续费率由合同规定,在保险实务中,我国人身保险法定分保的纯益手续费率一般为10%。纯益手续费率不能过高,因为分保接受人在正常年景下总要有一定的利润所得,以补偿随时可能发生的较大损失,或弥补业绩不好年度遭受的亏损。纯益手续费率的计算期间有按会计年度和按承保年度计算两种,计算基础有以赔付率为基础和以利润率为基础两种;一种是以赔付率为基础,即按保险赔款与保费收入的比例计算赔付率来确定纯益手续费率;另一种是以利润率为基础,即按利润额与保费收入的比例计算利润率,以此来确定纯益手续费率。

在实际工作中,纯益手续费只有分保接受人实际上有纯益时才给付。所以,当某个年度发生亏损,一般规定要转移到下一年度来弥补。通常的亏损转移限制在三年或五年,但也有要滚转到出现盈利时为止的。纯益手续费亦有按五年或三年平均数字计算的,这样亏损就和以后年度不发生关系。常用的调整损益的计算方法有以下几种:

(1) 一年基准法。即以一个业务年度的盈亏情况计算纯益手续费,与以往业务年度不挂钩。例如某分出公司分保合同本年度盈余 10 000 元,固定纯益手续费率为 10%,则纯益手续费为 1 000 元。由于再保险业务的业绩变化很大,若以分保合同一年的业绩单独核算盈余手续费,获利之年,分保接受人要付出手续费,而亏损之年,则可能将过去所获利益尽失,故采用一年基准法计算盈余手续费的很少。因为该方法可能出现再保险业务未来出现亏损而现在仍要支付纯益手续费的矛盾现象,所以对分保接受人非常不利,也违背了再保险业务"利益共享"的原则。

(2) 三年平均法。即将本年度合同的盈亏值与过去两年度合同的盈亏值予以平均,然后依据三年平均的利润计算纯益手续费。该方法弥补了一年基准法的不足,于分保接受人有利,也比较公平。各国保险业普遍采用这种方法。关于三年平均法,要注意两点:一是某一年度的亏损,仅由后两年的合同业绩平均,即使其结果仍为亏损,也不延续,不能再由以后年度承转,截止期限就是三年。二是三年平均法对每年盈余的计算比较特殊,即第二年按第一年和第二年盈亏总额的 1/2 计算;第三年按第一年、第二年和第三年盈亏总额的 1/3 平均计算;第四年将第一年的盈亏除去,按第二年、第三年和第四年的盈亏总额的 1/3 平均计算。三年平均法的第一年,虽以全部盈余作为计算基础,但因提存未满期再保险费准备金的缘故,通常盈余的机会不多,即使有,其数额也不会大。

【例1】 某保险公司分保业务盈亏情况是:第一年亏损 4 000 元,第二年盈利 3 000 元,第三年盈利 5 000 元,第四年亏损 1 000 元,纯益手续费率为 10%。纯益手续费计算如表 19-2 所示:

表 19-2

年 度	本年度盈余(元)	累计盈余数	纯益手续费(元)
1	亏 4 000	…	0×100%×10% = 0
2	盈 3 000	−4 000+3 000 = −1 000	0×1/2×10% = 0
3	盈 5 000	−4 000+3 000+5 000 = 4 000	4 000×1/3×10% = 133.33
4	亏 1 000	3 000+5 000−1 000 = 7 000	7 000×1/3×10% = 466.67

(3) 亏损滚转法。即如果某一年度出现亏损,则将亏损滚转至规定的业务年度或直至亏损全部消失,出现盈余为止。即分保接受人只有在合同的累计业绩有盈余时,才支付纯益手续费;在亏损未消失前,不必支付。该方法对分保接受人最为有利,多用于意外险合同中业绩不佳或不稳定的合同方面。在实际工作中,亏损转至以后两个年度最为普遍。

(二) 分保费用支出的账务处理

保险公司收到分保分出人发来的分保业务账单时,经审核无误后,按账单中标明的应向分保分出人支付的手续费、税款及杂项等费用金额,做如下会计分录:

借:分保费用支出
　　贷:分保业务往来

期末结转利润时,会计分录为:

借:本年利润
　　贷:分保费用支出

六、保险保障基金

保险保障基金是指保险公司按规定提取的保险保障基金。保险保障基金，应于年末按当年自留保费收入的规定比例提取。当年自留保费收入是指保费收入减分出保费加分入保费的总额。

按照规定，保险保障基金由各保险公司于每年年末决算日按当年全系统保费收入统一提取。

提取保险保障基金时，会计分录为：

借：提取保险保障基金
  贷：保险保障基金

保险公司提取的保险保障基金，作为保险公司保护被保险人利益的专项资金，按规定需要在国有独资商业银行专户存储，因此，保险公司提取时，应将提取数划入国有独资商业银行专户存储。这里应指出的是，出口信用保险业务以及经国务院和财政部、人民银行批准的其他政策性保险业务不提取保险保障基金。

保险保障基金的运用，按照国家规定，仅限于存入国有独资商业银行和购买政府债券。保险保障基金的存款利息收入和购买政府债券取得的利息收入依法缴纳所得税后全额转入保险保障基金。

保险保障基金专户存储实现的利息，根据银行的计息通知，做如下的会计分录：

借：银行存款
  贷：保险保障基金

用保险保障基金购买政府债券计提的利息收入时，会计分录为：

借：长期债券投资——应计利息
  贷：保险保障基金

债券到期收回本息时，会计分录为：

借：银行存款（按本息合计）
  贷：长期债券投资——面值（按债权本金部分）
    长期债券投资——应计利息（按已计未收利息部分）
    保险保障基金（按未计利息部分）

按照国家规定，当保险公司出现偿付能力严重不足，或濒临破产，确需动用保险保障基金时，需报经保险监管部门批准后，方可支用。

第三节 保险公司的会计报表

保险公司会计报表以日常核算资料为依据定期编制，用来全面、系统、总括地反映保险公司一定日期的财务状况和一定时期的经营成果。保险公司向外提供的会计报表包括：资产负债表、利润表、现金流量表和利润分配表。对内提供的财务报告由公司管理当局自行决定。

一、资产负债表

（一）资产负债表的格式

资产负债表是反映保险公司在一定日期全部资产、负债、所有者权益的情况报表。表19-3列示了保险公司资产负债表的样式。

表 19-3

资 产 负 债 表

编制单位：　　　　　　　　　　　　　××年度　　　　　　　　　　　　单位：元

资　产	行	年	期	负债及所有者权益	行	年	期
流动资产：				流动负债：			
现金	1			短期借款	51		
银行存款	2			拆入资金	52		
短期投资	4			应付手续费	53		
拆出资金	5			应付佣金	55		
保户质押贷款	6			应付分保账款	56		
应收利息	7			预收保费	57		
应收保费	8			预收分保账款	58		
应收分保账款	9			存入分保准备金	59		
应收款项小计	10			存入保证金	60		
减：坏账准备	11			应付工资	61		
应收项净额	12			应付福利费	62		
预付赔款	14			应付保户利差	63		
存出分保准备金	15			应付利润	64		
存出保证金	16			应交税金	65		
其他应收款	18			其他应付款	67		
材料物品	20			预提费用	68		
低值易耗品	21			未决赔款准备金	69		
待摊费用	22			未到期责任准备金	70		
				保户储金	71		
待处理流动资产净损失	23			一年内到期的长期负债	72		
一年内到期的长期债券投资	24			其他流动负债	73		
其他流动资产	25			流动负债合计	75		
流动资产合计	27						
长期投资：				长期负债：			
长期债券投资	29			长期责任准备金	76		

续表

资　产	行	年	期	负债及所有者权益	行	年	期
固定资产：				寿险责任准备金	77		
固定资产原值	37			长期健康险责任准备金	78		
减：累计折旧	38			保险保障基金	81		
固定资产净值	39			长期借款	82		
在建工程	40			长期应付款	84		
固定资产清理	41			住房周转金	86		
待处理固定资产净损失	42			其他长期负债	88		
固定资产合计	43			长期负债合计	89		
无形资产及其他资产：				负债合计	90		
无形资产	44			所有者权益：			
长期待摊费用	45			实收资本	91		
存出资本保证金	46			资本公积	93		
抵债物资	47			盈余公积	94		
无形资产及其他资产合计	48			其中：公益金	95		
	49			总准备金	96		
				未分配利润	97		
				所有者权益合计	98		
资产总计	50			负债及所有者权益总计	100		

（二）资产负债表编制方法

由于业务上的差异，保险公司资产负债表的项目构成和项目名称与其他金融企业有一定的差异，但编制原理与方法和商业银行的类同，这里不再具体说明。

二、利润表

（一）利润表的格式

保险公司利润表是反映保险公司一定时期内经营成果的报表。表19-4 列示了财产保险公司利润表的样式。尽管财产保险公司和人寿保险公司的利润表有所不同，但大的项目构成是一致的，为了节约篇幅，这里不再列示。

表 19-4　　　　　　　　　　财产保险公司利润表

编制单位：　　　　　　　　　××年度　　　　　　　　　　　　　　单位：元

项　　目	行次	本期数	本　年
一、保险业务收入	1		
保费收入	2		
分保费收入	3		

续表

项 目	行 次	本期数	本 年
追偿款收入	4		
二、保险业务支出	7		
赔款支出	8		
减：摊回分保赔款	9		
分出保费	10		
分保赔款支出	11		
分保费用支出	12		
手续费支出	13		
营业税金及附加	14		
营业费用	15		
减：摊回分保费用	16		
提取保险保障基金	20		
三、准备金提转差	21		
提存未决赔款准备金	22		
减：转回未到期责任准备金	25		
提存长期责任准备金	26		
减：转回长期责任准备金	27		
四、承保利润	32		
加：投资收益	33		
利息收入	34		
其他收入	35		
汇兑收益	35		
减：利息支出	37		
其它支出	38		
五、营业利润	39		
加：营业外收入	40		
减：营业外支出	41		
六、利润总额	42		
减：所得税	43		
七、净利润	44		

(二) 财产保险公司利润表的编制方法

由于业务上的差异，保险公司利润表的项目构成和项目名称与其他金融企业有一定的差异，但编制原理与方法和商业银行的类同，这里不再具体说明。

三、现金流量表

(一) 现金流量表的格式

现金流量表是反映公司一定会计期间内有关现金和现金等价物流入和流出的信息,表 19-5 列示了保险公司现金流量表的样式。

表 19-5　　　　　　　　　　　　现金流量表

编制单位：　　　　　　　　　　××年度　　　　　　　　　　单位：元

项　目	行　次	金　额
一、经营活动产生的现金流量：		
收到的现金保费	1	
分保业务收到的现金	2	
存入保证金的现金净额	3	
收到的保户储金	4	
收到的其他与经营活动有关的现金	10	
现金流入小计	11	
以现金支付的赔款	12	
分保业务支付的现金	13	
存出保证的现金净额	14	
返还的保户储金	15	
以现金支付的手续费	16	
以现金支付的佣金	17	
死伤医疗给付支出的现金	18	
满期给付支出的现金	19	
年金给付支出的现金	20	
以现金支付的退保金	21	
以现金支付的保户利差	22	
以现金支付的存出资本保证金	23	
支付给职工以及为职工支付的现金	24	
支付的营业税款	25	
支付的所得税款	26	
支付的除营业税、所得税以外的其他税费	27	
支付的其他与经营活动有关的现金	34	
现金流出小计	35	
经营活动产生的现金流量净额	36	
二、投资活动产生的现金流量：		
收回投资所收到的现金	37	
取得债券利息收入所收到的现金	39	

续表

项 目	行次	金 额
收回贷款所收到的现金	40	
取得贷款利息收入所收到的现金	41	
处置固定资产、无形资产所收到的现金	42	
收到的其他与投资活动有关的现金	48	
现金流入小计	49	
购置固定资产、无形资产所支付的现金	50	
债券投资所支付的现金	52	
拆出资金净额	53	
贷款所支付的现金	54	
支付的其他与投资活动有关的现金	59	
现金流出小计	60	
投资活动产生的现金流量净额	61	
三、筹资活动产生的现金流量：		
吸收权益性投资所收到的现金	62	
借款所取得的现金	63	
拆入资金净额	64	
收到的其他与筹资活动有关的现金	69	
现金流入小计	70	
偿还债务所支付的现金	71	
分配利润所支付的现金	72	
偿付利息所支付的现金	73	
融资租赁所支付的现金	74	
减少注册资本所支付的现金	75	
支付的其他与筹资活动有关的现金	81	
现金流出小计	82	
筹资活动产生的现金流量净额	83	
四、汇率变动对现金的影响额	84	
五、现金及现金等价物净增加额	85	

(二) 现金流量表编制方法

由于业务上的差异，保险公司现金流量表的项目构成和项目名称与其他金融企业有一定的差异，但编制原理与方法和商业银行的类同，这里不再具体说明。

关键名词

(1) 财产保险　　　　　　(2) 人身保险

(3) 保费收入　　　　　　　(4) 未决赔偿准备金
(5) 未到期责任准备金　　　(6) 长期责任准备金
(7) 赔款支出　　　　　　　(8) 满期给付
(9) 年金给付　　　　　　　(10) 保险保障基金

复习思考题

(1) 保险公司会计核算的特点是什么？它与一般企业会计核算有什么不同？

(2) 保险公司会计要素是什么？这些会计要素的含义又是什么？有什么特殊的地方？

(3) 怎样核算保费收入？保险费率是如何确定的？

(4) 为什么保险公司要提取准备金？要提取哪些准备金？如何核算这些准备金？

(5) 保险公司有哪些支出？分保费用如何计算？又是怎样核算的？

主要参考文献

1. 中华人民共和国财政部．金融企业会计制度，2001.
2. 中华人民共和国财政部．企业会计制度，2000.
3. 中国人民银行．储蓄管理条例，1993.
4. 中国人民银行，中国保险监督管理委员会．关于加强个人住房贷款和贷款房屋保险管理的通知
5. 中国人民银行．银行贷款损失准备计提指引，2002.
6. 中华人民共和国商业银行法
7. 中华人民共和国信托法
8. 中国人民银行．信托投资公司管理办法
9. 中国人民银行．信托投资公司资金信托业务管理暂行办法
10. 财政部．证券投资基金会计核算办法，2001.
11. 财政部．关于证券投资基金税收问题的通知，1998.
12. 国务院证券委员会．证券投资基金管理暂行办法，1997.
13. 中国证监会．关于证券投资基金参与股票发行申购有关问题的通知，2002.
14. 中国证监会．关于证券投资基金业绩报酬有关问题的通知，2001.
15. 中国人民银行．商业银行中间业务暂行规定
16. 于希文，王晓枫．金融会计学．大连：东北财经大学出版社，2002.
17. 唐宴春．金融企业会计（修订版）．北京：中国金融出版社，2002.
18. 张寅昊，于希文．银行会计学．北京：中国金融出版社，2002.
19. 王维鑫．银行财务报表分析．北京：中国金融出版社，2002.
20. 钱逢胜，汤丽萍，孙烨．商业银行会计．上海：上海财经大学出版社，2001.
21. 秦永和，王合喜．企业会计学．武汉：湖北人民出版社，1998.
22. 注册会计师全国统一考试指定教材《税法》．北京：经济科学出版社，2002.
23. 贾波，谢佳永．银行消费信用理论与实务．成都：西南财经大学出版社，2002.

24. 朱新蓉. 金融概论. 北京：中国金融出版社，2002.
25. 张丽华. 商业银行经营管理. 北京：经济科学出版社，2002.
26. 证券投资基金编写组. 证券投资基金. 上海：上海财经大学出版社，2002.
27. 郑先炳. 西方商业银行最新发展趋势. 北京：中国金融出版社，2001.
28. 邓世敏. 商业银行中间业务. 北京：中国金融出版社，2000.
29. 彭喜锋. 保险学原理. 上海：复旦大学出版社，2000.
30. 胡猛，向嘉华. 证券投资基金实务. 北京：社会科学文献出版社，1999.
31. 中国人民银行会计司. 支付结算制度汇编. 北京：新华出版社，1997.
32. 刘国光. 投资基金运作全书. 北京：中国金融出版社，1996.
33. 邓海容. 保险会计与一般企业会计之比较. 金融会计，2001（10）.
34. 徐华，孙磊，李雪佳. 或有负债与保险负债会计. 金融会计，2001.
35. 巴塞尔委员会制定的一系列关于银行监管问题的原则、标准和建议，如1999年10月的《银行和证券公司交易和衍生产品业务公开信息披露建议》以及2001年1月的《新巴塞尔协议》。
36. 彼得·S. 罗斯著，唐旭、王丹等译. 商业银行管理. 北京：经济科学出版社，1999.
37. Zvi Bodie, Alex Kane, Alan J. Marcus (2002) *Investment*，北京：机械工业出版社
38. Mulligan & Stone (1997) *Accounting & Financial Reporting In Life & Health Insurance Companies*，LOMA

图书在版编目(CIP)数据

金融企业会计/谢获宝,王合喜主编.—武汉:武汉大学出版社,2003.11(2017.2重印)

21世纪经济学管理学系列教材

ISBN 978-7-307-04034-2

Ⅰ.金… Ⅱ.①谢… ②王… Ⅲ.金融会计—高等学校—教材 Ⅳ.F830.42

中国版本图书馆CIP数据核字(2003)第080733号

责任编辑:范绪泉　　责任校对:程小宜　　版式设计:支　笛

出版发行:**武汉大学出版社**　(430072　武昌　珞珈山)
（电子邮件:cbs22@whu.edu.cn　网址:www.wdp.com.cn）
印刷:虎彩印艺股份有限公司
开本:720×1000　1/16　印张:26.75　字数:515千字
版次:2003年11月第1版　2017年2月第12次印刷
ISBN 978-7-307-04034-2/F·832　定价:28.00元

版权所有,不得翻印;凡购我社的图书,如有质量问题,请与当地图书销售部门联系调换。

21世纪

经济学管理学系列教材

政治经济学概论	统计学
政治经济学(社会主义部分)	经济预测与决策技术
发展经济学概论	国际企业管理
产业经济学	会计学
证券投资学	人力资源管理
技术经济学	宏观经济管理学
新制度经济学	物流管理学
国际贸易学	管理运筹学
国际贸易实务新编	企业电子商务
保险会计	项目管理
财政学	经济法
国际投资学	中小企业经营管理
国际结算	金融企业会计
计量经济学	房地产投资与管理
环境经济学	消费者行为学
区域经济学	管理学
	企业并购理论
	管理经济学
	生产与运营管理
	项目融资
	管理科学理论与方法
	战略管理